SV

Die Korrespondenz zwischen Gretel Adorno und Walter Benjamin, die 1930 einsetzt, aber erst mit Benjamins Emigration nach Frankreich ihre volle Intensität erreicht, ist nicht nur ein spätes Zeugnis des intellektuellen Berlin der zwanziger Jahre, sondern auch das Dokument einer großen Freundschaft, die unabhängig von der Beziehung Benjamins zu Theodor W. Adorno bestand. Während Benjamin, neben seinen Alltagssorgen, insbesondere über jene Projekte schreibt, an denen er in den letzten Jahren seines Lebens mit Hochdruck gearbeitet hat – vor allem über den »Baudelaire« –, war es Gretel Karplus-Adorno, die mit aller Macht versuchte, Benjamin in der Welt zu halten. Sie drängte ihn zur Emigration, berichtete von Adornos Plänen und Blochs Aufenthaltsorten und hielt so die Verbindung zwischen den alten Berliner Freunden und Bekannten aufrecht. Sie half ihm durch regelmäßige Geldüberweisungen über die schlimmsten Zeiten hinweg und organisierte eine finanzielle Unterstützung aus dem anfänglich noch vom Deutschen Reich unabhängigen Saarland. In New York angekommen, versucht sie mit ihren Beschreibungen der Stadt und der Neuankömmlinge, Benjamin nach Amerika zu locken. Aber Benjamin schreibt im Frühjahr 1940: »Wir müssen sehen, unser Bestes in die Briefe zu legen; denn nichts deutet darauf hin, daß der Augenblick unseres Wiedersehens nahe ist.«

Gretel Adorno
Walter Benjamin

Briefwechsel
1930–1940

Herausgegeben von
Christoph Gödde und Henri Lonitz

Suhrkamp Verlag

Eine Edition des Theodor W. Adorno Archivs

Erste Auflage 2019

Printed in Germany
Umschlag: hißmann, heilmann, hamburg
ISBN 978-3-518-24224-7

Inhalt

Briefwechsel 1930-1940

1 Walter Benjamin an Gretel Karplus
Trondhjem, 25.7.1930

Liebes Fräulein Karplus,

einmal fort von Berlin wird die Welt schön und geräumig und hat sogar auf einem 2000 to-Dampfer neben mancherlei Reisepöbel Platz für Ihren schweigsam vergnügten Diener. Gerade jetzt gebe ich ihr das Schauspiel einer schnurrbärtig schnurrigen Alten, die ihre Kaffeetasse neben sich in einem Lehnstuhl auf der Schiffsterrasse – Terrasse muß es nun einmal sein ob auf dem Boulevard oder im Fjord – sich sonnt und dabei ihre Handarbeiten herunterkritzelt. So nehmen Sie denn auch dieses schlichte, als Freundschaftsschoner uns zugedachte Gehäkelte als Zeichen alter Zugehörigkeit entgegen von dem unverdrossnen Reisenden, Nachfahre *Schelmuffskys* W. B.

ORIGINAL Ansichtskarte: Trondhjem. Elgsæter bro m/Høiskolen; Stempel: Tromsø, 25. [VII.] 30. – Manuskript.

einmal fort von Berlin: Benjamin war Ende Juli von Hamburg aus zu seiner Skandinavienreise aufgebrochen; vgl. seine »Reisenotizen« (GS VI, S. 419 bis 422), aus denen dann das Denkbild »Nordische See« wurde, das am 18. 9. 1930 in der »Frankfurter Zeitung« erschien (vgl. jetzt GS IV·1, S. 383 bis 387).

Schelmuffsky: Anspielung auf Christian Reuters 1696 zuerst erschienenen parodistischen Reiseroman »Schelmuffsky Curiose und Sehr gefährliche Reißebeschreibung zu Wasser vnd Land«, über den Benjamin am 28. März im Südwestdeutschen Rundfunk gesprochen hatte. Schelmuffsky flieht zu Beginn seiner Reise aus Hamburg und reist nach Schweden (vgl. GS II·2, S. 648-660).

2 Walter Benjamin an Gretel Karplus
San Antonio (Ibiza), ca. Mitte Mai 1932

Liebe Gretel Karplus

wie es so geht – 12 Stunden, nachdem ich meinen letzten Brief an Sie hatte abgehen lassen, erhielt ich den Ihrigen, durch den ich mich unendlich erleichtert fühle. Vielleicht ist es nur das Unvermögen, eine Reihe von wolkenlosen Tagen in sich aufzunehmen wie sie kommen was zu so beklemmenden Fragen führt, wie sie in meinem letzten Briefe umgehen. Es dauert ja lange bis man sich an eine klimatisch so fremde Situation anpaßt, wenn nicht ein gewisser Hotelkomfort sich vermittelnd zwischen das Land und uns stellt. Und wie weit wir davon hier entfernt sind, entnehmen Sie aus dem beiliegenden Bildchen. Nach wochenlanger Arbeit ist es nun den Bekannten, die dieses Häuschen nach jahrelangem Verfall wieder zum Leben erweckten, gelungen, etwas ganz Wohnliches daraus zu machen. Das Schönste ist der Blick aus dem Fenster auf das Meer und eine Felseninsel, die nachts ihren Leuchtturm mir hereinscheinen läßt und die Abgeschiedenheit der Bewohner gegeneinander durch eine kluge Raumanordnung und beinahe meterdicke Wände, die keinen Ton (und keine Hitze) durchlassen. Ich führe ein Leben wie die Hundertjährigen es als Geheimnis den Reportern anvertrauen: aufstehn um sieben Uhr und im Meer baden, wo weit und breit kein Mensch am Ufer zu sehen ist und allenfalls nur in der Höhe meiner Stirn ein Segler am Horizont, darauf, gegen einen gefügigen Stamm im Walde gelehnt, ein Sonnenbad, dessen heilsame Kräfte durch das Prisma einer gideschen Satire (Paludes) auf den Kopf übergreifen und dann ein langer Tag der Enthaltung von zahllosen Dingen – weniger weil sie das Leben verkürzen als weil es sie garnicht gibt oder so schlecht, daß man sie gerne beiseite läßt – elektrisches Licht und Butter, Schnäpse und fließendes Wasser, Flirt und Zeitungslektüre. Denn die Einsichtnahme in die mit einer Woche Verspätung erscheinenden Exemplare der Frankfurter Zeitung hat einen schon mehr epischen Charakter. Wenn Sie dazunehmen, daß auch meine ganze Post an Wissing geht – der mir bisher noch kein einziges Schriftstück gesandt hat – so sehen Sie, daß ich nicht übertrieben habe. Sehr lange bin ich bei Büchern und Schreibereien seßhaft gewesen; erst in den letzten Tagen habe ich mich von meinem Uferstreifen emanzipiert und einige große einsame Märsche in die noch größere, noch einsamere Gegend gemacht. Auf ihnen erst bin ich zum deutlichen Bewußtsein gekommen in Spanien zu sein. Diese Landschaften sind, von allen bewohnbaren, bestimmt die sprödesten, unberührtesten, die ich gesehen habe. Einen deutlichen Begriff von ihnen zu geben ist schwer, sollte es mir am Ende gelingen, so wird es Ihnen nicht verborgen bleiben. Vorläufig habe ich wenig in dieser Absicht notiert, dagegen mich dabei überrascht, die Darstellungsform der Einbahnstraße für eine Anzahl von Gegenständen wieder aufzunehmen, die mit den wichtigsten dieses Buches zusammenhängen. Vielleicht kann ich Ihnen davon in Berlin etwas zeigen. Dann werden wir auch über Corsica sprechen. Ich finde es sehr schön, daß Sie das gesehen haben; es gibt dort wirklich sehr Spanisches in der Landschaft; aber so harte und gewaltige Züge gräbt, glaube ich, der Sommer dort doch nicht ins Land. Hoffentlich haben Sie auch ein paar Tage in dem wunderbar stillen und altmodischen Grandhotel in Ajaccio gewohnt. Wie Wiesengrund es in Marseille gemacht hat, müssen Sie mir auch eingehend erzählen. Ich glaube, im Laufe der nächsten Wochen werde ich wieder hindurchkommen; aber über die genauen Termine kann ich mir niemals recht schlüssig werden. Sie werden das begreifen, wenn Sie bedenken, daß ich hier für einen kleinen Bruchteil dessen lebe, was ich in Berlin brauche; ich ziehe daher den Aufenthalt so lange hin wie nur möglich und werde nicht vor Anfang August zurücksein. Bis dahin hoffe ich aber noch sehr von Ihnen zu hören.

Ja, wenn ich, durch Ihren Brief, der mich sehr erfreut hat, ermutigt, um ein kleines Geschenk bitten darf, so wäre es, mir eine kleine Tüte (Kuvert) rauchbaren Tabaks als »Muster ohne

Wert« herzuschicken – All right von von Eicken oder einen andern. Es gibt auf der Insel überhaupt keinen rauchbaren.

Auch ich [habe] von Daga einen Brief bekommen und von ihrer Mutter, kurz vor meiner Abreise, auch einen. Im übrigen war ich vierzehn Tage ganz im Russischen versunken: ich habe erst die Geschichte der Februarrevolution von Trotzki gelesen und bin jetzt im Begriff, seine Autobiographie zu beendigen. Seit Jahren glaube ich nichts mit so atemloser Spannung in mich aufgenommen zu haben. Ohne jede Frage müssen Sie beide Bücher lesen. Wissen Sie ob der zweite Band der Geschichte der Revolution – Oktober – bereits erschienen ist? Demnächst nehme ich wieder Gracian vor und werde wohl etwas darüber schreiben.

Nun noch alles Gute und Freundliche

Ihr

Walter Benjamin

ORIGINAL Manuskript.

Zur Datierung: Die Lektüre von Trotzkis Band über die »Februarrevolution«, die Benjamin vor dem 10. Mai (s. GB IV, Brief Nr. 734) noch nicht abgeschlossen zu haben schien, wird gegenüber Gretel Karplus als beendet genannt, so daß der Brief ungefähr Mitte Mai geschrieben worden sein dürfte.

mein letzter Brief . . . der Ihrige: Beide Briefe sind nicht erhalten.

das beiliegende Bildchen: Ein Bild von dem *Häuschen*, wie der Brief nahezulegen scheint, ist den Hrsg. nicht bekannt. Möglicherweise meint Benjamin aber auch das bisher auf 1933 datierte Photo, das ihn, Noeggerath und Selz auf der ›kargen‹ Terrasse des *Häuschens* zeigt (vgl. Benjamin-Katalog, Abb. Nr. 83).

eine gidesche Satire: »Paludes« war 1895 zuerst erschienen.

Wissing: Egon Wissing (1900-1984) war Benjamins Vetter mütterlicherseits; er hatte Medizin studiert und arbeitete später als Röntgenologe am Bostoner »Massachusetts Memorial Hospital«. In erster Ehe war Wissing mit Gertrud (Gert) Frank, geborene Feiß (?), verheiratet, die im November 1933 in Paris starb.

Diese Landschaften: Benjamin schrieb die »Ibizenkische Folge« und die zweite Serie der »Kurzen Schatten« (vgl. GS IV·1, S. 402-409 und S. 425 bis 428); vgl. auch GB IV, Brief Nr. 734 und die Anm. dort).

Dann werden wir auch über Corsica sprechen: Gretel Karplus und Adorno waren Ende März nach Korsika übergesetzt und auf einer Rundreise bis zur Südspitze Bonifacio gelangt; am 3. April hielten beide sich in Ajaccio auf. Benjamin war im Juni 1927 eine Woche lang auf Korsika gewesen.

Auch ich [habe] von Daga einen Brief bekommen und von ihrer Mutter: Die Formulierung legt die Vermutung nahe, daß Gretel Karplus Asja Lacis und ihre Tochter während deren Berliner Aufenthalt kennengelernt hat.

Trotzki / der zweite Band der Geschichte der Revolution – Oktober: Dieser Band ist erst 1933 erschienen.

Gracian: Benjamin dachte damals daran, einen Aufsatz über Gracian für die »Literarische Welt« zu schreiben, wie aus einer kleinen Liste »Projekte« (vgl. GS VI, S. 157) hervorgeht (vgl. auch GB IV, Brief Nr. 741); den Plan eines Gracian-Kommentars erwog Benjamin ein Jahr später, ebenfalls auf Ibiza (vgl. GB IV, Brief Nr. 780). Notizen zu diesen Vorhaben haben sich nicht erhalten. Eine Ausgabe des »Hand-Orakel und Kunst der Weltklugheit« Balthasar Gracians in der Insel-Bücherei (Nr. 423), die ›nach der Übersetzung von Arthur Schopenhauer von Otto Freiherrn von Taube neu herausgegeben‹ wurde, hat Benjamin ein knappes Jahr später Gretel Karplus mit der Widmung »Walter Benjamin für Gretel Karplus 3 März 1933« geschenkt; das Bändchen ist nicht von Benjamin annotiert.

3 Gretel Adorno an Walter Benjamin
Berlin, 29.3.1933

29. März 1933.

Lieber Walter Benjamin,

ich danke Ihnen tausend Mal für das Telegramm und Ihren lieben Brief. Bitte lassen Sie sich durch mein Zögern in der Beantwortung nicht stören, mir möglichst bald weitere Nachrichten zukommen zu lassen; vor allem bitte ich um

Auskunft, wie es mit unserem Freund Detlef steht. Ich bin in großer Sorge um ihn, und da Sie ihn sicher gesprochen haben, wüßte ich keinen besseren, der mir sagen könnte, wie es wirklich mit ihm steht, und was er augenblicklich für Aussichten hat.

Ich bin bis auf einen tüchtigen Frühlingsschnupfen soweit gesund. Am Montag will ich meine Volontärstätigkeit beginnen, man kommt mir dort mit großer Freundlichkeit entgegen. Der Verkauf der alten Firma wird nicht zustande kommen, eher noch eine Vermietung der Fabrik ohne Übernahme der Grundstücke. – Teddies Pläne sind völlig ungeklärt, immerhin scheint ihm Berlin wieder in etwas verlockenderen Farben. In den letzten Tagen waren wir viel mit dem Wiener Streichquartett, die jetzt hier 3 Konzerte spielen, zusammen, ich glaube, Sie kennen den Rudi auch persönlich. – Der Mieter[?] Sch. hat sich, wie ich telefonisch höre, seine Schränke selbst gekauft, so komme ich vorläufig um die Bekanntschaft der Krummen Str. Von Karolas Freundin hatte ich ein paar nette Zeilen aus Wölsen Graubünden, Hotel Bellevue. – Ihren Sekretär vom vorigen Jahr, den Sie mir übrigens bis jetzt unterschlagen haben, schildern Sie mir so reizend, daß ich beinah Lust bekäme auf ihn eifersüchtig zu werden. – Da ich ziemlich viel freie Zeit habe, hat mich ein Bekannter aushilfsweise für die Instandhaltung seiner Bibliothek engagiert, es sind recht interessante Bände dabei, sobald ich mit der Einordnung fertig bin, lasse ich Ihnen ein Verzeichnis davon zugehen.

Alles Liebe und Herzliche immer

Ihre Felicitas.

ORIGINAL Manuskript.

das Telegramm und Ihr lieber Brief: Nicht erhalten.

Detlef: Benjamin hatte für seine in Deutschland erscheinenden Arbeiten das Pseudonym *Detlef Holz* gewählt. Gretel Karplus sprach ihn in der Folge mit diesem Vornamen an.

Rudi: Der Violinist und Primarius mehrerer Streichquartett-Vereinigungen Rudolf Kolisch (1896-1978), mit dem Adorno seit seiner Wiener Lehrzeit bei Alban Berg befreundet war.

Sch.: Vermutlich ist Werner von Schoeller gemeint, der Benjamins letzte Berliner Wohnung in der Prinzregentenstraße mietete.

Karolas Freundin: Gemeint ist Ernst Bloch, der mit Karola Piotrkowska (1905-1994) seit 1927 befreundet war und sie im November 1934 heiratete. Gretel Karplus kannte beide aus ihrer Berliner Zeit und stand mit Ernst Bloch im Briefwechsel, von dem sich leider nur ein später Brief Gretel Adornos, vom 16. November 1970, erhalten hat.

Ihr Sekretär: Nicht sicher zu ermitteln. Wahrscheinlich ist, daß Benjamin in seinem Brief von Jean Selz (1904-1997) gesprochen hatte, mit dem er 1932 engen Kontakt auf Ibiza hatte. Benjamin und Selz beabsichtigten, gemeinsam eine französische Übersetzung der »Berliner Kindheit um neunzehnhundert« herzustellen. Fünf Stücke der »Enfance berlinoise« wurden im Frühjahr 1933 fertig (vgl. GS IV·2, S. 979-986).

ein Bekannter: Das ist natürlich Benjamin, der Gretel Karplus gebeten hatte, sich um seine in der Prinzregentenstraße verbliebenen Bücher zu kümmern.

4 Gretel Karplus an Walter Benjamin Berlin, 30.3.1933

30. März 1933.

Walter Benjamin, Lieber,

gleich nachdem meine Antwort gestern abgegangen war, bekam ich Ihren zweiten Brief und ich will ihn sofort beantworten, damit die Bilder Sie noch in Paris erreichen. Wenn Sie jetzt auch nicht völlig allein sind, worüber ich mich besonders freue, möchte ich Ihnen doch auf diese etwas primitive Weise Gesellschaft leisten. Ich habe dazu das grüne Kleid angezogen, und wenn die Frisur noch aus dem Jahr 31 stammt, werden Sie es sicher verzeihen. Um der Phantasie noch etwas nachzuhelfen lege ich eine kleine Stoffprobe bei – zum Streicheln.

Was Sie über Blei schreiben, wußte ich schon von Marieluise v. Motesiczky, die Sie einmal bei mir kennenlernten, ihr Onkel Ernst v. Lieben ist der geschiedene Mann der Billie und wohl auch mit dort unten, sicher ist, daß er das Ganze finanziert hat. Bitte schreiben Sie doch ein Wort an den Piz (Mrl v. M), wenn Sie irgendetwas brauchen Wien IV. Brahmsplatz 7, wenn es Ihnen lieber ist, kann ich sie auch informieren.

Haben Sie Empfehlenswertes in der neuen französischen Literatur entdeckt? Ihre Briefe sind für mich das Liebste und Wichtigste, was ich augenblicklich habe, das Glück läßt bis jetzt noch auf sich warten. Ich freue mich auf Ihre nächste Nachricht, sehr herzlich Ihre

Fe-li-ci-tas.

Ich bin gespannt, ob Sie mit mir zufrieden sind?

ORIGINAL Manuskript.

Ihr zweiter Brief: Nicht erhalten.

die Bilder: Sie konnten nicht identifiziert werden.

Blei: Franz Blei (1871-1942) scheint seit 1931 aus finanziellen Erwägungen sich auf Mallorca angesiedelt zu haben, wo seine Tochter eine Hühnerfarm betrieb. Außerdem hielten sich in dem Ort Cala Ratjada Friedrich Burschell (1889-1969) und Karl Otten (1889-1963) auf.

Marieluise v. Motesiczky: Gretel Karplus war mit der in Wien geborenen Malerin Marie-Louise von Motesiczky (1906-1996), die ›der Piz‹ genannt wurde, eng befreundet.

Fe-li-ci-tas: In ihrer Korrespondenz mit Benjamin wählte Gretel Karplus diesen Namen einer Bühnenfigur aus Wilhelm Speyers Schauspiel »Ein Mantel, ein Hut, ein Handschuh«, an dem Benjamin mitgearbeitet hatte.

5 Gretel Karplus an Walter Benjamin Berlin, 14.4.1933

14. April 33.

Lieber Walter-D,

heute nur schnell eine Nachricht: da Teddie sich hier so einsam fühlt, zieht er wahrscheinlich Mitte nächster Woche in die Prinzenallee. Ich bitte also dann um doppelte Blätter in den Briefen, ab und zu vielleicht auch einen an die Adresse: Georg Tengler, Dresdenerstr. 50/1. für mich, auch postlagernd* ließe sich einrichten falls wir uns auf ein bestimmtes Datum als Wochentag einigen. Ich erwarte Ihre Vorschläge und sehe mit Ungeduld Ihrer Nachricht entgegen. Viele herzliche Grüße, einen guten Einzug in Ibiza, herzlichst immer

Ihre Felicitas

* S 14 Dresdenerstr. 97

Ich habe diese Karte schnell in der Trambahn geschmiert. Denken Sie wie merkwürdig, GT. hatte früher seinen Betrieb im Hause Ihrer Freunde Scho, die damals noch die Druckerei hatten. Verzeihen Sie bitte den geschäftlichen Ton der Karte.

F.

ORIGINAL Postkarte; Stempel: Berlin, 15. 4. 33. – Manuskript.

Prinzenallee: Gretel Karplus wohnte dort mit ihren Eltern.

Ihre Freunde Scho: Die Eltern von Benjamins Freund Gershom Scholem (1897-1982) hatten ihre Druckerei in der Neuen Grünstraße in Berlin-Charlottenburg.

6 Walter Benjamin an Gretel Karplus
San Antonio (Ibiza), 15.4.1933

Liebe Felizitas,

ich hätte Dir schon längst Nachricht von mir und den Umständen geben mögen, wenn ich seit zehn Tagen nur irgendwie – den Schlaf abgerechnet – zur Ruhe gekommen wäre. Und auch jetzt noch wäre es nicht soweit, hätte ich nicht Kurage, es mit der elendesten Beleuchtung von der Welt aufzunehmen – nämlich nicht Kerzen sondern einer elektrischen Funzel an einer unerreichbar hohen Decke. Acht Tage bin ich von Paris hierher gereist – Aufenthalte in Barcelona, in Ibiza – um dann hier geradezu in einen Umzug zu fallen. Das Haus vom vorigen Jahre nämlich, das noch diesen Winter in meiner Phantasie keine geringe Rolle gespielt hatte, war einige Stunden vor meiner Ankunft von Noeggeraths weitervermietet worden. Und wenn sie es behalten hätten, so hätte ich darin nach mancherlei Veränderungen, die im Raum indessen getroffen waren, kein Quartier gefunden.

Die Decke mit der Funzel also ist in einem andern Haus, das dem alten gegenüber die Vorteile eines viertel- oder achtel-Komforts, dagegen die Nachteile ungelegnern Platzes und architektonischer Banalität hat. Es ist nämlich am Rande von San Antonio vom dortigen Arzt, der fortziehen mußte, erbaut und eine dreiviertel Stunde von der schönen Waldecke entfernt, in der ich den vorigen Sommer zugebracht habe. Dies ist aber nur die verkleinerte Wiedergabe großer öffentlicher Veränderungen im Maßstabe meines Privatlebens. Es ist nämlich, unerachtet einer wenig anmutigen Bautätigkeit in San Antonio augenblicklich kaum Unterkommen zu finden. Im Zusammenhang damit sind wieder die Preise gestiegen. Und so halten sich die ökonomischen und die landschaftlichen Veränderungen seit dem vorigen Sommer die Wage. Beide sind allerdings im Verhältnis zu dem phantastisch günstigen Gesamtniveau nicht allzu empfindlich. Etwas anders steht es schon mit dem figürlichen Zuwachs der Gegend. Denn die

Isolierung des vorigen Sommers ist nicht nur durch die topographischen Umstände sondern auch durch das Auftreten von »Sommergästen« erschwert, bei denen sich nicht immer genau zwischen Sommersaison und Lebensabend unterscheiden läßt. Ein Begriff dürfte Dir unter den Hiesigen wohl nur Raoul Hausmann sein. Übrigens bin ich ihm noch nicht vorgestellt und vermeide auch sonst Berührungen wo es nur geht.

Man hat sie aber auch nicht nötig, weil man von Herkunft und Natur der Leute hier in Tagen manchmal mehr erfährt als in Berlin in Jahren. Und so kann ich Dir, wenn Du in einigen Monaten herkommst, eine ziemlich instruktive Führung durch den hiesigen Schicksalspark versprechen. Im übrigen ist ein neuer Knotenpunkt für mancherlei Verstrickungen im Entstehen, indem ein Franzose – der Bruder jenes Ehepaars, von dem ich Dir erzählte – in Ibiza, unmittelbar am Hafen eine Bar eröffnet, deren jetzt allmählich hervortretende Raumfigur ein ganz angenehmes Quartier verspricht.

Von Max bekam ich einen recht ausführlichen Brief aus Genf, dem ich immerhin soviel entnehmen kann, daß die Zeitschrift fortgeführt wird und weiter mit meiner Mitarbeit rechnet. Daß gerade eine Soziologie der französischen Literatur, die man zunächst von mir erwartet, von hier aus nicht ganz leicht zu verfassen ist, versteht sich von selbst. Immerhin habe ich sie in Paris vorbereitet so gut ich konnte. Später darf ich scheinbar wieder mit Rezensionen rechnen. Diese verfasse ich zur Zeit auch für andere Stellen, ohne mir Illusionen über das ungewisse redaktionelle Schicksal der Manuscripte zu machen. Darf ich in diesem Zusammenhange Dir eine Bitte sagen? Mein Mädchen hat von Paris aus von mir den Auftrag erhalten ein Rezensionsexemplar einer Sammlung von Briefen von Dauthendey, das die Frankfurter Zeitung mir sandte, hierher an mich nachzuschicken. Es ist bisher noch nicht eingetroffen und mir liegt daran, es recht bald zu erhalten. Könntest Du da telefonisch einmal nachfragen. Im übrigen schreibt man mir, daß meine Rezension von Wiesengrunds Buch am 2ten oder am 9ten April in der Literaturbeilage der Vossischen

Zeitung erschienen ist. Ich habe die Belegexemplare nicht bekommen und wäre Dir ganz besonders dankbar, wenn Du mir zwei hierherschicken beziehungsweise die Nachsendung der wahrscheinlich in meiner Wohnung liegenden veranlassen könntest.

Selbstverständlich hoffe ich sehr bald von Dir Genaues über den Gang Deiner Unternehmungen seit dem 1 April zu hören. Nicht nur darüber sondern auch über Deine Gesundheit. Und endlich, wie Wiesengrunds Projekte sich weiter entwickelt haben. Ich bin fast sicher, daß er inzwischen geneigt sein wird, meine letzten mündlichen Vorschläge anzunehmen. Du mußt ihm sagen, daß Max in dem oben erwähnten Brief sich mit einiger Besorgnis nach ihm erkundigt. Der Angelpunkt Deiner Angelegenheiten ist für mich die Frage Deiner Sommerreise und ihres Zieles. Ich wäre sehr niedergeschlagen, wenn Du die Perspektiven unseres langen Gesprächs im Westend aus den Augen verlieren könntest. Aber ich bin gewiß, daß Du alles so klug und genau bewerkstelligen wirst, wie ich es immer an Dir erfahren habe. Schreibe mir Genaues darüber.

Ich habe ernsthaft begonnen, Spanisch zu lernen und bin von drei verschiednen Systemen dabei begleitet: einer altmodischen Grammatik, den Tausend Worten und endlich einer neuen und ganz raffinierten Suggestivmethode. Ich denke, daß das in absehbarer Zeit schon zu etwas führen wird. Morgen ist Ostern – da habe ich vor, meinen ersten größern Spaziergang ins Land zu machen. Aber schon kleinere haben mich überzeugt, daß eine halbe Stunde entfernt von den Häusern ganz die alte Schönheit und Einsamkeit der Gegend zu finden ist und ich hoffe, daß ich diesmal nicht alle meine Entdekkungsreisen allein werde machen müssen. Im übrigen ist es am Tage manchmal sehr heiß, in den Nächten aber, genau wie vor einem Jahre, noch kühl.

Seit ich diesen Brief anfing, hat sich die Ansicht des neuen Hauses schon etwas geklärt. Ich bin ganz manierlich in einem Zimmer untergebracht, das sogar eine Art Ankleideraum besitzt, in dem man nach langem Heizen des Waschkessels sogar in einer Badewanne ein heißes Bad nehmen kann: für Ibiza ist das etwas ganz Märchenhaftes. Außerdem aber ist es auch nützlich, denn an Baden im Meer wird vor Ablauf von vier bis sechs Wochen für mich kaum zu denken sein. Im Inventar ist ferner ein Bücherregal und ein Schrank, so daß ich meine paar Sachen und die Papierchen ganz sauber um mich aufbauen kann.

Vielen Dank für die Adresse von Ernst. Dieser Tage werde ich ihm eine Karte schicken. Aus der großen Welt habe ich, seit ich hier bin, noch nicht viel gehört. Auch dafür erwarte ich mit Deinem nächsten Briefe mich zu entschädigen.

Für heute alles sehr Herzliche

15 April 1933 Detlef

Ibiza (Balearen)

San Antonio Fonda Miramar

ORIGINAL Manuskript.

Kurage: So in Benjamins Handschrift.

Noeggeraths: Der in New York geborene Felix Noeggerath (1885-1960), der 1909 die deutsche Staatsbürgerschaft angenommen hatte. Benjamin hat Noeggerath 1915 in München kennengelernt, als dieser dort Philosophie, Indologie und indogermanische Sprachwissenschaft studierte. – Noeggerath lebte mit seiner dritten Frau und seinem Sohn Hans Jakob (Jean Jacques) (1908-1934), der in Berlin Romanistik studierte, auf Ibiza.

Wage: So in Benjamins Handschrift.

Raoul Hausmann: Der Maler und Dichter Raoul Hausmann (1886-1971), der 1918 den Club Dada mitbegründet hatte, emigrierte 1933 nach Spanien, wo er sich bis 1936 aufhielt. Weitere Stationen waren die Schweiz, die Tschechoslowakei, Paris und schließlich Limoges, wo er bis zu seinem Tod lebte.

wenn Du in einigen Monaten herkommst: Gretel Karplus besuchte Benjamin nicht in San Antonio.

der Bruder jenes Ehepaars: Das ist Guy Selz, über den Näheres nicht ermittelt werden konnte.

Von Max ... ein Brief: Horkheimers Brief vom 3. April 1933, vgl. Max Horkheimer, Gesammelte Schriften, Bd. 15: Briefwechsel 1913-1936, hrsg. von Gunzelin Schmid Noerr, Frankfurt a. M. 1995, S. 99f. (im folgenden abgekürzt: Horkheimer, Briefwechsel 1913-1936).

eine Soziologie der französischen Literatur: Vgl. Benjamin, Zum gegenwärtigen gesellschaftlichen Standort des französischen Schriftstellers, in: Zeitschrift für Sozialforschung 3 (1934), S. 54-78; jetzt GS II·2, S. 776-803.

mein Mädchen: Der Name von Benjamins Berliner Zugehfrau war Erna Dohrmann.

eine Sammlung von Briefen von Dauthendey: Benjamin rezensierte Max Dauthendeys »Ein Herz im Lärm der Welt. Briefe an Freunde« (München 1933) am 30.4.1933 im »Literaturblatt« der »Frankfurter Zeitung« unter dem Titel »Briefe von Max Dauthendey« (vgl. jetzt GS III, S. 383-386).

meine Rezension von Wiesengrunds Buch: Benjamins Besprechung von Adornos Habilitationsschrift über Kierkegaard war am 2. April erschienen (vgl. jetzt GS III, S. 380-383).

Wiesengrunds Projekte / meine letzten mündlichen Vorschläge: Adorno, der im Sommersemester 1933 nicht lesen durfte – die Venia legendi wurde ihm im Herbst des Jahres auf Grund des Arierparagraphen des »Gesetzes zur Wiederherstellung des Berufsbeamtentums« entzogen –, bemühte sich im Januar des Jahres in Berlin um die staatliche Anerkennung als Privatmusiklehrer für Komposition und Theorie. Trotz positiver Gutachten scheint eine solche nicht erfolgt zu sein; vielmehr wurde ihm im Februar nahegelegt, eine verkürzte Prüfung abzulegen. Noch Ende April spricht er in einem Brief an Kracauer davon, das Privatmusiklehrerexamen zu machen. – Gleichzeitig versuchte Adorno, für Zeitungen und Zeitschriften zu schreiben. – Über die *letzten mündlichen Vorschläge,* die Benjamin Adorno in Berlin gab, konnte nichts ermittelt werden.

7 Walter Benjamin an Gretel Karplus
San Antonio (Ibiza), ca. 19./20.4.1933

Liebes Fräulein Karplus,

Sie haben einen Situationsbericht erbeten.

Nun – in der letzten Woche hat die Lage sich soweit geklärt, daß ich ihn liefern kann. Ich wünschte nur, er fiele etwas runder und gefälliger aus als es der Fall sein dürfte.

Gewiß – ich darf im Grunde schon zufrieden mit einer Konstellation sein, welche mir – für zwei Monate zumindest – ein Dach über dem Kopfe garantiert. Und über diesem Dach den blauen Himmel und rund herum ein wunderbares Land. Doch läßt sich nun nicht mehr verkennen, daß alles, was zwischen diesen Polen – dem nüchternen: ein Unterkommen, dem romantischen: ein Paradies zu haben – liegt, äußerst schwierig aussieht.

Das Haus, das Noeggeraths gemietet haben und welchem ich von vornherein mit Mißtraun, schon seiner Bauart wegen, begegnet war, die von der landesüblichen sehr abweicht, erweist sich für jedwede Arbeit, ja selbst konzentriertes Lesen, unbenutzbar. Ein Grundriß würde Ihnen das vielleicht annähernd deutlich machen, aber nie könnten Sie sich danach vom Spiel des Windes in diesen Räumen, von den Türen, die nur dünne Balken sind, vom Widerhall, den jedes Wort in allen Ecken findet, die richtigen Begriffe bilden. Ich bin an jenem Punkte angekommen, wo ich all mein Vertrauen auf den guten brechtschen Grundsatz setzen muß: Überwindung eines Übels durch Häufung desselben. Es werden also nächstens zu den flüchtigen Gästen, die hier auf und ab passieren, noch einige Dauergäste kommen. Dies wird dann den Anstoß geben, meinen Aufenthalt tagsüber gänzlich aus dem Hause und in meinen Wald vom Vorjahr zu verlegen. Ich hätte es auch schon getan, wenn nicht in diesen Nachmittagen stets ein solcher Wind geblasen hätte, daß sogar meiner virtuosen Technik nicht gelungen wäre, Blätter und Blättchen schreibend festzuhalten.

Aber was so ein voller Tag im Freien in diesem Klima heißen will, das bleibt noch abzuwarten. An die Rückkehr – etwa zum Mittagessen – ist des weiten Wegs wegen ganz genau so wenig zu denken wie an einen Wechsel des Domizils, der nur in eine Fonda mich führen könnte, wo sich für die Arbeit keinesfalls bessere Chancen finden können.

Trotz alldem war es sicher durchaus richtig, hierherzugehen und ich denke, daß ich hinterm Rücken all der neuen Typen, die seit dem Vorjahr hier erschienen sind, doch noch zu meinen Sachen kommen werde. Im vorigen Jahre habe ich mir Wochen gegönnt, bevor ich an die Arbeit ging. Dies Jahr kann davon nicht die Rede sein. Ich habe aber sogar unter den sehr schwierigen Verhältnissen der letzten Tage, zwei neue Manuscripte abgeschickt. Im übrigen setze ich einige Hoffnung auf ein paar Cafés oder Bars, die teils in San Antonio, teils auch in Ibiza eröffnet werden und in denen ich vielleicht mein Arbeitszimmer finden werde.

Wenn diese Schilderung in Ihnen nur einige Nachsicht oder Achtung für die Briefchen, die auf dem so beschaffnen Schauplatze entstehn, um Ihnen diesen vorzustellen, erwekken, hat sie schon einen Nutzen.

So habe ich nicht alle meine alten Gewohnheiten vom vorigen Jahre wieder aufnehmen können; dafür aber eine – wenn man so sagen könnte – fortgeführt, indem ich nun von dem gewaltigen Bauernroman, den ich voriges Jahr hier anfing, nun den Schlußband, den »Oktober« lese, wo die Meisterschaft von Kritrotz vielleicht noch größer als im ersten ist. Ich habe große Lust, nach einer Weile von neuem an die »Berliner Kindheit« heranzugehen; das freilich erst, wenn eine Lösung für die Arbeitsart von mir gefunden ist, die ich für halbwegs stichfest halten kann. En attendant gab es Gelegenheit, ein wenig mich auf meinem Steckenpferd, dem Jugendstil, zu tummeln. Dieses in einer Rezension, in der ich mich mit einem der äußerst interessanten Briefbände aus dem Nachlaß Dauthendeys zu befassen hatte.

Die nächste Arbeit ist nun die über Soziologie der französischen Belletristik, von der ich Ihnen bereits in Berlin sprach. Es ist natürlich außerordentlich schwer, von hier aus sie zu schreiben. Ich mußte soweit gehn, in meinem letzten Briefe, Max zu ersuchen, mir – eventuell à conto meines künftigen Honorars – einige Bände, die unerläßlich sind, hierher zu schicken. Das waren natürlich solche, die ich nicht besitze. Leider erweist sich aber, daß ich auch von diesen letztern (denen, welche ich besitze) einige nicht entbehren kann. Ich habe sie auf einem Zettel, der hier beiliegt, angegeben. Daß es beinah unmöglich ist, es Ihnen zuzumuten, mir diese Bücher – unter den broschierten französischen – herauszusuchen und zu schicken, daß es Sie einen halben Sonntag kosten kann – ich weiß das alles und mir nicht zu helfen. Das einzige, was ich vielleicht noch fragen könnte – und auch da bin ich nicht sicher, daß Sie mich nicht falsch verstehen – wäre, ob Wiesengrund zu diesem großen Dienst bereit sein könnte. Er hätte den Vorteil, vormittags an einem Wochentage, wenn der Mieter im Büro ist, heraufgehn zu können.

In jedem Fall veranlasse ich die Dohrmann, Sie in der Wohnung gegen ¼ 2 anzurufen. Sie können dann auch vielleicht mit ihr ausmachen, wann sie Ihnen den Rest meiner Sachen bringt.

Nun genug und mehr als genug. Lassen Sie baldigst und Genaues von sich hören. Grüßen Sie Wiesengrund vielmals von mir. Ich würde [mich] freuen, wenn er mir schreiben würde.

Alles Herzliche

Ihr

~~W~~Detlef Holz

ORIGINAL Manuskript.

Zur Datierung: Der Brief mit der förmlichen Anrede folgt der Aufforderung von Gretel Karplus' Postkarte vom 14. April. Der folgende Brief – wieder mit der intimeren Anrede – gehörte also mit hoher Wahrscheinlichkeit, wie die identische Faltung der beiden Blätter es auch nahe genug legt, ursprünglich zu Brief Nr. 7.

brechtscher Grundsatz: Er konnte so nicht nachgewiesen werden, obwohl das Motiv häufig vorkommt; möglicherweise ist er nur mündlich überliefert. – In seinen »Kommentaren zu Gedichten von Brecht« nennt Benjamin das Verfahren »Überwindung von Schwierigem durch Häufung desselben« eine »alte Maxime der Dialektik« (GS II·2, S. 540).

zwei neue Manuscripte: Die Dauthendey-Kritik und wahrscheinlich die am 21. Mai 1933 in der »Vossischen Zeitung« veröffentlichte Rezension von Marc Aldanovs »Eine unsentimentale Reise. Begegnungen und Erlebnisse im heutigen Europa« (München 1932); vgl. jetzt GS III, S. 386-388.

der gewaltige Bauernroman . . . der Schlußband: Das ist der zweite Band von Leo Trotzkis »Geschichte der russischen Revolution«, der die Oktoberrevolution darstellt (1933 in deutscher Übersetzung von Alexandra Ramm erschienen).

mein letzter Brief [an] Max: Nicht erhalten.

einige Bände / auf einem Zettel: Der *Zettel* mit Benjamins Bücherwünschen ist nicht erhalten; s. aber Brief Nr. 10, wo er die Bitte um die erbetenen Bücher wiederholt.

8 Walter Benjamin an Gretel Karplus San Antonio (Ibiza), ca. 19./20.4.1933

Liebe Felizitas,

ich liege auf dem Bett und lasse mir, wie es in Chroniken des Mittelalters heißt, ein warmes Bad bereiten. Und dabei geht es in der Tat vollkommen mittelalterlich zu. Der einzige Anachronismus ist die Badewanne aus Email; zugleich allerdings eine ernstliche Entschädigung die das neue Haus für manches, wovon ich Dir schon schrieb, zu bieten hat.

Draußen aber herrscht ein eisiger Wind.

Ich habe Deinen Osterbrief und auch die Karte bekommen. Für den erstern kann ich Dir für jetzt nur damit danken, daß ich Dir erzähle, wie Du Dich somit zur Begleiterin der kleinen Exkursionen machst, welche ich einmal die Woche nach Ibiza unternehme. Denn so bescheiden auch die »städtischen« Vergnügen, die ich dort suche, sind – im Wesentlichen das Café; im Kino ist schon zu schlechte Luft – so lägen sie schon außerhalb des scharfkantigen Rahmens, der Budget heißt.

Heut aber werde ich auf diese Weise ein zweites Glas Anis (wenn nicht gar Rum) zu Deinem Wohle trinken. Dieser Rum ist übrigens das Raffinierteste, was es auf dieser Insel zu kosten gibt und außerdem noch eine Sehenswürdigkeit. Wodurch? – Das werde ich Dir nicht verraten, damit es eine kleine Sensation mehr gibt, wenn Du hierher kommst.

Darüber, und überhaupt auf einen langen Brief, den ich Dir vorige Woche schrieb, erfahre ich hoffentlich von Dir bald Näheres. Das neue Wohnungsregime, von dem Dein Osterbrief berichtet, hat hoffentlich für Dich auch Angenehmes. Schreibe mir bald von alledem

und tausend herzliche Grüße

Detlef

ORIGINAL Manuskript.

die kleinen Exkursionen ... einmal die Woche nach Ibiza: Benjamin besuchte Jean Selz, der in der Stadt Ibiza wohnte, ungefähr alle sieben bis zehn Tage, wie einer Liste, welche den Zeitraum zwischen dem 9. April und 7. Juni umfaßt, zu entnehmen ist, die er auf der Rückseite des Briefes vom 8. April 1933 von Dora Sophie Benjamin notierte.

9 Gretel Karplus an Walter Benjamin Berlin, 24.4.1933

24. April 1933.

Lieber Walter Benjamin,

mir ist ein Stein vom Herzen, seit ich weiß, daß es für Sie wenigstens wieder einige bescheidene Zukunftsaussichten gibt. Ich denke an Max und wäre froh, wenn ich die andern

Möglichkeiten erfahren könnte. Haben Sie mein Osterei bekommen, war es die richtige crème? Unterdessen habe ich mich hier auf der Post erkundigt, daß man 10 RM = ca. 27,75 Peseten per Postanweisung schicken kann. Mir ist das insofern eine große Beruhigung als ich doch so vielleicht noch etwas für den kleinen Detlev sorgen kann, es wäre mir peinlich, wenn ich Ihnen ganz allein die Sorge um ihn überlassen müßte.

Meine letzte Karte war übrigens blinder Alarm, Teddie bleibt in der Pension und bei unsern Dispositionen also alles beim alten. Sein Vater ist für eine Reise nach England aber vorläufig ist sie noch nicht akut. Er schreibt hier für die Europäische Rundschau, im übrigen macht er sehr viel Musik und ich könnte mir gar nichts Schöneres denken. Da wir Ostern daheim waren gehen wir nächstes weekend nach Schloß Marquardt, ich habe gesundheitlich eine Ausspannung äußerst nötig, wieder die alten Leiden Migräne mit allen Zuständen, ich will es auch noch mit Darmbädern versuchen.

Mit Ihrem Mädchen habe ich großes Pech, ich kann sie absolut nicht erreichen, jetzt habe ich ihr geschrieben und ihr Ihre Wünsche wiederholt mit der Bitte, mich anzurufen oder mir zu schreiben, aber leider auch noch ohne Erfolg. Ich bin sehr unglücklich darüber; denn es könnte leicht so aussehen, als ob ich die mir anvertrauten Aufträge vernachlässigte, aber zum Hinfahren in nicht ganz dringlichen Fällen fehlt mir leider wirklich die Zeit. Sobald ich jetzt von Ihnen Antwort habe, bestelle ich wenigstens die Ullstein-Nummer mit der Kritik über das Kierkegaardbuch. Für alle Fälle habe ich eine Aufstellung Ihrer Sachen beigelegt, damit es jederzeit evident ist, was Ihnen in meinem Bücherschrank gehört. Die Zusammenstellung ist ganz oberflächlich aber ich glaube für den Zweck genügt sie.

Finden Sie mich sehr unbescheiden, wenn ich Sie bitte, mir über Ihr Leben dort genauer zu berichten? Wie steht es mit Ihrer Tageseinteilung, haben Sie schon die nötige Ruhe zum Arbeiten? Ist die Sehnsucht nach dem Beafsteak sehr groß, haben Sie das Grammophon dort mit schönen neuen Pariser Platten? Mir ist alles, was Sie angeht äußerst wichtig. Ich möchte vorschlagen, daß wir unsere Briefe nummerieren, ich habe bis jetzt vier von Ihnen den Kartenbrief mitgerechnet und abgeschickt habe ich auch vier mit dem heutigen und zwei Postkarten. Mir fällt gerade ein, ich habe Teddie nichts von Maxens Besorgnis um ihn gesagt, wenn Sie es für richtig halten schreiben Sie ihm bitte selbst, Pension Fritz Unter d. Linden 62/3, mir schien es teils zu weit entfernt, teils mochte ich ihm den Brief nicht zeigen.

Lieber Walter bitte bewahren Sie mir Ihre Freundschaft, auch wenn ich hinten und vorn gehandicapt bin und Ihnen nicht viel helfen kann. Bitte glauben Sie mit mir an den guten Grundstein, den auch keine widrigen Ereignisse herausreißen können und verzeihen Sie mir, wenn Sie scheinbar so lange mit mir Geduld haben müssen. Da ich in der kurzen Atempause den Weg zur größeren Freizügigkeit nicht gegangen bin, muß ich jetzt damit rechnen, vorerst mehr als je eingespannt zu sein. Die menschliche Isolierung ist wieder fast vollständig und Ihr Fortsein auch rein äußerlich für mich eine Katastrophe. Es ist ein großer Trost für mich zu wissen, daß Sie da sind, sei es auch sehr weit weg. Gleich werden Sie mich wegen der Sentimentalität schelten und zur Strenge ermahnen. Ich folge Ihnen gern und bin mit sehr herzlichen und guten Grüßen immer

Ihre Freundin

Felicitas

ORIGINAL Typoskript.

die Europäische Rundschau: Schriftleiter dieser Zeitschrift war von 1933 bis 1938 Joachim Moras (1902-1961); Adorno publizierte dort im Maiheft »Abschied vom Jazz« (vgl. jetzt GS 18, S. 795-799) und im Juliheft seine »Notiz über Wagner« (vgl. jetzt ebd., S. 204-209).

Schloß Marquardt: Das im Osthavelland, in der Nähe von Potsdam gelegene Schloß war 1932 zum Hotel umgebaut worden. Fontane handelt von

Marquardt im dritten Band seiner »Wanderungen durch die Mark Brandenburg«.

eine Aufstellung Ihrer Sachen: Eine 3 Blätter umfassende maschinenschriftliche Liste von Büchern hat sich in Benjamins Nachlaß erhalten. Ob diese Liste die im Brief genannte ist, war nicht sicher zu ermitteln.

»Zeitgenössische deutsche Autoren

Berthold: Versuche (mehrere Bände in grauer Broschur)
: Hauspostille
: Eduard II
: Im Dickicht der Städte
: Trommeln in der Nacht
Rudolf Borchardt: Der Durant
: diverse Bände
Stefan George: Die Fibel
: Der Stern des Bundes
: Shakespeare [Sonette]
: Faksimili der Handschrift der Dante-Übertragung
Georg Heym : Umbra vitae
Scheerbart : Lesabèndio
: diverse Bände
Adolf Loos : Ins Leere gesprochen
: Trotzdem
Morgenstern : Palma Kunkel
: Galgenlieder
: Palmström
: Horatius Travestitus
Musil : Die Verwirrungen des Zöglings Törleß
Reventlov : Herrn Dames Aufzeichnungen
Rilke : Geschichten vom lieben Gott
: Sonette an Orpheus
: Weise von Liebe und Tod
Robert Walser : Der Gehülfe
: Geschwister Tanner
Donald Wedekind: Ultra Montes
Frank Wedekind: Mine Haha

Übersetzungen

Baudelaire : Der Verworfene
: Die Vorhölle
: Gedichte übersetzt von Kalkreuth, roter Ganzlederband
: Gedichte und Skizzen
: Gedichte und Verse in Prosa
Boccaccio : Dekameron (3 braune Ganzlederbände)
Cervantes : Don Quichot
: Novellen (2 Bände)
Dante : Göttliche Komödie (übersetzt von Bachenschwanz) (3 kleine Oktavbände in Pappe)
Joyce : Ulysses
Leopardi : Aphorismen
Lukrez : Die Natur übersetzt von Knebel
Manzoni : Die Verlobten (2 Bände)
Meleager von Gadara: Blütenkranz
Petrarca : Rede auf die Nachwelt
Swinburne : Gedichte übersetzt von Borchardt
Rabelais : Gargantua übersetzt von Regis (2 Halblederbände)
Sterne : Tristram Shandy (3 Halblederbände)
: Empfindsame Reise
Simrock : Kirchengesänge lateinisch und deutsch
Thackeray : Jahrmarkt der Eitelkeit (3 Bände)
Gesta Romanorum :

Illustrierte Werke

Atget : Photographien
Octavius Hill : Photographien
Guttmann : Alte Photographie
Recht : Frühe Photographie
: Das viktorianische Zeitalter (Photographien)
Bukovich : Paris (Photographien)
Sidorow : Moskau (Photographien)
Gröber : Altes Kinderspielzeug
Rumpf : Spielzeug der Völker (Große Mappe mit kolorierten Tafeln)
Hobrecker : Alte Kinderbücher

von Boehn : Puppen und Puppenspiele (2 Bände)
le Mercier de
Neufville : Marionette

und eine große Anzahl anderer kulturhistorischer Bilderwerke

Gesamtausgaben

Hauptmann : Sämtliche Werke
Ibsen : Sämtliche Werke

Varia

Creuzer : Bilderatlas zur Mythologie und Symbolik (kleiner Quartband)
Molitor : Philosophie der Offenbarung (Alles was sich vorfindet)«

10 Walter Benjamin an Gretel Karplus
San Antonio (Ibiza), 30.4.1933

Liebe Felizitas,

schwerlich kannst Du Dir den Dekor vorstellen, in dem ich, unter einem Feigenbaum, briefschreibend sitze: ein Sonntagnachmittag mit vollkommen verhangnem Himmel, kein Sonnenstrahl und auch kein Lufthauch – welch letzteres man angenehm empfindet, denn in den meisten Stunden geht so kräftiger Wind, daß man im Freien kaum arbeiten kann. Über die Füße habe ich meinen Mantel gelegt; aber kalt ist mir doch. Meine Gedanken sind der Naturstimmung ziemlich angepaßt, nur leider nicht von ihr hervorgerufen. Das Haus ist in der Zwischenzeit nur wenig bewohnbarer geworden; ein Projekt in eine abgelegne Mühle mich zurückzuziehen, hat auch einige Schattenseiten und daneben nicht sehr viel Aussicht auf Verwirklichung. Die Arbeit an einigen Rezensionen läuft noch; doch ich frage mich, ob sie nicht abläuft oder ob am Ende meine Bemühungen, von Zeit zu Zeit mit Neuerscheinungen betraut zu werden, ein Ergebnis haben werden.

Es fehlt mir weniger an Büchern als an Möglichkeiten, mit irgend jemandem ein Wort zu reden. An dieser letztern, wenn ich meine pariser Freunde in Ibiza, die ich fast jede Woche einmal sehe, ausnehme, aber gänzlich. Jener letzte Winter, den N. hier – teilweise allein mit seinem Sohn – verbracht hat, scheint sich zwischen ihn und seine früheren Interessen wie ein Wall zu schieben. Die Sache wird dadurch nicht besser, daß er – aus naheliegenden Erwägungen – noch andere paying gests außer mir genommen hat. Bedenklich wird ein solcher Zustand freilich erst mit der Zeit; ich fürchte aber diese Zeit wird kommen, wenn die Zeit nicht anderes bringt.

Nach alldem ist es doppelt überflüssig, in vielen Worten Dir zu sagen, wieviel an Deinen Nachrichten gelegen ist. Die gestrige – vom 24ten – hast Du noch vor Erhalt des letzten langen Briefes von mir geschrieben, der sehr herzlichen Dank für die Ostersendung und daneben eine Bitte um vier, fünf Bücher meiner Bibliothek enthielt, die ich sehr nötig brauche, um den Essay für Max zu schreiben. Du hättest meiner Ansicht nach bereits in dem Besitze meines Briefs sein müssen.

Es wäre schade – wenn auch ganz bestimmt nicht tragisch – wäre er verloren. Denn er gab die Schilderung der ersten Eindrücke nach meiner Ankunft. Was nun die Bitte um einige Bücher betrifft, die unter den broschierten, teils in den unteren Reihen der Fensterwand, meist aber gegenüber, auch in den unteren Reihen, zu finden sind, so handelt sichs im wesentlichen um drei Bücher von E. Berl: Mort de la morale bourgeoise, Mort de la pensée bourgeoise, Le bourgeois et l'amour; daneben Thibaudet: La république des professeurs. Und endlich stehn unter den Büchern überm Sofa noch ein oder zwei Übersetzungen von Cendrars, die zu haben mir wichtig wäre. Und auch die Bitte diese große Bemühung zu verzeihen, wie die Frage, ob Du damit nicht Wiesengrund betrauen könntest, wiederhole ich.

Ich will Dir ruhig sagen, daß ich mich – nun, da die Rezension des »Kierkegaard« von mir erschienen ist, wundere, daraufhin von ihm nicht eine Zeile gehabt zu haben. Zwar habe ich bisher noch den Beleg nicht in Händen, aber darf wohl glauben, daß der Abdruck wortgetreu erfolgt ist. Augenblicklich beschäftigt mich die Rezension von Bennetts »Konstanze und Sophie«, die ich Dir nochmals zu lesen anempfehle. Ich habe vor, darin verschiedenes Grundsätzliche über den Roman zu sagen und es könnte sein, daß etwas dabei herauskommt.

Daß Du auf ein paar Tage nach Schloß Marquardt gehst, freut mich; daß Du es nötig hast, betrübt mich aber. Denke jetzt schon darüber nach, wie Du im Sommer etwas Nützliches für Dich tust, bedenke sehr die Vorschläge meines letzten Briefes und schreibe mir darüber. Da Du schon so teilnehmend bist, Dich nach meiner Sehnsucht nach dem Beefsteak zu erkundigen, so freue [ich] mich, vermelden zu können – um im Stil des Goethe-Zelterschen Briefwechsels zu reden – daß bislang noch gehobenere Neigungen sich im Innern kund tun, besonders das Bedürfnis, bei Gelegenheit Einblick in die periodica zu tun. Sollte Dir oder Wiesengrund also einmal eine »Europäische Revue« oder »Neue Rundschau« oder dergleichen in die Hand fallen, so wäre es schön, wenn sie nach geleisteten Diensten an mich abginge.

So wollen wir also weiterhin die geschwungene Brücke zwischen unsern beiden, recht isolierten, Posten schlagen und Deinem Vorschlag folgend, bin ich gern bereit, ihre Pfeiler zu num[er]ieren, wobei ich diesem eine weithin sichtbare Drei aufmale.

Herzlichen Dank für alles Gute in und zwischen Deinen Zeilen und die besten und schönsten Grüße.

30 April 1933 Detlef
Ibiza (Balearen)
San Antonio Fonda Miramar

PS Weiß[t] Du etwas von Ernst in Frankfurt? er schreibt genau so wenig wie der andere Ernst. Und fast hätte ich vergessen, Dir für die *außerordentlich wertvolle* Bücherliste zu danken!

ORIGINAL Manuskript.

paying gests: So in Benjamins Handschrift.

Deine Nachrichten / die gestrige: Gretel Karplus' Brief vom 24. April, den Benjamin am 29. – »gestern« – erhalten hatte.

drei Bücher von E. Berl: Die beiden erstgenannten waren 1929 und 1930, das dritte 1931 in Buchform erschienen; Benjamin zitierte in seinem Aufsatz »Zum gegenwärtigen gesellschaftlichen Standort des französischen Schriftstellers« aus »Mort de la pensée bourgeoise«, wie schon drei Jahre zuvor in seinem »Pariser Tagebuch«.

Thibaudet: Vgl. Albert Thibaudet, La république des professeurs, Paris 1927.

ein oder zwei Übersetzungen von Cendrars: Benutzt hat Benjamin für seinen Aufsatz nur Blaise Cendrars' »Moravagine« (Paris 1926), das in der Übersetzung von Lissy Radermacher in München 1928 erschienen war. Außerdem lag deutsch vor: Blaise Cendrars, Gold. Die fabelhafte Geschichte des Generals Johann August Suter, übersetzt von Yvan Goll, Basel 1925.

die Rezension von Bennetts »Konstanze und Sophie«: Vgl. Arnold Bennett, Konstanze und Sophie oder Die alten Damen, übers. von Daisy Bródy, München 1932; die Originalausgabe – »The old wives' tale« – war 1908 erschienen. – Benjamins *Rezension* – »Am Kamin. Zum 25jährigen Jubiläum eines Romans« – erschien am 23. Mai 1933 in der »Frankfurter Zeitung« (vgl. jetzt GS III, S. 388-392).

um im Stil des Goethe-Zelterschen Briefwechsels zu reden: Das heißt, die dort häufige Elision des »Ich« zu übernehmen.

eine weithin sichtbare Drei: Benjamin zählt die Briefe, die er von Ibiza aus an Gretel Karplus richtete, wobei die Briefe Nr. 7 und Nr. 8 als ein Brief anzusehen sind.

Ernst in Frankfurt . . . der andere Ernst: Das sind Ernst Schoen (1894-1960), den Benjamin seit seiner Jugend kannte und der als Programmleiter des Südwestdeutschen Rundfunks in Frankfurt in den späten zwanziger Jahren viel für ihn tun konnte, und Ernst Bloch (1885-1977).

11 Gretel Karplus an Walter Benjamin Berlin, 6.5.1933

6. mai 1933.

5.)

Mein lieber Detlef,

mein Gewissen drückt mich so, daß ich schnell meinen Mittagsschlaf aufgeben muß, um nun auch Ihren zweiten Brief zu beantworten. Ich hoffe Sie haben unterdessen meine Karte vom ersten Mai und Ihre Bücher bekommen, wenn Sie ihn damals mit aufgeschrieben hätten, hätte ich »le bourgeois et l'amour« gut mitschicken können, ich hatte es so oft in der Hand als ich den andern Band nicht fand. Trotz der festen Verabredung habe ich Ihr Archiv noch nicht erhalten, Montag früh probiere ich wieder mein Heil am Telefon.

Bitte seien Sie nicht ärgerlich, daß Teddie Ihnen noch nicht über die Rezension geschrieben hat, er ist sehr nervös und herunter. Gestern Abend hatte ich eine Mordsfreude, als ich die Mummerehlen gedruckt sah. Was wird die Voss sonst in der nächsten Zeit von Ihnen bringen, und was laufen für andere Abmachungen? Ich wäre Ihnen außerordentlich dankbar, wenn Sie mich ein wenig in Ihre Kalkulation einweihen würden, ich kenn mich doch in kaufmännischen Dingen besser aus als Sie und kann Ihnen vielleicht in manchem helfen und raten. Der Ton des allerletzten Briefes hat mich überhaupt etwas traurig gemacht, er ist so entfernt, so als ob Sie mich nicht mehr zu Ihren Vertrauten rechnen wollten. Habe ich etwas angestellt, mich schlecht ausgedrückt oder war ich nicht nett? Ich bin mir wirklich keines Versehens bewußt, aber vielleicht ist es doch passiert, jedenfalls lag mir nichts ferner, das müßten Sie doch am besten wissen.

Gesundheitlich bin ich wieder bei meinem Professor in Behandlung und bekomme täglich Magenwaschungen, sonst geht es mir gut. Nach dem ersten Monat kann ich meine neue

Arbeit so weit beurteilen, daß ich kaum etwas besseres hätte treffen können, die Leute und der Chef sind reizend, ich habe eine Menge zu tun, arbeite mich gut ein, und ich glaube, man ist auch mit mir zufrieden. Ich erzählte Ihnen doch von der Verlobung meiner Schwester, aus der Heirat wird leider vorläufig nichts, da mein Schwager vor ein paar Wochen gekündigt wurde und außerdem noch einen schweren Betriebsunfall hatte, dessen Folgen noch gar nicht abzusehen sind. Periodica schicke ich auch, Teddie wird Ihretwegen mit Dr. Moras von der Europ. Revue sprechen. – Karola ist wieder einmal umgezogen Pension Oberholzer, Feldeggstr 69., mit mir ist er sicher ganz böse, da ich ihm ewig nicht geantwortet habe.

Von Ernst aus Frft. weiß ich nichts. Als Curiosum muß ich Ihnen erzählen, daß der Mann von der Sybill Carl wahrscheinlich eine Art rechte Hand beim Film wird, ziemlich großen Einfluß hat und schon mehreren Leuten Engagements verschafft hat, es klingt wie ein Märchen.

Lieber Detlef, ich habe Angst um Sie vor der Inselpsychose. Bitte denken Sie an all das, was ich schon ausgesprochen habe und was man eigentlich nicht sagen darf, dann werden Sie vielleicht erraten, was ich von Ihnen will. Aber es ist besser, Sie sind mir einen Augenblick böse als daß ich Ihnen unverständliche Rätsel aufgebe. Also vergessen Sie nie, daß ich von den ersten Monaten dieses Jahres her so tief in Ihrer Schuld stehe, daß Sie mich unendlich glücklich machen, wenn ich Ihnen das Leben etwas erleichtern kann. Bitte haben Sie Vertrauen zu mir und verfügen Sie über mich, soweit man das bei der Entfernung sagen kann. Ich bin froh, wenn ich alle acht Tage von Ihnen höre, denken Sie an das Motto, das Sie mir in den Gracian schrieben.

In anständiger Freundschaft, herzlicher als je

Ihre Felicitas.

ORIGINAL Typoskript.

meine Karte: Nicht erhalten.

die Mummerehlen: Das Stück aus der »Berliner Kindheit« hatte am 5. Mai im »Unterhaltungsblatt der Vossischen Zeitung« gestanden.

meine Schwester ... mein Schwager: Liselotte Karplus (geb. 1909) hatte Zahnmedizin studiert; sie war zu der Zeit mit Ernst Schachtel (1903 bis 1975) verlobt, der als Jurist arbeitete, sich dann aber zum Psychoanalytiker ausbilden ließ. Er war 1933 nach England und 1934 in die Schweiz emigriert. Seit 1935 Mitarbeiter des Instituts in New York.

der Mann von der Sybill Carl: Das ist der in Frankfurt geborene Carl Dreyfuss (1898-1969), der vor 1933 gelegentlicher Mitarbeiter des Instituts für Sozialforschung war. 1933 publizierte er eine Arbeit »Beruf und Ideologie des Angestellten«, in der er seine Erfahrungen als leitender Angestellter in der Industrie verwerten konnte. Unter dem Namen Ludwig Carls arbeitete er, von einem Aufenthalt in Stockholm 1933 abgesehen, mindestens bis 1935 in Berlin – hauptsächlich als Dramaturg – für die Berliner Filmindustrie. Über seine erste Frau Sybil ist nichts ermittelt.

12 Walter Benjamin an Gretel Karplus
San Antonio (Ibiza), 16.5.1933

Liebe Felizitas,

um abzuwechseln habe ich heute meine Schreiberei einmal ins Café verlegt. Vor meinen Waldverstecken hat es wenig Vorteile. Aber manchmal braucht man doch den Anblick eines Glases Kaffee vor sich als Stellvertreter einer Zivilisation, von der man sonst hinreichend distanziert ist. Dies Jahr hat man ihn hier sogar mit Milch. Das Kinderschreien und die ibizenkischen Diskurse in der Nähe sollen uns auch nicht stören. Ich glaube, es ist richtig, Ihnen endlich in einem guten Augenblick zu schreiben; vielleicht erschien, und war, mein letzter Brief ein wenig bewölkt. Es können sich schon manchmal Wolken sammeln, die einen Schatten auf mein Schriftbeet werfen. Nun fühle ich mich aber aufgeheitert durch eine kleine Sendung Bücher, die ich eben von Max aus Genf bekommen habe und mit deren Hilfe ich nun, gestützt auf Ihre Sendung, endlich die Arbeit mit der Hoffnung beginnen kann, notdürftig ihre Armut zu bekleiden. Denn ärmlich muß so ein Versuch sogar bei reichen technischen Mitteln ausfallen, weil es Vorarbeiten so gut wie garnicht gibt. Ich habe mir die ersten Gedanken über ihn bei der Lektüre des Buches von Céline »Voyage au bout de la nuit« gemacht, von dem Sie selbstverständlich gehört haben. Da ich jedoch vom Ende des umfangreichen Bandes noch weit entfernt bin, will ich diese Gedanken für heut noch für mich behalten. Nun habe ich noch vierzehn Tage bis zur Ablieferung dieses Manuscripts und diese wollen vom Morgen bis zum Abend verwertet sein.

Sie werden also, mindestens in dieser Hinsicht, den Ihren gleichen. Die freilich wären ohne Magenwaschungen uns beiden lieber. Ich fürchte, daß das eine Quälerei für Sie bedeutet; vom Zeitverluste ganz zu schweigen. Werden Sie das denn lange machen müssen? hoffentlich hilft es baldigst und verschwindet. – Sie sehen, daß ich Ihren Brief vom sechsten bekommen habe. Und nicht nur den, sondern soeben auch, zu meiner großen Freude, das Rundschau[heft]. Sogleich, auf einer Karte, habe ich die Büchersendung, als sie kam, bestätigt. Aber da ich schon nichts als danken tun kann, müssen Sie sichs gefallen lassen, daß es zweimal geschieht. Das war, wenn ich das sagen darf, im Stillen bei mir oft eine Frage: ob es nicht einen Menschen gäbe, der mir Fragen im Brief beantworte, die ich nicht fünfmal zu wiederholen hätte oder Bitten – die freilich zu erfüllen um so mühevoller sind als sie Kleineres betreffen – nachkommen könne. Sie haben diese stille Frage beantwortet und können überzeugt sein, daß ich weiß, was das bedeutet. Auch werde ich nicht Ruhe haben, bis der Rest der Zeitschriften mit meinen Sachen, die ich bei meiner Arbeit jederzeit benötigen kann, bei Ihnen liegt. Sie brauchen doch darum nicht zu fürchten, daß Sie oft mit Bitten um Sendungen behelligt werden. Vielmehr scheint sich die Möglichkeit zu bieten, bald durch einen Bekannten, der hierherkommt, mir die Sachen zustellen zu lassen. Sollte sich das verwirklichen, so bitte ich Sie, dem Boten, der sie holen wird, die Sachen, deren Verzeichnis Sie mir sandten wie den Rest der Zeitschriften, die Ihnen hoffentlich mein Mädchen baldigst bringt, auszuhändigen. Sein Ausweis wird in der andern Hälfte der Unterschrift bestehen, deren eine ich Ihnen hier beilege. Voraussetzung dafür ist freilich, daß die Sachen alle bei Ihnen sind, denn es handelt sich um eine Gefälligkeit und ich kann meinen Bekannten nicht gut an zwei Stellen schicken. Für meinen Essay über französische Literatur werde ich freilich das Material nicht mehr verwenden können. Aber danach habe ich einen über Bennett vor. Über »Konstanze und Sophie«, seinen berühmtesten Roman, habe ich kürzlich geschrieben. Heute hat mir der Rheinverlag zugesagt, mir ein anderes großes Werk von ihm zur Verfügung zu stellen.

Ich bin sehr glücklich, daß Sie es an Ihrem Arbeitsplatz so gut getroffen haben. Aber hoffentlich ist auch für Ihre Muße ein wenig gesorgt. Daß es Teddie so schlecht geht, höre ich ungern. Aber bei seiner zähen Aktivität wird er, so glaube ich, bald etwas gefunden haben, woran er sich von neuem konzentrieren kann. Ich will nicht böse sein, wenn das gerade kein Brief an mich ist. Wenn er jedoch von meiner Rezension schon schweigt, so würde ich sie doch gern zu Gesicht bekommen. Erstens für mein Archiv und zweitens auch um mich zu vergewissern, daß der Abdruck wortgetreu vorgenommen worden ist. Könnten Sie mir ein (oder sogar zwei) Belege von dieser Rezension und von der Mummerehlen senden, so würden Sie mir eine große Freude machen. Ich habe sonst garkeine Belegexemplare.

Sie sehen, daß mit jedem Brief so unterm Schreiben sich eine kleine Bitte einstellt.

Um Sie das ein wenig vergessen zu lassen, kommt nun noch ein kleiner Tageslauf mit den mannichfachen Gedanken und Projekten, die so mit ihm mitgetrieben werden, auf der Oberfläche. Also ich stehe um halbsieben auf, manchmal um sechs, und um sieben auf irgendeinem Berghang, wo ich meinen versteckten Liegestuhl aufsuche. Dann, um acht, entpfropfe ich wie irgend ein Maurerlehrling oder Steinklopfer die Thermosflasche und beginne zu frühstücken. Danach arbeite und lese ich bis ein Uhr. Von den Projekten wäre allenfalls das eines Kriminalromans erwähnenswert, den ich freilich nur schreibe, wenn ich die Vermutung haben kann, er müsse glücken. Noch kann ich erst mit großem Vorbehalt an einen denken, tun vorderhand nichts anderes als auf kleinen Zetteln Szenen, Motive, Tricks zu späterer Überlegung aufzuschreiben. Wenn ich so gegen zwölf Uhr ein paar Schritt im Walde mache, kommt manchmal Paris mir in den Sinn. Es ist nicht nur die Vorstellung der Trübnis des Winters, der mich hier erwarten würde, sondern auch die mancher andern Notwendigkeit, die meine Rückkehr dorthin, wenigstens für eine kurze Zeit gebieten kann. Das aber ist im Ganzen eine ziemlich belastende Gedankenkette, da von irgend einer Möglichkeit, die Insel zu verlassen, bisher nicht einmal der Begriff sich fassen läßt. So kehre ich denn also, leicht verdüstert, in meinen Stuhl zurück und nehme etwa ein neues Blatt aus der »Berliner Kindheit« vor. Ich denke an ein »Aufwachen nachts«; auch manches andere. Aber die laufenden Sachen drängen das noch in den Hintergrund.

Leider sind die dringendsten Bitten um Rezensionsexemplare bisher noch von keiner Seite berücksichtigt worden. Da diese aber die immerhin verbindlichste Art von Aufträgen darstellen, so wäre es für mich unendlich wertvoll, wenn Wiesengrund tatsächlich bei der »Europäischen Revue« solche – beziehungsweise andersartige – für mich erwirken könnte. Im Augenblick ist mir, *einer fremden Redaktion gegenüber* die subalterne Form des Bücherreferates fast die liebere, weil sie erstens meine kleine Handbibliothek vermehrt, zweitens für beide Teile verpflichtend ist.

Soviel von den literarischen Perspektiven. Um zwei Uhr wird an einer langen Tafel, an der ich mich des »Artigseins« befleißige, gegessen. Noch ist es nicht so heiß, daß man nach Tisch schlafen müßte. Ich sitze meistens unter einem Feigenbaum vorm Haus und lese oder kritzele. Versuche, mir den späteren Nachmittag mit Hilfe eines Schachpartners zu versüßen, sind bisher beklagenswerterweise fehlgeschlagen. Ich wäre schließlich mit Sechsundsechzig oder Domino zufrieden. Aber die Leute sind, da sie zumeist nichts Vernünftiges tun, zu seriös dazu. Bisweilen gibt es eine kleine Unterhaltung in dem Café, in dem ich diesen Brief begonnen habe, aber eben durch das Erscheinen eines Gastes, der mit mir einige Worte sprach, auch unterbrach. Jetzt schreibe ich in meinem Zimmer weiter, welches ich mit dreihundert Fliegen teile.

Um neun, halb zehn Uhr spätestens gehe ich zu Bett und leiste mir dann bei der feenhaften Beleuchtung einiger Kerzen noch irgendwelche Luxuslektüre. Der verdanke ich auch die Bekanntschaft mit Georges Simenon, einem Verfasser ganz beachtenswerter Kriminalromane. Im übrigen hat die anhaltende Arbeit der letzten beiden Wochen eine recht unvermutbare Folge gehabt. Ich bin nämlich gegen meine Abgeschlossenheit empfindlicher geworden. Wenn ich tagsüber soviel gelesen, einiges geschrieben habe, so entsteht – nicht immer, aber doch nach einiger Zeit – am Abend ein Bedürfnis, ein paar vernünftige Worte zu sprechen, oder, lieber noch, solche an mein Ohr schlagen zu lassen. Da aber stoße ich geschwindest auf die Grenzen, die mir hier gesteckt sind. In Noeggerath hat der vergangne Winter in San Antonio scheinbar unverlöschlich Spuren von trauriger Natur hinterlassen. Er scheidet für ein ernsthaftes Gespräch fast immer aus. Ein paar junge Leute, welche unter den neu eingetroffnen Fremden sind, ließen schon mit sich reden; von ihnen hören aber kann man nicht. So kann es mir passieren, daß der vergangene Tag bisweilen um das Beste kommt, das erst der Abend aus ihm entfalten würde. Es wird sich da auch nicht viel ändern. Und so kommt es, daß ich bisweilen mit dem Gedanken spiele, nach Mallorka herüberzugehen, wo in Cala Ratjada Blei sitzt, der in Berlin gewiß eine mäßige Attraktion wäre, hier aber durch seine Bibliothek, die er bei sich haben soll, bedeutend an Prestige gewinnt. Natürlich ist im Augenblick nicht dran zu denken; aber wieviel anheimelnder und leichter werden solche Gedanken vor dem Schlafen, wenn von Ihnen wieder einmal, ganz ohne

Aufhebens, ein Gruß zur Tür hereingeglitten ist. Dann wagt man wieder ein bischen zu träumen; und etwas Lieberes können Sie garnicht gewollt haben.

Ich ende diese Zeilen in Ibiza, auf einer hohen Terrasse. Die Stadt liegt unter mir; der Lärm aus einer Schmiede oder von einem Bauplatz dringt wie Atemzüge des fast am Fuße meiner Bastion beginnenden Landes herauf – so schmal ist der Streifen Stadt. Ich sehe zur Rechten der Häuser das Meer und hinter diesen beginnt die Insel sich ganz sanft zu heben um hinter einer Hügelkette, die geduldig den Horizont begleitet, wieder zum Meer abzusinken. Sie fühlen, was »eine Insel« heißt und lassen diesen meinen Gruß wie ein kleines Modell von ihr in Ihre Hände gleiten.

Wie immer
Ihr
Detlef

16 Mai 1933
Ibiza (Balearen)
San Antonio
Fonda Miramar

ORIGINAL Manuskript.

eine kleine Sendung Bücher: Über die von Max Horkheimer veranlaßte Büchersendung ist Detaillierteres nicht bekannt.

Céline »Voyage au bout de la nuit«: In Paris 1932 erschienen; die deutsche Übersetzung – »Reise ans Ende der Nacht« – von Werner Rebhuhn wurde 1933 in Leipzig veröffentlicht.

das Rundschau[heft]: Welche Nummer der »Neuen Rundschau« Gretel Karplus geschickt hatte, war nicht zu ermitteln; eine Durchsicht der im Zeitraum davor erschienenen Hefte ergab keinen Anhaltspunkt dafür, daß das Heft wegen eines Benjamin besonders interessanten Aufsatzes geschickt worden war.

eine Karte: Sie ist nicht erhalten.

ein Bekannter / der Bote / Sein Ausweis: Nicht ermittelt. – Der Zettel mit der einen *Hälfte der Unterschrift* ist nicht erhalten.

Bennett / ein anderes großes Werk von ihm: Die 1910 und 1911 erschienenen Romane »Clayhanger« und »Hilda Lessways«, die beide 1930 in der Übersetzung von Daisy Bródy herausgekommen waren. Benjamin las die Romane, schrieb aber nicht über sie.

mannichfach: So in Benjamins Handschrift.

Projekt ... eines Kriminalromans: Vgl. die Entwürfe in GS VII·2, S. 846-850; zu der Zeit dürften wohl vor allem die »Materialien zu einem Kriminalroman« (vgl. ebd., S. 846 f.) entstanden sein (s. auch Brief Nr. 34 und die Anm. dort).

»Aufwachen nachts«: Aus diesem Gedanken entstand Mitte August 1933 »Der Mond« (vgl. jetzt GS IV·1, S. 300-302 und GS VII·1, S. 426-428).

Aufträge ... bei der »Europäischen Revue«: Adornos Intervention bei Joachim Moras, die Gretel Karplus in ihrem Brief vom 6. Mai angekündigt hatte, blieb anscheinend folgenlos.

die Bekanntschaft mit Georges Simenon: Benjamin las auf Ibiza »Le relais d'Alsace«, »Les treize coupables«, »Monsieur Gallet«, »Le pendu de Saint-Pholien« und »Le port des brumes«.

13 Gretel Karplus an Walter Benjamin
Berlin, 25.5.1933

(6.) 25. Mai 1933.

Mein lieber Detlef,

über Ihren letzten ausführlichen Brief bin ich sehr froh, Sie wissen gar nicht wie sehr Sie mich mit Ihren Nachrichten beruhigen.

Ihr Archiv ist unterdessen in der Prinzenallee gelandet, die Dohrmann hat sich wegen der Verspätung entschuldigt, sie ist umgezogen und bei der neuen Wohnung mußten Freund und Bruder helfen. Mir ist es als wenn ich mit Ihren Sachen einen Teil von Ihnen hier hätte, und ich bin beinahe darüber traurig, daß ich sie so schnell wieder hergeben soll. Ich weiß nun freilich nicht, ob es nicht praktischer wäre, wenn Sie nur die für Sie wichtigen Skripten holen ließen, die wertvollen Bücher sind doch vielleicht bei mir besser aufgehoben und die vielen Duplikate unter Umständen für Sie nur eine Belastung. Bitte halten Sie mich deshalb noch nicht für ganz unbrauchbar, aber ich kann trotz besten Willens den Ausweis für Ihren Freund nicht mehr finden, ich weiß, es war der Vorname mit einem Stückchen vom H., ich glaube nicht, daß ein Irrtum möglich ist, aber wenn Sie ganz sicher gehen wollen, erneuern Sie bitte diesen passe-port. Die beiden gewünschten Belege aus der Voss habe ich heute als Drucksache abgeschickt, so lange dauerte leider das Besorgen. – Teddie ist jetzt ständiger Mitarbeiter bei der Revue und hat Dr. Moras Ihre Adresse gegeben, er will sich an Sie wenden. Die Angelegenheit hat nur einen Haken, nämlich die Geldknappheit des Verlags. Ich wäre Ihnen sehr dankbar, wenn Sie mir angeben könnten, wo Ihre Artikel immer erscheinen, damit ich sie mir verschaffen kann, so würde ich z. B. die Kritik über das Buch von Bennett gern sehen.

Lieber Detlef, ich habe eine große Angst um Sie, nämlich die Inselpsychose, ich fürchte sehr, daß Sie auf die Dauer das Dasein des Abgeschlossenen nicht ertragen werden, daher tröstet es mich ein wenig, daß Sie auch schon an Mallorka und für den Winter an Paris gedacht haben. Ich bitte Sie noch einmal sehr herzlich darum, mich beizeiten wissen zu lassen, was ich für Sie tun kann, eventuell sogar gegen Ihre momentanen Hemmungen und Bedenken; denn ich würde es mir nie verzeihen, wenn Ihnen etwas zustoßen würde, soweit es in menschlicher Macht liegt, werde ich Ihnen helfen können. Gerade eben habe ich so große Worte in den Mund genommen und sofort muß ich Sie im Stich lassen und enttäuschen. Der Arzt hat mir eine Ruhe- und Schonzeit verordnet, nachdem ich am Sonnabend wieder einen scheußlichen Migräneanfall hatte, und so fahre ich am Pfingstsamstag für drei Wochen an die Ostsee, nach Rügen. Binz ist die Sommerfrische meiner Kindheit, aber ich finde es heute noch auch von den

Erinnerungen abgesehen herrlich, besonders im Juni, wenn noch keine Menschen dort sind. Teddie wird mich begleiten und dann im Juli wahrscheinlich nach Frankfurt fahren, zur Beratung. Lieber, bitte, seien Sie mir nicht böse, daß ich Ihre, unsere Pläne mit einem Wort so grausam zerstöre, ich habe ja noch eine Woche Urlaubsrest, vielleicht läßt sich dann ein meeting arrangieren. Ich hoffe recht bald eine Zeile von Ihnen nach Binz zu bekommen: Binz Rügen Villa Aegir bei Gips. Heut ist Himmelfahrt, hier verregnen die Herrenpartien pflichtschuldigst, verleben Sie Pfingsten recht angenehm, alles Liebe, herzlichst immer Ihre Felicitas.

ORIGINAL Typoskript.

Ihr Archiv: Benjamins Sammlung seiner Manuskripte, Typoskripte und gedruckten Arbeiten.

14 Walter Benjamin an Gretel Karplus
Ibiza (Ibiza), ca. 26.5.1933

Um mit einer Art von Geständnis zu beginnen, liebe Felizitas – Sie bekommen mit diesen Zeilen etwas wie die primeurs des Tages, eine besonders, und unter besonderen Umständen gereifte Stunde, die hoffentlich – in dieses Blatt gepreßt – nicht ihren ganzen Duft und ihre Farbe verliert. Was den Kontur betrifft, getraue ich mich schon, ihn einigermaßen dauerhaft hinzuzeichnen. Es bleibt mir aber nichts anderes übrig, als diese seltene Staude Ihnen zu schicken, da die andern, die in diesen letzten Tagen meine Stunden getragen haben, meist verkümmert waren. Und da an deren Verkümmerung Sie Ihren Anteil haben, so kommt er Ihnen folgerecht auch an dem zu, was ich mit diesen Worten Ihnen widme: will sagen einer runden, ausgereiften, im Morgenwind schwankenden Stundenfrucht.

Denn warum haben Sie mir nicht geschrieben? meine vergangnen Tage wären gelungner, dieser beginnende freilich nicht so tröstlich gewesen. Und nun beschäme ich Sie, ehe ich Ihnen Lieberes sage, zum letzten Mal, indem ich Ihnen anvertraue, daß der Trost mir leider nicht aus einer Nachricht von Ihnen kommt, welche ich auch heute noch vergeblich erwartete. Woher er kommt, ist eigentlich nicht allzu schwer erratbar, wenn Sie sich nur in die Schilderung des Raums versenken, den ich vor Ihnen erstehen lassen werde und dabei einige Listen nicht vergessen, zu denen ich vor Jahren schon bisweilen meine Zuflucht genommen habe, ja, sie gemeinsam mit Ihnen zu nehmen versprochen hatte. Aber ich breche ab, um Sie in das Zimmer der Freunde zu versetzen, von denen ich Ihnen bereits gesprochen habe und deren Künste ich Ihnen, wenn ich nicht sehr irre, im Gespräch schon einmal angedeutet habe.

Inzwischen habe ich sie von ihnen gut erlernt und es steigen fast keine Wolken zur Zimmerdecke, so tief verstehe ich sie aus dem langen Rohr aus Bambus in mein Inneres hinabzuleiten. Fast trenne ich, indem ich dieses Ihnen anvertraue, mich schwer von dem Französischen, das ich die ganze Nacht mit meiner Stimme, wie ein sachter Wind ein Feuer am Kamin, unterhalten habe. Als der Abend herangekommen war, fühlte ich mich sehr traurig. Ich spürte aber jene seltene Verfassung, in der die innern und die äußern Beklemmungen einander sehr genau die Wage halten, so daß jene Stimmung entsteht, in der allein vielleicht man wirklich dem Trost zugänglich ist. Das schien uns fast ein Wink und nach den langen kundigen und präzisen Arrangements, die vorzunehmen sind, damit im Laufe der Nacht nicht einer sich zu rühren hat, gingen wir gegen zwei Uhr ans Werk. Wenn es auch nicht das erste Mal der Chronologie nach war, so doch dem Gelingen nach. Die Handreichungen, die sehr viel Sorgfalt erfordern, waren unter uns derart aufgeteilt, daß jeder Diener und Dienstleistungen empfangend zugleich war und das Gespräch wirkte sich in die Handreichungen hinein, wie Fäden, die in einem Gobelin den Himmel färben, die Schlacht durchwirken, die im Vordergrunde dargestellt ist.

Worüber dieses Gespräch sich hin-, woran es manchmal sich entlang bewegte, davon bin ich schwerlich imstande, Ihnen einen Begriff zu geben. Wenn aber Aufzeichnungen, die ich in der Folge über dergleichen Stunden machen werde, einen gewissen Grad von Genauigkeit erreicht und sich mit andern in einem Dossier, von dem Sie wissen, werden vereinigt haben, so wird auch der Tag erscheinen, wo ich Ihnen eines und das andere daraus gern lesen werde. Heute habe ich beträchtliche Ergebnisse in der Erforschung von Vorhängen davongetragen – denn ein Vorhang trennte uns vom Balkon der auf die Stadt und auf das Meer hinausgeht. Noch früher aber kommt vielleicht dasjenige Ihnen zu, was ich an neuem über die Kunst des Erzählens gefunden habe – mein altes Thema, das mich immer noch und immer mehr beschäftigt und dem ich näher als je bei dem Versuch kam, eine lange Geschichte sich, durch Träumereien oder technische Obliegenheiten unterbrochen, gliedern zu lassen.

Daß ich so Französisch auf eine Art erlerne, daß ich bald es zwar nicht fehlerlos doch unbedenklich werde zu schreiben wissen, mit dieser, doch nur scheinbar schnöden und profanen, Erwähnung will ich diese Seite schließen.

Sie hebt sich heller als Sie denken vom Hintergrunde mancher andern ab, die ich sehr wohl tat, Ihnen in den letzten Tagen nicht zu schreiben. Das Haus, in dem ich bin, war wie verlaust von den Gesprächen zweier gräßlicher, kommuner Frauen, die dort aufgenommen und auch bis heute zu erdulden waren. Heut sind sie abgereist. Die Atmosphäre war quälend. Zu den Grübeleien, die sich von einer solchen angezogen fühlten, traten die über jene Arbeit, die jetzt endlich beinahe abgeschlossen ist und die mich von anderm abhielt, was mir unendlich viel mehr am Herzen liegt. Vor allem einigen neuen Kapiteln des Kinderbuches.

Die nächsten Tage versprechen sehr viel ruhiger zu verlaufen. Vielleicht habe ich sogar die Möglichkeit einiges zu diktieren. Und dann werde ich einen neuen Roman von Bennett beginnen, den man mir hierher geschickt hat. Denken Sie nicht, daß es eine unzarte Befangenheit ist, liebe Felizitas, wenn ich erst jetzt nach allem frage, was Sie angeht: Ihrer Stimmung, Ihrer Gesundheit, Ihrem Tagewerk, Ihrem Sorgenkind. Lassen Sie mich nicht wieder so lange warten. Verstehen Sie, daß ich Ihnen diesen Brief mehr schenken als schreiben wollte und hören Sie aus ihm nicht nur ein zögerndes Adieu sondern auch einen morgendlich klingenden »Guten Tag« von Detlef heraus.

ORIGINAL Manuskript.

Zur Datierung: Benjamin hielt sich nach seinen eigenen Angaben vom 25. bis 31. Mai in der Stadt Ibiza auf; das Opiumrauchen, das der Brief schildert, hat also frühestens in der Nacht vom 25. auf den 26. Mai stattgefunden. Im Brief an Scholem vom 31. Mai (vgl. GB IV, Brief Nr. 788) spricht Benjamin davon, daß er in der Stadt seinen – *endlich beinahe abgeschlossenen,* wie es oben heißt – Aufsatz »Zum gegenwärtigen gesellschaftlichen Standort des französischen Schriftstellers« diktiert habe.

Wage: So in Benjamins Handschrift.

Aufzeichnungen: Das sind die »Crocknotizen« (vgl. GS VI, S. 603-607), die also auf Ende Mai 1933 und nicht auf 1932 zu datieren sind.

Das Dossier: Die »Protokolle zu Drogenversuchen«, die Benjamin für sein geplantes Buch über Haschisch zusammengefaßt hatte (vgl. GB IV, Brief Nr. 744 und die Anm. dort).

die Erforschung von Vorhängen: Vgl. auch GS VI, S. 604 f.

eine lange Geschichte sich ... gliedern zu lassen: Vermutlich hatte Benjamin auf die geschilderte Weise entweder eine *Geschichte* vorgelesen oder improvisierend vorgetragen; Näheres war nicht zu ermitteln.

[ich] will diese Seite schließen: Im Original auf der Mitte der zweiten Seite.

zwei Frauen: Vermutlich Felix Noeggeraths dritte Frau Marietta (vgl. Gershom Scholem, Walter Benjamin und sein Engel, hrsg. v. Rolf Tiedemann, 2. Aufl., Frankfurt a. M. 1992, S. 108) und seine Schwiegertochter, deren Name nicht ermittelt ist.

Ihr Sorgenkind: Das ist Adorno.

15 Gretel Karplus an Walter Benjamin
Berlin, 4.6.1933

Pfingstsonntag 1933.

(7.)

Mein sehr lieber Detlef,

ich danke Ihnen tausend Mal für Ihren letzten Brief, dieses kleine Geschenk, das nur Sie sich extra für mich ausdenken konnten. Ich lese ihn immer und immer wieder und bedaure unendlich, dies nicht mit Ihnen gemeinsam erfahren zu dürfen. Sehr verstört bin ich über Ihr Drängen nach meinen Briefen; denn ich antworte ziemlich regelmäßig ungefähr bis fünf Tage nach Erhalt Ihrer Nachrichten, sollte etwas verloren gegangen sein? Haben Sie in Erfahrung gebracht, ob man Postanweisungen auszahlt, dann könnte ich mir wenigstens einbilden, an Ihren nächtlichen Unternehmungen teilzunehmen.

Aus der Möglichkeit des Französisch-Schreiben-Könnens las ich eine leise Hoffnung heraus, und da ich nicht weiß, wann ich sie sonst zu sehen bekomme, wäre ich falls eine Möglichkeit besteht für Schreibmaschinenmanuskripte der dankbarste Abnehmer.

Ernst Frankfurter soll in London sein, seine Frau daheim, der andere läßt in Küsnacht nichts von sich hören. Im Geschäft dessen schöne Bärentatz-Marke Sie jetzt kennen, habe ich seit dem ersten Juni die Procura bis zur endgültigen Regelung. Bitte verraten Sie mich nicht, aber so ganz allein fürchte ich mich ein wenig in dem großen Berlin, wenn man nicht einmal telefonieren kann, um ein liebes Wort zu hören. Doch ich bin ein schrecklicher Egoist, daß ich Ihnen von meinen kleinen Schmerzen erzähle, die sich mit Ihrer Isolierung gar nicht messen lassen.

Mein Sorgenkind ist Freitag abgereist – wegen des Examens bitte ich um Diskretion –, und ich bin ziemlich gespannt, ob er bald wieder nach Berlin kommt beladen mit Plänen und Möglichkeiten. Nach fast drei Monaten Zusammenseins scheint mir alles recht einfach, aber jetzt rechne ich schon mit Komplikationen. Es ist gut denkbar, daß die rauhe Wirklichkeit ihre wichtige Funktion für ihn hat, zum Guten manches nachholt; vorläufig tappe ich noch im Dunklen.

Lieber, da ich es doch weiß, brauchen Sie sich nicht zu genieren, bitte womit kann ich Ihnen eine wirkliche Geburtstagsfreude machen?, bei der großen Entfernung muß ich beizeiten nachfragen, obgleich es noch fünf Wochen dauert. Vor zwei Jahren war ich an dem Tag mit Ernst und dem rauhbeinigen Dichtersproß nebst Frau bei Ihnen. Bitte schonen Sie mich nicht zu sehr und schreiben Sie mir nicht nur das Erfreuliche sondern auch die trüben Dinge, die Sie bedrücken, vielleicht finden wir zusammen besser einen Ausweg. – Es ist schon spät, recht gute Nacht träumen Sie etwas Schönes und denken Sie manchmal an

Ihre kleine

Felicitas.

Mein Name
Essayistik
Vermittlung der französischen Literatur
Unpolitisch
Berliner Kindheit um neunzehnhundert
Namen der Wichtigsten Essays: Goethes Wahlverwandtschaften
Keller Hebel
Proust Kraus
Green Surrealisten
Gide
Jüdische Enzyklopädie
Lichtenbergbibliographie

ORIGINAL Typoskript m. handschriftlichen Stichworten Benjamins auf der Rückseite.

Ernst Frankfurter: Das ist Ernst Schoen.

das Examen: Adorno dachte daran, ein Privatmusiklehrerexamen abzulegen.

der rauhbeinige Dichtersproß: Nicht ermittelt.

16 Walter Benjamin an Gretel Karplus San Antonio (Ibiza), ca. 10.6.1933

Liebe Felizitas,

ich lasse eine kleine Windmusik den Gipfel der Pinie schaukeln, unter der ich sitze, und male einen vierblättrigen Dank zu ihren Füßen. Diesen pflücken Sie sich für Ihren letzten Brief. Lieber hätte ich Ihnen ein paar dürre, stachlige Halme von Ostseedünen zu Pfingsten gewünscht. Ja, ich bin traurig daß Sie den Kopf, statt ihn in die Wellen zu tauchen, unter die Bärentatze ducken sollen. Lassen Sie mich bald wissen, wann Sie ihn wieder hervorwagen dürfen.

Daß aber die procura für das Bären- der für das Sorgenkind zur Seite tritt, ist tröstlich. Wenn dabei nur nicht gänzlich die abhanden kommt, die Sie für sich selber tragen sollen. Schreiben Sie mir einmal die resoluteren Sachen: ob es mit den Magenspülungen immer weiter gehen muß und ob sie schlimm sind? ob die Migräne sich verzogen hat? Was Sie eigentlich von Zeit zu Zeit zu Ihrer Aufhellung tun können, und wen Sie jetzt, nachdem das Sorgenkind verschwunden ist, sehen. Bei diesem letzten Stichwort will ich Ihnen für die Belegexemplare des Kierkegaard herzlich danken; auch anmerken, daß die Redaktion einen wichtigen Absatz der Anzeige – gegen Ende – gestrichen hatte. Von der »Europäischen Revue« habe ich noch nichts vernommen.

Ich bin fleißig gewesen und habe über »den gegenwärtigen gesellschaftlichen Standort des französischen Schriftstellers« eine Arbeit im Umfang von vierzig Maschinenseiten geschrieben. Dabei habe ich mich auf Gastfreundschaft stützen müssen, die mir in der Stadt Ibiza gewährt wurde. Denn hier in San Antonio sind indessen alle topographischen Mißhelligkeiten, die sich schon lange angekündigt hatten, dergestalt in Funktion getreten, daß meine Übersiedlung in die Stadt beschlossene Sache ist. Es wird dort unvermeidlich Kosten geben, die etwas über meine hiesigen hinausgehen. Nachdem ich aber, nicht ohne Erfindergeist, alle technischen Möglichkeiten, die für halbwegs ungestörte Arbeit hier bestanden hätten, ausprobiert habe, ohne daß auch nur eine sich bewährt hätte, muß ich meinen Entschluß fassen. Ich freue mich schon darauf, Ihnen einmal mündlich die Physiologie dieses Hauses und die Geheimnisse der Siedleratmosphäre auseinanderzusetzen, die sich allmählich in San Antonio gebildet hat.

Mir ist sie die verhaßteste und darum ergreife ich seit einiger Zeit jeden Vorwand um loszukommen. Das hat mir neulich einen der schönsten und entlegensten Teile der Insel erschlossen. Ich war nämlich gerade fertig zu einer einsamen Mondscheinwanderung auf den Gipfel der Insel, die Atalaya von San Jose, gerüstet, als ein flüchtiger Bekannter des Hauses auftauchte, ein skandinavischer Bursche, der sich in den Gegenden, wo es Fremde gibt, nur selten sehen läßt und in einem vergrabnen Gebirgsdorf wohnt. Er ist im übrigen ein Enkel des Malers Paul Gauguin und heißt genau wie sein Großvater. Am andern Tage machte ich die genauere Bekanntschaft dieser Figur und sie war bestimmt ebenso faszinierend wie die seines Gebirgsdorfs, in dem er der einzige Fremde ist. Früh um fünf fuhren wir mit einem Langustenfischer hinaus und trieben uns erst drei Stunden auf dem Meere herum, wo wir den Langustenfang gründlich kennen lernten. Es war freilich ein vorwiegend melancholisches Schauspiel, indem mit sechzig Reusen alles in allem drei Tiere eingebracht wurden. Freilich riesige und freilich an anderen Tagen oft viel mehr. Dann setzte man uns in einer versteckten Bucht ab. Und dort bot sich ein Bild von derart unverrückbarer Vollkommenheit, daß etwas Seltsames, aber nicht unbegreifliches in mir sich ereignete: ich sah es nämlich eigentlich garnicht; es fiel mir nicht auf; es war vor Vollkommenheit am Rande des Unsichtbaren.

Der Strand ist unbebaut; eine steinerne Hütte steht abseits im Hintergrunde. Vier oder fünf Fischerboote waren hoch ans Ufer hinaufgezogen. Neben diesen Booten aber standen, über und über schwarz verhangen, nur die ernsten, starren Gesichter unverkleidet, ein paar Frauen. Es war als ob das Wunderbare ihrer Anwesenheit und das Ungewöhnliche ihres Aufzugs einander die Wage gehalten hätten, so daß gleichsam der Zeiger einstand und mir garnichts auffiel. Ich glaube, daß Gauguin im Bilde war; es gehört aber zu seinen Eigenheiten fast nicht zu sprechen. Und so machten wir beinah schweigend unsern Anstieg schon über eine Stunde, als uns, kurz vor dem Dorfe, auf das wir es abgesehen hatten, ein Mann mit einem winzigen weißen Kindersarge unterm Arm entgegentrat. Da unten in der steinernen Hütte war ein Kind gestorben. Die schwarzverhüllten waren Klageweiber gewesen, die unter ihren Obliegenheiten doch ein so ungewöhnliches Schauspiel wie die Ankunft eines Kahns mit Motor an diesem Strand es war, nicht hatten versäumen wollen. Kurz: um dieses Schauspiel auffallend zu finden, mußte man es erst verstehen. Andernfalls sah man darauf so träge und gedankenlos wie auf ein Feuerbachsches Bild, angesichts dessen man auch nur so von Ferne denkt, es werde mit tragischen Gestalten am Felsenufer schon seine Richtigkeit haben.

Im Innern des Gebirges trifft man auf eine der kultiviertesten, fruchtbarsten Landschaften der Insel. Der Boden ist von ganz tief eingeschnittnen Kanälen durchzogen, so schmalen aber, daß sie oft auf weite Strecken unsichtbar unterm hohen Grase fließen, das vom tiefsten Grün ist. Das Rauschen dieser Wasserläufe gibt ein beinah saugendes Geräusch. Johannisbrotbäume, Mandeln, Ölbäume und Nadelholz stehen an den Abhängen und der Talgrund ist von Mais und Bohnenpflanzen bedeckt. Gegen die Felsen stehen überall blühende Oleanderbüsche. Es ist eine Landschaft, wie ich sie früher einmal im »Jahr der Seele« geliebt habe, heute drang sie vertrauter mit dem reinen flüchtigen Geschmack der grünen Mandeln in mich ein, die ich am andern Morgen um sechs Uhr von den Bäumen stahl. Auf Frühstück konnte man nicht rechnen; es war ein Ort abseits von aller Zivilisation. Mein Begleiter war der vollkommenste, den man für so eine Gegend sich denken kann. Ebenso unzivilisiert, ebenso hoch kultiviert. Er erinnerte mich an einen der Brüder Heinle, die so jung gestorben sind und er hat einen Gang, der oft nach augenblicklichem

Verschwinden aussieht. Ich hätte es einem andern nicht so leicht geglaubt, wenn er erklärt hätte, er kämpfe gegen einen Einfluß, den die Bilder Gauguins auf ihn hätten. Bei diesem Jungen konnte ich genau begreifen, wovon er sprach.

Etwas ganz anderes: in der Züricher Illustrierten erscheint seit etwa drei Wochen der Abdruck des Buches, in dem ein gewisser Tex Harding sich mit dem 1925 im brasilianischen Urwald verschwundnen Obersten Fawcett befaßt. Ich las den Beginn des Abdrucks und glaube, daß man es in dem Tramp und Cowboy, der dieses Buch verfaßt haben will – wahrscheinlich in der Tat verfaßt hat – mit einem sehr wichtigen und beispiellos begabten Autor zu tun hat. Wenn Sie das erste Kapitel, das in einer der ersten Mai- oder letzten Aprilnummern stehen muß, gelesen haben, werden Sie im Bilde sein. Sie werden sich die betreffenden Nummern der Züricher Illustrierten verschaffen, diese Serie mit atemloser Spannung lesen und mir dann schicken. Ja?

Dafür bekommen Sie einen Abdruck der Bennett-Rezension sowie ich im Besitz von Dublikaten bin.

Immer wieder habe ich Ihnen für eine der Anweisungen zu danken, die pünktlich und zu dem verhältnismäßig günstigen Kurse von 2,7 ausgezahlt werden. Jede von ihnen ist für mich ein kleines Modell von einem geborgnen Dasein und vielleicht steht es mit ihnen wie mit den kleinen Modellhäusern der Architekten, die oft viel reizender aussehen als nachher das Leben in den wirklichen sich gestaltet. Und nun wollen Sie schon an meinen Geburtstag denken. Ich habe lange nachgedacht und möchte Sie nur mit meinem liebsten Wunsch verbinden. Nun sagt Mac Orlan, für einen Mann von vierzig Jahren könne es eigentlich kein größeres Fest geben, als einen neuen Anzug anzuziehen. Soweit gut – aber nun werde ich einundvierzig und da braucht man Trost nötiger als Feste. Ja, gern möchte ich an diesem Tage blauen Rauch zu meinem Schornstein heraussteigen lassen. Aber seit langem hat er sich nicht mehr über meinem Dache gekräuselt und die Bilder, die ich in meinem letzten Briefe Ihnen einschloß, waren die letzten, welche er geformt hat. Wenn Sie einige edle Scheiter auf meinen Herd legten, so wären Sie meinen schönsten Stunden verbunden und meine Rauchfahne überm Haus würde am fünfzehnten bis zu Ihnen hinüberwehn.

Liebe Felizitas, für heute schließe ich ab. Natürlich sollen meine Bücher bei Ihnen bleiben. Nur die Scripten liefern Sie bitte aus; diese, der Einfachheit halber, bitte vollzählig. Es sei denn, daß Sie zufällig auf irgendein Stück besondern Wert legten. Aber das würde die andern Stücke vor den Kopf stoßen, und deshalb nehme ich es kaum an. – Mein Briefpapier ist zu ende und ich kann das mir – und hoffentlich Ihnen auch – liebgewordne Kuvert nicht auftreiben. Nehmen Sie diese Zeilen, die sich plumper in Ihre Hände spielen, doch freundlich auf.

Wie immer

Ihr Detlef

PS Ein freundlicher Brief der Europäischen Revue ist soeben gekommen.

ORIGINAL Manuskript.

Zur Datierung: Benjamin antwortet auf Gretel Karplus' Brief vom Pfingstsonntag, den 4. Juni, der ihn um den 10. Juni erreicht haben dürfte. Seine Angabe im Brief, Beginn und Dauer des Tex-Harding-Abdrucks in der »Züricher Illustrierten« betreffend, scheint auf einem Irrtum zu beruhen.

die Atalaya: Der Atalayasa de San José, südlich von San Antonio gelegen, ist mit 476 m die höchste Erhebung auf Ibiza.

ein Enkel des Malers Paul Gauguin: Der dänische Graveur Paul-René Gauguin (1911-1976).

Wage: So in Benjamins Handschrift.

ein Feuerbachsches Bild: Vermutlich dachte Benjamin an die Bilder »Iphigenie« (1862 und 1871) und »Medea« (1870) von Anselm Feuerbach.

die Brüder Heinle: Christoph Friedrich Heinle (1894-1914), den Benjamin

1913 in Freiburg i. Br. kennengelernt hatte, und Wolf Heinle (1899-1923), der hier gemeint sein dürfte.

das Buch, in dem ein gewisser Tex Harding: Das Buch von Tex Harding (eigentlich: Harry Brown) trug den Titel »Verschollen. Auf den Spuren des Obersten Fawcett« und ist 1933 erschienen; der Abdruck in der »Züricher Illustrierten« ist nicht ermittelt.

Dublikate: So in Benjamins Handschrift.

Mac Orlan [sagt]: Gegen Ende der Erzählung »Docks« heißt es: »Aujourd'hui encore, je crois que pour un homme, qui n'a pas dépassé quarante ans, le plus doux des plaisirs est de revêtir un costume qui plaît. Un costume neuf apporte avec soi une vie nouvelle, comme neuve elle aussi, une vie pleine d'interêt immédiat et satisfactions à la fois littéraires, nouvelles, anecdotiques, sociales et personelles.« (Vgl. jetzt Pierre Mac Orlan, Sous la lumière froide, Paris: Gallimard, collection folio, 1979, S. 162)

Ein freundlicher Brief der »Europäischen Revue«: Er hat sich im Nachlaß Benjamins nicht erhalten.

17 Gretel Karplus an Walter Benjamin Berlin, 17.6.1933

17. Juni 1933.

(8.)

Lieber Detlef,

gestern war ich so in Angst um Dich, daß ich ein Telegramm aufgegeben habe, das allerdings erhebliche Schwierigkeiten auf der Post verursachte, und ich bin auch nicht sicher, daß es wirklich angekommen ist. – Ich bin sehr stolz auf Deine Briefe, sie werden schön alle aufgehoben und sind ein ganz kleiner Ersatz für unsere Abende. Du siehst, ich schlage heute über die Stränge, aber ich habe Sehnsucht nach Dir, und da schwindet sogar die Hemmung vor der Zensur.

Mir geht es gesundheitlich im Augenblick nicht schlecht, mit den Magenspülungen habe ich bei Nr. 5 Schluß gemacht, ich nehme jetzt Tabletten und liege Sonntags im Paddelboot in der Sonne. Ich bin zwar in dieser Woche keinen Abend frei, aber es lohnt sich kaum Namen aufzuzählen: Carlchen, Alfred aus Positano, ein Student von Teddie und glühender Verehrer der Benjamin-Literatur; nur neulich hatte ich Glück, da traf ich bei einer Bekannten, bei der ich auch alles andere eher vermutet hätte, Elisabeth, Berts Freundin, die ich bisher nur vom Sehen kannte. Er ist seit kurzem in Paris, sie hat mir recht gut gefallen, ich hoffe, sie ab und zu zu sehen, vielleicht lerne ich durch sie auch Deinen Bankdirektor kennen, den ich ohne Grund nicht anrufen mag.

Ich werde jetzt, da ich weiß, daß sie ankommen öfter rosa Zettel schicken, vielleicht kann ich es Dir dadurch dort unten etwas leichter machen. Wenn Du es als Geburtstagsgeschenk auffaßt, ist es mir recht, ich hätte es so auch getan und dachte eigentlich an etwas, das Du nicht bekommst, und was ich Dir hier leicht besorgen könnte. Schade ist nur, daß ich selbst gehandicapt bin und nicht mehr so frei disponieren kann wie früher, aber Du weißt das ja und rechnest sicher den guten Willen mit. Mich machst Du damit sehr froh, denn ich weiß jetzt wieder, warum ich eigentlich Geld verdienen muß, ich adoptiere Dich anstelle des Kindes, das ich doch nie bekommen werde. – Hast Du regelmäßig Nachricht von Stefan, ist da alles in Ordnung?

Der Brief ist ein wenig matt geworden, nicht so froh, wie ich die Nachrichten an Dich gern halten möchte, vielleicht ist das das Spiegelbild meiner steten Bemühung mich nicht unterkriegen zu lassen. – Ich freu mich, daß Du an mich denkst, leb wohl, schlaf gut, träum schön und schreib mir oft
immer

Deine

Felicitas

ORIGINAL Typoskript.

ein Telegramm: Nicht erhalten.

Alfred aus Positano: Alfred Sohn-Rethel (1899-1990) und Benjamin hatten sich 1921 in Heidelberg kennengelernt.

ein Student von Teddie: Nicht ermittelt.

Elisabeth: Die Schriftstellerin Elisabeth Hauptmann (1897-1973), zeitweise Brechts dramaturgische Mitarbeiterin.

Dein Bankdirektor: Der aus Wien stammende Gustav Glück (1902-1973) war bis Ende 1937 als Direktor der Auslandsabteilung der Reichskreditgesellschaft in Berlin tätig. Er emigrierte 1938 über England nach Argentinien.

rosa Zettel: Die postalischen Geldüberweisungen sind gemeint.

Stefan: Stefan Rafael Benjamin (1918-1972), Benjamins Sohn aus seiner Ehe mit Dora Sophie, geb. Kellner (1890-1964).

18 Walter Benjamin an Gretel Karplus San Antonio (Ibiza), ca. 25.6.1933

Liebe Felizitas,

die Umgruppierung, die ich so lange geplant und doch vermieden habe, bis es mir gelang Mehrkosten durch sie zu vermeiden, ist nun durchgeführt. Ich wäre glücklich, wenn ich hoffen könnte, daß die neue Einrichtung, die ich seit gestern getroffen habe, so lange, wenigstens, andauern könnte wie die alte gedauert hat. Das ist sehr fraglich. Immerhin – für den Augenblick bin ich so gut es hier sich überhaupt nur machen läßt, logiert. Ich wohne wieder auf dem alten Ufer vom Vorjahr, an das ich mich im Winter so oft geträumt habe. Zwar ist es nicht mehr ganz so einsam; in meinem Fenster steht auch nachts nicht mehr der Leuchtturm von Canighora – der Insel, auf der Hannibal geboren ist. Aber das Meer ist wieder nur zwanzig Schritte von meinem Zimmer entfernt; es hat an dieser Stelle einen kleinen Strand. Und in der Nachbarschaft befindet sich das Häuschen, in dem, mit einigen Gästen, der sehr sympathische Junge wohnt, der dessen Besitzer und, nebenamtlich, mein Sekretär ist. Ich aber bin in einem Neubau, ganz in der Nähe, einquartiert. In diesem Hause ist zwar erst eine Stube fertig, ringsherum wird fleißig gebaut. Bei Tage ist es daher kein Aufenthalt; da muß man sich an den Wald halten, der sehr nah und recht einsam ist. Aber die Mahlzeiten habe ich, vorläufig wenigstens, in dem besagten Nachbarhäuschen.

Ich hätte diese ganze Einrichtung gern viel früher getroffen, wo ich sie mit der Aussicht auf längere Dauer hätte verbinden können; aber das fragliche Quartier ist eben vor ganz wenigen Tagen erst unter Dach gekommen. Jetzt hoffe ich, Ähnliches bald von meinen nächsten Arbeiten sagen zu können; vor allem neuen Stücken der »Berliner Kindheit«. Aber einige Tage wird es schon dauern, bis alles wieder soweit eingespielt ist, daß einem Gedanken kommen. Über diese Tage kann ich mir unschwer mit einem Roman von Bennett hinweghelfen, der sehr umfangreich und, ohne es mit »Konstanze und Sophie« aufnehmen zu können, immerhin sehr lesenswert ist. Er heißt »Die Familie Clayhanger«.

Wären Familienromane der Fall meiner Autorschaft, so könnte ich mich mit der Aufzeichnung der Vorkommnisse und Begebenheiten, die ich an einigen bemerkenswerteren Familien der Fremdenkolonie hier verfolgt habe, zu einigen stattlichen Bänden aufschwingen. Vor allem erscheint der »Verfall einer Familie«, den Thomas Mann in den »Buddenbrooks« studiert hat als glimpflich mit jenem der Familie Noeggerath verglichen, an der ich im vorigen Jahre hier einigen geselligen, wenn schon nicht geistigen, Anhalt hatte.

Ein kleines Figürchen habe ich neulich wieder aus dem grünen Holze geschnitzt: ich denke, es wird Ihnen vor Augen gekommen sein. In Wirklichkeit ist es nichts Neues sondern die Umarbeitung eines Stücks, das Sie in Berlin gewiß von mir einmal hörten. Ein anderes dürfte Ihnen noch bevorstehen, das in der Tat ganz neu, in der Gestalt aber, in der Sie es vielleicht erblicken werden, nicht neu genug ist. Ich meine die »Knabenbücher«, von denen ich Ihnen, falls sie erscheinen, ein verbessertes Exemplar zusenden werde. Denn ich habe das Stück, nachdem es abgesandt war, nochmals wesentlich überarbeitet. Die nächsten Tage sind übrigens nicht diesen Dingen sondern, soweit ich auf Bennett verzichten kann, einer vergleichenden Redaktion von zwei Arbeiten vorbehalten, die zwanzig Jahre auseinanderliegen. Ich habe mir ein Exemplar meiner ersten Spracharbeit »Über Sprache überhaupt und über die Sprache des Menschen« verschafft und will sehen, wie diese zu den Überlegungen sich verhält, die ich anfang dieses Jahres niedergeschrieben habe. Diese werden mit großer Spannung in Jerusalem erwartet, und mir ist daher etwas beklommen zu Mute.

Von Berthold höre ich nichts, dagegen dann und wann von Elisabeth. Ich freue mich sehr, daß Sie sie gesehen haben. Von den beiden Ernst höre ich keine Silbe. Sie sehen, mit meiner Korrespondenz ist es spärlich bestellt und ich weiß nicht einmal, ob es Ihnen erheblich scheint, daß Sie darin die erste Geige spielen. Sie müßten dann dies Orchester mehr nach der Aufmerksamkeit seines einzigen Lauschers als nach der Stärke seiner Besetzung ehren. Neben Ihnen aber hat bestimmt Gerhard den größten Part. Die Briefe aus Jerusalem sind, wie Sie sich denken werden, jetzt besonders interessant und mit ziemlicher Sicherheit kann ich alle vierzehn Tage auf einen rechnen.

Ganz glücklich bin ich, daß die Magenspülungen aufgehört haben. Und hoffentlich fallen die Sonntage im Boot recht tröstlich aus. Zwar höre ich von Leuten, die noch mit Verwandten korrespondieren, und also hören wie das Wetter ist, daß es recht regnerisch in Deutschland sei. Hier unterscheidet sich der Sommer jedenfalls vom vorigen, in welchem Sturm und Regen selten waren. Aber ich liebe trübe Tage, im Süden wie im Norden.

Manchmal denke ich, liebe Felizitas, ob Sie nicht unter Ihrem Kindersegen leiden? Ein Sorgenkind und ein Adoptivkind. Sehnen Sie sich nicht manchmal nach einem Erwachsnen? Den könnte ich bei Ihnen schon vertreten wenn Sie gegenwärtig wären; so aber verkleinert wohl die Entfernung noch meinen Umriß. Mit meinen Briefen suche ich ihn wenigstens zu schärfen und vielleicht kommt manchmal eine ganz leidliche Silhouette heraus. Wenn aber deren Kern von sattem Schwarz ist, so entspricht das zwar nicht immer dem Original. Manchmal führt aber dieses technische Verfahren doch zu einem bedenklichen Grade von Lebenswahrheit. Ich verlasse die Farbensymbolik nicht, wenn ich Ihnen von neuem für ein »rosa Zettelchen« danke. Es hebt sich hin und wieder so tröstlich von dem besagten schwarzen Hintergrunde ab. Und wie kann ich Ihnen zur Bestätigung erwidern als mit dieser kleinen Tuschzeichnung, die Baudelaires »charme inattendu d'un bijou rose et noir« so durchtrieben auslegt.

Schreiben Sie mir sehr bald was Sie tun, denken und lesen. Da ich als geborner Berliner einige Gewalt über Bären zu haben glaube, wende ich mich an den Georg Tenglerschen um ihm ans Herz zu legen, seine sanfteste Tatze Ihnen zu bieten.

Hier das Bändchen, mit dem Sie die vielen kleinen Grüße, die Sie gewiß zwischen den Zeilen entdeckt haben, sich zusammenschnüren sollen.

Ihr

Detlef

ORIGINAL Manuskript.

der Leuchtturm von Canighora: Die kleine Insel mit dem Namen Conejera, auf der einer ibizenkischen Überlieferung nach Hannibal geboren wurde.

der sehr sympathische Junge: Vielleicht Maximilian Verspohl aus Hamburg (vgl. GB IV, Brief Nr. 754 und die Anm. dort).

ein kleines Figürchen ... aus dem grünen Holze: Die »Zwei Rätselbilder« aus der »Berliner Kindheit«, die am 16. Juni 1933 in der »Vossischen Zeitung« erschienen waren (vgl. jetzt GS IV·1, S. 254f. und GS VII·1, S. 400f.); die Fassung des so genannten »Felicitas-Exemplars«, die Benjamin Gretel Karplus vorgelesen haben dürfte, trägt den Titel »Herr Knoche und Fräulein Pufahl«; noch früher ist der Abschnitt über diese Lehrer Benjamins in der »Berliner Chronik« (vgl. GS VI, S. 503-505).

die »Knabenbücher«: Dieses Stück wurde unter dem Titel »Schmöker« am 17. September 1933 in der »Vossischen Zeitung« veröffentlicht; ob der Titel des Erstdrucks von Benjamin selbst stammt, ist nach dieser Briefstelle höchst fraglich; vgl. jetzt GS IV·1, S. 274f. (dort der Titel des Erstdrucks) und GS VII·1, S. 396f.

eine vergleichende Redaktion von zwei Arbeiten: Die *anfang des Jahres* geschriebene »Lehre vom Ähnlichen« und die erste Spracharbeit Benjamins, die er 1916 geschrieben hatte. Ergebnis dieser *Redaktion* war »Über das mimetische Vermögen«.

Berthold: Bertolt Brecht.

die beiden Ernst: Ernst Schoen und Ernst Bloch.

Gerhard: Gershom Scholem.

Die Briefe aus Jerusalem sind ... jetzt besonders interessant: Wegen der Berichte über die Lage des Zionismus in Palästina und die große Anzahl von Flüchtlingen aus Deutschland; vgl. besonders Scholems Brief vom 15. Juni (Briefwechsel Scholem, S. 74-76).

Baudelaires »charme inattendu d'un bijou rose et noir«: Dies ist der 4. und letzte Vers von »Lola de Valence« auf das von Edouard Manet gemalte Porträt der spanischen Tänzerin; das Gedicht gehört zu den »Épigraphes« aus den »Épaves«.

Hier das Bändchen: Benjamin hatte mit einem weit ausholenden geschwungenen Auftaktstrich das »H« des *Hier* eingeleitet.

19 Gretel Karplus an Walter Benjamin Berlin, 27.6.1933

27. Juni 1933

Lieber Detlef,

heute nur ein paar Zeilen, die Ihnen durch den gelben Zettel bestätigen sollen, daß ich meine Pflegekinder ordnungsgemäß abgeliefert habe, hoffentlich überstehen sie die Reise gut.

Wissen Sie, daß sich bei der Voss allmählich ein Teil der früheren F. Z. sammelt? Welter mit Anhang, seit dem 1. Juni auch Gubler, nützt Ihnen das etwas? Auf den kleinen Artikel hin, den ich beilege, hat neulich ein Mann angerufen, der sich angelegentlich nach der Adresse von Herrn Holz erkundigte, er hätte ihm etwas Wichtiges zu sagen. Das kleine Mädchen L. v. Landau sei nämlich gar nicht gestorben sondern in England glücklich verheiratet.

Ich danke Ihnen für Ihre beruhigenden Zeilen auf mein Telegramm, den Brief habe ich unterdessen bekommen und beantwortet. Ich erwarte mit Ungeduld Ihre nächste Nachricht. Verzeihen Sie die Eile

Ihrer im Grunde auf Sie wartenden

Felicitas.

ORIGINAL Manuskript.

meine Pflegekinder: Benjamins Skripten.

Welter: Erich Welter wechselte im März 1934 wieder zur »Frankfurter Zeitung« zurück, nachdem die »Vossische Zeitung« aufgehört hatte zu existieren.

Gubler: Der Schweizer Friedrich T. Gubler (1900-1965) war Leiter des Feuilletons der »Frankfurter Zeitung« gewesen; er hatte seine Arbeit bei der »Vossischen Zeitung« kurz nach dem 1. Juni angetreten.

der kleine Artikel: »Zwei Rätselbilder«, am 16. Juni 1933 in der »Vossischen Zeitung« erschienen; vgl. jetzt GS IV·1, S. 254f.

Das kleine Mädchen: »Luise von Landau hieß sie, und der Name hatte mich bald in seinen Bann gezogen. Bis heute blieb er mir lebendig, doch nicht darum. Er war vielmehr der erste unter denen Gleichaltriger, auf den ich den Akzent des Todes fallen hörte.« (Ebd., S. 254) – Über Luise von Landau ist Näheres nicht ermittelt.

mein Telegramm: Nicht erhalten.

20 Gretel Karplus an Walter Benjamin Berlin, 6.7.1933

6. Juli 1933.

Lieber Detlef,

in Deinem letzten Brief hast Du mir leider nicht Deine neue Adresse angegeben, und ich bin mir nicht ganz sicher, ob die rosa Zettelchen noch an die alte ankämen. Entschuldige also bitte die Stockung und schreib mir möglichst bald, wohin ich sie fortan richten soll.

Deinen Wunsch, die Züricher Illustrierte zu bestellen, kann ich leider nicht erfüllen, da ich die Zeitung hier in Berlin nicht bekommen kann, vielleicht kann sie Dir Ernst direkt besorgen: Küsnacht, 12 Schiedhaldensteig.

Äußerlich hat sich mein Leben gegen früher kaum viel verändert, gesundheitlich fühle ich mich oft sehr kaputt, doch immerhin erträglicher als voriges Jahr, von Frankfurt höre ich wie gewohnt sehr wenig, so daß ich jetzt schon annehme, daß jene bewußte Prüfung gerade stattfindet, aber vielleicht habe ich auch falsch geraten. Meine Eltern waren jetzt fünf Wochen in Gastein, Samstag kommen sie zurück, die Zeit hier allein war angenehm, getrübt allerdings durch die noch immer nicht abzusehende Krankheit meines Schwagers. Geschäftlich war es ein stiller Monat, für Abwechslung wurde durch die Liquidation der alten Firma und die Urlaubsvertretungen in der neuen gesorgt. Zwei neue Wintermodelle sind unter meiner kräftigen Mitarbeit geboren worden, ich würde sie Dir für mein Leben gern zeigen. Als alten Modeliebhaber möchte ich Dich etwas fragen, woher kommt es, daß man sich am Anfang einer neuen Saison in den alten Kleidern und Hüten einfach unmöglich findet, auch wenn man nicht dicker oder dünner geworden und keine neue Frisur hat. Ändert uns die Mode tatsächlich, so daß wir von uns selbst einen anderen Eindruck haben?

Ja und nun will ich Dir zum Geburtstag gratulieren, da habe ich mir ausgedacht, daß wir doch immer in den Privatbriefen beim Du bleiben wollen, wenn es Dir recht ist. Ich hätte gern geschrieben für immer auch offiziell, aber ich weiß nicht, ob das eigentlich in unserm Sinn ist. Ich jedenfalls liebe eine Spur der Heimlichkeit, und ich finde das Versteck in den beinah für uns reservierten Namen herrlich. Ich wollte Dich auch gewiß mit meinem Vorschlag des Adoptierens nicht kränken, ich meinte es im Grunde nur so, daß Du Dich bei mir ein wenig zu Hause fühlst und weißt, wo Du hingehörst. Sonst hast Du ja völlig recht, daß ich nur ein kleines Mädchen bin und einen Erwachsenen sehr nötig brauche, ich bin überglücklich, daß Du diese Stelle bei mir vertreten willst. Ich hätte es nicht einmal gewagt, Dich darum zu bitten, aus Angst, daß Du es vielleicht als zu distanzlos aburteilen könntest, aber Deine kleine Felicitas fühlt sich bei Dir sehr geborgen und dankt Dir tausend Mal für dieses seltene Sträußchen.

Bis jetzt habe ich in meiner Gratulation immer nur von mir gesprochen. Dir wünsche ich, daß Du in nicht mehr allzu ferner Zeit zur Ruhe kommst, ohne die ewige quälende Sorge um die nackte Existenz, in der Nähe einige angenehme Freunde, unter denen ich nicht unbedingt zu fehlen brauchte und einen wirklichen Erfolg und Anerkennung Deiner Arbeiten. Vielleicht erscheint Dir dieses Programm auf einmal etwas zu umfangreich, aber die Phantasie hat im Moment so großen Spielraum, daß sie leicht ins Weite schweift, und wünschen kann ich mir für Dich gar nicht genug. Mein lieber großer Freund, ich habe Dir nur einen Bruchteil von dem gesagt, was es zu sagen gibt, manches wirst Du bei Deiner Chiffrierkunst noch zwischen den Zeilen entdecken. Ich stütze mich vertrauensvoll auf den Stab aus grünem Holz und schwinge mich zu Dir hinüber

Deine

Felicitas

ORIGINAL Typoskript.

Meine Eltern: Amalie und Joseph Albert Karplus.

21 Walter Benjamin an Gretel Karplus San Antonio (Ibiza), ca. 8.-10.7.1933

Liebe Felizitas,

es ist wohl keine so lange Zeit her, daß ich Ihnen das letztemal geschrieben habe. Bis aber aus Schreiben und Antwortschreiben so etwas wie ein Ganzes wird, an das man sich halten kann, darüber gehen doch immer Wochen hin. So kommt es, daß ich mir nicht genau davon Rechenschaft geben kann, wieviel Sie nun über die Realisierung meines oft angedeuteten Vorsatzes, das Domizil zu vertauschen, wissen. Ich habe Ihren Brief vom 27ten, bin aber sicher, daß dieser sich mit einem längeren von mir gekreuzt hat, in dem wahrscheinlich schon enthalten ist, was über meine neue Behausung zu sagen wäre.

Kurz, ich wohne nun endlich wieder am andern Ufer, endlich allein, endlich dicht am Meeresufer und dicht am Wald, in dem ich ungestört arbeiten kann. Es ist im übrigen gewiß ein ungewöhnliches Quartier, das ich bezogen habe – nämlich ein einzelnes Zimmer in einem Neubau, von dem sonst fast noch nichts steht; ein Zimmer, das nicht um mir sondern den Möbeln seines Besitzers ein Logis zu bieten, fertiggestellt wurde. Mit diesen teile ich denn auch das meine. Auch sind noch keine Scheiben da, der Brunnen am Hause existiert noch nicht. Aber das sind alles sehr erträgliche Nachteile, verglichen mit denen einer unangemessenen Wohngemeinschaft und einem Domizil im lauten Dorf. Meine Adresse ist unverändert geblieben.

Erinnern Sie sich, liebe Felizitas, an das erste Stück der »Berliner Kindheit« – »Die Mummerehlen«? Da spreche ich von einem Kinderbild von mir, dessen Original ich Ihnen einmal gezeigt habe. In einem Flitterröckchen stehe ich vor einer Palme. Beiliegend haben Sie mich – fünfunddreißig Jahre später – wieder vor einer Palme. Und wenn es auch keine Zimmerpalme ist, so ist das Photo, auf dem Sie sie sehen, doch aus nicht weniger äußerlichem Anlaß entstanden als die Maskerade des Kinderbildes eine war. Es ist nämlich ein Paßphoto, welches ich in Mallorca machen ließ. Schlecht ist es nicht; an seinen Bestimmungsort ist es aber noch nicht gelangt, da die Antwort der berliner Stelle noch aussteht. Ich habe die Gelegenheit benutzt, mich diesmal auf Mallorca etwas besser umzutun; vom vorigen Jahre kannte ich nur Palma. Diesmal habe ich auf zweitägiger Wanderung ein Stück des mallorquinischen Hochgebirges kennen gelernt: Deya, wo die Zitronen- und Apfelsinengärten in Frucht stehen; Valldemossa, wo der Liebesroman zwischen Georges Sand und Chopin in einer Karthause gespielt hat; Felsenschlösser, auf denen vor vierzig Jahren ein oesterreichischer Erzherzog gesessen und sehr umfangreiche, aber erstaunlich haltlose Bücher über die Lokalchronik von Mallorca geschrieben hat. Die Insel hat landschaftlich mit Ibiza keine Ähnlichkeit. Und sicher ist Ibiza reicher und verschlossener. Ich bin auch in Cala Ratjada gewesen, wo es eine deutsche Kolonie gibt und habe auf ein paar Stunden Friedrich Burschell besucht, der demnächst mit Fritta Brod hier einen Gegenbesuch abstatten wird.

In jedem Falle werde ich wohl mindestens bis zum ersten September hierbleiben; dann aber, wenn ich es irgend kann, nach Paris gehen und dort wird es, wie ich sehr zuversichtlich hoffe, nur eine Frage von Tagen, spätestens Wochen sein, wann wir uns sehen. Inzwischen nehmen Ihre Paddel- und Havelsonntage, denke ich, den ungestörtesten Fortgang; nur unterbrochen, wie ich hoffen will, von einem baldigen Urlaub. Wo und wie werden Sie ihn verbringen? Über Ihre Gesundheit enthält Ihr letzter Brief garnichts. Darf ich das in günstigem Sinne deuten?

Von der Übertragung der Archivschriften habe ich inzwischen gehört. Ich hoffe nur, daß die Übersetzung nicht allzulangsam von statten geht und danke Ihnen noch tausendmal für alle Mühe, die Sie damit gehabt haben. Während Ihr Brief in Ibiza eingetroffen sein mag, hörte ich bei Burschell von Gublers neuer Position. Die Dinge werden damit – aus Gründen, die darzulegen zu langatmig wäre – so verwickelt, daß ich nicht weiß und nicht berechnen kann, ob diese neue Kombination für mich im Endeffekt einen Vorteil bedeutet oder einen Nachteil.

Bleiben Sie heiter. Denken Sie, daß es mir ganz gut geht wenn Ihnen das nützen kann; und denken Sie, daß es mir manchmal garnicht sehr gut geht – denn auch das kann bisweilen ja tröstlich sein. Und in beiden Fällen werden Sie Recht haben.

Wie immer

Ihr Detlef

ORIGINAL Manuskript.

Zur Datierung: Benjamin war am 1. Juli nach Palma de Mallorca gefahren, aber noch vor Ausstellung des Passes, die am 10. Juli erfolgte, wieder nach San Antonio zurückgekehrt.

»Die Mummerehlen« / ein Kinderbild ... dessen Original: Nur die Erstfassung, die in der »Vossischen Zeitung« vom 5. Mai und in GS IV·1, S. 260 bis 263 wiedergegeben ist, enthält die Passage über *ein Kinderbild;* Benjamin hat sie zu einem späteren Zeitpunkt – vermutlich, als er den Aufsatz über Franz Kafka schrieb und dort mit einer Variante der Passage aus den »Mummerehlen« den Abschnitt »Ein Kinderbild« einleitete – aus der »Berliner Kindheit« herausgenommen. – Das *Original* des Benjaminbildes hat sich nicht erhalten; die Beschreibung dieses Bildes aber paßt derart genau zu der Kafkaphotographie (vgl. die Abbildung Nr. 90 im Benjamin-Katalog, S. 247), daß diese gleichsam für jenes zu stehen scheint.

ein Paßphoto: Nach Benjamins Beschreibung kann es sich nur um die auch als Bildpostkarte von der »Deutschen Schillergesellschaft, Marbach am Neckar« reproduzierte Photographie handeln (vgl. die Abbildung in: Hans Puttnies und Gary Smith, Benjaminiana, Gießen 1991, S. 82), die bisher mit der Angabe »Ibiza, 1932« datiert wurde. Der *Paß,* für den die Aufnahme gemacht wurde, ist nicht erhalten.

der Liebesroman zwischen Georges Sand und Chopin in einer Karthause: Vgl. den dritten Teil des Berichts »Ein Winter auf Mallorca« von George Sand.

ein oesterreichischer Erzherzog ... Bücher über die Lokalchronik von Mallorca: Die siebenbändige Schilderung »Die Balearen in Wort und Bild« von Ludwig Salvator, Erzherzog von Österreich und Toskana (1847-1915), die 1869 bis 1891 erschien; eine zweibändige Ausgabe datiert von 1897. Er lebte von 1860 bis 1913 meist auf den Balearen.

Friedrich Burschell ... Fritta Brod: Burschell war mit seiner späteren zweiten Frau, der Schauspielerin Fritta Brod (1896-1988), wie Benjamin im April von Paris nach Spanien gegangen, nachdem sie beide Mitte März emigriert waren. Fritta Brod und Burschell lebten ein Jahr auf Mallorca.

die Übertragung der Archivschriften / die Übersetzung: Gemeint ist die Übergabe von Benjamins Sammlung seiner Arbeiten durch Gretel Karplus an einen nicht namentlich genannten Bekannten von ihm, der sie nach Paris ›überführen‹ sollte.

Gublers neue Position ..., ob diese neue Kombination für mich im Endeffekt einen Vorteil bedeutet oder einen Nachteil [weiß ich nicht]: Benjamin spielt hier auf sein gespanntes Verhältnis zu Gubler an.

22 Gretel Karplus an Walter Benjamin Berlin, 15.7.1933

15. Juli 1933.

Mein lieber Detlef,

gerade heute an Deinem Geburtstag bekam ich Dein Bild. Ich kann Dir gar nicht sagen, was für eine Freude Du mir damit gemacht hast. Ich weiß nicht, ob ich Dir meinen Wunsch, ein Bild von Dir zu bekommen überhaupt je geschrieben habe, mir scheint es fast sicherer, daß Du wieder einmal meine Gedanken gelesen hast. Du schreibst, daß Du wahrscheinlich noch bis zum ersten September dort bleibst und dann nach Paris gehst. Mit diesem Satz hast Du mir nicht nur eine große Freude gemacht, daß ich Dich den Winter über gut aufgehoben weiß, obwohl ich Dich sehr herzlich darum bitten möchte, mir genau zu schreiben, wie Du Dir die Existenz in Frankreich denkst. Bitte laß mich weiter Dein kleiner Berater bleiben, wie hier an jenen Sonntagnachmittagen ...., sondern Du hast auch zart ausgesprochen, wovor ich immer zurückschreckte daß aus unserm Wiedersehen auf Ibiza nichts wird. (Die Punkte sollen nur andeuten, daß ich trotz der langen Unterbrechung den Anfang des Satzes noch nicht vergessen habe.) Dabei habe ich mir meine Ankunft und den Aufenthalt dort so oft in Gedanken ausgemalt, daß ich es noch gar nicht fassen kann, daß nichts daraus werden soll, und doch haben wir es vielleicht beide von Anfang an gewußt. Paris aber laß ich mir auf keinen Fall nehmen, wenn ich auch heute noch keine Pläne für den Winter machen kann. Am 9. August will ich mit Teddie nach Binz Rügen Villa Aegir fahren, vielleicht kommt er schon vorher ein paar Tage nach Berlin, auch die Frage des in der Prinzenallee Wohnens wird wieder einmal ventiliert. September – Oktober – November sind meine Hauptarbeitsmonate und dann? Aber Paris läßt sich auch eher für Modeangelegenheiten und Erkundigungen frisieren. Und wenn es auch nur ein paar Tage wären, sogar auf die Stadt würde ich verzichten außer auf die Spaziergänge mit Dir, von denen ich nach unserm Nachmittag im Westend draußen schon beinahe einen Vorgeschmack habe. Aber was wird das Sorgenkind dazu sagen, und wenn es nun mitkommen möchte? Du siehst, es muß mir noch ganz gut gehen, wenn ich mir über solche schönen in weiter Ferne liegenden Dinge ernsthaft den Kopf zerbreche.

Es ist so lieb, daß Du Dich immer nach meiner werten Gesundheit erkundigst, ich bin oft sehr müde und reichlich urlaubsreif, viel Kopfweh. Auch mit einer Wetternotiz will ich Dich gern langweilen, Sonntags fast ausschließlich Regen, sonst meist schwül unterbrochen von Wolkenbrüchen. Zum Lesen komme ich wenig, da ich sehr früh schlafen gehe jetzt bin ich bei voyage au bout de la nuit. Nach Beendung der Lektüre hast Du mir noch gar nichts darüber geschrieben.

Am Dienstag werde ich wohl Elisabeth sehen, das Glück schneidet mich dagegen nach wie vor, dies nur zur freundlichen Kenntnisnahme. Ich danke Dir nochmals sehr für das Bild. Wenn ich mir schon immer gern Sachen schenken lasse so von Dir besonders, weil Du Dir so viel dabei einfallen läßt, da gibt es noch wirkliche große Überraschungen. Zum Schreiben wäre es äußerst praktisch ein Abschiedszeremonial zu haben, an das man dann immer erinnern könnte. Wie immer

Deine

Felicitas.

ORIGINAL Typoskript.

23 Gretel Karplus an Walter Benjamin Berlin, 5.8.1933

5. Aug. 1933.

Lieber Detlef,

heute stehle ich mir eine Stunde Zeit im Geschäft, um Dir noch schnell vor meiner Abreise zu schreiben. Ich habe Dir für soviel Liebes in Deinen beiden Briefen zu antworten, daß ich gar nicht weiß, wo ich damit anfangen soll. Doch zuerst, wie geht es Dir, was macht die Wunde am Bein? Haben sich keine Komplikationen ergeben, kannst Du wieder herumlaufen[?] Bitte schreib mir doch gleich eine Zeile nach Binz auf Rügen, Villa Aegir, sonst habe ich die drei Wochen keine ruhige Minute.

Deine Aufträge habe ich sofort in Angriff genommen, die Kaktushecke dürfte unterdessen schon dort sein, an Kiepenheuer habe ich geschrieben, daß er mir das Manuskript schikken möchte, anbei Freikuverteinschreiben, bis heute habe ich keine Antwort, hat er sich vielleicht bei Dir gemeldet? Um die Sache eiliger zu machen, schrieb ich noch, daß ich Gelegenheit hätte, Dir nächste Woche etwas direkt per Boten zu schikken. Die F. Z. hat mir auch daraufhin prompt Beiliegendes geschickt. Wenn ich manchmal höre, wie schlecht es dem Friedel gehen soll, bekomme ich einen Todesschreck, daß Dir etwas passieren könnte, und ich bin so unendlich froh, daß Du mir wieder Dein Vertrauen bewiesen hast. Ich habe 140 Ps auf meinem Paß für Dich eintragen lassen und schon abgeschickt, Deine restlichen zehn Mark habe ich versucht [per] Postscheck zu überweisen, klappt es nicht, folgen sie noch. Hoffentlich ist der Schneider dort halbwegs tüchtig, damit Du Dich nicht später ärgerst. Bitte lach mich nicht aus, ich fühle mich wirklich dafür verantwortlich, daß Du diese Zeit überstehst und ich kann Dich gar nicht dringlich genug bitten, mit Deinen Sorgen immer zu mir zu kommen. Deinen Einwand, daß ich mich heute auch einschränken muß, möchte ich gleich vorwegnehmen, ich bin durch die Liquidation auch wenn ich alles verloren habe wie erlöst, daß ich nicht mehr auf die 3 Partner[?] aufpassen muß und rechne heute überhaupt nicht mehr mit einer nennenswerten Erbschaft. Die ewige Angst zu verlieren würde mich wahnsinnig machen, so weiß ich, was ich heute habe. Auch Teddie gegenüber ist diese Sicherheit ausgezeichnet, ich bin immer gern bereit alles anzunehmen und dann auch sehr schick zu sein, aber meine Existenz ist bewußt und ohne daß es mir etwas ausmacht bescheidener. Ich habe nicht die Ruhe, mir allein alles Mögliche Überflüssige zu kaufen, wenn ich weiß, daß Du es viel nötiger brauchst, bitte verzeih meine Sentimentalität und stoß mich nicht zurück.

Am Montag wird T. in einem kleinen Kreis den Tom, der sich sehr zu seinem Vorteil verändert hat, vorlesen, ein Jammer, daß Du nicht dabei sein kannst. Elisabeth kommt auch, wir waren gestern abend mit ihr zusammen. Sie ist eine der wenigen Frauen, mit der ich als Frau gern richtig befreundet wäre, aber vielleicht habe ich dazu zu wenig Zeit, und ich weiß auch gar nicht, ob es sie so arg danach verlangt. Sie ist übrigens merkwürdig naiv, so glaubt sie auch nach Deinen Briefen, daß es Dir dort sehr gut gehe, aber ich kann mir vorstellen, daß sie ohne das nicht so produktiv wäre. Sie erzählte von einer reizenden kleinen Geschichte, die Du an Glück geschrieben hättest, weißt Du noch, was es war? Die versprochene Beilage über »George« habe ich nicht bekommen, um das wichtigste Stück aus der Berliner Kindheit bitte ich Dich dringend. Die Loggien scheinen mir mit dem »Fieber« zusammenzuhängen, dort stand die Teppichklopfstange anstelle der wirklichen Bäume der Höfe.

Dr. Moras werde ich an die Bitte um einige Orientierungsexemplare noch einmal erinnern, er hat übrigens eine süße kleine Frau, die eine Zeitlang bei der Bébé Goldschmidt-Rothschild Erzieherin war. – Mir bleibt nichts erspart, Paulus ist heuer auch auf Rügen in Sassnitz und wird uns natürlich besuchen, das ist nun einmal Bestimmung. – Meine Schwester ist heute nach Zoppot, gibt es da besondere Sehenswürdigkeiten, die ich ihr empfehlen könnte?

Ich denke viel an Dich und wünsche mir Gutes für uns beide. Immer Deine

Felicitas.

ORIGINAL Manuskript.

Deine beiden Briefe: Einer ist offenbar nicht erhalten.

die Kaktushecke: Benjamin hatte in seinem nicht erhaltenen Brief um das Manuskript der Geschichte gebeten, da der Erstdruck in der »Vossischen Zeitung« nicht vollständig war. Er wollte einige Passagen für den »Mond« aus der »Berliner Kindheit« darin nachlesen. – Das Manuskript ist verschollen.

Beiliegendes: Es handelte sich um den Druck der »Schränke« vom 14. Juli in der F. Z., für den Rudolf Geck das Pseudonym C. Conrad gewählt hatte (vgl. jetzt GS IV·1, S. 283-287).

Friedel: Siegfried Kracauer (1889-1966) war mit seiner Frau Elisabeth Anfang März nach Paris emigriert, wo im August sein Roman »Ginster« in der französischen Übersetzung von Clara Malraux erschien. Ende August 1933 wurde ihm von der »Frankfurter Zeitung«, für die er elf Jahre gearbeitet hatte, gekündigt, und er war mittellos.

Tom: Adorno hatte zwischen November 1932 und Anfang August 1933 den Text seines geplanten Singspiels »Der Schatz des Indianer-Joe« geschrieben und nach der Fertigstellung ein Exemplar Benjamin geschickt; vgl. Adorno, Der Schatz des Indianer-Joe. Singspiel nach Mark Twain, hrsg. und mit einem Nachwort versehen von Rolf Tiedemann, Frankfurt a. M. 1979. – Komponiert hat Adorno nur »Zwei Lieder mit Orchester«, vgl. Adorno, Kompositionen, hrsg. von Heinz-Klaus Metzger und Rainer Riehn, Band 2, München [1984], S. 63-72. – Das Typoskript, das Adorno an Benjamin schickte, trägt die Widmung »Für Walter Benjamin / als Gruß / von Insel zu Insel. / Binz/Rügen, August 33. /Teddie Wiesengrund.« (Typoskript-Durchschlag im Moskauer Staatsarchiv)

eine reizende kleine Geschichte: Das ist »Die Warnung« (vgl. jetzt GS IV·2, S. 757 f.), die am 22. Juli unter dem Titel »Chinoiserie« in der »Kölnischen Zeitung« erschienen war.

Beilage über »George«: Benjamins »Rückblick auf Stefan George« war am 12. Juli 1933 in der »Frankfurter Zeitung« unter dem Pseudonym K. A. Stempflinger erschienen (vgl. jetzt GS III, S. 392-399).

das wichtigste Stück aus der Berliner Kindheit: Gemeint sind wohl die »Mummerehlen«; s. die Anm. zu Brief Nr. 21.

Die Loggien ... das »Fieber«: »Loggien« war am 1. August im »Unterhaltungsblatt« der »Vossischen Zeitung« erschienen; *das »Fieber«* am gleichen Ort am 17. März 1933.

Bébé Goldschmidt-Rothschild: Vermutlich ist Maire-Anne Baronin Goldschmidt-Rothschild (1892-1973) gemeint.

Paulus: Paul Tillich (1886-1965), der von 1929 bis 1933 in Frankfurt a.M einen Lehrstuhl für Philosophie und Soziologie innehatte. Tillich ging noch im Laufe des Sommers nach Amerika.

24 Walter Benjamin an Gretel Karplus
San Antonio (Ibiza), ca. 12.8.1933

Liebe Felizitas,

gestern ist ein Kuvert mit einigen Drucksachen nach Rügen abgegangen. Vor allem solltest Du den »Rückblick auf Stefan George« kennen lernen; es tut mir so leid, daß ich selbst diese schüttere Sendung noch mit der einschränkenden Bitte versehen muß, den »Rückblick« mir wiederzusenden; ich habe von ihm noch kein Dublikat.

Du weißt, daß ich für so Vieles zu danken habe, daß dieser Brief an Dich schwer seinen Anfang gefunden hätte, wenn ich ihn mit Dank begonnen hätte. Die eingangs erwähnte Sendung stellt ihn gewiß nicht dar. Eher habe ich die Hoffnung, irgendwo in einem entlegenen pariser Bistro, wenn Du ihn am wenigsten erwartest, aus dem Hinterhalt mit ihm Dich zu erreichen. Ich werde dann dafür sorgen, daß ich nicht gerade in dem Anzug stecke, den Du mir schenkst und welcher mir zu vielem andern eher die Freiheit geben mag als zu diesem Dank. Vorläufig aber nimm ihn bitte in der wetterfesten Verpackung dieser wenigen Worte hin.

Ich bin froh, daß Du Ferien hast und hoffe nur, daß es sehr schöne werden. Den Paulus betreffend wartest Du jedenfalls ganz umsonst auf mein Mitgefühl; wenn ich das früher in dem gleichen Falle unerschöpflich aufbrachte, finde ich in diesem – der durch seinen Hintergrund ein so ganz anderer ist – viel eher Neid am Platze. Das Vergnügen, ihn jetzt in ein Verhör zu nehmen, scheint mir nicht der schlechteste Punkt eines Ferienprogramms. Immerhin – hoffentlich gibt es bessere und hat zu diesen die Vorlesung des »Tom« gehört. Es würde mich natürlich sehr freuen, wenn ich das Manuscript hier zu sehen bekommen könnte. Nicht als ob es mir hier an Lektüre fehlte: aber ich habe großes Interesse daran.

Was aber die genannte »Lektüre« betrifft, so steht die Lust zu ihr manchmal im umgekehrten Verhältnis zur Dringlichkeit. Da hat mich beispielsweise Frankfurt mit dem Gedenkartikel zum 200sten Geburtstage von Wieland bedacht und ich habe ein gut Teil seiner Werke in Reklam mir hersenden lassen müssen. Bisher sind sie mir alle unbekannt gewesen und es wird noch mehr Glück als Verstand dazu gehören, in der Kürze der Zeit – und natürlich auch auf kürzestem Raume – irgendetwas Manierliches zur Sache zu sagen. Bevor ich ganz in dieser Lektüre verschwinde, hoffe ich aber noch ein weiteres Stück der »Berliner Kindheit« abzuschließen, das »Der Mond« heißt. Die Ähnlichkeit, welche Du zwischen den »Loggien« und dem »Fieber« bemerkt hast, besteht natürlich. Mir selber aber stehen die beiden Stücke sehr unterschiedlich nah; weit näher als das frühere das erstgenannte, in dem ich eine Art von Selbstporträt erblicke. Wahrscheinlich werde ich es anstelle jenes photographischen, das in der »Mummerehlen« enthalten ist, an die erste Stelle des Buches setzen. Mit der französischen Übersetzung geht es langsam, doch auf sehr zuverlässige Art voran.

Sehr herzlichen Dank für die Mühe, mit der es Dir gelang, mir Dublikate für einige der »Briefe« zu verschaffen. Ich bin froh, wenigstens diese zu haben. Eine komplette Folge der ganzen Reihe befindet sich – mit der »Berliner Kindheit« bei Kiepenheuer, dessen Gewissenlosigkeit in der Behandlung dieser Sachen beispiellos ist. Wenn Du noch irgend eine Chance Deines Eingreifens zu sehen glaubst, so dürfte die entschiedenste Form gerade gut genug sein. Die »Kaktushecke« hat sich zu meiner großen Freude durch Dich wieder geschlossen. Von Moras habe ich noch keine Zeitschriften erhalten.

Um zum Schluß noch auf die kleine Sendung, die diesen Zeilen vorausging, zurückzukommen, so handelt es sich bei der »Chinoiserie« um eben die kleine Geschichte, von der Dir Elisabeth gesprochen hat. Wohl wissend, daß sie einen andern Titel verdienen würde, gab ich ihr doch den, der gedruckt steht. Verwickelter und weniger erfreulich steht es mit den »Schränken«, deren Verfassername von Rudolf arbiträr gewählt worden ist und die mir selber erst sehr spät vor Augen kamen. Wüßte ich nicht je länger je genauer, welche Verborgenheit gerade jetzt Versuchen wie denen der »Berliner Kindheit« zukommt, so würde mich das publizistische Geschick der Folge bisweilen zur Verzweiflung bringen. Nun aber ist es an dem, daß dies Geschick mich lediglich in meiner Überzeugung von der notwendigen Verhüllung, in der allein Derartiges entwickelt werden kann, bestärkt und diese Überzeugung hilft mir wieder, vorläufig der Versuchung abzuschließen zu widerstehen. Dabei ist das Bemerkenswerte, daß es weniger von langer Hand geplante Stücke sind, die sich hinzufinden, vielmehr meist solche, zu denen der Gedanke mir erst kurz bevor ich an sie gehe, gekommen ist.

Nach einem Brief, den ich gestern in der Sache meines pariser Quartiers erhalten habe, werde ich kaum vor dem 15ten September von hier abfahren. Daß ich ohne Illusionen dorthin aufbrechen werde, wirst Du Dir denken können. Bisher enthält die intellektuelle Lage noch nicht viele Elemente, die einem Verständnis meiner Arbeiten zugute kommen könnten. Was aber den Fall von Krac – über den ich freilich nur vom Hörensagen informiert bin – so besonders schwer macht, das sind vielleicht gerade die eingewurzelten Illusionen, die ihm eigentümlich sind und über die ich mit Dir ja schon früher bisweilen gesprochen habe.

Ich wünsche mir recht bald wieder von Dir zu hören. Und hoffentlich bringen Dir die Ferien so ausgeglichene Tage wie ich sie manchmal auf meinem Arbeitsversteck im Busch verbringe.

Sehr herzlich

Dein Detlef

ORIGINAL Manuskript.

Zur Datierung: Bei der Abfassung des Briefes muß Benjamin schon im Besitz des Briefes von Gretel Karplus vom 5. August gewesen sein.

Dublikat: So in Benjamins Handschrift.

der Gedenkartikel: Benjamins »Christoph Martin Wieland. Zum zweihundertsten Jahrestag seiner Geburt« publizierte die »Frankfurter Zeitung« am 5. September 1933 unter dem Pseudonym »Conrad«; vgl. jetzt GS II·1, S. 395-406.

»Der Mond«: Das Stück erschien am 8. September 1933 in der »Vossischen Zeitung«.

Dublikate für einige der »Briefe«: Gemeint sind die in der »Frankfurter Zeitung« gedruckten Briefe mit Benjamins Kommentaren, die er später unter dem Titel »Deutsche Menschen« veröffentlichte.

ein Brief ... in der Sache meines pariser Quartiers: Nicht erhalten.

Krac: Siegfried Kracauer.

25 Gretel Karplus an Walter Benjamin Binz auf Rügen, 31.8.1933

Mein lieber Detlef,

Dank für Deinen Brief. Diese Ferien sind seit Jahren sicher die erholsamsten und friedlichsten bei dauernd strahlend schönem Wetter. Du hast mir gar nichts mehr über Dein Befinden geschrieben, der Stempel war aber aus Mallorca[,] hast Du immer noch unter der Beinverletzung zu leiden?

Vielleicht macht es Dir Spaß, daß Ernst sich nach Deiner Adresse erkundigt hat, Du wirst sicher bald von ihm hören. Wir haben uns sehr gefreut, daß Du Appetit auf den Tom verspürtest, grade am Tag vorher war das Couvert an Dich abgegangen.

Das Verhalten von Kiepenheuer finde ich unbeschreiblich, aus den Erzählungen entnehme ich, daß Elisabeth gut mit ihm steht, magst Du nicht versuchen, über sie Deine Manuskripte zurückzubekommen[?] Da er sich auf meinen Brief nicht gerührt hat, glaube ich kaum, daß er mich persönlich empfangen würde.

Ist Dein schönes gelbes Briefpapier wirklich ganz aufgebraucht? Wenn Du nicht so bald nach Paris kämst, würde ich

Dir von B. aus etwas schicken, so werde ich mir zum Trost ein ähnliches kaufen. – Zum Lesen habe ich hier den Musil »Mann ohne Eigenschaften«, was hälst Du davon?

Wahrscheinlich wird dieser Herbst noch alle möglichen Entscheidungen für uns bringen, die für jetzt sicher für später möglicher Weise bestimmend sein werden. Es gibt so viel, was ich mir wünschen möchte, vor allem aber ein Zusammensein mit Dir so wie die letzten Stunden im Berliner alten Westend, so nah im Augenblick und doch so fern von aller Gewohnheit.

Leb mir recht wohl und schreib mir bald Deine neue Adresse. Ob Du im Trubel der ersten Zeit wohl noch Muße findest mir zu schreiben? Alles Liebe und Gute, immer

herzlichst

Deine

Felicitas.

31./8.1933. Wo ist Dein »Mond« erschienen?

ORIGINAL Manuskript.

hälst: So in Gretel Karplus' Handschrift.

26 Gretel Adorno an Walter Benjamin Berlin, 13.9.1933

13. Sept. 1933.

Lieber Detlef,

dies dürfte vorläufig das letzte Mal sein, daß ich Dir nach Ibiza schreibe. Für Deinen lieben Brief mit der Schilderung der Odysseusfahrt tausend Dank. Wie geht es Dir jetzt? Ist der Fuß wieder gebrauchsfähig und die Angina verjagt?

Ich habe unterdessen »Den Mond« gelesen und bin hellauf begeistert davon, ich hoffe, daß Du mir von Paris aus, auch einige Proben der französischen Übersetzung schicken kannst.

Teddie hat von der Universität jetzt endgültig negativen Bescheid bekommen, auch sonst sieht es für ihn nicht so rosig aus. Vielleicht kommt er im Laufe des Oktobers wieder für einige Zeit nach Berlin, vielleicht wird sich die Angelegenheit anders regeln. Für mich ist es unter diesen Umständen sehr schwer, mich in einem neuen Gesellschaftvertrag nun zu binden, obgleich es mir weiter sehr zusagt in dem neuen Betrieb zu arbeiten.

Ich bin sehr gespannt auf Deine neuen Berichte, und dann ist es halt doch ein tröstlicher Gedanke, daß die Entfernung nun nicht mehr gar so groß ist. In diesen Tagen wird es ein halbes Jahr, daß Du von Berlin fort bist. Beim Durchlesen merke ich gerade, daß das Wort »nun« verdächtig oft vorkommt. Eine Bemerkung aus Deinem Brief habe ich mir leider nicht erklären können, Conrad und die Kochbücher betreffend.

Ich hoffe viel und bald von Dir zu hören. Für den Herbst, der heute hier deutlich angefangen hat wünsche ich Dir möglichst viel angenehme und gar keine unliebsamen Überraschungen

Deine Felicitas,

lt Zeitungsnotiz soll ich auch in New York bald aufgeführt werden, ich freue mich schon sehr auf die Première.

ORIGINAL Postkarte ohne Stempel. – Manuskript.

Dein lieber Brief: Er ist nicht erhalten.

Teddie ... negativer Bescheid: Adorno war mit einem Schreiben vom 8. September die Lehrbefugnis entzogen worden.

in New York bald aufgeführt werden: Das will sagen: Speyers Bühnenstück.

27 Walter Benjamin an Gretel Karplus
Ibiza (Ibiza), ca. 19.9.1933

Liebe Felizitas,

Deinen Brief vom 13ten habe ich bekommen – und nun hat es sich so ergeben, daß ich zumindest einen weiteren hier noch gern von Dir erwartet hätte. Es ist aber nicht mehr meine Gesundheit, die Schuld an der weiteren Verzögerung meiner Abreise ist, sondern eine – in ihren Gründen und Auswirkungen – mir unbekannte Disposition jener pariser Stelle, bei der ich Quartier zu finden hoffte. In der Tat sind es jetzt schon weit über acht Tage, seit man mir telegrafisch von dort aufgab, nicht abzureisen, ohne den Empfang eines Briefes abzuwarten. Bis heute ist dieser Brief nicht gekommen, und ich weiß nicht, was ich ihm zu entnehmen haben werde, wenn er kommt.

Mein Logis in San Antonio mußte ich aufgeben, wenn ich nicht eine neue langfristige Bindung eingehen und dem Votum des Arztes zuwiderhandeln wollte, der in San Antonio keine baldige Heilung erwartete. In der Tat hat eine fühlbare Besserung schon zwei, drei Tage nach meiner Übersiedlung eingesetzt. Jetzt kann ich, wenn auch mit Vorsicht, wieder gehen.

Für das Bild auf Rügen habe tausend Dank. Es ist freundlich und nachdenklich, und ich denke, auch in Berlin fehlen Dir solche Momente nicht ganz. Jedenfalls habe ich als Botschaft aus einem solchen das sehr Freundliche aufgefaßt, das Du mir über den »Mond« schriebst. Und ich war sehr froh damit. Zwei Wochen, und eher mehr, habe ich für die Arbeit durch meine Schmerzen verloren. Jetzt habe ich mich erstmals ernstlich an ein Stück der »Berliner Kindheit«, das die Atmosphäre der Schule gibt, gewagt. Diese Arbeit und, leider auf nicht minder starke Art, der Ortswechsel absorbieren mich und ich habe das Eingeständnis zu machen, daß ich die Oper von Wiesengrund noch nicht gelesen habe. Das geschieht aber nächstens.

Wo? Ich halte für wahrscheinlich in Paris; ich glaube selbst für den Fall, daß mir von dort zunächst und hierher kein Bescheid erfolgt, werde ich in etwa acht Tagen abreisen, um selbst den dortigen Möglichkeiten auf den Grund zu gehen. Ich habe versucht, durch eine Anzahl offizieller Papiere, die ich versammelt habe, mir die Möglichkeit eines Rückzugs ins hiesige Asyl – das sich Deutschen immer schwerer öffnet – auf jeden Fall offen zu halten.

Conrads Kochbücher stellen, wie Du Dir denken kannst, sein ganzes Archiv dar. Er ist und bleibt eben ein Narr.

Seit dem Briefe, den Du bestätigt hast, mußt Du, mindestens einen, neuen bekommen haben. Und ich bin inzwischen in den Besitz Deiner letzten Sendung gekommen. Habe für all das sehr vielen Dank. An Paris denke bitte mit recht handgreiflichen Perspektiven. Ich denke, selbst im schlimmsten Fall, nicht von dort abzureisen, ohne Dich gesehen zu haben.

Was hast Du, nach dem Musil, besseres vorgenommen? Ich lese die Princesse de Clèves von der im siebzehnten Jahrhundert beheimateten Mme de Lafayette, außerdem wird, solange ich noch in Ibiza bin, die französische Übersetzung der »Berliner Kindheit« gefördert. Eine recht geglückte Übertragung der »Loggien« ist soeben fertig geworden.

Ernst hat natürlich nicht geschrieben, Moras natürlich keine Nummer der »Europäischen Revue« geschickt. Ça ne fait rien.

Laß mich wissen, wie es Dir geht. Schreibe mir recht bald; ich sorge für Nachsendung.

Alles sehr Liebe

Dein Detlef

ORIGINAL Manuskript.

Zur Datierung: Benjamin, der Gretel Karplus' Brief vom 13. September in Händen hatte, schrieb diesen Brief *etwa acht Tage* vor seiner Abreise von Ibiza, die er am 25. oder 26. September antrat.

jene pariser Stelle / Empfang eines Briefes: Die Baronin Goldschmidt-Rothschild. – Weder eine *telegrafische* Nachricht noch ein Brief der Baronin oder eines Beauftragten sind im Nachlaß Benjamins erhalten.

das Bild auf Rügen: S. Abb. S. 86.

ein Stück der »Berliner Kindheit«, das die Atmosphäre der Schule gibt: Das einzige als abgeschlossen anzusehende und erhaltene, hier in Frage kommende *Stück* – »Schülerbibliothek«, das zu Lebzeiten Benjamins ungedruckt blieb und das er in das »Handexemplar komplett« von 1938 nicht aufnahm, wohl aber in eine dort beigelegte handschriftliche Liste mit dem Vermerk »noch umzuarbeiten« (vgl. GS VII·2, S. 695) – ist allem Anschein nach schon sehr viel früher entstanden; es findet sich bereits in dem von den Hrsg. auf Ende 1932 datierten »Stefan-Exemplar« (vgl. GS VII·2, S. 700). Nicht auszuschließen ist, daß Benjamin hier an die zweite Fassung der »Schülerbibliothek« im »Felicitas-Exemplar« (vgl. GS IV·1, S. 276-278) denkt. – Möglicherweise hatte Benjamin aber auch vor, die zweieinhalb Seiten über die Kaiser-Friedrich-Schule aus der »Berliner Chronik« (vgl. GS VI, S. 473-475) vorzunehmen und umzuarbeiten, wofür jedoch sich keine Textzeugen finden ließen.

Conrads Kochbücher: Bedeutung unklar. – Unter dem von Rudolf Geck gewählten Namen C. Conrad waren Benjamins »Schränke« erschienen. Daß Benjamin dieses Pseudonym, das gleichsam als Pseudonym von Detlef Holz aufzufassen ist, aufgriff, legt die Vermutung nahe, daß er damit an Gretel Karplus die verhüllte Bitte richten wollte, ihm das bei Kiepenheuer liegende Manuskript der »Berliner Kindheit« und auch Druckvorlagen seiner neueren Publikationen zu verschaffen, die allein die – vor allem bei den in der Emigration entstandenen Stücken der »Berliner Kindheit« – authentischen Texte darstellten.

Deine letzte Sendung: Nicht ermittelt; möglicherweise ein verlorengegangener Brief mit Beilagen oder eine Geldüberweisung.

die Princesse de Clèves: Der Roman von Marie-Madeleine Pioche de la Vergne, Comtesse de la Fayette (1634-1693), war 1678 zuerst erschienen.

28 Gretel Adorno an Walter Benjamin
Berlin, 24.9.1933

24. September 1933.

Mein lieber Detlef,

über Deinen letzten Brief bin ich sehr bestürzt; denn es ist ein äußerst beunruhigender Gedanke, Dich allein und verlassen krank in Ibiza zu wissen. Gerade Furunkel können so lange dauern, und selbst hier ist man mit den Heilmethoden noch nicht so weit fortgeschritten, man macht Hefekuren, man schneidet. Aber was nützt Dir diese Fernkurpfuscherei, bitte schreib mir gleich, ob ich Dir vielleicht ein Medikament schicken kann, das Dir ein wenig helfen könnte. In meiner Hilflosigkeit habe ich gleich ein rosa Zettelchen ausgesandt, um wenigstens dort, wo es am nötigsten ist einzugreifen.

Wie stehen denn die Verhandlungen mit Paris prinzipiell, ist Dein Platz dort frei gelassen, so daß Du wenigstens sobald Du gesund bist sofort hingehen kannst?

Mich beunruhigt es etwas, daß Du über den Tom kein Wort schreibst, um so mehr als ich mich erinnere, daß Dir der Entwurf damals nicht gefallen hat. Ich nehme das beinah als ein schlechtes Vorzeichen, bitte Dich aber trotzdem mir auf alle Fälle Deine aufrichtige Meinung darüber zu sagen, ja, ich glaube sogar, daß der Teddie Dir für eine Kritik dankbar wäre.

Elisabeth sprach ich kurz telefonisch, ihr hat es bei unsern Freunden in Dänemark ausgezeichnet gefallen. Sie haben sich nahe beim Meer ein Häuschen gekauft von dem Vorschuß für den neuen Roman, die Einwohner wären reizend, nur vom lieben Gott dürfte man nicht sprechen.

Auf Deine Veranlassung hat Teddie von Prag aus die Aufforderung zur Mitarbeit an der neu gegründeten Zeitschrift von Willy Ha. bekommen, diesem habe ich gestern schleunigst Deine Adresse geschickt, da er sicher eine Menge Aufträge für Dich hat, vielleicht sogar auch ein etwas schlechtes Gewissen.

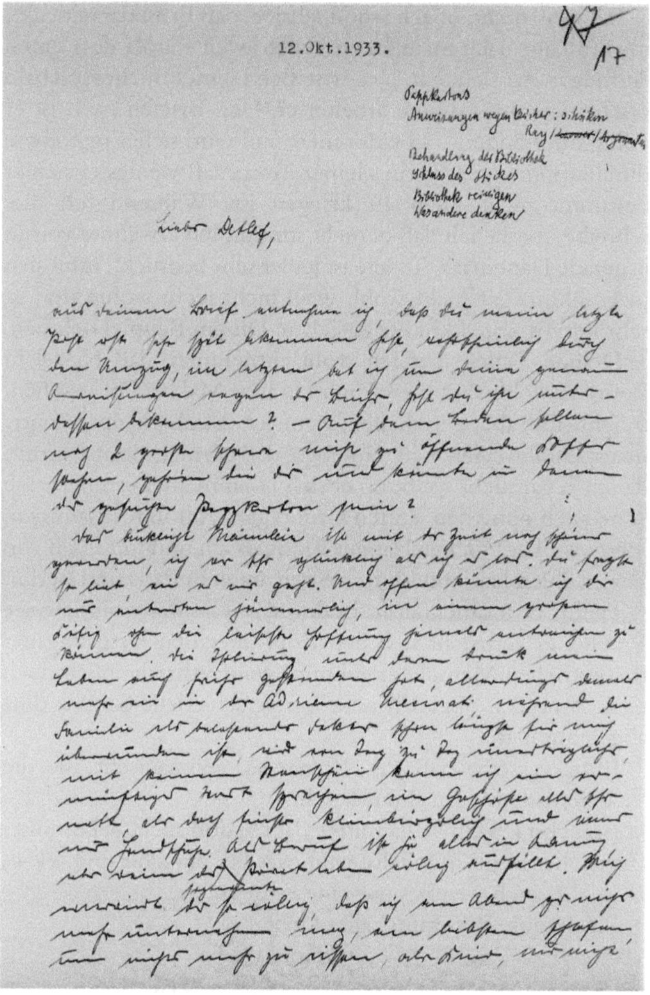

12.Okt.1933.

~~47~~ 17

Pappkartons
Anweisungen wegen Bücher: schicken
Ray / ~~[illegible]~~ / Argumente
Behandlung der Bibliothek
Schluss des Stückes
Bibliothek reinigen
Was andere denken

Lieber Detlef,

Ich weiß nicht, ob ich schon schrieb, daß Ernst daran denkt, im Frühjahr nach Spanien zu gehen, weil Karola dort einen Auftrag in Aussicht hat. Der erste Band seines Buches soll bald erscheinen, am zweiten arbeitet er. Den Briefen nach ist er völlig unverändert, unbekümmert und wird sicher irgendwie durchkommen, es ist ein kleiner Trost, daß wenigstens einer bestimmt nicht klein zu kriegen ist. Während ich dies schreibe, merke ich daß es nicht stimmt, ich erwähnte vorhin ja gerade Dänemark. Teddie ist leider sehr bedrückt, fühlt sich in Frankfurt gar nicht wohl, weiß nicht recht wohin und ist sehr nervös, dabei könnte er sich an Dir ein Beispiel nehmen.

Deinen Zeilen darf ich wohl entnehmen, daß Hessel in Berlin ist. Ich hab ihn zwar nur ein paar Mal bei Dir gesehen, möchte ihm aber gern helfen, wenn ich das überhaupt könnte, magst Du ihm vielleicht schreiben, daß er mich einmal anruft, da ich ja gar nicht weiß, ob er sich noch meiner erinnert. Ich wäre auch ohne den akuten Grund gern mit ihm zusammen, schon weil er Dich viel länger kennt als ich und mir noch von Dir erzählen kann und Euern Streifzügen in Paris und Berlin.

Paulus ist momentan in Berlin, ich sehe ihn wohl nächste Woche, er zerbricht sich den Kopf über den Ursprung des theoretischen Menschen, geht übrigens wahrscheinlich doch nach Amerika, obgleich er schon verschiedene Sachen dort abgelehnt hatte.

Bitte verzeih, daß der Bogen so zerknautscht ist, die Schreibmaschine hat ihn erwischt.

Brauchst Du ein Schlafmittel, das Du dort nicht bekommst? Bitte schreib mir möglichst bald, was Du brauchst und wie es Dir geht, auch wenn es nur eine Karte ist.

Recht gute Besserung, alles Liebe

immer Deine

Felicitas

ORIGINAL Typoskript.

unsere Freunde in Dänemark: Brecht und Helene Weigel lebten in Svendborg an der dänischen Küste.

der neue Roman: Brecht hatte im August 1933 mit dem Amsterdamer Verlag Allert de Lange einen Vertrag über seinen »Dreigroschenroman« abgeschlossen, der im November 1934 erschien.

die neu gegründete Zeitschrift von Willy Ha.: Willy Haas (1891-1973), bis 1933 Herausgeber der im Rowohlt Verlag erscheinenden Zeitschrift »Die literarische Welt«, gründete in Prag »Die Welt im Wort«, die er gemeinsam mit Otto Pick herausgab. Die erste Nummer erschien am 5. Oktober 1933, Benjamin veröffentlichte dort im Dezember »Erfahrung und Armut« und »J. P. Hebels Schatzkästlein des rheinischen Hausfreundes«. Am 11. Januar 1934 kam die letzte Nummer der Wochenzeitung heraus.

Ernst / Der erste Band seines Buches: Gemeint ist Ernst Blochs »Erbschaft dieser Zeit«, erschienen im Züricher Verlag Emil Oprecht Ende 1934. – Bloch arbeitete außerdem an einem Buch, das später den Titel »Das Materialismusproblem, seine Geschichte und Substanz« erhielt.

Hessel: Franz Hessel (1880-1941), der von 1919 bis 1933 Lektor des Rowohlt Verlages war. Mit Franz Hessel wollte Benjamin einen Aufsatz über die Passagen schreiben.

29 Gretel Karplus an Walter Benjamin Berlin, 6.10.1933

6. Okt. 1933.

Lieber Detlef, wo ich Dich wohl jetzt in Gedanken [suchen] soll? Vielleicht kann es Dir etwas nützen, wenn ich Dir Hans Brucks Adresse in Paris mitteile, Du erinnerst Dich wohl noch an ihn: VIII., Hotel Friedland, 35 avenue Friedland.

Du erwähnst öfter Conradt mit seinen Kochbüchern, ich weiß gar nicht, wo ich den Namen hintun soll. Gelesen habe ich in den letzten Tagen vor allem Walter Benjamin. Wohl im Zusammenhang damit ist mir wieder die Bedeutung unserer selbstgewählten Namen aufgefallen, so, als ob wir dadurch andere Menschen geworden wären und zwar tatsächlich nicht nur im Spiel wie bei Kosenamen. Viel Sehnsucht ist dabei mit eingefangen und oft gerade das Gegenteil von der realen Existenz, die ich aber trotzdem nicht verleugnen möchte, wenn sie mich auch zwingt besonders im Moment fleißig von früh bis spät im Büro zu sitzen und mich möglichst wenig wegzurühren. – Hast Du schon Nachricht von Willy H? Ich hoffe bald von Dir zu hören, und möchte viel Gutes hören. Entschuldige bitte das Querschreiben, aber ich habe nichts anderes bei der Hand und möchte der gelben Farbe nicht mehr untreu werden.

Alles Liebe Deine

Felicitas.

ORIGINAL Postkarte ohne Stempel. – Manuskript.

Hans Bruck: Über den Dirigenten konnte Näheres nicht ermittelt werden.

30 Gretel Karplus an Walter Benjamin Berlin, 10.10.1933

10. Okt. 1933.

Mein lieber Detlef,

was machst Du nur für schreckliche Dummheiten, ich bin froh, daß ich Dich wenigstens in Paris und unter ärztlicher Kontrolle weiß. Ich möchte Dich sehr bitten, doch mit Deiner Gesundheit etwas vorsichtiger umzugehen, es gibt nur einen Detlef Holz, und der hat noch große Aufgaben vor sich, also bitte schon Dich soweit wie möglich schon mir zu liebe. Deiner Beschreibung nach scheint es mir ein Grippeanfall zu sein, jedenfalls tritt sie hier so auf, besonders tückisch sind dies Mal dabei die Nachwirkungen.

Mein Telegramm und das rosa Zettelchen sollen Dir nur zeigen, wie sehr ich an Dich denke, auch zur Kräftigung kannst Du es sicher gebrauchen. Dies umsomehr als mein Besuch im Augenblick mehr als zweifelhaft[;] neben den privaten Gründen, die sich im Ernstfall ja doch beseitigen ließen war das [die] momentane Visumsperre für uns, soweit ich wenigstens gehört habe. Dies ist aber in bezug auf mich kein Grund zur Beunruhigung, nur halt schade ist es, daß ich Dir so wenig helfen und Trost bringen kann. Bitte schreib mir doch recht bald wieder, wie es Dir geht und was Du von hier brauchen kannst. Lieber, recht gute Besserung, alles Liebe

immer

Deine

Felicitas.

Ich schrieb Dir vor ein paar Tagen die Adresse von Hans Bruck, unterdessen hat er in Amsterdam ein Engagement bekommen.

ORIGINAL Manuskript.

Mein Telegramm: Nicht erhalten.

31 Gretel Karplus an Walter Benjamin Berlin, 12.10.1933

12. Okt. 1933.

Pappkartons
Anweisungen wegen Bücher: schicken
Ray / ~~Jezower~~ / ~~Argonauten~~

Behandlung der Bibliothek
Schluß des Stückes
Bibliothek reinigen
Was andere denken

Lieber Detlef,

aus Deinem Brief entnehme ich, daß Du meine letzte Post erst sehr spät bekommen hast, wahrscheinlich durch den Umzug, im letzten bat ich um Deine genauen Anweisungen wegen der Bücher, hast Du ihn unterdessen bekommen? – Auf dem Boden sollen noch 2 große schwere nicht zu öffnende Koffer stehen, gehören die Dir und könnte in denen der gesuchte Pappkarton sein?

Das bucklicht Männlein ist mit der Zeit noch schöner geworden, ich war sehr glücklich als ich es las. Du fragst so lieb, wie es mir geht. Und offen könnte ich Dir nur antworten jämmerlich, in einem großen Käfig, ohne die leiseste Hoffnung jemals entweichen zu können. Die Isolierung, unter deren Druck mein Leben auch früher gestanden hat, allerdings damals mehr wie in der Adrienne Mesurat, während die Familie als belastender Faktor schon längst für mich überwunden ist, wird von Tag zu Tag unerträglicher, mit keinem Menschen kann ich ein vernünftiges Wort sprechen, im Geschäft alles sehr nett, aber doch finster kleinbürgerlich und immer nur Handschuhe. Als Beruf ist ja alles in Ordnung, aber dann das sogenannte Privatleben völlig unerfüllt. Mich enerviert das so völlig, daß ich am Abend gar nichts mehr unternehmen mag, am liebsten schlafen, um nichts mehr zu wissen, oder Kino, nur nicht nachdenken. Ich vergeude mein Leben und bin froh, wenn wieder eine Woche, wieder ein Monat vorbei ist. Ich bin bescheiden geworden, aber wenn es gar nichts mehr gibt, worauf ich mich freuen kann. Und dabei immer am Rand die Gespenster, daß es noch viel schlimmer kommen kann, daß ich noch Arbeit habe, daß ich noch Briefe schreiben darf, daß ein Wiedersehen überhaupt noch möglich ist. Du siehst, ich habe unser Zusammentreffen mindestens so nötig wie Du, damit Du mir einmal wieder den Kopf wäschst. Ob es gerade Weihnachten wird, das Wiesengrundsche Tabu[,] oder später laß Dich bitte nicht stören, ich muß vor allem sehen, wie sich mein Nansenpaß den Verhältnissen anpaßt, diese Neuerung ist noch jetzt im November fällig. Näheres darüber mündlich.

Ist es denn völlig ausgeschlossen, daß wir uns in Berlin oder irgendwo in Deutschland treffen? Bitte, bitte sei nicht bös, daß alles nicht gleich so klappt, schließlich gelingt es doch, ich freu mich so schrecklich auf Dich.

Teddie erwarte ich immer noch in den nächsten Tagen hier, ich weiß nicht, wie lange er bleiben will und was er für jetzt und später für Pläne hat.

Ich glaube, ich bin auf Paris eifersüchtig, weil es Dich immerzu hat.

Ich warte schon auf Deine lieben vertrauten gelben Blättchen, schick mir recht bald eins. Mein gelber sagt Dir viele Grüße und alles Liebe, was Du Dir anhören magst.

immer
Deine Felicitas

ORIGINAL Manuskript m. handschriftlichen Stichworten von Benjamin. – Siehe Abb. S. 87.

Das bucklicht Männlein: Es war am 12. August in der »Frankfurter Zeitung« erschienen, vgl. jetzt GS IV·1, S. 302-304.

die Adrienne Mesurat: Anspielung auf den Roman von Julien Green, der 1927 in Paris erschienen war; die erste deutsche Übersetzung von Irene Kafka erschien ein Jahr später.

32 Gretel Adorno an Walter Benjamin
Berlin, 25.10.1933

25. Okt. 1933.

Mein sehr lieber Detlef,

so ganz anders habe ich mir den heutigen Abend vorgestellt. Im Moment, da ich von Deiner bösen Malaria hörte, gab es für mich nur eine Möglichkeit, nämlich sofort auf ein bis zwei Tage zu Dir zu kommen. Ich hatte in Gedanken schon den Brief geschrieben mit der Anfrage, ob Du mich gebrauchen könntest, wo ich wohnen könnte und dann hat mir meine Gesundheit, über die ich mich nicht zu Unrecht öfter beklagt habe, einen dicken Strich durch die Rechnung gemacht, ich würde tatsächlich eine solche Parforcetour gar nicht aushalten.

Abgesehen davon kann ich jetzt im Augenblick nicht von Berlin fort, da ich aus bestimmten Gründen, da Papa gerade zur Kur in Meran ist, die Familie hier in Berlin vertreten muß. Lieber ich habe Dir soviel zu sagen, daß ich es sogar schreiben muß, und ich bitte Dich nur, nicht die Geduld mit mir zu verlieren. Ich weiß sehr gut, daß ich Dich unbedingt jetzt hätte sprechen müssen und daß man gewisse Dinge nicht unbegrenzt lange aufschieben kann, gerade in der Reconvalescenz wäre mein Platz bei Dir gewesen. Und nun komme ich doch nicht. Wie soll ich Dir das nur erklären, es bedarf dazu eines fast unmenschlichen Vertrauens, und ich wüßte gar nicht, womit ich mir das verdient hätte. Ich muß sogar eine ganz dumme Parallele ziehen, weil Du zufällig von der Tatsache weißt, nämlich von meinem Sträuben, damals vor zwei Jahren Ernst zu treffen. Bitte, zieh diesen Vergleich nicht eine Minute, denn was da wenn auch schönes Spiel war ist bei uns notwendig. Kein Mensch weiß von Detlef und Felicitas, ich selbst ahne nur unsere Beziehung, wie könnte ich denn darüber sprechen. Sie ist in meinem Leben trotz ihrer Unsichtbarkeit vielleicht das Festeste, was ich habe, das einzige, worauf ich mich verlassen möchte, ohne immer ängstlich und wachsam sein zu müssen. Verzeih, wenn ich Dir heute soviel sage, ich ersticke sonst. – Da das kurze Zusammensein mitten aus der Arbeit heraus fast undurchführbar, setze ich meine Hoffnung auf ein[e] Woche gegen Weihnachten oder im Januar, wo wir beide unbelastet sind, ich besonders auch frei von privaten Hindernissen. –

Gewiß weiß ich heute noch gar nicht, was schließlich aus mir wird, wo ich einmal landen werde, aber in meiner Phantasie habe ich immer die Vorstellung, daß Du in unserer Nähe wohnen wirst, mir wäre es am liebsten das ganz gemeinsam zu realisieren, aber ich weiß weder Deine Meinung, noch habe ich mit T. darüber jemals gesprochen. Hier in Berlin sitze ich etwas betrübt, mit der Illusion Dir schließlich doch noch etwas helfen zu können, also sag mir schnell, wie ich das verwirklichen kann. – Unterdessen kam Dein zweiter Brief. Ich werde mich nach Möglichkeit mit Deinem Mädchen, dessen Namen und Adresse ich leider nicht mehr weiß, nur die Deiner Wohnung, in Verbindung setzen, um mir die von Dir gewünschten Sachen zu holen. Die Zeitschriften und Bücher sind natürlich noch bei mir, und ich halte es eigentlich für möglich sie als Wertpaket nach Paris zu schicken. – Mit Ernsts Manuskripten habe ich in dieser Beziehung gute Erfahrungen gemacht. – Soll ich versuchen von Gub. für Dich die Adresse von Krac zu erfahren? –

Ich habe viel zu tun und außerdem viel Laufereien, weil ich aus bestimmten Gründen meinen Gesellschaftsvertrag schnell unter Dach bringen muß, ich habe mir aber doch ein Mauseloch darin gelassen zum Hinausschlüpfen. Ich komme mir sehr einsam und eingesperrt vor in dem großen Berlin ohne meine Freunde, ich habe große Sehnsucht nach Dir. Ob Du fühlst, was ich Dir sage, doch dazu muß es spät am Abend sein und ich liege auf einer Couch und Du sitzt in einem bequemen Sessel nicht gar weit davon. Ich habe das Gefühl, als ob ich Dich anders sähe als die andern Menschen es tun, aber Du kommst nicht schlechter dabei weg, da ich das, was sie wissen immer noch mitnehme, aber mich dadurch nicht wie sie abschrecken lasse auch in andere Gebiete vorzudringen.

Ich weiß im Augenblick gar nicht, wo der Teddie steckt, vielleicht besucht er Max, vielleicht kommt er auch zu Dir, er weiß nichts von unserm DU. Über das von ihm aus gesehene Nebeneinander haben wir auch nur flüchtig gesprochen, zu Deiner Orientierung nur, daß von mir aus alles in bester Ordnung, ich möchte nur auf jeden Fall vermeiden, daß Dich irgend etwas stören könnte. Sobald Du etwas bei mir nicht richtig findest, bitte ich Dich um eine offene Kritik, so wie Du sie mir auch jeder Zeit hier gesagt hättest und hast.

Detlef, bitte schick mir doch etwas von Deinen neuen Sachen, ich habe noch nicht einmal das bucklicht Männlein gedruckt gesehen und gar nichts von den Übersetzungen der

Kindheit, ich habe Hunger nach Deinem Wort. Gute Nacht mein Stück Holz, schlaf mir gut und werde bald gesund. Ich fiebere auf Deine Antwort

Deine
Felicitas

Aufsatz für Haas	Archiv
Druckerei von Marat	Krac
Speyers Stück	Bücher verkaufen
Hotel	
Berthold	

ORIGINAL Typoskript m. handschriftlichen Stichworten von Benjamin.

Dein zweiter Brief: Nicht erhalten.

33 Gretel Karplus an Walter Benjamin
Berlin, 4.11.1933

4. Nov. 1933.

Lieber Detlef,

Deine letzten Zeilen klangen arg traurig und fern, und auf diese Entfernung kann ich nicht einmal die Ursachen unter der Oberfläche davon herausfinden. Teddies Reise ist bis jetzt nur ein Plan, ich weiß selbst noch nichts Näheres. Selbst bis zu mir ist das Gerücht gedrungen, daß Krenek[?] verschiedenen Leuten helfen soll, stehst Du mit ihm in Verbindung?

Am Donnerstag habe ich 300 frs. an Dich geschickt. Mehr war mir nicht möglich, da ich sie auf dem Paß vermerken muß und dabei auf gewisse Widerstände stoße. Ich habe auch bis jetzt noch nichts von Deinen Büchern verkauft, sondern habe das Geld ausgelegt, da ich mich bei einer so heiklen Angelegenheit doch vorher genauer mit Dir verständigen und nichts übereilen will. Ich bin in solchen Dingen sehr unerfahren, als Buchhandlung bin ich immer noch bei der Potsdamer Brücke, die sich jetzt auch sehr verkleinert hat, und von der ich nicht weiß ob sie antiquarische Bücher kauft. Kannst Du mir jemanden nennen, der für Deine wertvollen Bände Interesse hat? Ich glaube nicht, daß Du jetzt schon die ganze Berliner Wohnung auflösen willst, aber ich erwarte auf [jeden] Fall Deine ganz genauen Anweisungen. Vielleicht wäre es Dir lieb, wenn ich selbst etwas, das Dir besonders am Herzen liegt als Gegenwert übernehmen könnte, dann weißt Du es wenigstens nicht verloren und ich habe für die nächsten Geburtstagsgeschenke ausgesorgt. Dieser Brief klingt ein wenig geschäftsmäßig, aber ich glaube, daß dies für sachliche Angelegenheiten doch der beste Ton ist.

Gesundheitlich hat sich mein Unbehagen endlich in einer ziemlich starken Erkältung Luft gemacht, hoffentlich ist es bald vorbei.

Sehr viele herzliche Grüße, laß recht bald von Dir hören

Deine Felicitas.

ORIGINAL Manuskript.

34 Walter Benjamin an Gretel Karplus
Paris, 8.11.1933

Liebe Felizitas,

sehr habe ich mich mit Deiner Karte gefreut, aus der ich ersehen habe, daß alles in Ordnung ist. Ich hoffe nur, daß die Dohrmann recht bald wieder auftaucht, da ich in ihr etwas wie einen Schutzgeist sehe. Das braucht Dein sehr berechtigtes Selbstgefühl nicht zu kränken, da Dein viel seltneres Erscheinen in dieser Gegend auf eine höhere Geisterart deutet.

Einiges wird sich in ihr verändert haben; davon wirst Du mir mündlich berichten. Ich freue mich natürlich sehr, wenn ich die Photos und die Bücher mit meinen Beiträgen bald hier habe.

Und nun ist gestern auch Deine Postanweisung gekommen und hat die Beklemmungen, die in den letzten Tagen beim besten Gegenwillen meine Tatkraft lahmlegten, von mir genommen. Schreibe mir gelegentlich, was verkauft ist und habe tausend Dank für Dein Eingreifen.

Es ist spät abends und vor einer halben Stunde habe ich durch einen Anruf des Mannes erfahren, daß Gert Wissing, die Du wohl ein oder zwei Mal bei mir gesehen hast, heute gestorben ist. Sie wird der erste sein, den wir hier in Paris begraben, aber kaum der letzte. Ich schreibe diese Zeilen mit ihrem besonders schönen, ja kostbaren Federhalter; der Reliquie aus einer großen Liebesgeschichte mit einem Kammerherrn des Papstes.

Wie ich Dir von den vielfältigen Schritten, die ich unternommen habe, seit ich wieder ausgehe, einen Begriff geben soll, weiß ich nicht. Viele werden vergeblich sein und kaum die Mühe des Berichtens lohnen. Ein Besuch bei dem Proust-Biographen Léon Pierre-Quint fiel etwas angenehmer aus als ich erwartet hatte und kann auf längere Sicht vielleicht einmal Bedeutung bekommen. Fuchs habe ich gesehen; seine Lebenskraft hat etwas Bewundernswertes. Berthold, den ich täglich, oft lange, sehe, bemüht sich für mich um verlegerische Verbindungen. Gestern tauchte plötzlich Lotte mit ihrem Mann bei ihm auf. Ich glaube aber nicht, daß sie vorläufig Gemeinsames vorhaben.

Die Frankfurter haben einen neuen Beitrag von mir angenommen. Auch Haas bringt nächstens etwas. An Aufträgen von seiner Seite würde es nicht fehlen. Ob aber die Bezahlung auch nur die Selbstkosten deckt, bleibt abzuwarten. – Heute geht »Das bucklichte Männlein« an Dich ab.

Schreibe mir, wie es Dir geht; was Du liest; woran Du denkst; was Du vorhast. Ich hoffe und nehme an, daß Du den Weihnachtstermin für uns festhältst. Was mich betrifft: ich lese so nebenher Lionardo und werde Dir erstaunliche Funde zu zeigen haben. Mit Berthold spreche ich über die Theorie des Kriminalromans und vielleicht wird diesen Reflexionen einmal ein experimentelles Unternehmen folgen.

Es ist nach Mitternacht. Soviel also für heute und gestern. Ich hoffe, Du bekommst diesen Brief in einer ruhigen Minute oder findest eine für ihn.

Alles sehr Herzliche

8 November 1933 Dein Detlef
Paris VI
1 Rue Du Four
Palace Hotel

ORIGINAL Manuskript.

Deine Karte: Die letzte Postkarte, die Benjamin von Gretel Karplus erhalten hatte, datiert vom 6. Oktober, sie kann aber, nach dem, was Benjamin zu der *Karte* schreibt, kaum gemeint sein; dazu paßte eher Gretel Karplus' Brief vom 25. Oktober. Ob eine *Karte* später verlorenging oder Benjamin sich hier irrte, ist unklar.

die Dohrmann: Erna Dohrmann war bis Mitte Dezember krank und konnte sich nicht um Benjamins Berliner Wohnung kümmern.

Gert Wissing [ist] heute gestorben: Sie scheint an einer doppelseitigen Lungenentzündung gestorben zu sein; vgl. Klaus Mann, Tagebücher 1931 bis 1933, hrsg. von Joachim Heimannsberg, Peter Laemmle und Wilfried F. Schoeller, München 1989, S. 179 (6. XI.).

eine große Liebesgeschichte mit einem Kammerherrn des Papstes: Nicht ermittelt.

Léon Pierre-Quint: Der Schriftsteller Léon Pierre-Quint (1895-1958) hatte 1925 eine große Studie über »Marcel Proust, sa vie, son œuvre« veröffentlicht; vgl. auch in Benjamins »Pariser Tagebuch« die Seiten 572 und 585 in GS IV·1.

Fuchs: Der Schriftsteller, Sammler und Kulturkritiker Eduard Fuchs (1870-1940), der 1886 der SPD beitrat, wegen politischer Tätigkeit 1888 und 1889 im Gefängnis war, lebte als Autor seit 1900 in Berlin. Fuchs war mit Franz Mehring befreundet und wurde nach dessen Tod sein Nachlaßverwalter. Er wurde vor allem bekannt durch seine dreibändige »Illustrierte Sittengeschichte vom Mittelalter bis zur Gegenwart« und »Die Geschichte der erotischen Kunst«. 1933 war Fuchs nach Paris emigriert, wo er bis zu seinem Tod lebte. Im Sommer 1933 war seine Adresse das Hôtel de Beaujolais in der gleichnamigen Straße im 1. Arrondissement.

Berthold / Lotte mit ihrem Mann / Gemeinsames: Lotte Lenya und Kurt Weill, der seit dem 23. März in Paris war. Brecht und Weill hatten im Frühjahr 1933 gemeinsam an dem Ballett »Die sieben Todsünden der Kleinbürger« gearbeitet, das am 7. Juni 1933 im »Théâtre des Champs Elysées« uraufgeführt wurde. Lotte Lenya war eine der beiden Darstellerinen der Anna; die musikalische Leitung hatte der Weill-Schüler Maurice Abravanel, die Choreographie stammte von Georges Balanchine, das Bühnenbild von Caspar Neher. Nach dieser gemeinsamen Produktion gab es keine Zusammenarbeit mehr von Weill und Brecht.

Die Frankfurter haben einen neuen Beitrag von mir angenommen: Wahrscheinlich denkt Benjamin hier an die »Denkbilder«, die in der »Frankfurter Zeitung« vom 15. November veröffentlicht wurden (vgl. jetzt GS IV·1, S. 428- 433); zuvor – am 12. November – war in derselben Zeitung Benjamins Rezension »Deutsch in Norwegen« erschienen (vgl. jetzt GS III, S. 404-407).

Haas bringt nächstens etwas: »Erfahrung und Armut« (vgl. jetzt GS II·1, S. 213-219) und »J. P. Hebels Schatzkästlein des rheinischen Hausfreundes« (Die Welt im Wort vom 14.12.1933; vgl. jetzt GS II·2, S. 628).

festhältst: So in Benjamins Handschrift.

ich lese so nebenher Lionardo: Näheres nicht ermittelt.

Theorie des Kriminalromans ... ein experimentelles Unternehmen: Brecht und Benjamin planten, einen oder eine Reihe von Kriminalromanen zu schreiben. Die aus Brechts Nachlaß unter dem Titel »Tatsachenreihe« publizierten Notizen und Entwürfe zu einer Folge von Kriminalromanen (vgl. Brecht, Werke, Bd. 17: Prosa 2. Romanfragmente und Romanentwürfe, Berlin/Frankfurt a. M. 1989, S. 443-455) enthalten zwei längere Episoden aus einem Roman (vgl. ebd., S. 447-455), zu dem von Benjamins Hand ein Kapitelschema überliefert ist (vgl. GS VII·2, S. 847 f.). Wahrscheinlich sind dieses Schema und die folgende Motivliste (vgl. ebd., S. 848-850) im Herbst 1933 in Paris entstanden.

35 Gretel Karplus an Walter Benjamin Berlin, 21.11.1933

21. Nov. 1933.

Lieber Detlef,

bitte verzeih, daß ich Dich wegen der verlangten Bücher und Photographien falsch verstanden habe, erst nach Deinen letzten Zeilen wußte ich genau, daß Du sie sofort geschickt haben wolltest. Das Wertpaket ist am 17. abgegangen und hoffentlich schon in Deinem Besitz.

Wegen des Verkaufs der Bücher hätte [ich] gern doch noch genauere Anweisungen, was Du unbedingt zu behalten wünschst, außerdem wäre es mir wichtig zu wissen, wie hoch Du den zu erzielenden Betrag einschätzt und wie man das Geld schicken soll, da regelmäßige monatliche Einzahlungen nicht mehr erlaubt sind. Willst Du nicht von dort aus an die in Deinem letzten Brief erwähnten Leute schreiben? Da eine nicht verheiratete Frau nicht sehr große Autorität besitzt – im Geschäft ist es anders, da ich dort den Firmennamen hinter mir habe, so wäre es vielleicht zu raten, daß Herr Glück sich mit den betreffenden Interessenten in Verbindung setzt, durch seine Bank hat er auch devisentechnisch größere Möglichkeiten, außerdem hat er jederzeit Zutritt in die Wohnung. Bitte versteh mich recht, ich will nicht etwas abschieben, sondern ich versuche nur, es für Dich auf die bestmögliche Weise zu arrangieren.

Aus der Zeitung sah ich, daß Euer Stück im Renaissance-Theater aufgeführt wird, ich möchte in den nächsten Tagen mit Teddie, den ich heute Abend erwarte, hingehen. Ich war sehr erstaunt, daß Felicitas zu ihrem Mann zurückgeht, stand das damals schon fest? Ich wäre damit nur einverstanden, trotz meiner Vorliebe für ältere Herren, wenn Forster den Anwalt spielte.

Hast Du unterdessen Zeit gefunden, den Tom zu lesen?

Hat es Dich eigentlich jemals interessiert, zu wissen, was

die anderen Leute über Dich denken? Das ist oft eine merkwürdige Verschiebung, in der man sich selbst nicht wiedererkennt.

Bitte sei mir nicht bös wegen des letzten Briefs, ich kann mir ganz gut vorstellen, daß ich Dir damit auf die Nerven gefallen bin. Ich hoffe bald von Dir zu hören, herzlichst immer

Deine Felizitas.

ORIGINAL Manuskript.

Deine letzten Zeilen: Nicht erhalten.

Euer Stück im Renaissance-Theater / Forster: Rudolf Forster (1884-1968) stand nicht auf der Besetzungsliste, Regie führte der neue Direktor des Theaters Alfred Bernau. Die Rolle der »Felizitas« spielte nach der Ankündigung Hilde Koerber. Die Premiere scheint um den 19. November stattgefunden zu haben.

36 Gretel Adorno an Walter Benjamin Berlin, 14.12.1933

14. Dez. 1933.

Mein lieber Detlef,

Dein letzter Brief hat mich etwas traurig gemacht, Du solltest doch schon wissen, daß gerade Treulosigkeit wirklich nicht mein Fehler ist und wenn ich Dich noch nicht in Paris besucht habe, so liegt das in rein äußeren Gründen. Auch ich kann nicht so, wie ich gern möchte, sondern muß sehr lange abwarten, bis irgend etwas klappt, und jeder ist von seinen eigenen notdürftigsten Dingen so in Anspruch genommen, daß ihm wenig Zeit für anderes bleibt. Ich wache über nichts besser als über unserer Beziehung, ich mag auch zu niemanden darüber sprechen; denn nur der kleine Rest Geheimnis scheint mir überhaupt für die Echtheit zu garantieren. Lieber, ich wäre gern Weihnachten bei Dir, aber es geht nicht, Teddie würde es mir nie verzeihen, und Du weißt, daß ich trotz allem sehr an Frft. hänge.

Die Bücher werde ich verkaufen, die Rm 25.– schicke ich Dir durch meinen Compagnon Anfang nächster Woche, da ich erst einen neuen Paß beantragen muß, hier mußt Du auch einen Teil meiner Schwierigkeiten suchen, die übrigens nur auf dummer Zufälligkeit beruhen und bis jetzt mehr unangenehm als bedrohlich sind, vorläufig brauchst Du Dich um mich innerhalb der vier Wände in Deutschland nicht zu sorgen. Ich wage es kaum Dir gute Weihnachten zu wünschen, zu Neujahr schreibe ich bestimmt noch einmal.

Bitte hab ein bißchen Vertrauen zu mir, herzlichst immer

Deine

Felicitas

ORIGINAL Manuskript.

Dein letzter Brief: Nicht erhalten.

37 Walter Benjamin an Gretel Karplus
Paris, 30.12.1933

Liebe Felizitas,

diese Grüße werden Dich – wenn schon nicht zu Neujahr so doch sicher – im Augenblicke Deiner Rückkehr nach Berlin erreichen. Denn ich denke, Du bist zu Neujahr noch in Frankfurt. Ich habe wieder Dank für Vieles zu sagen – auch für die frankfurter Ermahnung, von andern, Wichtigeren nicht zu sprechen. Diese betreffend hatte ich gewisse Schritte vorher schon unternommen. Ich bin noch ohne Bescheid und habe allen Grund anzunehmen, daß sie vergeblich gewesen sind, wie das von anfang an zu erwarten war. Natürlich macht es die damit verbundnen Folgen nicht leichter, sie vorhergesehen zu haben.

Und so läßt es sich nicht leugnen, daß ich nicht nur am

Ende des alten Jahres sondern auch meines Lateins bin. Gewiß: ich habe – wie ich Dir wohl schrieb – vor kurzem meinen ersten Auftrag hier eingebracht – einen Aufsatz über den Seinepräfekten Haussmann, der Paris unter Napoleon III umgebaut hat. Auch sonst ist dies und jenes zu tun. Gegen die graue Perspektive und die noch grauere Einsamkeit, die schon jetzt um mich ist, kommt das alles nicht auf. Der Entschluß, zu dem ich vor allem die Kraft finden müßte, wäre von hier fortzugehen. Noch muß ich Einiges hier abwarten, noch hoffe ich – an erster Stelle – auf Dein Kommen, noch graut mir vor dem dänischen Winter, dem dortigen Angewiesensein auf einen Menschen, das sehr leicht eine andere Form der Einsamkeit werden kann, einer ganz unbekannten Sprache, die niederdrückend ist, wenn man für alle alltäglichen Verrichtungen selbst aufzukommen hat.

Das neue Schulgesetz gibt mir Bedenken für Stefan ein.

Die Arbeit hat augenblicklich fast keine bestätigende Kraft für mich, denn die, zu der es mich am meisten zieht – Fortsetzung der »Berliner Kindheit« kann ich mir nicht leisten.

Über den »Tom« das nächste Mal. »Vierhändig« habe ich mit Freude gelesen. So sonderbar es klingt, so müßte ja auch ich mich irgendwann an ähnliche Erinnerungen wagen. Ich habe auch Studien dazu gemacht, aber noch ist es nicht soweit.

Ich hoffe, es ist Dir in den Ferientagen gut gegangen und Du bist freier von den üblichen Kopfschmerzen gewesen. Schreibe mir möglichst bald. Und nimm sehr herzliche Gedanken ins neue Jahr hinüber.

30 Dezember 1933 Dein Detlef

ORIGINAL Manuskript.

frankfurter Ermahnung: Auf einer nicht erhaltenen Postkarte aus Frankfurt hatte Gretel Karplus Benjamins Urteil über Adornos Singspiel angemahnt (s. Brief Nr. 42). – Benjamin schrieb am 29. Januar an Adorno (GB IV, Brief Nr. 831), zum ersten Mal nach einjähriger Unterbrechung der Korrespondenz.

von andern, Wichtigeren: So in Benjamins Handschrift.

gewisse Schritte: Nicht ermittelt.

Wie ich Dir wohl schrieb: In einem verlorengegangenen Brief von Ende November oder Anfang Dezember.

ein Aufsatz über den Seinepräfekten Haussmann: Der Aufsatz, den wahrscheinlich Alfred Kurella für die Wochenzeitung »Monde« von Benjamin erbeten hatte, wurde nicht geschrieben; mit der Abberufung von Kurella im Januar 1934 fand der Auftrag offenbar bald nicht mehr die Unterstützung der Redaktion. Vgl. aber Benjamins Aufzeichnungen über »Haussmannisierung« im »Passagen-Werk« (GS V·1, S. 179-210) und seine Rezension des Buches von Georges Laronze »Le Baron Haussmann« (Paris 1932) für die »Zeitschrift für Sozialforschung« (Heft 3, 1934; jetzt GS III, S. 435 f.). Darüber hinaus figuriert Haussmann in der März 1934 entstandenen Disposition für das »Passagen-Werk«, das nun den Titel »Paris. Capitale du XIXe siècle« trug (vgl. GS V·2, S. 1220 f.).

das neue Schulgesetz: In der »Frankfurter Zeitung« vom 29. Dezember konnte Benjamin lesen, daß im Jahre 1934 auf der Basis der »Verordnung zur Durchführung des Gesetzes gegen die Überfüllung deutscher Schulen und Hochschulen« die Zahl derjenigen Schüler, denen die Hochschulreife in Preußen zuerkannt werden sollte, auf 8981 begrenzt sei. Die anzuwendenden Kriterien waren »geistige und körperliche Reife, Charakterwert und nationale Zuverlässigkeit«.

»Vierhändig«: Adornos Erinnerung »Vierhändig, noch einmal« war am 19. Dezember in der »Vossischen Zeitung« erschienen (vgl. jetzt GS 17, S. 303-306).

ich [müßte] mich irgendwann an ähnliche Erinnerungen wagen / Studien dazu: Benjamin hielt also die »Berliner Kindheit« und die Stücke, die das Buch bildeten, nicht für solche *Erinnerungen.* Die *Studien* könnten dann nur das sein, was Benjamin in der »Berliner Chronik« niedergeschrieben hat und was davon nicht in veränderter Gestalt in das Kindheitsbuch Eingang fand. Vgl. auch die »Materialien zu einem Selbstporträt«, GS VI, S. 532.

38 Gretel Karplus an Walter Benjamin
Berlin, 4.1.1934

4. Jan. 1934.

Mein lieber Detlef,

ich kann Dir gar nicht sagen, wie sehr ich stets in Angst um Dich bin, und nach Deinen letzten Briefen habe ich damit auch gar nicht so unrecht. Was ich für Dich tun kann, ist ja leider so herzlich wenig, nicht einmal mein Kommen kann ich Dir sicher in Aussicht stellen, da ich noch immer ohne Paß bin, und daß schließlich Dänemark gar noch näher an Berlin, ist auch nur ein schwacher Trost. Aus einer gewissen Scheu habe ich nie mit Dir über Deinen jetzt dort wohnenden Freund gesprochen, aber auch darin würden wir uns sofort verständigen, und ich kann Deine Bedenken nur zu gut verstehen. Unter diesen Umständen nimmst du es mir sicher nicht übel, wenn ich es einmal versucht habe, reiche Freunde mehr von Teddie als von mir* auf Deinen Fall aufmerksam zu machen, wenn es Erfolg haben sollte, will ich von Herzen froh sein und sonst bitte ich um Deine Verzeihung für diesen Schritt, den ich aber unbedingt unternehmen mußte.

Hast Du übrigens jetzt wieder einmal an Palästina gedacht, früher hattest Du doch die Absicht eventuell hinzugehen, und soviel ich weiß, hat Gerhard jetzt eine große Stellung. Bitte versteh mich recht, ich will Dir gewiß nicht vorgreifen, nur habe ich unbedingt das Gefühl, daß mit Dir etwas geschehen muß, vielleicht kann ich da wiederum der Anstoß dazu sein.

Meine Arbeit in Berlin geht weiter, seit dem 1. Januar bin ich Juniorpartner, ob zu meiner Freude oder meinem Leid läßt sich jetzt schwer sagen, bei Teddie noch immer alles im Nebel, Frankreich, Holland und England noch ungewisser als Istanbul.

Mit der Empfehlung des »Allerhandmanns«[?] (3. Bd. August) hast Du mir einen guten Rat gegeben. – Ein rosa Zettelchen für etwas Alkohol soll Dich wenigstens im Moment körperlich etwas stärken.

Bitte laß es auch im neuen Jahr bei der guten Gewohnheit alle 8-10 Tage von Dir hören zu lassen, herzlichst

stets Deine

Felicitas

* Du kennst sie, aber ich will da ich ihrer nicht so sicher bin, den Namen lieber noch verschweigen.

ORIGINAL Manuskript.

reiche Freunde: Die aus Brüssel stammende Gabrielle Oppenheim-Errera und ihr Mann Paul Oppenheim (1885-1977), die bis 1933 in Frankfurt lebten und – wie Adorno sich erinnerte – »den maßgeblichen Intellektuellensalon in Frankfurt hatten, wo sich alles traf, was einigermaßen einen Füllfederhalter halten konnte.« (Adornos Erinnerungen an Paul Tillich, in: Werk und Wirken Paul Tillichs. Ein Gedenkbuch, Stuttgart 1967, S. 24) – Paul Oppenheim hatte in Gießen Chemie studiert und von 1908 bis 1926 eine leitende Position in der Firma N. M. Oppenheimer Nachfolger inne, anschließend arbeitete er für die I. G. Farbenindustrie. Seit 1927 war er auch Privatdozent an der Frankfurter Universität. Sein Interesse galt der Wissenschaftstheorie. 1933 gingen Oppenheims nach Brüssel und 1939 in die USA.

der »Allerhandmann«: Unsichere Lesung und unklare Bedeutung.

39 Walter Benjamin an Gretel Karplus
Paris, nach dem 4.1.1934

Liebe Felizitas,

nun bist Du also wieder in Berlin. Ich hoffe, daß Frankfurt Dir – trotz der Unklarheit, die über Wiesengrunds Zukunft liegt – eine Reihe guter Tage gebracht hat. Daß der sehr schmale Sektor Deiner Wünsche, den zu bestellen in meiner Kraft liegt, nicht brach liegen soll, kannst Du dem geringen

Abstand entnehmen, in dem dieser Brief meinem letzten folgt.

Freilich schmälert es mein Verdienst, daß immer wieder ein Anlaß in Gestalt des Dankes da ist, den ich Dir zu sagen habe. Und ich habe Angst, daß seine Wiederholungen Dir so eintönig werden wie mir immer seine verschiednen Anlässe belebend sind. Ich danke Dir also für das Zettelchen und werde gern einmal tiefer im Glase nachschauen. Und was die weiter greifende Befürwortung in Frankfurt angeht, so liegt es in der Natur meiner Umstände – die ja kein Geheimnis sein können, auch wenn ich sie zu einem machen wollte – daß ich auch da nur Dir danken kann und im übrigen warten werde.

Ob ich Dir schrieb, daß ich im Auftrag eines hiesigen Organs einen Aufsatz über den préfet Haussmann vorbereite, weiß ich nicht genau. Wie dem auch sei – sei einigen Tagen habe ich zu der Annahme Anlaß, daß bei dieser – ursprünglich soliden und keineswegs neuen Zeitschrift sich Schwierigkeiten eingestellt haben. Inzwischen habe ich einen kleineren Artikel – meinen ersten in französischer Sprache; ich ließ ihn von einem Franzosen durchsehen, und er fand nur einen einzigen Fehler – für diese Leute geschrieben. Wie sich aber auch die Zukunft der Zeitschrift gestalten mag – den Artikel über Haussmann werde ich jedenfalls schreiben. Erstens sind meine Vorarbeiten dazu schon zu weit vorgeschritten, zweitens hält Berthold besonders viel von dem Thema. Und auch Du wirst es gern hören, daß ich damit wieder in unmittelbare Nähe meiner Passagenarbeit gekommen bin, deren Papiere nach vieljähriger Pause wieder zu Ehren kommen. Da die Bibliothèque Nationale ja nicht ausleiht, so sitze ich meist tagsüber in ihrem Arbeitssaal.

Zu diesen Passagenpapieren nun eine kleine, skurrile Bitte. Seit ich die zahlreichen Studienblätter angelegt habe, auf denen sie beruhen soll, habe ich dazu immer ein und diesselbe Art von Bogen benutzt, nämlich einen normalen Briefblock des weißen MK Papiers. Nun sind meine Vorräte davon erschöpft und ich möchte dem umfangreichen und sorgfältigen Manuscript gern seine äußere Gleichförmigkeit bewahren. Könntest Du wohl einen solchen Block an mich schicken lassen? – Selbstverständlich nur den Block, keine Kuverts. Ich sende Dir mit gleicher Post einen Musterbogen.

Neulich sah ich eine wundervolle Sammlung, die auch Dir bestimmt offenstehen würde, das zweite Mal. Ich weiß nicht, ob ich Dir schon von ihr berichtet habe. Sie gehört einem Deutschen, der seit acht Jahren in Paris lebt, und umfaßt primitive Malerei der Gegenwart, vor allem aber des neunzehnten Jahrhunderts. Sie ist in einer Wohnung untergebracht, in der – wie seinerzeit in Hessels Zimmer – die Zeit stille zu stehen scheint. Das Haus steht in der Nähe des alten Ghetto, in wunderbar wohnlicher Gegend.

Aber kannst Du mir nicht schreiben, welche Probleme Deiner Ausstattung mit einem Paß entgegenstehn? Ich kann mir davon ganz und gar keinen Begriff machen. Und so unwahrscheinlich es ist, daß ich Dir von hier aus einen nützlichen Rat geben kann, so ist es doch vielleicht nicht unmöglich. En attendant gibt es so vieles, wovon man schriftlich schwer einen Begriff geben kann. Dazu gehört auch die lange Korrespondenz mit Scholem, in der natürlich die palästinensische Frage eine Rolle gespielt hat. Wie diese zu Ende ging, wäre einfach genug zu sagen. Daß dieses Ende ein unwiderrufliches ist, kann man wohl annehmen.

Laß mich sehr bald von Dir hören und verliere auch einmal ein Wort über Deine Gesundheit. Sei sehr herzlich gegrüßt.

Dein Detlef

ORIGINAL Manuskript.

Zur Datierung: Benjamin antwortet auf Gretel Karplus' Brief vom 4. Januar 1934. Wegen einiger Tintenflecke schrieb Benjamin den Brief offenbar noch einmal ab und behielt das verunstaltete Exemplar als Kopie. Daß der Brief die Adressatin erreichte, obwohl er in ihrem Nachlaß nicht erhalten ist, wird durch ihre Antwort vom 15. Januar belegt, in der sie das Fehlen eines Musterbogens des *MK-Papiers* moniert.

ein kleinerer Artikel: Ein französisch geschriebener *Artikel* Benjamins aus der Zeit ist nicht bekannt.

eine wundervolle Sammlung / ein Deutscher: Nicht ermittelt.

40 Gretel Karplus an Walter Benjamin Berlin, 15.1.1934

15. Jan. 1934.

Lieber Detlef,

schon längst hätte ich Deinen letzten Brief beantwortet, aber ich hoffte noch täglich auf das M-K. Papier-Muster, das leider Deinem letzten Schreiben nicht beilag. Ich will es Dir gern so schnell wie möglich besorgen, ist das doch leider alles, was ich augenblicklich zur Förderung der Passagenaufzeichnungen beitragen kann. Meine heutigen Zeilen sollen also ein Bericht über uns hier werden. Mit meinem Paß verhält sich das so, daß wir nach den Julibestimmungen wahrscheinlich als Ostjuden ausgebürgert worden sind, obgleich Papa seit 47 Jahren in der Prinzenallee wohnt und schon sein Vater in Wien Großindustrieller war. Die Bemühungen, die Angelegenheit aufzuklären sind etwas langwierig. – Mit meiner Gesundheit hat es eine merkwürdige Bewandtnis, da mein Professor nach England gegangen ist, behandle ich mich selbst in seinem Sinne weiter, es geht so ziemlich, nur bin ich halt immer müde und halte nicht sehr viel aus. Von Grund aus helfen könnte mir nur völlige Ruhe, d. h. Aufgabe des Berufs oder wenn ich Medizin studieren könnte; eventuell ein Arzt, der mich sehr genau kennt und den das eigenartige Phänomen der organischen Gesundheit trotz der verschiedenen Funktionsstörungen, vor allem bei Magen und Darm interessieren würde.

Da ich sofort von dort aus eine sehr liebenswürdige Antwort bekommen habe, kann ich Dir ruhig den Namen der ›Geheimnisvollen‹ verraten: Gabi O, die jetzt in Brüssel lebt und in Paris sehr gute Beziehungen hat. Mich würde es freuen und interessieren, wenn Du von ihr hörst. – Hast Du einen Durchschlag Deines französischen Artikels, den Du entbehren könntest, Dein Stil in einer fremden Sprache, das muß doch ein besonderer Reiz sein.

Teddie kommt dieser Tage wieder nach Berlin, vielleicht ist dort mit dem musikalischen Teil doch etwas zu arrangieren. Weißt Du von der dort plötzlich eingetretenen Veränderung, – F. T. G. geht zurück in die Schweiz. – Die Interregnumsherrschaft führt Herr W. v. E. der beste Freund des Lektors T. von Cassirer. Hat Dir der Friedel Nichts darüber erzählt.

Bitte schreibe mir doch, ob es einen besonderen Grund hat, warum Du mit Deiner Ansicht über den Tom so lange zögerst, ich kann mir Dein Schweigen darüber schon kaum mehr erklären, der Grund muß doch wohl im Sachlichen liegen. Ich bin immer sehr froh, wenn ich ein Briefchen von Dir finde, laß mich nicht zu lange darauf warten.

Herzlichst

stets

Deine Felicitas.

ORIGINAL Manuskript.

die Julibestimmungen: Gretel Karplus denkt wahrscheinlich an das vom Reichskabinett am 24. Juli 1933 verabschiedete »Gesetz über den Widerruf von Einbürgerungen« und die »Aberkennung der deutschen Staatsbürgerschaft«.

F. T. G. geht zurück in die Schweiz: Anlaß für Friedrich Theodor Gublers erpreßtes Ausscheiden aus der Redaktion war die in der Neujahrsnummer der »Vossischen Zeitung« publizierte antimilitaristische Erzählung »Gefreiter Nottebohm spielt hoch« von Max René Hesse (1885-1952), gegen die ein General protestierte. Gubler wurde zu Goebbels zitiert, der ihm mit dem KZ drohte für den Fall, daß er nicht in die Schweiz zurückkehrte. (Vgl. Claudia Maurer Zenck [Hrsg.], Der hoffnungslose Radikalismus der Mitte. Briefwechsel Ernst Krenek – Friedrich T. Gubler 1928-1939, Wien/Köln 1989, S. 274, Anm. 441.)

W. v. E.: Der Literarhistoriker und Übersetzer Wolfgang von Einsiedel, der auch für die FZ gearbeitet hatte, wurde Redakteur für Kunst, Wissenschaft und Unterhaltung bei der »Vossischen Zeitung«.

der Lektor T.: Der Schriftsteller und Verlagslektor Max Tau (1897-1976) wurde 1935 aus der Reichsschriftumskammer ausgeschlossen und emigrierte 1938 nach Norwegen und 1942 nach Schweden.

41 Walter Benjamin an Gretel Karplus Paris, ca. 15.1.1934

Liebe Felizitas,

es ist jetzt schon eine Weile, daß ich nichts von Dir gehört habe und ich frage mich – und nun Dich – ob daran Deine Gesundheit Schuld ist. Es ist so ein Wetter hier, daß man wünschte, einigen – unter die man sich selbst versetzt – möchte es wenigstens zur Begrüßung des Frühlings gut gehen. Hier nämlich kommt man wirklich auf den Gedanken, mit dem Winter gehe es schon zuende. Von meinem Zimmer aus ist nicht viel von der Welt zu sehen. Immerhin einer der Türme von Saint Sulpice, über und hinter dem das Wetter gewöhnlich seine eigene Sprache spricht.

Wenn man nur soviel Gleichgewicht und Gesundheit aufbringt, um im März mit den gewohnten Gedanken und Betrachtungen im Luxembourg zu spazieren, so müßte man schon gewaltig zufrieden sein. Hat sich die Nebelbank über Deinen Plänen noch nicht gehoben?

Ich betrachte das vorschriftswidrige Pl, das ich in der vorhergehenden Zeile mir zuschulden kommen ließ, und denke, was Schermann dazu sagen würde, dessen Bekanntschaft ich heute abend mache. Es ist ein Zeitvertreib; und wenn ich einen bessern hätte, würde ich vielleicht auf ihn verzichten. Denn sehr gewinnend sieht er nicht aus. Man versichert mir aber, daß er ein wohlerzogner und sehr höflicher Herr sei.

Einige bemerkenswerte Bücher sind eingegangen. Dolf Sternberger hat – erstaunlicherweise – einen Verleger für seine letzte Arbeit gefunden, die – im Flüsterton – mit Heidegger abrechnet und den sehr witzigen Titel hat »Der verstandene Tod«. Nach einem ersten Durchblättern habe ich ihn beglückwünscht. Mir scheint, er hat alles getan, was sich auf einem so schwierigen Terrain zur Zeit unternehmen läßt. – Aus Palästina kam ein kleiner Auswahlband von Agnonschen Novellen, deren einige von Scholem übersetzt worden sind. Ich schicke ihn Dir in den nächsten Tagen. Du wirst vieles Schöne drin finden.

Mich hat in der vergangnen Woche der letzte Roman von Malraux beschäftigt, dessen Betrachtung ich meinem ausführlichen Aufsatz in der Zeitschrift von Max nachträglich einfügen mußte. Das Buch ist, wie mir scheint, höchst interessant – auch faszinierend aber keineswegs förderlich. Ich denke, eine Übersetzung wird in absehbarer Zeit erscheinen. Jedenfalls mußt Du es Dir gelegentlich vornehmen. Ich würde gern an irgend einer Stelle das Werk so ausführlich behandeln, wie es am Platze wäre, weiß aber keine.

Daß Gubler nicht mehr bei Ullstein ist, wirst Du längst wissen. Von mir liegen dort und auch an andern Stellen Manuscripte, auf deren Abdruck aber kaum mehr zu rechnen scheint. In diesen Tagen unternehme ich eine Vorstellung beim Grand Rabbin de France, über deren Ausgang ich Dir berichten werde.

So zweifelhaft die Position von »Monde« ist, so war ich doch genötigt, eine Arbeit für sie anzunehmen. Aber darüber schrieb ich Dir ja schon. Ihr Gegenstand sind Hausmanns pariser Planungen. – Mein Freund Haas zahlt überhaupt nicht. Und da ich Gelegenheit habe, ihm kostenlos einen Anwaltsbrief schreiben zu lassen, mache ich dieser Tage von ihr Gebrauch. Speyer hat sich, seitdem ich mir erlaubt habe, etwas nachdrücklicher von meiner Lage zu sprechen, in Schweigen zurückgezogen. Aber auch ihn werde ich – auf mehr oder minder nachdrückliche Weise – veranlassen, daraus hervorzutreten.

Laß mich bitte bald hören, was es mit meinen eingangs erwähnten Vermutungen für eine Bewandtnis hat. Oder hast Du so schrecklich zu tun?

Alles sehr Herzliche

wie immer

Dein Detlef

ORIGINAL Manuskript.

Zur Datierung: Der Brief ist nur wenige Tage nach dem an Sternberger vom 10. Januar (vgl. GB IV, Nr. 826) und noch vor der Ankunft von Gretel Karplus' Brief vom 15. Januar 1934 geschrieben worden.

Deine Pläne: Die Absicht, Benjamin in Paris zu besuchen.

Schermann: Der in Krakau geborene berühmte Psychographologe Rafael Schermann (1874-1941?), dem die Gabe zugesprochen wurde, aus der Schrift eines Menschen nicht nur dessen Charaktereigenschaften, sondern auch besondere äußere Merkmale zu erkennen sowie mögliche Handlungsweisen vorauszusagen. 1929 war sein Buch »Die Schrift lügt nicht« erschienen.

Dolf Sternberger ... seine letzte Arbeit: Benjamin hatte Sternberger (1907 bis 1989) bei Ernst Schoen kennengelernt. Seine Dissertation »Der verstandene Tod. Eine Untersuchung zu Martin Heideggers Existential-Ontologie«, mit der er 1932 promoviert wurde, erschien im Leipziger Verlag S. Hirzel mit der Jahreszahl 1934.

ein kleiner Auswahlband von Agnonschen Novellen: Vgl. S.J. Agnon, In der Gemeinschaft der Frommen. Sechs Erzählungen aus dem Hebräischen, Berlin 1933 (Bücherei des Schocken Verlag. 5.). – Das Bändchen, das Benjamin wenig später Gretel Karplus schickte, trägt von Benjamins Hand den Eintrag: »En souvenir d'un vieil ami parisien D«.

der letzte Roman von Malraux, dessen Betrachtung ich meinem ausführlichen Aufsatz in der Zeitschrift von Max nachträglich einfügen mußte / eine Übersetzung: Vgl. André Malraux, La condition humaine, Paris 1933; die erste deutsche Übertragung von Carola Lind erschien 1934 in Zürich unter dem Titel »So lebt der Mensch«. – Die Passage über Malraux' Roman in Benjamins Aufsatz »Zum gegenwärtigen gesellschaftlichen Standort des französischen Schriftstellers«, vgl. jetzt GS II·2, S. 800f.

eine Vorstellung beim Grand Rabbin de France: Israel Lévi (1856-1939) war von 1919 bis 1938 Oberrabbiner in Paris. Näheres über Benjamins Demarchen ist nicht ermittelt.

Haas / ein Anwaltsbrief: Der Brief, so er geschrieben wurde, ist bislang nicht bekannt geworden.

Speyer / ihn werde ich ... veranlassen [aus seinem Schweigen] hervorzutreten: Benjamin erwartete aufgrund seiner Mitarbeit seinen 10prozentigen Anteil an den Einnahmen, die die Aufführungen des Schauspiels »Ein Mantel, ein Hut, ein Handschuh« eingespielt hatten. Speyer hatte, wie aus dem als Typoskriptdurchschlag erhaltenen Anwaltsbrief vom 15. Januar 1934 hervorgeht, in zwei – in Benjamins Nachlaß nicht erhaltenen – Briefen vom 1. Dezember 1933 und 13. Januar 1934 gegenüber dem mit Benjamin befreundeten Anwalt (vermutlich Martin Domke) erklärt, daß er die Zahlung an Benjamin wegen seiner Steuerschulden in Deutschland zu dem Zeitpunkt nicht leisten könnte. Benjamins Anwalt wies Speyers Vorschlag, seine Ansprüche an den »Dreimasken-Verlag« an Benjamin abzutreten, zurück, und sah sich am 18. März zu der Erklärung gezwungen, dem in der Schweiz lebenden Speyer die weitere Behandlung der Sache durch einen dort zugelassenen Anwalt anzukündigen. S. auch Brief Nr. 45.

42 Gretel Karplus an Walter Benjamin Berlin, 20.1.1934

20. Jan. 1934.

Lieber Detlef,

mein letzter Bericht über Berlin speziell scheint sich mit Deinem Brief gekreuzt zu haben; mir ist das ganz lieb so, denn jetzt finde ich den Mut zu einem Kommentar meiner Postkarte. Ich muß ein wenig weit ausholen und genau erzählen, damit Du den ganzen Vorgang gut verstehst und auch meine etwas schwierige Situation. Teddie hat Dir im Sommer das Tom-Manuskript geschickt und wartet seitdem sehnsüchtig auf Dein Urteil und einen Brief. Jetzt fühlt er sich etwas gekränkt, daß er nichts von Dir gehört hat, umsomehr als Du Dolf Sternberger sofort ausführlich geantwortet hast. Das Buch ist die von Teddie angeregte Doktorarbeit Dolfs, daher wird die Lage noch etwas kritischer. Es wäre so leicht für Dich mit einem Brief die Sache in Ordnung zu bringen. Durch Dein langes Schweigen ist Deine Kritik leider schon so vorbelastet, aber ich weiß, daß Du doch leicht die richtigen Worte findest. Nach einem Jahr der Trennung sieht (so leicht) alles anders aus, und ich wäre über eine Trübung Eurer Beziehung trostlos. Bitte, Lieber, hilf mir, wie Du es auch im Januar 1933 getan hast. Ich bin froh, daß unsere Briefe lebendig geblieben sind, und ich bin sicher, daß wir sofort wieder den Kontakt finden. –

Von Ernst B. wieder eine Anfrage nach Deiner Adresse, vielleicht hört Ihr doch bald von einander. Bitte schreib mir bald ein Wort, daß alles zwischen uns beim Alten, herzlichst

stets

Deine

Felicitas

ORIGINAL Manuskript.

meine Postkarte: Die um Weihnachten in Frankfurt geschriebene mit der Bitte um Benjamins Urteil über Adornos Singspiel.

43 Gretel Karplus an Walter Benjamin Berlin, 10.2.1934

10. Februar 1934.

Mein lieber Detlef,

eben kommt Dein zweiter Brief und beschämt mich tief, da ich den ersten noch nicht beantwortet habe, aber nach der Erklärung wirst Du mir sicher Absolution erteilen. Mein früherer Kompagnon hat mir bei der Liquidation wieder einmal ernste Kopfzerbrechen gemacht, dies Mal hat er sich soweit vergessen, daß die Angelegenheit ohne weiteres Staatsanwaltsreif geworden ist. Gewiß habe ich mir vorgehalten, wie töricht es ist, sich diese Dinge zu sehr zu Herzen zu nehmen, um so mehr, als durch einen glücklichen Zufall das Geld vorhanden ist und in ein paar Monaten wieder in der Kasse liegen wird; aber es ist schließlich doch sehr deprimierend für mich und bedeutet auch eine Minderung des Préstiges, kurz ich war tagelang körperlich völlig auf dem Hund und kann mich nur recht langsam erholen.

Für Deine Zartheit und délicatesse in der Tom-Affäre kann ich Dir gar nicht genug danken, sachlich, denke ich, wird Teddie sich mit Dir auseinandersetzen. Ich möchte auf alle Fälle vermeiden, daß auf einer Seite das Gefühl aufkommen könnte, als ob ich trennend zwischen Euch stünde, im Gegenteil, es kann höchstens meine Funktion sein, Gegensätze auszugleichen.

Ich bin noch immer ohne Paß, und es läßt sich auch gar nicht absehen, wann hierin eine Änderung eintreten kann. Gerade gestern rief mich H. Dr. Wissing an, um mich wegen der Bücher zu informieren. Er war am Telefon soweit klar, nur mit der Stimme eines alten Weibs. Er will sich Anfang nächster Woche noch einmal bei mir melden, wann er die Bände bei mir abholen kann. Ich halte es also für das Beste, daß ich ihm wirklich nur die gewünschten und nicht alle Bücher, die ich noch von Dir habe, gegen Quittung aushändige und Dir sofort mitteile, was ich ihm übergeben habe, da ich ihn kaum kenne, möchte ich dem flüchtigen Augenblick des Sehens keinen zu großen Wert beilegen, auch weiß ich ja nicht, ob er mir etwas vorlügt, oder den wirklichen Abreisetermin angibt. Er sprach letztens von Ende nächster Woche. Wäre es Dir vielleicht doch lieber, wenn ich die Bücher direkt als Wertpaket schickte?

Lieber, laß recht bald wieder von Dir hören und sei überzeugt (trotz der Unfruchtbarkeit) daß unsere Beziehung nicht nur die alte geblieben sondern trotz der Trennung im letzten Jahr innerlich fester geworden ist. Herzlichst immer

Deine Felicitas

ORIGINAL Manuskript.

Dein zweiter Brief: Es scheint ein Brief verlorengegangen zu sein.

Deine Zartheit und délicatesse in der Tom-Affäre: Benjamins Brief an Adorno vom 29. Januar, vgl. Briefwechsel Adorno, S. 35-37.

44 Walter Benjamin an Gretel Karplus Paris, ca. 10./11.2.1934

Liebe Felizitas,

heute im Laufe des Tages – jetzt ist es sechs Uhr früh – hoffe ich den von Dir angekündigten Brief zu bekommen. Immerhin beginne ich schon den meinen. Zunächst mit sehr herzlichem Dank für die Sendung, die so genau zum Termin eintraf, daß ich meine Zusage dem Hotel gegenüber einlösen konnte. Du kannst Dir denken, wie lieb mir das war. – Im übrigen habe ich, was mein Zimmer betrifft, jetzt etwas Ernstliches auszusetzen: es geht nämlich nach dem Hof und beraubt mich so der an sich ungewöhnlichen Vorteile, die das Hotel durch seine Lage im Zentrum der Unruhen hat. Diese Ecke des Boulevard Saint-Germain (auf den die Rue Du Four stößt) hat sich in der Tat als strategisch besonders bedeutsam erwiesen. Daß die gegenwärtigen Bewegungen zu etwas Greifbarem führen, glaube ich übrigens nicht: aber sie sind überaus interessant zu verfolgen. Da ich weiterhin zur Zeit eine ausgezeichnete Histoire de Paris studiere, so bin ich ganz in der Tradition dieser Kämpfe und Unruhen.

Les extrèmes se touchent: was mir nur in den Zeiten meiner sorgenfreien Umstände möglich war – mich mit der Passagenarbeit zu befassen – wird nun in den allerexponiertesten wieder tunlich. Die Arbeit über Haussmann, von der ich Dir schrieb, aktualisiert und erweitert die Sammlung meiner vorhandnen Aufzeichnungen. So ist es so weit gekommen, daß meine Papiervorräte für diesen Zweck ganz erschöpft sind.

Ich lege Dir heute einen Bogen von dem MK Papier – es ist ein gefalteter des großen Briefblocks – bei und wäre Dir *sehr* dankbar, wenn Du mir einen solchen Block, in gleicher Farbe und Qualität, schicken lassen könntest.

Weißt Du eigentlich, daß Wissing in Berlin ist? Er ist durch das Zusammenwirken mehrerer Umstände – den Tod seiner Frau, ökonomische Schwierigkeiten, vor allem aber das Morphium, in einen desolaten Zustand gekommen, so daß ich ihn höchst ungern – aber was blieb mir anderes übrig? – mit einigen meiner Angelegenheiten befaßte. Wenn ich dann denke, daß er sie doch nicht erledigen wird, so ist das halb eine Befürchtung, halb eine Hoffnung. Enfin – er hatte die Absicht, wieder herzukommen und da ich oft Sehnsucht nach der kleinen Sammlung von bunt illustrierten Kolportagebüchern bekomme, die ich bei Dir stehen habe, bat ich ihn – übrigens schon vor geraumer Zeit – Dich um sie zu bitten und sie mir mitzubringen. Vermutlich hat er den Auftrag längst vergessen und ich bin nicht geneigt, ihn daran zu erinnern. Wenn er aber bei Dir erscheinen sollte, so sieh ihn Dir gründlich an, und wenn er Dir in allzu jammervoller Verfassung erscheint – er trinkt jetzt sehr viel – so gib ihm die Bücher lieber nicht heraus, gleichviel unter welchem Vorwand. Um mich genauer auszudrücken: gib sie ihm jedenfalls nur dann, wenn sein Abreisetermin *feststeht.* Es ist nämlich für mich garnicht ausgemacht, daß er zurückkommt, obwohl er das »an sich« will. Aber der Wille hat kaum noch eine ernsthafte Funktion bei ihm. Kurz – ich hoffe, und nehme auch eigentlich an, daß er sich nicht bei Dir melden wird. Im übrigen sind es vor allem seine letzten Briefe, die mir seinen Zustand als so besonders bedrohlich erscheinen lassen.

Diese kleine Lücke stellt den Tag vor, in dessen Verlauf ich Deinen Brief erwartet hatte. Da er nun nicht gekommen ist, sollen diese Zeilen nicht länger liegen. Gleichzeitig mit ihnen geht ein winziges Bändchen ab, das Du als Geschenk annehmen sollst. Es enthält eine Geschichte, die für mich zu den schönsten zählt und mir seit langem verbunden ist.

Alles Herzlichste

Dein Detlef

ORIGINAL Manuskript.

Zur Datierung: Der Brief ist offenbar nach Beginn der Februarunruhen am 6. Februar und vermutlich auch nach den großen Demonstrationen der vereinigten Linken am 9. Februar, aber noch vor Erhalt von Gretel Karplus' Brief vom 10. Februar, in dem sie von einem Anruf Egon Wissings berichtet, geschrieben worden.

der von Dir angekündigte Brief: Vermutlich hat Gretel Karplus ihren Brief vom 10. Februar mit der Geldüberweisung, für die Benjamin sich eingangs bedankt, angekündigt.

die gegenwärtigen Bewegungen: Die am 30. Januar gebildete Regierung Daladier, die am 6. Februar von der »Assemblée Nationale« bestätigt werden mußte, hatte am 4. Februar als Zugeständnis an die sozialistischen Abgeordneten den rechten Polizeipräfekten von Paris, Jean Chiappe, entlassen. Daraufhin versuchten rechtsradikale Verbände wie die »Action française«, die »Croix-de-feu« und die »Jeunesses Patriotes« die Regierungsbildung mit gewalttätigen Ausschreitungen zu verhindern. Am 7. trat das Kabinett Daladier zurück. Gegen den Putschversuch der Rechten schlossen sich die sozialistische und die kommunistische Partei sowie die ihnen nahestehenden Gewerkschaften zu einer großen Gegendemonstration am 9. Februar zusammen; dies Bündnis war die Keimzelle der späteren Volksfrontregierung.

eine ausgezeichnete Histoire de Paris: Wahrscheinlich die »Histoire de Paris« (Paris 1926) von Lucien Dubech und Pierre D'Espezel, die Benjamin mehrfach im Haussmann-Abschnitt des Passagen-Werks zitiert.

bunt illustrierte Kolportagebücher: Um welche es sich handelt, konnte nicht ermittelt werden.

45 Walter Benjamin an Gretel Karplus
Paris, zweite Hälfte Februar 1934

Liebe Felizitas,

wo ist die Zeit hin als sich an die Gestalt Deiner Patin noch Fäden der Hoffnung knüpften? Ihre kurze Laufbahn auf den Brettern dürfte beendet sein. Und meine Freundschaft mit Speyer hat sie mit in ihr frühes Grab genommen.

Ich habe in diesen düstern Tagen manchmal an diese gedacht. Und die Geschmeidigkeit, mit der er seinen eignen, verfahrnen, aber nicht schlechten Verhältnissen die Möglichkeit abgewonnen hat, mich um jeden geringsten Bruchteil des mir Zukommenden zu betrügen, nötigt mir eine bitterböse Bewunderung ab.

Vielleicht werde ich eine Pfändung in der Schweiz versuchen. Aber mit welchen Chancen kannst Du Dir vorstellen. Es hätte in seiner Macht gelegen, diese Schande sich, mir aber die Betäubung durch die Not zu sparen, aus der ich in den letzten Tagen nur noch sporadisch aufwache.

Wie soll das eigentlich werden? Ich stelle mir die Frage nicht allein. Heut erst habe ich einen Brief von Scholem, der sie stellt, erhalten. In der Tat bereitet er – von allerdings sehr langer Hand – eine Aktion vor. Hoffen wir, daß sie auf entsprechend lange Dauer Frucht trage. (Mit der Universität hat sie nichts zu tun; überhaupt nicht mit Palästina.) Ob ich eine Entspannung in Dänemark erwarten kann? Von Berthold habe ich lange nichts gehört; und von dritter Seite erfahre ich, daß seine Frau sehr krank ist. Es scheint mir also der Moment des Aufbruchs noch nicht gekommen.

Indessen wird es hier immer schwerer. Es hat zum Nötigsten bisher gereicht – nun reicht es nicht mehr. Die letzten vierzehn Tage – nachdem das Zimmer wieder einmal bezahlt war – waren eine Kette von Entmutigungen. Von Monde immer noch keine Zusicherung des Zahlungstermins, der im übrigen nicht vor dem 1 April liegen kann. Die Zeitschrift von

Haas [ist] in der Tat eingegangen und die Honorierung meiner Beiträge natürlich nie zu erwarten.

Aber ich will nicht fortfahren. Den nächsten Wochen könnte ich ohne Dich nur mit Verzweiflung oder Apathie entgegensehen. In beiden Verfassungen bin ich kein Dilettant mehr. Aber darf ich mich an Dich halten?

In meiner Lage habe ich kaum mehr die Kraft, diese Frage zu stellen. Ich liege seit Tagen – einfach, um nichts zu brauchen und niemand zu sehen – und arbeite so gut und schlecht es geht.

Überlege, was Du bewirken kannst. Ich brauche 1000 frcs, um das Dringende zu regeln und über den März hinüberzukommen. Für den April besteht Aussicht auf eine Zahlung aus Genf. Für jetzt aber weiß ich mir keinen Rat mehr.

Gern würde ich Dir noch mehr schreiben. Aber ich fürchte, ein solcher Brief erschöpft den Empfänger nicht mehr als den Schreiber.* Und was ließe sich hinzufügen, was nicht zwischen seinen Zeilen, wie in Furchen, gesät wäre?

Darum heute nur noch Dank für das Papier. Die Passagenarbeit ist zwischen mir und dem Schicksal augenblicklich *der tertius gaudens*.

Froh bin ich, daß Du Wissing die Bücher nicht gegeben hast. Die Absendung als Wertpaket eilt nicht.

Alles Liebe und Alte

Dein Detlef

* Ich wollte natürlich sagen: nicht weniger. (Welch Verschreiben!)

ORIGINAL Manuskript.

Zur Datierung: Der Brief dürfte kaum vor dem 16. oder 17. Februar geschrieben worden sein, nach dem Empfang des MK-Papiers, dessen Muster Benjamin erst seinem Brief vom ca. 10./11. Februar beigelegt hatte, wahrscheinlicher aber gegen Ende Februar, wenn Benjamins Formulierung *Heut erst habe ich einen Brief von Scholem [. . .] erhalten* so zu verstehen ist, daß der Brief von »Anfang Februar« mit ungewohnter Verspätung Benjamin erreicht hat.

ein Brief von Scholem / eine Aktion: Vgl. Briefwechsel Scholem, S. 124 bis 126. – Scholem wollte versuchen, Salman Schocken für Benjamins »Arbeit zu interessieren« (ebd., S. 125).

eine Zahlung aus Genf: Benjamin erhielt im April vom »Institut für Sozialforschung« eine Honorarzahlung in Höhe von 120 Schweizer Franken für seinen Aufsatz »Zum gegenwärtigen gesellschaftlichen Standort des französischen Schriftstellers« sowie für Besprechungen von Auguste Pinloches Buch »Fourier et le socialisme« und Georges Laronzes' »Le Baron Haussmann« (vgl. jetzt GS III, S. 427f. und S. 435f.).

46 Gretel Karplus an Walter Benjamin Berlin, 3.3.1934

3.3.1934.

Lieber Detlef,

ich habe so viele Briefe von Dir zu beantworten, daß Du mich sicher schon für ganz verkommen und treulos hälst, aber ich habe dies Mal wenigstens die gute Ausrede, einige nicht ganz unwichtige Ereignisse melden zu können. Teddie ist gerade noch in Berlin, fährt aber im Laufe der Woche über Frankfurt nach London, um sich dort einmal zu orientieren, da hier gerade nichts Eiliges vorliegt, den Rückweg nimmt er dann vielleicht über Paris. Im Gegensatz zu meinen Leuten bin ich immer noch ohne Papiere, und es gibt im Moment wenigstens gar keine Möglichkeit die Sache zu beschleunigen. Es war sehr gut, daß Dein vorletzter Brief Teddie hier noch erreicht hat, Du wirst mir sicher verzeihen, daß er ihn gelesen hat; denn diese Aktion ist nicht ohne Folgen geblieben. Ich will Dir heute die Sache nur kurz andeuten, Teddie wird selbst ausführlicher berichten. Es handelt sich dabei um die Familie H. meines früheren Compagnons, die mit Wiesengrunds seit Jahrzehnten aufs engste befreundet sind, ich glaube, die Else hast Du auch einmal in Frft. kennen gelernt. Sie und eventuell ihren Bruder Alfons haben wir nun für Dich mit der Hilfe von

Teddies Tante Agathe mobilisiert, und man hat uns Hilfe *fest* zugesagt. Für den Augenblick haben Teddie und ich ein rosa Zettelchen für den 1. März abgeschickt. Ich bitte Dich auf alle Fälle mich auf dem Laufenden zu halten und mich nach wie vor als letzte Zuflucht zu betrachten.

Anbei die Liste über die Bücher, die ich in den nächsten Tagen abschicken werde. Für den Detektivroman wäre ich Dir sehr dankbar, es macht nichts, daß er französisch ist. Den Agnon habe ich unterdessen mit großer Freude gelesen, am liebsten sind mir die zwei Geschichten vom Kopftuch und vom Bücherwart, schade, daß wir nicht ausführlich darüber sprechen können. Welche ist Dir denn die liebste?

Auf Dein Drängen hin war ich gestern beim Arzt meines Vaters Prof. Zinn, der mir wieder – wie bisher alle – versicherte, daß kein organisches Leiden vorliege und sich nun auch bemüht die Konstitution zu kräftigen, ich muß mich halt weiter schonen und abwarten.

Als Interessantestes bleibt Deine Zukunft, hast Du eigentlich jemals wieder an Deutschland gedacht? – Ich werde die einsamen Wochen bis Ostern mit viel Ruhe, Garderobenangelegenheiten, Lesen und Arbeit ausfüllen.

Wenn ich nur schon endlich schreiben könnte, à bientôt, ein Jahr Trennung ist so unendlich lang. Was hast Du Neues von Berthold gehört? Hoffentlich macht Dir mein heutiger Brief eine kleine Freude und erheitert Dich ein wenig. Alles Liebe und Gute herzlichst

stets Deine

Felicitas

ORIGINAL Manuskript.

hälst: So in der Handschrift von Gretel Karplus.

Teddie ... nach London: Adorno, der in Verbindung mit dem »Academic Assistance Council« stand, war von diesem eingeladen worden, um über die Fortsetzung seiner philosophischen Arbeit zu sprechen. Zu dem Zeitpunkt hegte er noch die Hoffnung, in England lehren zu können. Als Adorno im April nach England fuhr, mußte er allerdings feststellen, daß ihm nur die Möglichkeit offenstand, als advanced student nach Oxford zu gehen, und das auch nur, weil er keine materielle Unterstützung erbitten mußte, da sein Vater Oscar Wiesengrund (1870-1946), der in seiner Jugend in England gelebt hatte, dort noch Vermögen besaß.

diese Aktion: Elfriede Herzberger (1877[?]-1962), vermögende Warenhausbesitzerin aus Neunkirchen im Saarland, und Adornos Tante Agathe Calvelli-Adorno (1868-1935) hatten eine finanzielle Unterstützung Benjamins zugesagt. Außerdem sollte Alfons Herzberger, der Bruder Elses, der in Paris lebte, sich an der Hilfsaktion beteiligen und dafür ein Dedikationsexemplar der Passagenarbeit erhalten.

die Liste der Bücher: Möglicherweise die drei Blätter, die sich in Benjamins Nachlaß erhalten haben; s. Brief Nr. 9 und die Anm.

der Detektivroman: Nicht ermittelt; von ihm hat Benjamin offenbar in dem verlorengegangenen Brief geschrieben.

47 Walter Benjamin an Gretel Karplus
Paris, 9.3.1934

Liebe Felizitas,

endlich liegen wieder ein paar leichtere Tage und Wochen vor mir.

Und das danke ich Dir. Aber der Dank – vor allem aus so großer Ferne – ist ein schwacher Ausdruck. Wie lange werden wir noch auf ihn angewiesen bleiben? – Es war eine schreckliche Lage, aus der Du mir geholfen hast. Aus Deiner Hilfe sehe ich, daß Du sie verstanden hast und mir eine nähere Schilderung hast sparen wollen.

Die neue Initiative, die ich durch Dich und Teddie gewonnen habe, wende ich nun nach zweifacher Richtung auf. Über die eine – die der Passagenarbeit, die mich jetzt wieder viel beschäftigt, Näheres ein andermal. Die andere beruht darauf, daß man mir einen – ganz kleinen – Kunstsalon für einige Vorträge zur Verfügung stellen will. Ich würde dort, vor einem französischen Publikum, und in französischer Sprache, einen

Zyklus von Vorträgen aus meinem Arbeitskreise halten: so über Kafka, Kraus, Ernst Bloch und einige andere im Rahmen einer geschlossenen Reihe sprechen. Natürlich steht es noch dahin, ob die Sache zustandekommt. Ich kann nur sagen, daß ich es sehr hoffe und alle Verbindungen, die ich hier habe, dafür zu mobilisieren suche.

So wenig mich der Durchschnitt der Erfahrungen, die ich mit alten französischen Bekannten bisher gemacht habe, zur Wiederaufnahme der ehemaligen Beziehungen ermutigt, so muß ich doch, eben im Interesse jenes Plans, Bedenken zurückstellen. Und in den nächsten Tagen werde ich auf die älteste, die ich hier habe, zurückgreifen. Ich weiß nicht, ob Dir der ehemalige Verleger François Bernouard ein Begriff ist. Nach wechselvollen Schicksalen ist er jetzt wieder in den Besitz einer Druckerei gelangt. Auch eine – freilich problematischere – literarische Situation hat er sich wieder geschaffen, indem er sich zum animateur eines Literaturklubs – der amis de 1914 – machte. Da werde ich denn wohl eines Dienstags erscheinen müssen; vorher aber bei einem Privatbesuch feststellen, wie der Wind weht.

Sylvia Beach, die schon gelegentlich erwähnte Verlegerin von Joyce habe ich neulich in ähnlicher Erwägung aufgesucht. Sie hat eine englische Leihbibliothek hier im Quartier. Nur gibt es – so sagt sie mir wenigstens – keine Engländer mehr in Paris. In der Tat war ihre boutique recht still und ich hatte alle Ruhe, mir schöne Porträts und Handschriften von Walt Whitmann, Oskar Wilde, Georges Moore, James Joyce und anderen zu besehen, die bei ihr an den Wänden hängen. Das englische Milieu bringt mich darauf, Dir viel Spaß bei der Lektüre der Maughamschen Kriminalgeschichten zu wünschen, die ich morgen an Dich abschicke. Neulich las ich, zufällig, in der Lu einen autobiographischen Rückblick dieses alten Mannes, der nun in Nizza auf seine vielen Erfolge zurücksieht. Und dieses Resumee klingt sehr melancholisch. Man entnimmt ihm immerhin, daß er für das intelligence service gearbeitet hat und seinen Mr Ashendon demgemäß nach dem Leben gezeichnet hat.

Vielen Dank für das Verzeichnis der Bücher, die Du zu schicken gedenkst. Nur nebenbei: befinden sich nicht vielleicht auch die »Trugbilder« sowie noch ein oder zwei andere Bücher der gleichen Kategorie bei Dir? Nein – ich sehe noch einmal in die Liste – da fehlen mir nur die Trugbilder (ein Buch mit komischen optischen Spielereien auf bunten Tafeln). Im übrigen ist es nicht so sehr wichtig.

Ich bin froh, daß Dir der Agnon so nahe steht. Ja – meine beiden liebsten Geschichten sind der Bücherwart und die große Synagoge. Die letztere sollte vor ungefähr 15 Jahren unter den Beiträgen des ersten Heftes meines Angelus Novus (der geplanten Zeitschrift) sich befinden.

Bitte bedanke Dich in meinem Namen – durch Teddie – sehr für die freundliche Absendung des Pakets aus Neunkirchen.

Wissing ist immer noch nicht von seiner Entziehungskur befreit. Und nach deren Abschluß erwartet ihn eine private Komplikation, die er sich – unmittelbar nach dem Tod seiner Frau – zugezogen hat. Ich nehme an, daß das im Zustande stark herabgeminderter Selbstbestimmung geschehen war. Jedenfalls aber ist diese Frau nicht diskutabel und die Auseinandersetzung mit ihr – so sehr sie ihn auch beanspruchen dürfte – jedem Arrangement mit ihr vorzuziehen. Wie aber auch die Sache verlaufen mag – für mich wird er ihretwegen in nächster Zeit ausschalten.

So fallen selbst alte Bekannte weg und der Wert der ganz wenigen, die bleiben, wird immer fühlbarer. Damit aber bin ich zum Ausgangspunkt dieses Briefes zurückgekehrt und mir bleibt nur, zum Schluß Dich zu erinnern, dem Zinn recht brav zu folgen und mir sehr bald zu schreiben.

Alles Alte und Liebe

9 März 1934 Dein Detlef
Paris VI
1 Rue Du Four

ORIGINAL Manuskript.

Deine Hilfe: Gretel Karplus und Adorno hatten Benjamin zum 1. März Geld überwiesen.

einige Vorträge: Benjamin hatte eine Folge von Vorträgen über die deutsche literarische Avantgarde in einem Privathaus verabredet, der »Maison de Verre« (31 rue Saint-Guillaume) des Gynäkologen Jean Dalsace (1893 bis 1970). Dalsace war Mitglied der KPF und 1934 Präsident der Organisation, die das »Comité Thälmann« unterstützte. Er gehörte auch dem »Comité d'initative« für die »Internationale Ausstellung über den Faschismus« an, die am 9. März 1935 in Paris eröffnet wurde. Der Vortragszyklus konnte wegen einer schweren Erkrankung von Dalsace nicht stattfinden. Benjamins Aufzeichnungen »Studien zum geplanten Vortrage bei Dalsace« (vgl. GS VI, S. 181-184 und S. 741-746) gelten vor allem dem Einleitungsvortrag »Les courants politiques dans la littérature allemande«, der für den 13. April vorgesehen war.

Bernouard / ein Literaturklub / Privatbesuch: Benjamin hatte den Dichter, Verleger und Drucker François Bernouard (1883-1949) schon 1926 kennengelernt. – Über den *Literaturklub* und den *Privatbesuch* ist Näheres nicht ermittelt.

die Maughamschen Kriminalgeschichten / ein autobiographischer Rückblick: Vgl. Somerset Maugham, Mr. Ashenden, agent secret. Texte français de Mme E. R. Blanchet, Paris 1933. – Vgl. S. Maugham, Je suis espion par vocation, in: Lu dans la presse universelle, 2.3.1934, S. 17.

Mr Ashendon: So in Benjamins Handschrift.

die Trugbilder (ein Buch mit komischen optischen Spielereien auf bunten Tafeln): Nicht ermittelt.

Wissing / eine private Komplikation: Nicht ermittelt.

Zinn: Wahrscheinlich Prof. Dr. Wilhelm Zinn (1869-1943), Facharzt für innere Krankheiten, der Gretel Karplus zu der Zeit behandelte.

48 Walter Benjamin an Gretel Karplus
Paris, nach dem 18.3.1934

Liebe Felizitas,

ich höre mit der größten Unruhe, wie schlecht es Dir geht.

Wenn man nun auch aufhören muß, mit einiger Freude an die wenigen zu denken, an die man überhaupt noch denken kann!

Hoffentlich sorgst Du für Dich so gut man es für sich selber tun kann. Wieviel besser man es manchmal für andere kann, dafür hast Du mir soviele Beweise gegeben.

Wenn ich wieder einmal zu mir selbst komme, so danke ich Dir das. Und zu mir selbst heißt nur noch zu meiner Arbeit. Ich habe in der Tat mit einer Entschiedenheit, die ich mir noch vor kurzem kaum mehr zugetraut hätte, auf die Passagenarbeit zurückgegriffen – und sie hat ein neues Gesicht bekommen.

Wenn das wohl auch schwerlich ihr endgültiges ist, so ist es von dem ältern wohl weiter als von jenem entfernt. Viel wäre darüber zu sagen; schreiben läßt es sich nicht. Nur soviel, daß es in den letzten Tagen eine provisorische Kapiteleinteilung gibt; soweit war es vordem noch nie gekommen.

Es ist traurig, daß die Bibliothek um 6 Uhr schließt und mich an langen Abenden mir selbst überläßt. Denn Menschen sehe ich nur in Ausnahmefällen. So kommt man in eine Lage, in der man gelegentlich einen Roman braucht. Und da ich in Maugham etwas so Angenehmes gefunden habe, so lese ich jetzt ein zweites von seinen Büchern »Le fugitif«.

Dann ist auch ein neuer Roman von Green erschienen. Den hoffe ich zu bekommen und Dir dann schicken zu können.

Daß ich Teddie ausführlich geantwortet habe, wirst Du inzwischen wohl von ihm selbst erfahren haben. Bestätige ihm Deinerseits – wenn Du das magst – wie sehr ich ihm die neue Hoffnung danke, die er mir gegeben hat. Daß ihr Impuls unmittelbarer als ich selbst es zu vermuten gewagt hätte, der Passagenarbeit zu gute gekommen ist, habe ich ihm wenigstens angedeutet.

Ernst dagegen habe ich nicht geschrieben; teils weil er auf meinen Brief bisher nicht geantwortet hat; teils weil das Vortragsvorhaben ja noch durchaus nicht gesichert ist. Die Entscheidung darüber wird wohl erst kurz nach Ostern fallen.

Ja, das Bücherpaket ist angekommen, und den herzlichsten Dank dafür. Kämest nur Du ihm bald nach!

Ich hoffe sehr, wenn Du dies liest, bist du schon lange über Deinen letzten Anfall hinaus. Alles Liebe und Beständige!

Dein Detlef

ORIGINAL Manuskript.

Zur Datierung: Der Brief ist nach dem 18. März, dem Datum des Briefes an Adorno, und vor Erhalt von Gretel Karplus' Brief vom 26. März geschrieben worden.

Ich höre mit der größten Unruhe: Die Quelle ist entweder ein nicht mehr erhaltener Brief von Gretel Karplus, ein Telephongespräch oder ein gemeinsamer Bekannter.

Passagenarbeit / eine provisorische Kapiteleinteilung: Die *Passagenarbeit* hatte die Gestalt eines Buchs mit dem Titel »Paris, Capitale du XIXe siècle« angenommen, das sechs Kapitel haben sollte (vgl. GS V·2, S. 1220 f.).

Maugham ... ein zweites von seinen Büchern: Vgl. William Somerset Maugham, Le fugitif. Texte français de Mme E. R. Blanchet, Paris 1933. – Es handelt sich um die Übersetzung des 1933 erschienenen Südsee-Romans »The narrow corner«.

ein neuer Roman von Green: Julien Greens »Le visionnaire« (Paris 1934).

Ernst ... mein Brief: Benjamins Brief von Januar oder Februar 1934 an Ernst Bloch ist nicht erhalten; Blochs erster Brief an Benjamin datiert vom 30. April 1934 (vgl. Bloch, Briefe 1903-1975, hrsg. von Karola Bloch u. a., Bd. 2, Frankfurt a. M. 1985, S. 652 f.).

49 Gretel Karplus an Walter Benjamin
Berlin, 26.3.1934

Wenn die Sonne scheint, lachen die Vögel. 26. April 1934.

Mein lieber Detlef,

wenn ich gar so lange nicht geschrieben und Dir nicht einmal für den höchst interessanten + amüsanten Maugham gedankt habe, so liegt das dies Mal wirklich an meinem Zustand, denn ich habe so viel an Dich gedacht und Dich so herbeigewünscht, daß Du es wohl schon körperlich hättest spüren müssen. Ich hätte höchst egoistisch den Komplex meines Leidens zu gern mit Dir durchgesprochen, wird doch die Angelegenheit immer rätselhafter. Organisch bestimmt nicht und ich glaube auch psychisch, läßt sich irgend ein Übel lokalisieren oder eindeutig feststellen. Die Harmonie des Körpers ist gestört, aber der Grund ist nicht auffindbar. Analyse? Wie soll ein Mensch, der weit dümmer ist als ich mir helfen. Meine eigene Theorie? Ein gewisses Aufbäumen meines Körpers gegen all das was ich ihm zugemutet habe, ein ungeheurer Widerstand gegen den Verlauf meines Lebens. Ich schäme mich, mit meinen Klagen jetzt, da Du die dringendsten materiellen Sorgen hast, zu Dir zu kommen, aber mein Vertrauen zu Dir ruht nicht bevor ich Dich soweit es möglich orientiert habe. Aus 1000 Kleinigkeiten ist schließlich ein zu viel geworden, und jetzt, da die Maschine in Unordnung geraten, macht die Reparatur die größten Schwierigkeiten. Mein Neurologe macht unterdessen eine Insulinmastkur mit mir, massiert und elektrisiert mich. Wer kann mir wirklich helfen? Der Teddie leider nicht, ich weiß mir auch keinen Rat, wie es richtig anzufangen wäre.

Zu Ostern wäre ich gern auf 3 Tage nach Kopenhagen gefahren, aber es scheiterte an der Paßfrage, vielleicht entschließen wir uns noch zu Hamburg.

Die Aussicht, daß die Passagenarbeit geschrieben werden

könnte, macht mich sehr glücklich, alles was ich an Zärtlichkeiten und guten Wünschen habe, möchte ich dafür mobil machen. Ich bin Dir in Gedanken so nah, daß es mir fast schwer fällt zu schreiben; denn mir scheint es, als wüßtest Du schon alles, was ich Dir sagen könnte, in einer einzigen Gebärde wäre viel mehr ausgedrückt als in allen Briefen, vielleicht ist Zartheit das richtige Wort.

In der Zeitschrift »religöse Besinnung« von Karl Thieme, in der eine sehr gute Besprechung vom Kierkegaard-Buch stand, bist Du mit fast allen Werken zitiert, der Mann muß Deine Publikationen auch in der Zeitung, Kraus, eifrig verfolgen. –

Hast Du die letzten amerikanischen Filme gesehen? Wir sind erstaunt und begeistert über diese merkwürdig neue Entwicklung: »Freitag Abend um acht« und der tanzende Traum. Es wäre sehr viel darüber zu sagen, es könnte beinah scheinen als ob der Film sich doch noch zur Kunst bekehren wolle.

Daß die Voß am 1. April stirbt, wirst Du unterdessen gehört haben. Für Teddie, der augenblicklich trotz der widrigen Umstände besonders produktiv und in Form ist, – es bleibt bei seiner Reise nach England Mitte April – eine Möglichkeit weniger seine Sachen unterzubringen. Ob nicht schließlich doch heute die Privatexistenz erlaubt ist?

Was würdest Du dazu sagen, wenn ich mich entschlösse katholisch zu werden? Walter Benjamin, ich muß heute die Regel durchbrechen und Dich bei Deinem Namen rufen, die Maskierung des Detlef und der Felicitas ist gut, aber mir ist es, als kenne ich Dich anders, besser kennte als Deine Freunde, als wenn ich den richtigen Weg zu Dir gefunden hätte.

Nimm zu Ostern viele Grüße von mir, Eierchen mit bunten Bildern und Bändchen, alles Liebe und Dringliche

Deine Felicitas.

ORIGINAL Manuskript.

Karl Thieme: Der in Leipzig geborene Historiker, Theologe und Publizist Karl Otto Thieme (1902-1963) lehrte 1927 bis 1931 an der Deutschen Hochschule für Politik und danach an der Pädagogischen Akademie im ostpreußischen Elbing; im April 1933 wurde er zunächst beurlaubt und am 5. November, nach kurzer Haft, aus dem Dienst entlassen. Thieme war Mitglied des Bundes der religiösen Sozialisten. Er ging 1935 in die Schweiz, deren Bürger er 1943 wurde. – Thieme hatte in dem letzten Heft der Zeitschrift »Religiöse Besinnung. Vierteljahrsschrift im Dienste christlicher Vertiefung und ökumenischer Verständigung« einen Aufsatz mit dem Titel »Sören Kierkegaard und die katholische Wahrheit. Ein persönlicher Rechenschaftsbericht« publiziert, in dem er auf Benjamins Trauerspielbuch verwies. Thieme und Benjamin traten daraufhin in einen Briefwechsel ein.

»Freitag Abend um acht«: Der deutsche Titel des amerikanischen Films »Dinner at eight« ist »Dinner um acht«. George Cukor drehte den Film mit Jean Harlow 1933 nach einem Broadway-Stück von George S. Kaufman und Edna Ferber.

der tanzende Traum: Nicht ermittelt.

50 Gretel Karplus an Walter Benjamin
Berlin, 3.4.1934

Dr. M. Karplus,
Berlin N 20,
Prinzen Allee 60.

Berlin, den 3. April 1934

Herrn
Dr. Walter Benjamin,
Paris XVI
25 bis Rue Jasmin.

Lieber Detlef!

Hoffentlich hast Du unterdessen meinen ausführlichen Brief, den ich Dir kurz vor Ostern schrieb, erhalten.

Ich bin sehr bedrückt, weil Deine Situation immer noch so unsicher ist. Nach unserer letzten Aktion hielt ich die Situation für stabilisierter und Teddie wird sich noch einmal mit der betreffenden Stelle in Verbindung setzen, damit Du regelmäßig auf eine gewisse Summe rechnen kannst und nicht immer mit den Sorgen um das Nötigste beschwert bist. Würdest Du uns einmal die genaue Summe angeben?

Diesmal scheine ich bei dem richtigen Arzt zu sein, denn ich habe in der ersten Woche 4 Pfund zugenommen und fühle mich wesentlich entspannter als vor 14 Tagen.

Von Somerset Maugham habe ich mir den Roman »Flüchtling« gekauft. Allerdings hat er im Deutschen einen anderen Namen. Handelt es sich dabei um eine Südsee-Geschichte? Hauptpersonen Kapitän Nichols, Fred Blake und der Doktor?

Gestern abend war der frühere Lektor des Erich Reißverlages bei uns, der trotz größerer Freundschaft mit Reiß persönlich wegen eines beinah umgekehrten Arier § die Stellung leider aufgeben mußte. Er wird versuchen, Reiß für die »Berliner Kindheit« zu interessieren. Vielleicht würden da ein paar empfehlende Zeilen von Gerhard sehr günstig wirken. Es ist möglich, daß ich Dich dafür sehr bald um ein druckfertiges Manuskript bitten würde.

Ein paar Häuser von der Fabrik entfernt in der Dresdener Str. gibt es ein tolles Haus, das City-Hotel. Schade, daß ich es Dir nicht mehr zeigen kann. Ich brauche also garnicht so weit zu gehen, um Passagen zu studieren.

Für heute viele Grüße und alles Liebe

stets Deine

Felicitas

Bist Du in der Schrifttumskammer? Dies war die erste Frage von Tau wegen der »Berliner Kindheit«?

ORIGINAL Typoskript m. handschriftlichem Postskriptum.

der Roman »Flüchtling«: Die deutsche Übersetzung des Maughamschen Romans »The narrow corner« von Mimi Zoff trug den Titel »Ein Stück Weges. Ein Südsee-Roman« (Berlin 1934).

der frühere Lektor des Erich Reißverlages: Max Tau.

51 Walter Benjamin an Gretel Karplus
Paris, ca. 3.4.1934

Meine liebe Felizitas,

bekümmert habe ich Deinen letzten Brief gelesen. Und dies nicht nur aus Anlaß Deines Zustands sondern des ältern unserer langen Trennung. Wissen kann ich gewiß nicht, ob unsere Gespräche über Dein Ergehen einen Weg finden würden. Aber bemerkenswert ist doch, daß ich neulich – ob es unmittelbar vor oder nach Ankunft Deines Briefs war, weiß ich nicht mehr – den sonderbaren Traum hatte, ich sei Arzt geworden. Und zwar war es die Praxis der Heilung durch ein Auflegen der Hand, die ich zu lernen im Begriffe war.

Aus der Entfernung etwas zu sagen, ist ja undenkbar. Und vielleicht wäre weniger ich es, den meine Gegenwart mobilisieren könnte als ein Dritter. Du weißt, wie eingeschränkt mein gegenwärtiges Vertrauen zu Wissing ist. Und kennst nicht einmal alle Gründe dafür. Aber: er ist immer ein Mann, der mir einmal sehr nah gestanden hat und mir vielleicht später wieder sehr nah stehen wird. Von seinen ärztlichen Fähigkeiten halte ich sehr viel und zwar nicht nur von den rein beruflichen sondern auch von jenen Grenzfunktionen, die durch Charakter und Geistesbildung bestimmt werden. Ich für meine Person würde mich heute in medizinischen Dingen jederzeit an ihn wenden. Und Dich zu ihm zu bringen, wenn ich bei Dir wäre, wäre für mich das allernächstliegende.

Da nun aber dies nicht zu tun ist, so möchte ich, daß Du Dich mit dem Gedanken vertraut machst, Wissing auch ohne meine unmittelbare Vermittlung, Dich untersuchen zu lassen. Er wird so gut wie sicher in absehbarer Zeit nach Berlin kommen. Ich warte nur Deine ausdrückliche Einwilligung ab, um hier mit ihm über Dich zu sprechen. Und ich hoffe, sie sehr bald zu erhalten.

Zum Entgelt stelle ich Dir die meine, katholisch zu werden, ohne Umstände zur Verfügung. Und wenn das lakonisch gesagt ist, so wirst Du darum nicht glauben, daß es leichter Hand gesagt sei. Das mag genügen.

Nicht ohne Dich einem leichten Chock auszusetzen, komme ich anschließend auf die von Dir erwähnte »Religiöse Besinnung« zu sprechen. Den Aufsatz zu sehen, wenn nicht zu haben, wäre mir überaus willkommen. Könntest Du ihn mir schicken?

Und anschließend zweierlei: Gottfried Benn hat eine programmatische Schrift verfaßt. Sie heißt: Der Dichter im neuen Staat – oder so ähnlich. Es wäre mir sehr wichtig diese Schrift so schnell wie irgend möglich zu erhalten: meines Vortrags wegen, wie Du Dir denken kannst. Ich hoffe bestimmt, daß sie in einem Sonderdruck existiert. Könntest Du mir den umgehend senden lassen?

Und ein weiteres: ist in Deinem Besitz die Mappe die das Archiv der über meine Sachen erschienenen Kritiken darstellt? Nicht als ob ich dieses Archiv im Augenblick brauchen würde. Aber es ist mir unangenehm, mir nicht genau Rechenschaft davon geben zu können, wo es denn steht.

Unter den amerikanischen Filmen, von denen Du sprichst, scheint sich »Dinner at eight« zu befinden. Den habe ich vor einigen Monaten mit vielem Vergnügen laufen sehen. –

Wie ist es mit Hamburg geworden? Meine Ostern sind diesmal über den Kritzeleien verlaufen, die der Vorbereitung meiner Conférence dienen. Draußen war das schönste Wetter und die Knospen der Bäume standen gegen den Himmel des Hofs.

Laß nun sehr bald von Dir hören. Und bereite Dich langsam auf das Gesundwerden vor. Wie immer

Paris XVI   Dein Detlef
25bis Rue Jasmin

ORIGINAL Manuskript.

Zur Datierung: Der Brief ist unmittelbar nach den Osterfeiertagen, am 1. und 2. April, geschrieben worden.

Dein letzter Brief: Der vom 26. März.

die Praxis der Heilung durch ein Auflegen der Hand: Vgl. dazu Benjamins »Erzählung und Heilung« (GS IV·1, S. 430) und die zugrundeliegende Aufzeichnung (GS IV·2, S. 1007 f.).

Gottfried Benn ... eine programmatische Schrift: Benjamin denkt hier an den schon im Juli 1933 erschienenen Sammelband »Der neue Staat und die Intellektuellen«, dessen titelgebende Rede am 24. April 1933 im Berliner Rundfunk gesendet wurde und einen Tag später in der »Berliner Börsen-Zeitung« gedruckt erschien. Die Kritik an Benns Haltung, die aus Deutschland geflüchtete Schriftsteller übten, vor allem aber Klaus Manns Brief vom 9. Mai 1933 an Benn, veranlaßte diesen, eine »Antwort an die literarischen Emigranten« zu verfassen, die ebenfalls zunächst im Rundfunk vorgetragen wurde, am 25. Mai 1933 in der »Deutschen Allgemeinen Zeitung« erschien und in den Sammelband Eingang fand.

das Archiv: Die Sammlung der über Benjamins Arbeiten *erschienenen Kritiken* ist nicht erhalten.

52 Walter Benjamin an Gretel Karplus
Paris, 7.4.1934

ma chère amie

gottseidank, daß Du endlich in den richtigen Händen bist.

Meinen letzten Brief möchte ich damit allerdings nicht ohne weiteres überholt sein lassen. Ich halte nicht wenig davon, daß Wissing Dich ansieht. Im Augenblick weiß ich den genauen Termin seiner berliner Reise noch nicht; er ist auf ein paar Tage von hier abwesend.

Steht einmal ein tröstlicher Stern an diesem französischen Himmel, so kann man mit den exzentrischsten Zufällen rechnen: er muß verschwinden. Endlich war alles für meine conférence vorbereitet. Konnte ich mir auch keinen unmittelbaren Ertrag von ihr erwarten, so hätte sie doch gewisse Aussichten eröffnet. Ganz zu schweigen von der Bedeutung, die heute –

da ihre Möglichkeiten so beschränkt sind – jede objektive Manifestation meiner Arbeit hat.

Und nun erfahre ich heute, daß der Arzt, der seine Wohnung und seine Beziehungen mir zur Verfügung stellen wollte, an einer Lungenentzündung erkrankt ist. Ein geringer Trost, daß das wahr ist und bestimmt keine Ausflucht darstellt. Auch zweifle ich nicht daran, daß die Absicht besteht, diese conférence zu einem spätern Zeitpunkt doch stattfinden zu lassen. Aber wieviel, wenn schon nicht kostbare so doch kostspielige Zeit geht verloren. Und schließlich laufe ich Gefahr, hart am Rande der season zu starten, die zu Ende ist, ehe ich recht begonnen habe.

Meine Vorbereitungen zu diesem Vortrag sind im übrigen zu weit vorgeschritten, um ein Abbrechen der Arbeit zu rechtfertigen. Ich werde sie also durchführen. Sogleich danach nehme ich die geplante über die »Geschichte des deutschen Buchhandels« in Angriff.

Herrn Martin-Schwarz hatte ich meine geänderte Adresse telefonisch mitgeteilt und bei dieser Gelegenheit stellte er mir in Aussicht, nach Ostern etwas hören zu lassen. Bisher ist das leider nicht geschehen. So bin ich für die Frage Deines letzten Briefs doppelt dankbar. Was die Summe angeht, so betrug sie 450 frcs. Könnte ich mit diesem Betrag, um nicht zu sagen mit 500 frcs, rechnen, so würde das die sehr erhebliche Bedeutung haben, daß jede kleinste anderweitige Summe, welche als Honorar einkommt, mir die Existenz ermöglichen würde. Wenn nicht in Paris – wo es ja auf die Dauer keinesfalls geht, wenn ich hier nicht etwas erreiche – dann doch auf dem Lande in leichtern Existenzbedingungen.

In der Kammer bin ich nicht. Bei näherer Prüfung hat aber diese Frage vielleicht nicht ganz das Gewicht, das Tau ihr beilegt. Ein Manuscript der »Kindheit« steht Dir jederzeit zur Verfügung. Nicht ganz im Bilde bin ich darüber, was Du mit den empfehlenden Zeilen von Gerhard im Auge hast. – Schreibe, wie es mit Teddys Reiseplänen steht.

Endlich kann ich mit gleicher Post eine Drucksache an Dich abgehen lassen, die Dir hoffentlich Spaß macht. –

Schreibe mir, was Du vom »Flüchtling« sagst. Mir hat das Buch wirklich über schwarze Stunden hinweggeholfen und ich glaube nicht, es ohne Urteil gelesen zu haben.

Der Frühling zusselt wieder einmal wie ein Lausbub an allen Knospen.

Das Herzlichste

7 April 1934 Dein Detlef

PS Die Rede von Benn heißt: Die Intellektuellen und der neue Staat.

Soeben kommt Deine Karte. Ich schicke Dir das beste Exemplar, das ich habe. Aber leider sind die Abzüge ungleich. Die Anordnung der Stücke ist die des Buches.

ORIGINAL Manuskript.

die »Geschichte des deutschen Buchhandels«: Benjamin schrieb nicht über dieses in seinem Besitz befindliche vierbändige Werk von Friedrich Kapp und Johann Goldfriedrich, das 1923 abgeschlossen wurde.

Herr Martin-Schwarz: Über Herrn Schwarz oder Schwartz-Martin, der ein Pariser Bekannter von Else Herzbergers Neffe Arnold Levy-Ginsberg war, ist Näheres nicht ermittelt.

meine geänderte Adresse: Benjamin wohnte seit zwei bis drei Wochen für eine Übergangszeit bei seiner Schwester Dora in der Rue Jasmin im 16. Arrondissement.

eine Drucksache: Benjamins Besprechung des Kommerell-Buches über Jean Paul; sie erschien am 29. März in der »Frankfurter Zeitung« unter dem Titel »Der eingetunkte Zauberstab« (vgl. jetzt GS III, S. 409-417).

Deine Karte: Sie ist nicht erhalten.

53 Gretel Karplus an Walter Benjamin Berlin, 9.4.1934

9. April 1934.

Lieber Detlef,

jetzt im Frühling fängt auch unsere Korrespondenz an zu sprossen, zwar nur ein schwacher Ersatz für schöne Spaziergänge am Sonntag, aber immerhin. Deinen letzten Brief habe ich sofort zur promptesten Erledigung an Teddie nach Frankfurt geschickt, Deine Fragen sind durch seinen Brief schon beantwortet. – Das Heft der Religiösen Besinnung habe ich bestellt, den Benn heute abgeschickt. Schon um es aufzuschneiden, habe ich darin gelesen und war trotz richtigen Dingen im Grunde enttäuscht, weißt Du mehr von ihm? – Die über Dich erschienenen Kritiken habe ich nicht, erinnere mich auch nicht, sie je gesehen zu haben. – Ganz im Gegensatz zu dem, was ich vorher von ihm kannte hat mir der Maugham wieder glänzend gefallen, er erinnert an Conrad, aber das ist ja sicher nicht die schlechteste Empfehlung. – Über die Lungenentzündung des freundlichen Arztes bin ich sehr beunruhigt, als wenn er damit nicht bis nach Deinem Vortrag hätte warten können. Und da wir gerade beim Thema Arzt sind, so möchte ich Dir noch einiges dazu sagen: ich fühle mich nach dreiwöchentlicher Behandlung der Insulinmastkur bei Prof. S. recht wohl und munter, so daß ich meine dumme Hypochondrie immer leidend zu bleiben, endgültig aufgegeben habe. Zurückzuführen ist der Erfolg wohl nur auf die Konsequenz und Dosierung der angewandten Mittel. Während mich alle Internisten als gesund ansehen, wußte er, daß mein Zustand recht besorgniserregend war und hat mich ohne psychische Behandlung mit Nervenfütterung, wie ich es nennen möchte, hoch gebracht. Dabei ist er sicher unorientierter und festgefahrener als ich, und trotzdem hat es geklappt. Es ist recht schwer zu bestimmen, was man von einem Arzt verlangt, letzten Endes daß er einem irgendwie hilft, sei die Methode auch abenteuerlich.

Bis auf wenige Ausnahmen sind die Ärzte aber doch nur Dienstboten mit Abitur. Diese lange Einleitung zu der bescheidenen Bitte vorläufig von einer Untersuchung durch Herrn Dr. Wissing abzusehen, da es im Augenblick nicht mehr nötig ist, möchte ich auch die leiseste Gefährdung unserer Freundschaft, die sich dadurch ergeben könnte, nicht riskieren. Mir ist als wenn wir auch durch Dritte das Psychische nicht einschalten sollten, lassen wir der Psyche das zarte Vorrecht, ich denke an unsere Unterhaltungen zurück in der Meineckestr, dann in der Prinz Regentenstr. und glaube Dich mit dieser Ablehnung besser verstanden zu haben als Du es vielleicht im Augenblick erinnerst. Also bitte herzlich nein! Nein!

Wie steht es mit Deinen Plänen in der französischen Provinz zu leben? Hast Du den Norden oder den Süden bevorzugt, eine kleine Stadt oder ein Sommernest?

Einsiedel macht mit Tau eine Palästina-Aegypten Reise von der FZ aus. Bitte schreib mir recht oft, ich kann gar nicht genug von Dir hören. Herzlichst stets Deine

kleine Felicitas.

ORIGINAL Manuskript.

Teddie / sein Brief: Adornos Brief vom 5. April, vgl. Briefwechsel Adorno, S. 52-55.

54 Gretel Karplus an Walter Benjamin Berlin, 13.4.1934

Berlin, den 13. April 1934

Herrn
Dr. Walter Benjamin,
Paris XVI.
25 bis Rue Jasmin

Lieber Detlef!

Soeben habe ich die »Religiöse Besinnung« abgeschickt. Ich habe unterdessen erfahren, daß Karl Thieme ein berühmter protestantischer Theologe ist, dessen Name in letzter Zeit viel in Zeitungen gestanden hat, da er einen öffentlichen Brief an den Papst geschrieben und mit dem Papst lange in Korrespondenz gestanden hat, wegen Vereinigung der katholischen und evangelischen Kirche. Vielleicht hast Du auch davon gelesen.

Von der »Berliner Kindheit« bin ich immer mehr begeistert. Am liebsten möchte ich die einzelnen Stücke auswendig lernen, obgleich man sie ja nach der Methode der »Einbahnstraße« eigentlich abschreiben müßte um sie ganz zu verstehen.*

Für die Kritik über den Kommerell tausend Dank. Ich werde sehen, daß ich mir das Buch hier verschaffen kann, damit ich noch besser beurteilen kann, wie schön Deine Kritik ist.

Alles Liebe und Herzliche

stets Deine
Felicitas

* Meine ärztliche Behandlung spielt sich Kurfürstenstr. 80, ganz nahe Steglitzer Ecke Genthinerstr. ab.

ORIGINAL Typoskript m. handschriftlicher Ergänzung.

55 Gretel Karplus an Walter Benjamin Berlin, 19.4.1934

19. April 1934.

Mein lieber Detlef,

Deinen Brief will ich sofort beantworten, allerdings mit der bescheidenen Bitte, daß Du mir doch noch alles schreibst, was zu sagen ist, laß es nicht in dem Trubel der dringenden täglichen Ereignisse untergehen.

Deine neue Adresse habe ich sofort auch den interessierten Stellen mitgeteilt, immerhin wird Deine Schwester ja sicher die noch unterwegs befindlichen Sendungen richtig weiterleiten.

Zum Problem der Absenderin handelt es sich um eine noch sehr lebenslustige Dame Mitte 50, Vornamen Else Marianne, zwar unverheiratet, aber gern »Frau« angeredet. – Ich glaube, daß Teddie sich sehr für Dich bei ihr eingesetzt hat, ist der Betrag größer ausgefallen oder blieb es bei frs 400? Diese Summe setzt sich aus drei Teilen Teddie, Else, Agathe zusammen, schreibt sie von einer regelmäßigen Überweisung?! –

Ich habe weiter zugenommen und werde die allerstrengste Kur wohl nächste Woche beenden, aber unter ärztlicher Aufsicht bleiben. Ich bin so froh, daß Du meine Ablehnung richtig verstanden hast. Sollte sich mein Zustand schließlich doch wieder verschlechtern, so müßte ich natürlich trotz allem meine Bedenken überwinden.

Wegen Deiner Buch-Publikationen in Deutschland scheint es mir doch *unbedingt* notwendig, daß Du in der Schrifttumskammer bist, sonst dürfen die Verlage gar nichts von Dir drukken. Falls sich dies von dort aus schlecht arrangieren läßt, wäre es doch sehr ernsthaft zu überlegen, ob Du nicht für einige Zeit (14 Tage bis 4 Wochen) nach *Berlin** kommen könntest, um hier alles zu erledigen. Ich sage das wirklich nicht nur deshalb, weil ich Dich schrecklich gern wiedersehen möchte, sondern ich stelle es zur Diskussion, so wie ich die Situation von hier aus sehe. Bis jetzt bin ich noch ohne Nachricht von

Reiß, aber wenn es schließlich nur auf diesen einen Punkt noch ankäme, so müßte es sich pekuniär auch irgendwie einrichten lassen, könntest Du vielleicht hier bei Gl. wohnen?

Bitte schreib sehr bald Deiner Dir sehr sorglich zugetanen

Felicitas.

* nicht Prinz[regentenstraße]

ORIGINAL Manuskript.

Gl.: Das ist Gustav Glück.

56 Gretel Karplus an Walter Benjamin Berlin, 3.5.1934

3. Mai 1934.

Lieber Detlef,

endlich heute Dein Brief. Ich schicke den Aufsatz etwas anders als Du es gewünscht. – Arnold Levy-G. ist typischer Kleinintellektueller, ziemlich langweilig, aber hilfsbereit und darum zu pflegen. Meine Papiere habe ich noch nicht, ich wäre sonst vielleicht wenigstens für ein paar Tage Pfingsten über Paris nach London gefahren. Bald mehr, hoffentlich kann ich Dir dann Gutes berichten.

Herzlichst stets

Deine Felicitas

Ist es eigentlich richtig den Namen noch beizubehalten bei dem Konflikt mit Speyer?

ORIGINAL Manuskript auf einer Geschäftskarte der Firma: Georg Tengler / Lederhandschuhfabriken / Engros und Export.

Dein Brief: Nicht erhalten.

der Aufsatz: Wahrscheinlich Benns Rede »Die Intellektuellen und der Staat«.

Arnold Levy-G.: Der promovierte Kunsthistoriker Arnold Levy (auch: Levy-Ginsberg) war der Neffe von Else Herzberger. Er gehörte mit seiner Frau Milly zu Benjamins engsten Bekannten in den letzten Lebensjahren. Er blieb in Frankreich, änderte nach dem Krieg seinen Namen in Armand Levilliers und betrieb ein Antiquariat.

57 Walter Benjamin an Gretel Karplus
Paris, ca. 6.5.1934

Liebe Felizitas,

gestern habe ich Deine Karte bekommen; inzwischen hast Du ja längst für mein zeitweiliges Verstummen die Aufklärung.

Und um Dich, so gut oder schlecht ichs kann, für die unruhigen Tage zu entschädigen, diese wenigen Zeilen.

Ich entfalte wieder einmal eine Aktivität, die mich selbst erstaunt. Aber die nahezu vollständige Einsamkeit, die sich für mich hergestellt hat, macht mir selbst fadenscheinige, selbst aussichtslose Bemühungen zu einer Form, mit Menschen irgendeinen Kontakt herzustellen.

Du kennst »Haschisch in Marseille«. Ich habe es übersetzen lassen. Die Übersetzung ist, wie Kenner mir sagen, ungemein dürftig. Trotzdem versuche ich, Beziehungen spielen zu lassen, um die Aufnahme dieser Arbeit in die Cahiers du Sud zu erwirken. Die Zeitschrift erscheint in Marseille; das gibt eine kleine Chance. – Vor allem aber habe ich mich bemüht, für das Problem der Übersetzung, das bei meinen Sachen schwieriger liegt, als selbst ich es vermutete, eine tragfähigere Einrichtung zu treffen und einige Aussicht besteht, daß ich nächstens mit einem wirklichen Kenner des Deutschen werde in Beziehung gesetzt werden, der zudem den Vorteil aufweist, kein Übersetzer von Beruf zu sein. Es ist Benoist-Méchin – der Name wird Dir nichts sagen.

Und dann bemühe ich mich um Mitwirkung an einer großen Enzyklopädie, die auf Veranlassung des ehemaligen Unterrichtsministers de Monzie unternommen wird und sich im ersten Vorbereitungsstadium befindet. Natürlich könnte das reale Bedeutung frühestens im Winter gewinnen.

Daß ich mit der Nouvelle Revue Française Fühlung wegen eines Artikels über Bachofen genommen habe, das werde ich Dir wohl geschrieben haben.

Die vielfachen Übersetzungsprojekte legen mir die Frage nahe, ob ich Dich nicht bitten soll, meine in Zeitschriften enthaltenen Essays, welche noch bei Dir sind, mir zu senden. Ich habe aber Bedenken, Dir noch einmal die Arbeit zu machen, die mit der Absendung eines Wertpaketes verbunden ist – und da sich unersetzliche Stücke dabei befinden, wage ich nicht, an eine einfache Einschreibsendung zu denken.

Wie dem auch sei – um den Artikel »Theater und Rundfunk« in den »Blättern des Hessischen Landestheaters« bat ich Dich schon. Hoffentlich ist er noch nicht fort und kannst Du den »Julien Green« in der »Neuen Schweizer Rundschau« beilegen. Für den interessiert man sich hier besonders. – In diesem Falle genügt natürlich eine Einschreibsendung.

Ich kriege viele Romane. Kommt mir etwas Schönes in die Hand, so erhälst Du es. Was ich bisher las, ist dessen nicht wert. Die ungemeine Enttäuschung, die Greens »Visionnaire« in mir erweckt hat, habe ich Dir schon anvertraut. Und – von etwas sehr andersartigem aber nicht Besserem zu sprechen – bei Klostermann hat ein gewisser Binswanger eine Schrift »Die ästhetische Problematik Flauberts« erscheinen lassen, die ein einziges breitspuriges Elend darstellt.

Abends sitze ich nun immer auf meinem Zimmer und lese: das Tintenfaß hat in meinem Leben Epoche gemacht wie in Luthers (wo es ja auch ein Tintenfaß gab) der Blitz. Am Tage lese ich in der Bibliothèque Nationale: so muß man sich mit bescheidnen Kontrasten zufrieden geben.

Ja, schreibe bald. Was hörst Du von Teddy? was von Deinen Nerven?

Daß ich es nicht vergesse – Ernst hat geschrieben. Carola

hat einen Auftrag in Barcelona zu bauen und dort werden sie später hingehn.

Die Seite sieht nicht schön aus. Aber sie soll ein gutes Ende haben in Gestalt sehr lieber Grüße. Dein Detlef

PS Also – nun doch noch ein neues Blatt, um Dir meinen Dank für den eben erhaltnen Aufsatz zu sagen. Könntest Du mir den über Green nun auch schicken? Ebenfalls eingeschrieben. Und dann stellen wir die Sammelsendung und das Wertpaket noch zurück. Weil wir die Hoffnung nicht aufgeben, daß Du mir das eines Tages persönlich bringst.

Wie schön wäre gewesen: Pfingsten!

Schreibe allerbaldigst ausführlich.

Gerade als Dein Brief kam, hatte ich einen merkwürdigen Traum von Speyer, der mir nahelegt, in der Namen-Frage, die Du berührst, noch keine Maßnahmen zu treffen.

ORIGINAL Manuskript.

Zur Datierung: Benjamins Brief stellt die Antwort auf Gretel Karplus' Karte vom 3. Mai dar; darüber hinaus setzt er den Empfang des Briefes von Ernst Bloch vom 30. April voraus, in dem von Karola Blochs Bauauftrag die Rede ist.

»Haschisch in Marseille« / Die Übersetzung: Sie war von Anna Maria Blaupot ten Cate und Louis Sellier hergestellt worden; sie erschien 1935 im Heft 168 der »Cahiers du Sud«, S. 26-33.

Benoist-Méchin: Der in Paris geborene Jacques Benoist-Méchin (1901 bis 1983) hatte nach dem Ersten Weltkrieg seinen Militärdienst im besetzten Deutschland absolviert und war von der deutschen Kultur in hohem Maße affiziert worden. Neben seinen musikalischen und literarischen Interessen wandte er sich früh der französischen Rechten zu und stand dem PPF Doriots nahe; er gehörte nach 1940 zu den Verfechtern der Kollaboration und wurde 1947 zum Tode verurteilt, 1954 begnadigt und freigelassen. – 1936 bis 1938 erschien seine zweibändige »Histoire de l'armée allemande«. Über Art und Zustandekommen der Bekanntschaft Benjamins mit Benoist-Méchin war Näheres nicht zu ermitteln.

Mitwirkung an einer großen Enzyklopädie: Wahrscheinlich sind die Bände 16 und 17 der »Encyclopédie Française« gemeint, die »Arts et littératures dans la société contemporaine« behandelten; sie erschienen 1935 und 1936. Eine Rezension, die Benjamin Anfang 1939 für die »Zeitschrift für Sozialforschung« schrieb, blieb zu Lebzeiten unveröffentlicht. – Über Benjamins geplante Mitarbeit liegen keine Dokumente vor; im folgenden Brief unterrichtet er Gretel Karplus über eine bevorstehende Besprechung mit Pierre Abraham, dem Herausgeber der beiden Enzyklopädiebände. Denkbar ist immerhin, daß – wie es Benjamins Charakterisierung des zweiten Bandes nahelegt: »Der zweite Band des Werkes geht der künstlerischen Produktion der Gegenwart im einzelnen nach und stellt deren Inventar dar.« (GS III, S. 585) – in dieser geplanten *Mitwirkung* die Keimzelle von Benjamins Aufsatz »Das Kunstwerk im Zeitalter seiner technischen Reproduzierbarkeit« zu suchen ist.

mit der Nouvelle Revue Française Fühlung wegen eines Artikels über Bachofen: Benjamin erhielt mit einem »pneumatique« vom 25. Mai von Jean Paulhan folgende Einladung: »J'aurai plaisir à faire votre connaissance. Vous est-il possible de venir à la N. R. F. un soir de la semaine prochaine, vers six heures (lundi et samedi exceptés)?« – Der französisch geschriebene Essay »Johann Jakob Bachofen« wurde jedoch von Paulhan am 8. Mai 1935 abgelehnt (vgl. Benjamin-Katalog, S. 235 f.) und blieb zu Lebzeiten ungedruckt (vgl. GS II·1, S. 219-233).

Die vielfachen Übersetzungsprojekte: Neben Dora-Sophie Benjamin bemühten sich auch Elisabeth Hauptmann und Bianca (Margaret) Mynatt vergeblich darum, Arbeiten Benjamins in England und Nordamerika zu lancieren. – Über weitere Übersetzungspläne ins Französische ist nichts bekannt.

der Artikel »Theater und Rundfunk«: Vgl. jetzt GS II·2, S. 773-776.

der »Julien Green«: Benjamins Aufsatz aus dem Jahre 1929, vgl. GS II·1, S. 328-334.

erhälst: So in Benjamins Handschrift.

»Die ästhetische Problematik Flauberts«: Benjamin rezensierte Paul Binswangers Buch im »Literaturblatt der Frankfurter Zeitung« vom 12. August 1934, vgl. jetzt GS III, S. 423-425.

der eben erhaltne Aufsatz: Wohl »Theater und Rundfunk«, um dessen Sendung Benjamin in seinem verschollenen Brief gebeten zu haben scheint.

58 Walter Benjamin an Gretel Karplus
Paris, ca. 24.5.1934

Liebe Felizitas,

ich denke daß Du mit der Gestalt, die ich Deinen auf rosa Grund eingezeichneten Pfingstblumen gegeben habe, zufrieden wärest. Sie kommen aus einer unsichtbaren Tasse, die in der Mitte eines großen Napfkuchens verborgen steht. pain de Gênes heißt der Kuchen hier und die Blumen sind Maiglöckchen. Meine große Lieblingsblume gibt es noch nicht; sie wartet immer auf meinen Geburtstag: roter Mohn.

Daß es nun wieder langsamer mit Dir vorangeht, macht mich betrübt. Wirklich hast auch Du es nicht leicht. Möglich, daß es Dir doch manchmal etwas leichter würde, wenn Du wüßtest, in wie exotischer, winterharter Gestalt Du als Blüte in meinem ziemlich kahlen Lebensbaum sitzst.

Soviel von Blumen. Nein – noch eine auf das Grab einer kleinen Hoffnung, auf dem bisher nur das unerfreulichste Reis (erich reiss editor communis) sich breit macht. Es hat sich also die schlechte Auskunft bestätigt, die ich aus Palästina über ihn bekommen habe. Nicht geringeres Mißtrauen ist Lichtenstein gegenüber erforderlich. Aber natürlich denke ich nicht daran, eine Möglichkeit, und sei es die entfernteste, von der Hand zu weisen. Wenn er freilich seinen eignen Verlag nicht mehr und nur die Geschäftsführung jener jüdischen Buchgemeinschaft hat, so wird möglicherweise die mangelnde jüdische Orientierung meiner »Kindheit« ein Hindernis darstellen.

Du kannst es Dir schwer vorstellen, wie sehr es mir gerade jetzt fehlt, mit Dir sprechen zu können. Wir stehen nun schon im zweiten Jahr der Trennung und noch scheint unsere Begegnung nicht absehbar. Dazu kommt, daß ich von Paris fort – und zwar nach Dänemark aufs Land – gehe. Der längere Aufenthalt hier läßt sich wirtschaftlich nicht mehr rechtfertigen: im Juni ist hier nichts mehr auszurichten. Immerhin werden gerade die folgenden Tage – ich fahre *frühestens* am 4ten Juni – noch eine Anzahl wichtiger Besprechungen bringen: mit Jean

Paulhan, mit Charles Dubos, mit Paul Abraham. Es handelt sich dabei wesentlich um drei bisher noch nicht geklärte Fragen: meine Mitarbeit an der Enzyklopädie, meine Chancen, einen guten Übersetzer zu finden, meinen Bachofenaufsatz. Wenn nicht das eine durchgeht, so vielleicht das andere. – Nach Jouhandeau und Green fragst Du. Das sind Leute, die mir erst dienlich sein könnten, wenn ich etwas festeren Boden unter den Füßen hätte – und selbst mit dieser Einschränkung kann ich das kaum von Green sagen. Seine letzten Romane nicht nur sondern auch deren Aufnahme im Publikum weist darauf hin, daß diese Figur an Bedeutung verliert; und das hat seine guten Gründe. Wichtig ist, daß diese Gründe sehr denen verwandt sind, die schon in besseren – für ihn und mich besseren – Zeiten, unser Gespräch in überaus engen Schranken hielten.

Das Gemeindeblatt, in das ich schon sonst immer gern hineingesehen habe, las ich diesmal mit verdoppeltem Interesse. Sein Themenkreis ist naturgemäß ungemein beschränkt; ob man sich da vernehmen lassen kann, ohne irgendwie im jüdischen Kultur- oder Bildungsbetriebe zu stehen, ist mir nicht sicher. Ich lege Dir auf alle Fälle eine Vollmacht bei, die Dich autorisiert, mit Lichtenstein über die »Berliner Kindheit« zu verhandeln. Und im voraus danke ich Dir für die Mühe und Zeit, die Du dafür aufbringst. Ebenso aber bitte ich Dich, diese solange in engsten Grenzen zu halten, als Du nicht schlüssige Anhaltspunkte dafür hast, daß das Interesse auf der Gegenseite ein ernstes ist. Ich weiß aus Erfahrung, daß gerade Verleger – und wie sehr erst die zweiter Garnitur – einen unwiderstehlichen Hang zur Gschaftelhuberei haben.

Was die Wahlverwandtschaften-Arbeit betrifft, so wollte ich nur versichert sein, daß sie in Deinen Händen sich befindet. Sie kann nirgends besser aufgehoben sein.

Siehst Du Arnold? Er wollte mitte des Mai wieder herkommen; bisher habe ich ihn vergeblich erwartet. Auf der andern Seite würde ich ihn natürlich sehr gerne sehen ehe ich nach Dänemark fahre. Da ich, wie gesagt, vor dem 4ten Juni nicht abreise, läßt es sich bis dahin vielleicht noch machen.

Hättest Du wohl die Möglichkeit, mir bis dahin noch zwei Blumenmuster zu senden? ich wäre sehr froh.

Dieser Brief fällt in die ersten Tage nach Deiner Rückkehr. Du schreibst mir nicht, wo Du warst. Hoffentlich für ein paar Stunden gut untergebracht und nicht allzu einsam. Es ist schrecklich, wie überall hin die Leute verstreut sind. Von Teddie höre ich seit einiger Zeit auch nichts mehr. Aber er wird dort bis über den Hals in der Arbeit stecken.

Ich habe Dir gewiß schon geschrieben, daß ich hin und wieder Werner Kraft, einen ehemaligen Bekannten von mir, auch ehemaligen Bibliothekar in Hannover sehe. Von ihm liegt ein schöner Aufsatz über zwei Gedichte von Kraus vor mir, der in der letzten Nummer des »Brenner« erschienen ist.

Ich schicke Dir als eine kleine Kurzweil, und in den Sommer hinein, zwei Bücher. Das eine – das ich nicht kenne – mit ein paar schönen Photos, das andere recht brav, lesbar und nicht anstrengend.

Alles Liebe und Liebste

Schreibe noch hierher

Dein Detlef

ORIGINAL Manuskript.

Zur Datierung: Gretel Karplus hatte Benjamins Brief am 27. Mai in Händen, so daß er nicht nach dem 25. Mai geschrieben worden sein kann.

Lichtenstein / jüdische Buchgemeinschaft: Erich Lichtenstein (1888-1967), Theater- und Literaturkritiker, hatte 1920 mit Thankmar von Münchhausen einen Verlag gegründet; nach dem Zweiten Weltkrieg arbeitete er als Kritiker an der »Neuen Zeitung« und dem »Tagesspiegel«. – Über die *jüdische Buchgemeinschaft* ist nichts ermittelt.

Jean Paulhan: Der Schriftsteller Jean Paulhan (1884-1968) war Direktor der Zeitschrift »Nouvelle Revue Française«.

Dubos: Der Essayist, Literaturkritiker und Übersetzer Charles Du Bos (1882-1939). Benjamin besuchte ihn, gemeinsam mit Werner Kraft, am 10. Juni, vgl. Für Walter Benjamin. Dokumente, Essays und ein Entwurf, hrsg. v. Ingrid und Konrad Scheurmann, Frankfurt a. M. 1992, S. 49.

Paul Abraham: Es war der Schriftsteller, Kritiker und Übersetzer Pierre Abraham (eigentlich Pierre Abraham Bloch, 1892-1974), der Bruder Jean-Richard Blochs (1884-1947) und des Dichters, Schriftstellers und Politikers Marcel Abraham (1898-1955), der 1932 bis 1934 als Kabinettschef von de Monzie fungiert hatte. Pierre Abraham war der Herausgeber der Bände 16 und 17 der »Encyclopédie Française«; er übersetzte Brechts »Furcht und Elend des Dritten Reichs«, sein Buch »Proust – Recherches sur la création intellectuelle« (Paris 1930) notierte Benjamin in einer seiner Bücherlisten. Als Theaterkritiker arbeitete er 1937 bis August 1939 an der Zeitung »Ce soir«.

nach Jouhandeau und Green fragst Du: Der Brief mit diesen Fragen ist nicht erhalten.

das Gemeindeblatt: Gemeint ist wohl die »Jüdische Rundschau« und die Publikation des »Kafka« dort; möglicherweise ist in nicht erhaltenen Briefen Benjamins und Gretel Karplus' davon schon gehandelt worden.

Deine Rückkehr: Der Brief, in dem sie von ihrer Abwesenheit von Berlin gesprochen haben muß, ist nicht erhalten; in ihrem Brief vom 27. Mai ist davon nicht mehr die Rede.

Werner Kraft / ein schöner Aufsatz: Kraft hatte zu Kraus' 60. Geburtstag im Aprilheft der Zeitschrift »Der Brenner« seinen Aufsatz »Zu zwei Gedichten von Karl Kraus« veröffentlicht.

zwei Bücher: Nicht ermittelt.

59 Gretel Karplus an Walter Benjamin
Berlin, 27.5.1934

27. Mai 1934.

Mein lieber Detlef,

unterdessen wirst Du das rosa Zettelchen erhalten haben, das letzte, das ich Dir aus praktischen Gründen nach Paris schicken möchte, aber sobald ich Deine neue Adresse weiß, soll Dich dort eins empfangen. – In Deinen Angelegenheiten habe ich noch nichts Neues weiter gehört, Deinen Büchergruß noch nicht bekommen. Hoffentlich waren die letzten Verhandlungen dort recht erfolgreich, ich würde gern von Dir ausführlich darüber hören. –

Während und nach Pfingsten hatte ich nun gerade wieder einen häßlichen Migräneanfall, von dem ich mich nur langsam erhole. Vielleicht war das die Strafe für mein Sträuben, auch Dr. Wissings Rat einmal zu hören. Nach langem Überlegen habe ich mich dazu entschlossen, Dich zu bitten, daß er mich bei seinem nächsten Berliner Aufenthalt doch auf jeden Fall einmal anrufen möchte, wenn Du es seinem Zustand nach – nach wie vor – für ratsam hälst. Da ich nicht weiß, ob es zu einer zweiten Benachrichtigung der Kürze der Zeit wegen kommen kann, will ich Dir schnell noch einen kurzen Krankheitsbericht geben, obwohl ich nicht glaube, daß man von ferne kurieren kann und Herrn Dr. Wissing das auch gar nicht zumuten möchte. Festzustehen scheint, daß organisch alles in Ordnung ist und daß es sich wirklich um Migräne handelt, hervorgerufen durch Konstitution. Das Problem liegt nun darin die die Migräne veranlassenden Gefäßkrämpfe im Gehirn zu verhindern. Ich nehme jetzt verschiedene Migränemittel, die man aber erst langsam ausprobieren muß, und über deren positives Funktionieren ich noch nichts sagen kann wie Impletol – Einspritzungen, Luminaletten, Decholin und ein Gemisch von Phenacitin und Theobromin. Bei Deiner Abneigung gegen Medikamente kann ich mir den Horror vorstellen, den Du bei dieser Menge Namen hast. Die Krankheitserscheinungen sind typisch: starke Kopfschmerzen, meist an der rechten Schläfe, Übelkeit mit Erbrechen, oft bis zur Unfähigkeit irgend eine Nahrung zu behalten gesteigert, große Depressionen und Unlust, etwas zu unternehmen, begleitet von Seh- manchmal auch Sprachstörungen.

Vielleicht bringt es dieser Zustand mit sich, daß ich am realen Leben immer weniger Interesse habe, was mir auch natürlich hilft, diese Zeit und die große Einsamkeit zu überstehen; es ist nur recht schwer, sich diesen Zustand als neue Dauersituation zu denken. Mein früherer kindlicher Wunsch, nur noch eine Figur eines Romans zu sein – also beinah Felicitas – ist wieder sehr lebendig.

Ungeheuer enttäuscht hat mich die Lektüre des Kommerells. Deine Kritik erscheint mir danach viel zu gut, zu wenig ablehnend; begeistert bin ich dagegen von dem von Dir vor Jahren empfohlenen »Sturmwind von Jamaika«.

Deiner Übersiedlung nach Dänemark sehe ich mit etwas Ängstlichkeit entgegen, ich muß dabei heute eins der heikelsten Themen berühren, ich tue es schriftlich ungern und nur gezwungener Maßen. Gerade Du, der nie mit einem Wort darüber gemurrt hat, daß ich ihn durch mein Nichtkommen so scheinbar im Stich gelassen habe, der stets meine Bindungen anerkannt hat und mich nie behinderte, kannst mir mit sehr großem Recht sagen, wieso ich es mir erlaube, die uns nun einmal gesetzte Grenze zu überschreiten und in Deine persönlichsten Dinge einzugreifen. Gewiß hast Du von Dir aus recht, aber ich habe in Dir auch Objektives zu verteidigen, und das will ich versuchen, so gut ich es vermag. Wir haben kaum je über B. gesprochen, ich kenne ihn zwar lange nicht so gut wie Du, aber ich habe sehr große Vorbehalte ihm gegenüber, von denen ich nur einen erwähnen möchte, natürlich nur soweit ich es erkennen kann: seinen oft fühlbaren Mangel an Klarheit. Wichtiger als ausführlich über ihn zu diskutieren ist mir im Augenblick, daß ich manchmal das Gefühl hatte, Du ständest irgendwie unter seinem Einfluß, der für Dich eine große Gefahr bedeute. Ich erinnere mich lebhaft an einen Diskussionsabend in der Prinzenallee über die Entwicklung der Sprache und Deine Zustimmung zu seinen Theorien, wo ich das besonders deutlich zu spüren glaubte. Ich habe dieses Thema ängstlich vermieden, weil ich glaube, daß diese Beziehung für Dich sehr affektbelastet ist und vielleicht auch noch für etwas ganz anderes steht, aber auch hier wäre jedes weitere Wort zu viel. Und das ist gerade der einzige Freund, der Dich in der jetzigen Notlage am meisten unterstützt hat, ich verstehe es so gut, daß Du diesen Kontakt brauchst, um der uns allen drohenden Isolierung zu entgehen, die ich allerdings unter Umständen für Deine Produktion beinah noch für das kleinere Übel halten möchte. Ich weiß, daß ich mit diesem Brief viel ja vielleicht alles in unserer Freundschaft riskiere, und nur die lange Trennung konnte mich dazu bewegen zu sprechen. Verzeih mir, wenn Du es kannst, wenn ich Dir zu weit gegangen bin. Heute wie stets alles Liebe und Gute

Deine alte

Felicitas.

ORIGINAL Typoskript.

hälst: So im Brief.

»Sturmwind von Jamaika«: Die deutsche Übersetzung des Romans »A High Wind in Jamaica« von Richard Hughes (englisch 1929) war 1931 unter dem Titel »Sturmwind auf Jamaika« erschienen.

60 Walter Benjamin an Gretel Karplus
Paris, Anfang Juni 1934

Meine liebe Felizitas,

um Deinen letzten Brief zu beantworten, mußte ich einigen Abstand nehmen. Das Wort ist in doppelter Hinsicht zu verstehen: Abstand von Deinem Brief und von meiner gegenwärtigen Arbeit. Du selbst hast, wie aus dem ersteren hervorgeht, ein deutliches Bewußtsein davon, wie unendlich schwer die dänische Frage, die Du berührst, im Brief zu behandeln ist. Du tust es mit sehr viel Takt; nicht alles, was Du sagst, ist unrichtig aber nicht alles was Du sagst spricht gegen meine Reise zu B.

Ich will die wichtigste Frage berühren. Was Du da über seinen Einfluß auf mich sagst, das ruft mir eine bedeutende und immer wiederkehrende Konstellation in meinem Leben ins Gedächtnis. So einen Einfluß übte, nach Ansicht meiner Freunde, C. F. Heinle auf mich, so einen Einfluß später, nach

Ansicht meiner spätern, diesen Einfluß damals leidenschaftlich bekämpfenden Frau Simon Guttmann. Eine Diskussion, die den letztern betraf, ist mir unvergessen, obwohl sie ungefähr zwanzig Jahre zurückliegt. Es fielen die bittersten Worte und zuletzt hieß es, ich stünde unter seiner Suggestion. – Vielleicht wundert Dich, daß ich die Dinge derart ausgreifend aufrolle. Aber ich muß das tun, damit Du verstehst, warum ich – ohne Deine Behauptung abzustreiten – in ihrem Angesicht meine Fassung behalten kann.

In der Ökonomie meines Daseins spielen in der Tat einige wenige gezählte Beziehungen eine Rolle, die es mir ermöglichen, einen, dem Pol meines ursprünglichen Seins entgegengesetzten zu behaupten. Diese Beziehungen haben immer den mehr oder weniger heftigen Protest der mir nächststehenden herausgefordert, so die zu B. augenblicklich – und ungleich weniger vorsichtig gefaßt – den Gerhard Scholems. In solchem Falle kann ich wenig mehr tun, als das Vertrauen meiner Freunde dafür erbitten, daß diese Bindungen, deren Gefahren auf der Hand liegen, ihre Fruchtbarkeit zu erkennen geben werden. Gerade Dir ist es ja keineswegs undeutlich, daß mein Leben so gut wie mein Denken sich in extremen Positionen bewegt. Die Weite, die es dergestalt behauptet, die Freiheit, Dinge und Gedanken, die als unvereinbar gelten, neben einander zu bewegen, erhält ihr Gesicht erst durch die Gefahr. Eine Gefahr, die im allgemeinen auch meinen Freunden nur in Gestalt jener »gefährlichen« Beziehungen augenfällig erscheint.

Soviel hiervon; denn ich glaubte Dir diese Antwort zu schulden, statt ein oder zwei bequemerer, die ihre Stelle hätten einnehmen können. Laß mich immerhin die Hoffnung haben – und damit komme ich auf das andere Motiv, das in diesem Zusammenhang anklingen muß – daß diese Sache doch einmal in absehbarer Zeit von uns gemeinsam wird besprochen werden können. Versäume vor allem nicht, mich weiter über die Frage Deiner Papiere zu verständigen.

Im übrigen habe ich meine Reise verschoben – ich fahre

am 17ten von hier fort. Vielleicht ermöglicht Dir das, ein Blumenmuster noch vorher hierher zu schicken, woran mir leider sehr gelegen sein muß. Grund dieser Verschiebung ist die Arbeit über Kafka und eben der Abstand, den ich von ihr gewinnen mußte, der zweite, auf den ich zu anfang des Briefes anspielte. Die Vorarbeiten habe ich gestern abgeschlossen. Ich will von den außerordentlichen Schwierigkeiten der Sache nicht sprechen, nur von den nicht unbeträchtlichen, die in den Umständen liegen. Da ich nun einmal an diese so lange geplante Darstellung herangehen mußte, fällt sie sehr umfangreich aus und das Manuscript wird, nach der Fertigstellung, eine Kürzung auf ein Drittel des Umfangs erfordern, um für die Jüdische Rundschau verwertbar zu sein – eine wenig erfreuliche Perspektive. Es ist mir gelungen, alle Schriften Kafkas hier zusammen zu bekommen, aber es war eine unglaubliche Mühe.

In diesen Tagen – vielmehr schon vor einer Woche – ist das kleine Bücherpaket, das ich Dir geschickt hatte, zurückgekommen. Der Hausdiener hatte eine verkehrte Adresse heraufgesetzt. Du erhälst es, unter der richtigen, bestimmt noch vor meiner Abreise.

Wissing ist augenblicklich in Berlin. Wie ich von dritter Seite höre nicht in der allerbesten Verfassung. Immerhin setze ich Dir seine Telefonnummer her. Und da die Besserung nun doch für den Augenblick wieder eine Unterbrechung erlitten hat, so tust Du vielleicht doch gut ihn anzurufen: Steinplatz* – Ich habe [in] diesen Tagen eine Gelegenheit gehabt, Meskalin zu nehmen. Das ist das berühmte aus dem Kaktus anhalonium levinii gewonnene Rauschgift der mexikanischen Indianer. Ihr sakraler Rauschtrank, der Pulche, beruht auf ihm. Der Versuch war recht interessant. Wenn ihm mein Organismus nicht ganz so entgegenkam wie dem Haschisch, so verdanke

* Ich finde Wissings Telefonnummer unter meinen Papieren nicht. Du wirst sie aber leicht ermitteln. Er wohnt bei Frau Sophie Cohn Kantstraße 150ª

ich einer langen Nacht doch eine ganze Reihe höchst wichtiger Aufschlüsse, insbesondere aber eine psychologische Erklärung der Katatonie, die von großem Interesse ist. Ich habe ein umfangreiches Protokoll hergestellt.

Von Wiesengrund höre ich garnichts. Warum?

Schreibe Du recht bald wieder und auf jeden Fall noch hierher. Recht herzliche Wünsche für Deine Besserung und vieles Liebe.

Dein Detlef

ORIGINAL Manuskript.

Zur Datierung: Der Brief ist die Antwort auf den letzten von Gretel Karplus vom 27. Mai.

C.F. Heinle: Der Dichter Christoph Friedrich Heinle (1894-1914), der mit Philipp Keller und Ludwig Strauß seit seiner Aachener Schulzeit bekannt war, studierte zunächst in Göttingen und immatrikulierte sich zum Sommersemester 1913 im Fach Philologie in Freiburg. Er arbeitete mit Benjamin in der Freien Studentenschaft und leitete die »Abteilung für Kunst und Literatur«. Der Freitod Heinles nach Ausbruch des Ersten Weltkriegs veranlaßte Benjamin in den folgenden Jahren zur Niederschrift seiner Sonette (vgl. GS VII·1, S. 27-67).

Simon Guttmann: Simon Wilhelm Guttmann (1891-1990) war ein Freund Georg Heyms, dessen nachgelassene Gedichte er mit herausgab, und Mitbegründer des »Neuen Clubs« in Berlin.

die Arbeit über Kafka: Vgl. GS II·2, S. 409-438; die Abschnitte »Potemkin« und »Das bucklicht Männlein« wurden am 21. und 28. Dezember 1934 in der »Jüdischen Rundschau« publiziert.

erhälst: So in Benjamins Handschrift.

Gelegenheit ..., Meskalin zu nehmen: Der von Fritz Fränkel protokollierte Versuch vom 22. Mai 1934, vgl. GS VI, S. 607-614; Benjamins eigene Aufzeichnungen, vgl. ebd., S. 614-616.

Kaktus anhalonium levinii / Pulche: Das Meskalin – 1897 gelang erstmals die Reinherstellung – wird aus den Kopfteilen des Kaktus »Anhalonium lewinii« gewonnen, während der »Pulque«, das aztekische Rauschgetränk, aus dem gegorenen Saft der angeschnittenen Blütenschäfte einer Agavenart entsteht.

61 Gretel Karplus an Walter Benjamin Berlin, 12.6.1934

12. Juni 1934.

Lieber Detlef,

besten Dank für die Bücher, die gerade zu meinem Geburtstag hier eintrafen, also hatte die falsche Adresse vom Portier doch ihren guten Zweck. – Ich bin sehr froh, daß Du meinen Brief richtig verstanden hast, und daß dadurch nichts zwischen uns verändert ist. Im übrigen will ich versuchen daraus zu lernen, da wir nun einmal auf das Schreiben angewiesen sind, doch möglichst das auszudrücken, was besprochen werden muß. Es setzt dies eine wirklich sehr weitgehende und fundierte Freundschaft voraus, aber ich glaube, daß wir dies Vertrauen jetzt schon zu einander haben können. Ich bin durch die Bemerkung von Dir, daß Gerhard auch über dasselbe Thema geschrieben hätte, noch bestärkt worden. Dänemark ist zwar näher an Berlin als Paris, und ein weekend scheint danach gar nicht so unmöglich, bei der Billigkeit dort könnte ich mir ganz gut vorstellen, daß Du einen trip nach Kopenhagen riskieren kannst, was für mich am besten zu erreichen. Dumm ist dabei nur, daß mein Kompagnon immer noch ernsthaft krank ist, so daß ich in meinen Dispositionen noch beschränkter bin als sonst. Mir macht das große Sorge; denn sein Tod könnte für mich ziemliche Folgen haben. Für die Sommerferien denken wir falls es bei Deutschland bleibt an Baden-Baden im August, locken würde uns sonst sehr Madonna di Campiglio, einer der wenigen Dolomitenorte, wo man keine Hochtouren machen muß, vielleicht auch hier beträchtliche Schwierigkeiten mit meinem Fremdenpaß. – Teddie ist jetzt in Oxford, er wartete auf Deine neue Adresse, wird Dir aber wohl unterdessen geschrieben haben. Er bleibt bis Anfang Juli in England, die Berichte, vor allem auch von den Colleges sind recht interessant, wenn auch kolossal fremd, andererseits kann ich ihn mir dort gut vorstellen. 1933 gemeinsam in Deutschland hat in mancher Beziehung auch seine guten Seiten gehabt, ich bin viel ruhiger als vorher und glaube auch eine reale Berechtigung dazu zu haben. –

Lichtenstein hat – ich möchte beinah sagen zu meiner Freude – auch versagt, aber um nichts unversucht zu lassen, wird Tau, der von seiner Palästina-Reise für die FZ. zurück ist, auch das Manuskript zu sehen bekommen, allerdings wissen wir ja schon seine von Dir leider nicht zu erfüllende Bedingung, wenn es ihm aber doch so gut gefallen würde, fände er wohl sicher noch eine andere Möglichkeit.

Von meinem zukünftigen Schwager Ernst Schachtel hörte ich unterdessen, daß Du mit seinem besten Freund Erich F., dem Analytiker eventuell gemeinsam eine Arbeit machen willst, es würde mich interessieren Näheres darüber von Dir zu hören. Für die Adresse von Wissing besten Dank, ich bin augenblicklich gerade auf neuen Spuren und muß, bevor ich mich mit ihm in Verbindung setze erst diese Resultate abwarten.

Bitte verzeih die Ungezogenheit der Maschine auf der vorigen Seite. – Das Blumenmuster ist sofort abgegangen und hoffentlich längst in Deinem Besitz.

Bitte schreib mir recht bald ausführlich von Deinem Leben bei B. und Deinen Arbeitsplänen für den Sommer. Willst Du im Winter wieder nach Paris zurück? Bestehen dafür bestimmte Aussichten? Hat eigentlich Elisabeth jemals meinen Namen erwähnt?

Ich weiß von Deinem früheren Leben so wenig, wir wären erst gerade daran gekommen, darüber zu sprechen, ist Heinle der Freund dessen Nachlaß ich Dir geschickt habe und von Gutmann weiß ich gar nichts. Aber selbst von Deinen Heutigen weiß ich ja manchmal nur den Namen selbst wenn sie in Berlin wohnen. Als ich Dich bat, mich mit ihm näher bekannt zu machen lehntest Du ab, es liegt also in Deiner Absicht, daß ich nur gewisse Seiten von Dir kenne, und Du mußt mich dann entschuldigen, wenn ich ab und zu irre. Dabei gebe ich Dir ohne weiteres zu, daß diese Art unserer Beziehung neben den großen Gefahren auch ihre sehr beträchtlichen Vorteile hat, vor allen die des absolut Originellen und Einzigartigen und die Unmöglichkeit sie mit einer anderen zu vermischen und ihre besonderen Konturen zu verwischen.

Gute Nacht, lieber Detlef, es ist spät geworden, ich habe mich lange bei Dir verplaudert und nehme nun späten Abschied. Sehr herzlich, alles Gute stets

Deine

Felicitas

ORIGINAL Typoskript.

mein Geburtstag: Gretel Karplus ist am 10. Juni 1902 geboren.

Erich F.: Der Psychoanalytiker Erich Fromm (1900-1980) gehörte zu den Mitarbeitern des Instituts für Sozialforschung. Er hatte sich mit Bachofens Mutterrecht beschäftigt, und Benjamin wollte ihn für seinen Bachofenaufsatz kontaktieren.

62 Gretel Karplus an Walter Benjamin Berlin, 15.7.1934

15. Juli 1934, Detlefs Geburtstag.

Mein sehr lieber Detlef,

heute ist Dein Geburtstag, und ich war in Gedanken den ganzen Tag bei Dir. Ich wünsch Dir alles Liebe und Gute, vor allem daß das nächste Jahr leichter für Dich werden möge als das letzte. Ich habe heute morgen lange in Deinen Briefen gelesen und war so nah bei Dir, daß ich Dich zu greifen glaubte.

Mir ist es noch nie so deutlich gewesen wie heute, was das »Du« in unsern Briefen bedeutet, eine scheue Zärtlichkeit, eine gewordene und erprobte Freundschaft, die so etwas wie eine Zuflucht in unserm Leben geworden ist. Dies alles scheint Dir sicher kein ausreichender Grund für mein langes Schweigen, für mein unpünktliches Schreiben, während ich mir doch sonst leicht einbilde ein besonderes Patent für Zuverlässigkeit zu haben. Ich hatte in der letzten Zeit sehr viel Aufregungen und damit verbundene Kopfweh, und ich wollte Dir unbedingt einen richtigen Brief, aus dem Du die Nähe spüren kannst schreiben. Mein Kompagnon ist nämlich nach 3½ Monaten Krankheit am Schlaganfall gestorben, und ich bin nun allein zurückgeblieben mit einer Riesenverantwortung, auch hier endgültig vereinsamt. Ich denke, daß ich geistig die Sache beherrschen werde, wenn es mir gelingt körperlich durchzuhalten. Ich war deswegen heute früh bei Wissing, der mir auch im Moment, da ich keinen Anfall habe, nicht weiter helfen kann, sehr liebenswürdig war und mich bei einem neuen Anfall einmal besichtigen will. Ich kann mir gut vorstellen, daß er auf Frauen eine große Wirkung ausübt, weil sie Lasterhaftigkeit und Sadismus bei ihm vermuten, aber verlieben könnte ich mich nie in ihn. Im übrigen glaube ich, daß ich bei meinem jetzigen Nervenarzt in guten Händen bin. Er hat nur noch von früher her etwas kostspielige und zeitraubende Methoden, die ich nicht gern mitmachen will, wie Sanatorium und ähnliche Scherze.

Teddie ist seit heute Nacht wieder im Lande, wenn auch nicht in Berlin. Ich hoffe, daß wir Anfang August reisen können, ich habe mit meiner Einreiseerlaubnis für Italien große Schwierigkeiten, Referenzen, Visum, Devisenbeschaffung. Außerdem kann ich unter den veränderten Umständen nur drei Wochen ausbleiben, dachte allerdings daran nach der glücklichen Steuerung über Ultimo noch eine Woche im September nach Garmisch zu fahren, wo Seligmanns ein Haus haben, aber nicht bei ihnen wohnen. Teddie muß Mitte September wieder drüben sein, um das Exposé für eine erkenntnistheoretische Arbeit über Husserl abzugeben, die er für Oxford schreiben will.

In Deinem vorletzten Brief schreibst Du von den netten Nachbarskindern, ich sah neulich die kleine jetzt 12 Jahre alte Brigitte von Alfred Sohn, die meine helle Begeisterung erregte, so wie vor Jahren die Daga. Hörst Du noch manchmal etwas von ihr? – Wie geht es Stefan? – Wenn Du Hanns erwähnst, so meinst Du wohl den Komponisten, eine Freundin habe ich nie kennen gelernt. Er ist recht intelligent, aber etwas boshaft, vor 6 Jahren war er netter als im Jahre 32. – Hört Ihr von Kurt und Lotte? – Ist Elisabeth noch in Amerika?

Erinnerst Du Dich noch an diese merkwürdigen Berliner Häuser, bei denen im Treppenaufgang die Fenster von großen Frauengestalten in bunten Gewändern geschmückt sind, sie sehen genau so aus als ob sie in Erzählungen von Dir vorkommen müßten, und ich habe heute mit einer lange Zwiesprache gehalten.

Im Laufe einer Unterhaltung über unsern Freund Ernst sagtest Du mir einmal, daß ein Mann nur dann richtig liebte, wenn er treu wäre, bei einer Frau sei dies anders. Ich habe damals nicht recht näher zu fragen gewagt, aber es tut mir so leid, daß wir nicht mehr über die Liebe gesprochen haben. Bitte faß das nicht falsch auf, mir liegt nichts daran aus geschwätziger Neugier, sondern ich denke an Deine schönen Worte in der Einbahnstraße.

Lieber Detlef, hälst Du es unter den neuen Umständen wirklich immer noch für unmöglich im Herbst ein paar Tage nach Berlin zu kommen. Wenn Gustav, Wissing, ich, und ich weiß nicht wer von Deinen Freunden hier noch dafür in Betracht kämen vielleicht wohnen bei Franz, sich zusammen täten, so könnte man es wohl finanzieren, da ja eine Reise auch Geld kostet und ich jetzt noch angehängter bin als früher. Bitte überleg Dir einmal mein Projekt und antworte mir. Falls keine Änderung eintritt, wären meine Reisevorbereitungen wieder ungeheuer kompliziert und ungewiß.

In Deinem letzten Brief fragst Du mich nach einem Mann

wohl mit »Ko«, dessen Namen ich aber nicht lesen kann, erinnerst Du dich daran? – Du wolltest mir auch noch über die Vereinbarung mit Fromm schreiben, der übrigens der beste Freund meines zukünftigen Schwagers ist, von dessen Existenz ich Dir wohl schon erzählte. Er ist ein Jugendfreund von mir, seine Schwester war ein Kind aus meiner Klass, war hier Anwalt und lebt augenblicklich in der Schweiz, meine Schwester hat jetzt endlich ihre Zulassung zum Staatsexamen bekommen, alles ist durch die unerwartete Änderung der Papiere bei uns verzögert worden.

Lieber, ich bitte Dich noch einmal für mein Versäumnis um Verzeihung, sei mir nicht böse und laß es mich nicht mit einer langen Wartezeit büßen. Ich sage Dir sehr herzlich gute Nacht, heute und stets

Deine

Felicitas.

ORIGINAL Typoskript.

Seligmanns: Die Familie von Milton Seligmann (1866-1948) und seiner Frau Marie Bernhardine (1867-?), die in Frankfurt ein gastfreies Haus führten und vielfach durchreisende Musiker beherbergten.

Brigitte: Das ist die 1921 geborene Tochter von Alfred Sohn-Rethel und Tilla Henninger (1893-1945).

Hanns: Hanns Eisler.

Kurt und Lotte: Kurt Weill und Lotte Lenja.

Deine schönen Worte in der Einbahnstraße: Die Aphorismen mit dem Titel »Loggia« sind gemeint.

hälst: So im Brief.

Gustav: Gustav Glück.

Franz: Franz Hessel.

Dein letzter Brief: Nicht erhalten.

63 Gretel Karplus an Walter Benjamin Berlin, 25.7.1934

geb. 10. Juni 190(?) 25. Juli 1934.

Lieber Detlef,

schönen Dank für den Luftpostbrief, bilde ich es mir nur ein oder ist es wirklich so, daß Deine Briefe aus Dänemark etwas fremder geworden sind. Ich [bin] sicher nur Neiderin, und man ist nicht immer in der gleichen Stimmung, aber mich stimmt es traurig und nachdenklich. Bitte, sag es mir, wenn Dir irgend etwas nicht recht sein sollte. Ich fahre jetzt am 1. August in die Dolomiten Adresse: Golf-Hotel Campo Carlo Magno Trento Ital. (es liegt oberhalb von Madonna di Campiglio). Mit meinem Nachurlaub ist es recht ungewiß, ich glaube aber, daß Teddie mich ein paar Tage in Berlin besuchen wird. Teddie muß am 15. Sept. wieder in London sein, so daß ich an sich Ende Sept., Anf. Okt. schon über weekend disponieren könnte, aber es ist fast ausgeschlossen, daß ich ohne weiteres sofort wieder einen Sichtvermerk und das dänische Visum bekomme, und ob die Wiedereinbürgerung bis dahin perfekt, scheint mehr als zweifelhaft. Daher fragte ich ob Dein Besuch in Berlin nicht möglich wäre, unter Umständen könnte man sich vielleicht auch in Warnemünde treffen, wenn Du nur gerade Berlin meiden willst. –

Es ist sehr lieb von Dir, Dich nach meinen geschäftlichen Angelegenheiten zu erkundigen, ich will versuchen Dir einen kurzen Bericht zu geben und hoffe nur, daß Du Dich dabei nicht zu sehr langweilst. Ich bin gerade am 1. April 1933 hier eingetreten, war zuerst Volontärin, bekam allerdings schon nach zwei Monaten Einzelprokura und war seit dem 1. Jan. 34 Juniorpartner. Im März wurde Herr Tengler krank, also gerade nachdem ich ziemlich ein Jahr im Geschäft war und seitdem führe ich die Leitung allein. Im Gesellschaftsvertrag ist die Witwe als neuer Teilhaber vorgesehen, aber ich als alleiniger Geschäftsführer, so daß sich, unter normalen Verhältnissen,

d. h. wenn ich heuer mit Gewinn arbeiten kann, praktisch kaum etwas ändert. Natürlich ist die Verantwortung recht groß und die Zeiten sind nicht gerade einfach, sowohl in der Kreditgabe wie in der Rohstoffbeschaffung aber ein neuer Teilhaber hat auch seine großen Nachteile und ich möchte lieber allein fertig werden. Von meinen technischen Dingen und der Chemie ist fast nichts übrig geblieben, dagegen kommen mir die guten Lederkenntnisse beim Einkauf sehr zu statten. Unterstützt werde ich von einer leitenden Angestellten: der Nahtdirektorin, dem Lagervorstand, der 1. Buchhalterin und dem Werkmeister. Außerdem besteht noch ein Zweigbetrieb in Ziegenhals, wo nur genäht und geschnitten wird, um die viel billigeren Löhne der Provinz auszunutzen. Wenn ich es körperlich aushalte, geistig hätte ich keine Bedenken, nur ist es manchmal schwierig, stets ohne Rücksprache intern so alles allein entscheiden zu müssen. Was ich mir nicht einfallen lasse, geschieht halt nicht. Wenn Du hier wärst, würde ich Dich gern einmal durch den Betrieb führen, damit Du eine Vorstellung von meiner neuen Welt bekommst.

Else ist in Marienbad, vielleicht hat [man] ihr Deinen Brief nachgeschickt, hast Du unterdessen etwas von ihr gehört?

Ich wäre sehr froh, hier in Berlin noch einmal Nachricht von Dir zu bekommen. Alles Liebe stets

Deine

Felicitas.

ORIGINAL Manuskript.

der Luftpostbrief: Er ist nicht erhalten.

64 Walter Benjamin an Gretel Karplus
Skovsbostrand, ca. 26.7.1934

Liebe Felizitas,

ich schreibe Dir heute nur wenige Zeilen, weil sich meine Lage so ungemein kritisch gestaltet. Ohne die äußerste Notwendigkeit möchte ich B., auf dessen Gastfreundschaft ich bisher angewiesen war, nicht noch um Geld bitten. Auf der andern Seite fehlt mir das Notwendigste für die laufenden Ausgaben.

Offen gesagt schöpfe ich aus dem Ausbleiben jeder Nachricht von Else H und von ihrem Neffen einige Hoffnung. Ich kann mir nicht denken, daß sie eine Aktion, deren ganze Tragweite für mich sie kennen, wortlos einstellen würden.

Inzwischen aber schreitet die Zeit vor und mit ihr wächst die Ratlosigkeit. Hätte ich diese Umstände vorausgeahnt, so hätte ich nicht meinen geringen Barbestand in den Transport meiner pariser Effekten hierher investiert. Aber nun ist das – um Lagerkosten zu vermeiden – geschehen.

Sieh zu, was Du veranlassen kannst. Schreibe mir gleich.

Für Dich alles Herzliche – wie immer

Dein Detlef

ORIGINAL Manuskript.

Zur Datierung: Benjamin hatte Gretel Karplus' Brief vom 25. Juli, in dem sie ihm mitteilt, daß Else Herzberger in Marienbad sei, noch nicht erhalten; Gretel Karplus ihrerseits erhielt diesen Notruf Benjamins allem Anschein nach nicht mehr vor ihrer Abreise in die Dolomiten, wo sie vom 1. August an mit Adorno Ferien machte. Eine Antwort erfolgte erst am 27. August – von Gretel Karplus irrtümlich auf den 27. Juli datiert –, nach der Rückkehr aus den Ferien.

65 Gretel Karplus an Walter Benjamin Berlin, 27.8.1934

27. Juli 1934.

Mein lieber Detlef,

unsere Korrespondenz hat durch meine Reise leider eine kleine Unterbrechung erfahren, was ich Dich aber nicht als bösen Willen auszulegen bitte. Die Zeit ist nur immer viel zu knapp, daß man nur wenige Wochen zusammen und dann wieder Monate lang getrennt ist, ein Zustand, der ja bei uns leider noch Jahre dauern wird. Aber ich habe sicher kein Recht Dir über meine Zukunft vorzujammern, hast Du doch viel größere und näherliegende Sorgen.

Mit Else H. wird der Teddie sprechen, schlimmstenfalls schreiben, und ich nehme an, daß ab 1. Oktober wieder etwas Regelmäßiges geschehen wird, von Arnold haben wir auch lange nichts gehört.

Es würde mich sehr interessieren zu hören, wie Dir das Drei-Groschenbüchlein gefallen hat, ich bin bei dem Titel vorwitzig etwas mißtrauisch.

Mehr als alles andere dürfte Dich aber freuen, daß unsere Ausbürgerung widerrufen worden ist, und die alten Pässe zurückgesandt wurden. Da ich nun zunächst hier recht viel zu tun habe, dachte ich an das weekend 22./23. September. Nun ist die Fahrt nach Kopenhagen leider immer noch sehr weit, es wäre herrlich, wenn Du mir 4 Stunden bis Gedser entgegenkommen könntest. Ich weiß nur leider nicht, ob man dort übernachten und sich einen Tag aufhalten kann. Mit zwei Nachtfahrten wird es für mich eine ziemlich anstrengende und teure Angelegenheit, da ich nicht gern länger als den Samstag ausbleiben möchte. Kopenhagen kenne ich auch, so daß ich die wenigen Stunden wirklich nur ungestört mit Dir verbringen möchte, aber es ist am besten, wenn Du mir nun nach Deinen Erkundigungen Deinen Vorschlag machst.

Ob Du Dir einen bestimmten Plan für dies Wiedersehen

nach 1½ Jahren machen wirst, ich bin tatsächlich auch darauf ein wenig neugierig, aber noch viel mehr auf Dein Aussehen, Deine Pläne für den Winter und vor allen die Möglichkeit unseres Kontakts. Ich habe es ja viel einfacher[,] von mir gibt es nicht so viel zu erzählen, ich brauche nur manches anzutippen, anderes zu fragen, aber bei Dir ist es sicher anders und voll Überraschungen für mich an Neuem und Ungewohntem.

Laß mich bitte trotz meiner Säumigkeit nicht zu lange auf Antwort warten, damit ich mich schon gebührend auf unsere Verabredung freuen kann. Bitte schreib mir, wenn Du noch etwas von Deinen Büchern, die bei mir stehen brauchen solltest, oder wenn ich sonst etwas für Dich erledigen kann. Bedarf es sonst irgend welcher Vorbereitungen?

Alles Liebe und viel gute Wünsche

stets Deine Felicitas.

Felicitas.

so vornehmen Gesten bin ich in Frankreich nirgends begegnet, ganz zu schweigen von ihrer gepflegten Erscheinung. Es ist eigentlich schade, daß Du sie aus den Augen verloren hast; der Einfluß, den Du auf sie ausübtest, hätte ihre innerste Natur nur zu immer schönerer Entfaltung gebracht. Es gibt leider zu selten Frauen, deren edle Erscheinung ein so vollkommenes Abbild ihres reichen Innenlebens ist.

Eben wie ich dies abschicken will. fällt mir Dein letzter Brief in die Hände.

ORIGINAL Typoskript m. einem Fragment von Benjamins handschriftlichem Antwortentwurf auf der Rückseite.

Felicitas: Gretel Karplus wiederholte den getippten Namen handschriftlich.

66 Gretel Karplus an Walter Benjamin
Berlin, 3.9.1934

3. Sept. 34.

Lieber Detlef,

leider bekommt man jetzt im Herbst keine Rückfahrkarten mehr für Kopenhagen, auch die Verbindung ist nicht sehr gut, es gibt 2 Züge:

ab Bln.	Gedser	Kopenhagen
8^{45}	14^{35}	18^{14}
19^{10}	1^{45}	6^{05}
19^{58}	14^{00}	10^{30} zrk.
10^{05}	4^{08}	0^{08}

(kommt nicht in Betracht, da ich am Abend vorher zu Hause sein möchte, wenn ich früh wieder ins Geschäft muß.) Mir wäre es sehr lieb, wenn es mit Gedser klappte, dann kann ich Freitag abend wegfahren und hätte bis Sonntag Mittag Zeit. Schließlich wollen wir uns doch nur gut unterhalten, besondere Ansprüche an Logis stelle ich nicht weiter. Endlich kann ich schreiben »Auf Wiedersehen«, herzlichst

Deine Felicitas.

Kennst Du außer Sternberger noch jemanden von Teddies Schülern?

ORIGINAL Postkarte; Stempel: Berlin, 3.9.34. – Manuskript.

67 Gretel Karplus an Walter Benjamin
Berlin, 11.9.1934

11. Sept. 1934.

Lieber Detlef,

ich freu mich schon sehr auf den 22. Ich möchte Dich bitten, auch für mich ein Zimmer in Gedser zu nehmen, es kommt wohl nur das Bahnhofshotel in Betracht. Die Zeit ist zwar nur kurz 1½ Tage, aber immerhin waren wir noch nie so lange beisammen. Ich werde Dir auf alle Fälle noch einmal meine Ankunft kurz vorher genau bestätigen, bitte schreib mir doch wie lange Du in Skovsbostrand zu erreichen bist und wieviel Tage ein Brief von Berlin aus braucht. Wir dürfen uns nicht verfehlen. Herzlichst

stets

Deine Felicitas

ORIGINAL Postkarte; Stempel: Berlin, 11. 9. 34. – Manuskript.

68 Gretel Karplus an Walter Benjamin
Berlin, 21.9.1934

21. Sept. 1934.

Mein lieber Detlef,

jetzt muß ich Dir vor unserm Wiedersehen doch noch einmal ausführlich schreiben. Ich tue dies besonders gern, da ich das Gefühl habe, daß sich in den letzten Wochen manches zwischen uns gedrängt hat, was sich vielleicht noch beseitigen läßt, ohne uns die Stunden des Beisammenseins zu kürzen. Ganz klar wurde mir dies bei Deinem Anruf; nun ist es überhaupt ein schwieriges Ding um unvorbereitete Ferngespräche, man ist so oft enttäuscht, die Stimme des anderen klang nicht vertraut und zärtlich genug, die Fragen scheinen stumme Forderungen zu sein, und im konkreten Fall war ich maßlos erstaunt, als sich Walter meldete und nicht der Detlef aus unsern Briefen.

Doch wichtiger als diese Sorgen sind im Augenblick Deine Schmerzen, bist Du in guten Händen, sorgt man für Dich, und kann ich etwas für Dich tun. – Mir ist nach wie vor Gedser viel lieber, bei der Reise nach Kopenhagen habe ich in mir so viele Widerstände zu überwinden, außerdem läßt es sich tatsächlich nur realisieren, wenn ich Freitag Mittag hier abfliege, da ich ja Sonntag früh wieder zurückfahren muß, damit wir wenigstens den Sonnabend ungestört haben, aber auch das bedeutet eine Mehrausgabe von ca 40 RM, von der wir beide nicht einmal etwas haben. Das Fliegen ist halt immer noch sehr teuer, ungefähr 1. Kl., nur für Studenten 3. Kl., außerdem müßte ich mir wohl Donnerstag spätestens den Platz bestellen. Aber, Lieber, ich täte es wirklich äußerst ungern und bitte Dich noch einmal herzlichst darum, mir das möglichst zu ersparen.

Augenblicklich ringe ich sehr mit mir, ob ich nicht doch zu Wissing als ärztlichem Berater gehen soll, trotz der früheren Leidenschaft. Warum soll einem schließlich ein Arzt, nur weil er sich auch noch für andere Dinge interessiert und man sich mit ihm unterhalten kann, nicht helfen können.

Bitte schreib mir bald, alles Gute und Liebe wie stets

Deine Felicitas.

ORIGINAL Manuskript.

69 Gretel Karplus an Walter Benjamin Berlin, 3.10.1934

3. Okt. 34.
Lieber Detlef, wie geht es Dir, hast Du Dich ordentlich auskuriert? – 2 kleine Muster ohne Wert eilen einzeln zu Dir. – Ernst Bloch fährt vielleicht doch wieder nicht nach Paris, sonst seine Adresse: Madison Hotel, Blvd. St. Germain.* – W. kennt das Buch, ich habe ein schlechtes Gewissen, denn ich habe den genauen Titel davon auf der Reise verloren. – Auch an das Briefchen für die J. Rundschau haben wir vergessen, sie wurde übrigens gestern im Angriff ziemlich stark angegriffen. – Die Nelken leben noch und sind schön bunt. Weißt Du, daß Brieger auch in San Remo sein wird? Ich habe leider vergessen zu fragen, ob Du heute noch mit D. S. richtig reden kannst. Das viele Fragen kann ich mir erst allmählich wieder abgewöhnen! Alles Liebe und Nette Deine Felicitas.

* Er soll ruhig wissen, daß ich in Gedser war.

ORIGINAL Bildpostkarte: Kontinentet – Skandinavien – Via; Stempel: nicht mehr vorhanden. – Manuskript.

Brieger: Der Schriftsteller Lothar Brieger (eigentlich: Brieger-Wasservogel; 1879-1949), der sich im Winter in San Remo aufhielt und in der Pension wohnte, die Benjamins frühere Frau Dora Sophie dort führte.

D. S.: Dora Sophie Benjamin.

70 Gretel Karplus an Walter Benjamin Berlin, 4.10.1934

4. Okt. 1934.

Mein sehr lieber Detlef,

über Deinen Brief habe ich mich schrecklich gefreut, wartete ich doch schon darauf und war die Bestätigung meiner Gefühle eine ersehnte Freude. Fast werde ich ermuntert, schriftlich die Tradition des alles Sagens fortzusetzen, Du nimmst dann die Stelle des großen Bruders bei mir ein, den ich Dich bitte nicht mit verwandtschaftlichen Gefühlen zu betrachten, sondern so wie ich ihn sehe als zärtlichen Beichtvater. Dann ist auch alles an seinem richtigen Ort. Ich habe nur noch eine Bitte, aus meinem neugierigen Verhalten heraus darfst Du nicht schließen, daß es mit mir und Teddie nicht stimmt. Es klingt so leicht pathetisch, aber hier gilt es wirklich den ganzen Einsatz, und ich vergesse das auch nie, wenn ich mir auch manchmal ein wenig die langen Wartezeiten vertreiben muß.

Ob es nicht Sinn hätte, wenn Teddie in England Deinen Nachbarn sprechen würde, eben auch gerade Deinetwegen, ich gebe Dir auf alle Fälle seine Adresse Oxford, 47 Banbury road, c./o Mrs Nye. Ich werde über Deinen letzten Brief ausführlich nach England berichten. Sobald ich etwas über Sternberger weiß, hörst Du von mir.

Ich gebe Dir jetzt kurz die Aufstellung der wenigen noch bei mir vorhandenen *gebundenen* Bücher von Dir:

Contes drolatiques

Deine Balzac Übersetzung

Asselineau

Hauffs Märchen

J.G. Schiebel

Fragmente des Nachlasses eines jungen Physikers. /

Ich wäre sehr froh, wenn Du mir noch einiges von Gert Wissing erzählen würdest, ich kannte sie ja leider nur so flüchtig.

Ihn finde ich sehr amüsant, nur fürchte ich, daß ich ihm viel zu bürgerlich erscheinen muß; denn es ist kaum anzunehmen, daß er gerade für mich den richtigen Phantasiehorizont produziert, von dem ich mich vorteilhaft und reizvoll abhebe.

Bitte schreib mir jetzt noch recht oft, bevor Du abreist, alles Liebe und Herzliche

Deine

Felicitas

ORIGINAL Typoskript.

Dein Brief: Nicht erhalten.

Dein Nachbar: Brecht, der sich von Oktober bis Dezember in London aufhielt, um Verlagsverhandlungen über die »Dreigroschenoper« zu führen.

Bücher von Dir: Die *Contes drolatiques* von Balzac; Benjamins Übersetzung der »Ursula Mirouet« war 1925 in der von Franz Hessel herausgegebenen Balzac-Ausgabe des Rowohlt Verlages erschienen. – Asselineaus Buch sind die »Mélanges tirés d'une petite bibliothèque romantique. Bibliographie anecdotique et pittoresque des éditions originales des œuvres de Victor Hugo, – Alexandre Dumas, – Théophile Gautier, – Petrus Borel, – Alfred de Vigny, – Prosper Mérimée etc. Par Charles Asselineau. Illustrés d'une frontispice à l'eau-forte de Célestin Nanteuil et des vers de MM. Théodore de Banville et Charles Baudelaire. Paris 1866.« – Das Buch von Johann Georg Schiebel ist nicht identifiziert. – Die »Fragmente aus dem Nachlasse eines jungen Physikers« sind die Johann Wilhelm Ritters (1776-1810).

71 Gretel Karplus an Walter Benjamin
Berlin, 15.10.1934

15. Okt. 1934.

Lieber Detlef,

ein rosa Sträußchen müßte Dich noch rechtzeitig erreichen

Ich konnte hier nur noch die Durchschrift vom Kafka machen lassen, da er schon bis zur Hälfte fertig hier lagerte. Sagen konnte ich Dir nichts darüber, da das Manuskript bis zur Fertigstellung stets hier im Geldschrank ruhen mußte, durch die vermehrte Arbeit in der Saison hat sich die Angelegenheit etwas verzögert. – Die Arbeit fürs Institut gefällt mir nicht so großartig, wenn zum Teil auch aus andern Gründen als dem Teddie. Ich finde, man merkt ihr eben [an], daß sie für etwas anderes gedacht war, das Material hätte mehr Breite verdient. – Dolf ziemlich blöd, leider schwer erreichbar. – Hast Du den Frommschen Aufsatz schon abgeschickt? – Es ist noch ganz unbestimmt, wann Max und Fritz nach Genf kommen, vielleicht gar nicht mehr, ihre Adresse: Hotel Oliver Cromwell, 12 West, 72nd street New York. – Teddie kann jetzt leider nicht nach Paris kommen, da der Term angefangen hat, hattest Du Nachricht von ihm? – Nach langem Spätsommerschlaf wollte mich Ernst B. dorthin holen, das wäre aber ein feines meeting, meine Phantasie reicht nicht zu all den Komplikationen. – Wi in den verschiedensten Formen scheint mein Segel anzuziehen, Teddie [befindet] sich in einem gehobenen Kloster und ich habe anscheinend genug davon jetzt zur gleichen Zeit nach 9 Jahren. Komischer Weise regt es mich vorläufig zum Essen an, und ich fühle mich im ganzen wohler. Sagen könntest Du mir viel mehr als ich Dir. Selbst Ernst B. eingerechnet ist es zum ersten Mal ein ernsthaftes Experiment, und ich habe es mir ja in dieser Zeit abgewöhnen müssen länger als drei Monate zu disponieren.

Du siehst an meiner vergnügten Schnoddrigkeit, daß es mir weiter ganz gut geht. Schreib mir bitte gleich von Paris, gute Reise, alles Liebe.

Deine

Felicitas.

ORIGINAL Manuskript.

Die Arbeit fürs Institut: Benjamins Aufsatz »Zum gegenwärtigen gesellschaftlichen Standort des französischen Schriftstellers«, der im dritten Heft des Jahrgangs 1934 der »Zeitschrift für Sozialforschung« erschienen war; vgl. jetzt GS II·2, S. 776-803.

der Frommsche Aufsatz: Vgl. Erich Fromm, Die sozialpsychologische Bedeutung der Mutterrechtstheorie, in: Zeitschrift für Sozialforschung 3 (1934), S. 196-226 (Heft 2).

Fritz: Friedrich Pollock (1894-1970) war Assistant Director des Instituts für Sozialforschung.

72 Walter Benjamin an Gretel Karplus
Paris, 29.10.1934

Liebe Felizitas,

hoffentlich findest Du diese Karte ebenso schön wie ich. Nun hast Du meinen Brief doch bekommen? Schreibe doch recht schnell. Ich fahre spätestens Freitag ab; wenn Dein Brief mich hier nicht mehr erreicht, so folgt er mir nach Marseille, wo ich die Reise unterbreche, um Jean Ballard, den Herausgeber der Cahiers du Sud zu sprechen, die – wie ich Dir wohl erzählte – einen Essay von mir bringen. Mit Paulhan – dem Direktor der Nouvelle Revue Française – hatte ich hier eine Besprechung: sie haben eben zwei Aufsätze über Bachofen, die ihnen eingereicht wurden, abgelehnt und machen mir Aussicht, meinen anzunehmen. Wo werde ich bloß in San Remo eine Sekretärin herkriegen? – Meine Adresse dort: Villa Emily. Siegfried habe ich gesprochen: er hat seinen Roman fertig und hofft, ihn hier anzubringen. Ich habe an Teddie geschrieben, aber nun ist der Brief fertig und ich merke, daß ich seine Adresse nicht habe. Schreibe sie am besten gleich hierher. Ich bin nicht mehr umgezogen, also Hotel Littré, 9 Rue Littré. Alles Liebe wie immer

Dein Detlef

ORIGINAL Ansichtskarte: Paris – Porte St. Denis; Stempel: Paris, 29. 10. 34. – Manuskript.

Jean Ballard: Benjamin hat Jean Ballard (1893-1973) schon 1926 kennengelernt.

zwei Aufsätze über Bachofen: Nicht zu ermitteln.

Siegfried ... sein Roman: Kracauers zweiter Roman »Georg«, der zu Lebzeiten unpubliziert blieb.

Ich habe an Teddie geschrieben: Aus dieser Zeit ist kein Brief Benjamins an Adorno bekannt.

73 Gretel Karplus an Walter Benjamin Berlin, 31.10.1934

Berlin, den 31. Oktober 1934

Herrn
Dr. Walter Benjamin,
Paris VIe
Rue Littré, Hotel Littré.

Mein lieber Detlef,

ich bin ganz begeistert, daß ich augenblicklich so viel Post von Dir bekomme. Ich fühle mich offensichtlich bevorzugt. Ich hoffe, daß Du unterdessen unsere gemeinsamen Karten bekommen hast.

Ich bin froh, daß sich in Frankreich doch noch einige Möglichkeiten ergeben haben und bitte Dich, mich darüber weiter auf dem Laufenden zu halten. E.F's Bachofen-Aufsatz hat mich nicht so furchtbar aufgeregt. Sicher ist Deiner viel schöner.

Die gewünschte Adresse ist:

Th. Wiesengrund-Adorno Esqu., Oxford/England, Merton College

Ich habe in der letzten Zeit nicht sehr viel aus England gehört, habe aber den Eindruck, daß die Rosen dort auch genügend Stacheln haben und gar so rosig scheint es wirklich nicht zu sein. Aber bitte dies unter uns.

Es wird Dich vielleicht interessieren, daß es der F. Z. gar nicht gut geht. Sie wird leider gezwungen sein, die ganzen Neueinstellungen wieder rückgängig zu machen, und ich weiß nicht, ob Dolf Sternberger nicht auch davon betroffen wird.

Ernst B. ist augenblicklich in Wien. Er schlug mir jetzt ein meeting in Prag vor, aber was ich erst vor 5 Wochen selbst anregte, ist jetzt leider unmöglich.

Célibataires habe ich erst angefangen. Den Kafka-Aufsatz habe ich dann gleich gelesen, und ich war entzückt über Deinen Einfall, die einzelnen Kapitel als Bilder zu setzen. Nicht umsonst kommt hier das »bucklicht Männlein« wieder vor. Nur scheint mir die Arbeit so kurz. Ich möchte noch viel mehr von Dir darüber hören. Es greift alles so ineinander und frißt sich weiter, daß einen die Kürze beinah traurig stimmt.

Ich bin sehr gespannt auf Deine Antwort auf die zweite Karte. Die nächste Nachricht schicke ich nach San Remo.

Alles Liebe und Herzliche stets Deine

Felicitas

ORIGINAL Typoskript.

unsere gemeinsamen Karten: Nicht erhalten.

Célibataires: Henry de Montherlants Roman »Les Célibataires« war 1934 bei den Edition Bernard Grasset erschienen.

74 Gretel Karplus an Walter Benjamin Berlin, 15.11.1934

15. Nov. 1934.

Lieber Detlef,

verzeih, daß ich Dich auf Deinen drängenden Brief so lange warten ließ, aber Du wirst bald sehen, wie es um mich steht. Doch zuvor erst die Beantwortung Deiner Angelegenheiten.

Ich kann im Augenblick leider gar nichts für Dich unternehmen, die Aktion E. H. ist auch unmöglich, und im Moment scheint es mehr als zweifelhaft, daß ich Weihnachten nach Frankfurt fahre. Den Brief von Max lege ich wieder bei, Du schreibst leider nichts darüber. Ich entnehme daraus, daß es dadurch für Deine europäischen Pläne noch schwieriger wird und glaube herauszulesen, daß Dich Amerika nicht lockt. Ich weiß nicht genau, was Du hier zu verlieren hast und möchte Dich wenigstens bitten, mir Deine Widerstände auseinanderzusetzen, obgleich ich fürchte, wie in einem andern berühmten Fall ein energisches Nein zu hören.

Nun zu mir. Ich kam schon einmal in einer großen Verzweiflung im Januar 1933 zu Dir, heute fällt es mir noch viel schwerer, da ich es schreiben muß, und ich bitte Dich, diese Zeilen sofort zu vernichten. Als Dein Brief ankam, hatte ich gerade den schönsten Migräneanfall mit allen Finessen, Wi schaute sich das an, stellte auch fest, daß ich organisch gesund sei, massierte mich ein wenig und beseitigte die dringendsten der physischen Depressionen. Du weißt, vielleicht, daß ich vor kurzem 10. Jahrestag hatte und noch immer ist alles beim Alten, ja eigentlich weniger Aussicht auf eine Änderung als je. 2 Jahre dauert die Husserl-Arbeit und dann stehe ich wie vor 11 Jahren vor einem großen Fragezeichen. Teddie hat viel zu tun, sieht Neues und findet keine Zeit zum Schreiben, ich zittere um jede Post und verkomme vor Sehnsucht allein in Berlin. Dies wußte mein lieber Freund Detlef und die Empfehlung an Wi. scheint mir nicht ganz unbeabsichtigt. Er hatte sich nicht geirrt. Selbstverständlich merkten meine Leute bald etwas davon, da wir fast täglich zusammen sind und nahmen natürlich Partei für Teddie gegen mich. In Oxford weiß man nichts von all dem, und ich bin weiter ohne Nachricht. Detlef, ich bin oft so verstört, daß ich kaum meine Arbeit machen kann, ich glaube zu spüren, wie meine Fähigkeit zu denken, nachläßt. Ich liebe Teddie und könnte für ihn meine Freunde verraten und Gemeinheiten begehen. Verzeih, ich schreibe so wirr durcheinander, daß ich gar nicht weiß, ob Du Dich zurechtfinden wirst. Ich quäle E., den ich sehr gern mag, und der meine Liebe gebrauchen könnte, ich bin überhaupt nur in seiner Nähe halbwegs ruhig. Ich sehe keine Änderung, und ich fürchte, daß Teddie nicht mit dieser Berliner Erleuchtung einverstanden sein könnte. Vielleicht kann ich dann nie mehr zurück. Das tolle dabei ist, daß alles in schönster Ordnung, sobald wir zusammen sind, in den letzten Jahren hat er mich sicher gern, es ist nicht nur Phantasie von mir und doch stimmt etwas nicht, er weiß nicht, wie es um mich steht, und ich sehe nur den Verlust vor mir, den ich nicht ertragen kann. Du kennst ihn, Du mußt wissen, was er für mich bedeutet. Jedes Wort, das ich sage, steht zu ihm in Beziehung, wenn ich diese Bindung verliere, existiere ich nicht mehr. Wahrscheinlich werde ich ihn bitten, Mitte Dezember* nach Berlin zu kommen, die vier Wochen bis zu dieser Klärung bedeuten für mich eine Tortur. Dabei habe ich manchmal das Gefühl, als ob es nur einer Kleinigkeit bedürfte und alles ginge zu reparieren, sogar die Reise mit E, damit er endlich gesund und frei wird. Wenn ich nur eines Tages bestimmt abgeholt würde sei es nach England, Amerika oder ans Ende der Welt. Vielleicht liegt es an mir, vielleicht habe ich zu wenig Vertrauen, aber die Realität ist so unendlich schwer zu ertragen. Verzeih, daß ich Dich gerade jetzt mit meinem Jammer belästige, aber vielleicht findest Du ein sanftes Wort. Nimm meinen Dank und alles Herzliche

Deine Felicitas.

* Weihnachten (?)

ORIGINAL Manuskript.

Dein drängender Brief: Nicht erhalten.

Der Brief von Max: Horkheimers Brief vom 17. Oktober 1934 an Benjamin enthielt die Frage, ob Benjamin in dem Falle, daß ein amerikanisches Forschungsstipendium vermittelt werden könne, bereit sei, nach Amerika zu kommen. Außerdem dürfte der Satz Horkheimers – »Da unser Budget für das nächste Jahr infolge der Mehrbelastung durch die hiesige Zweigstelle und eine Reihe anderer Umstände äußerst beschnitten ist, wird die Erteilung von Forschungsaufträgen unsererseits wahrscheinlich eine längere Pause erfahren müssen« (Horkheimer, Briefwechsel 1913-1936, S. 246) – Benjamin nicht wenig erschreckt haben.

10. Jahrestag: Offenbar hatten sich Gretel Karplus und Adorno im Herbst 1924 verlobt.

die Reise mit E: Näheres nicht ermittelt.

75 Gretel Karplus an Walter Benjamin Berlin, 21.11.1934

Bußtag.

Lieber Detlef,

wenigstens einer von uns scheint gerettet, ich wünschte, wir hier könnten auch unsere Briefe mit dem Satz beginnen: »endlich habe ich einen Weg gefunden, auf dem mir zu helfen ist.« Die nächsten vier-acht Wochen werden die Entscheidung bringen, von der ich mir noch nicht einmal eine Vorstellung machen kann, was (wer?) wird übrig bleiben?

Morgen werde ich Nr. fünfundzwanzig disponieren.

Du erkundigtest Dich einige Male nach Walter Frank. Er ist wieder in Paris. Ich habe mir sagen lassen, daß Du Dir nichts aus ihm machst, und ich muß Dir gestehen, Daß mich E's Freundschaft zu ihm nicht gerade froh macht.

Es ist sehr schade, daß ich Dich nicht sprechen kann, es ist so viel zu sagen und zu klären und überall nur Hindernisse. Laß bald von Dir hören

herzlichst

Deine

Felicitas

ORIGINAL Typoskript m. handschriftlicher Ergänzung.

wir hier könnten auch unsere Briefe mit dem Satz beginnen: Anspielung auf einen nicht erhaltenen Brief Benjamins.

Walter Frank: Gert (Gertrud) Wissing war in erster Ehe mit ihm verheiratet.

76 Walter Benjamin an Gretel Karplus
San Remo, ca. 25.11.1934

Liebe Felizitas,

weiß Gott was ich dafür geben würde, wenn wir uns jetzt irgendwo treffen könnten. Die letzten kurzen Zeilen, die von Dir kamen, sagen mir deutlich, daß die schlimme Zeit für Dich andauert. Und so behutsam ich in der Einschätzung meiner Möglichkeiten zu sein pflege: daß ich, wenn wir augenblicklich zusammen wären, Dir helfen könnte, ist sicher. Leider ist beinahe ebenso sicher, daß ich es abwesend schwerlich kann.

Ich muß deshalb, so sehr das, was jetzt vorgeht, auch mich betrifft, warten und mich gedulden, nachdem ich Dir anvertraut habe, wie ich hierin gesinnt bin. Im übrigen glaube ich, daß ein Zeitpunkt gekommen ist, wo Du Dich an Reiseschwierigkeiten am wenigsten kehren und Weihnachten so einrichten solltest, daß eine neue Umgebung Dir neue Chancen des Überblicks und Verhaltens gibt.

Diese Überlegungen sind, denke ich, umso triftiger, je trotziger sie dem Lärm der Maurer und Installateure abgewonnen sind, die vor kurzem in das Haus ihren Einzug gehalten haben. Manchmal frage ich mich, ob es mir an der Wiege gesungen oder aus den Sternen gelesen wurde, daß meine Tage unter Bauarbeiten dahingehen sollten. Vielleicht erinnerst Du Dich, in meinen ibizenkischen Briefen die Beschreibung meiner Unterkunft in einem Neubau, der eigentlich erst um mich erstellt wurde, gelesen zu haben.

Arbeiten muß ich natürlich meist außer dem Hause; nun habe ich dazu die Möglichkeit, die ich wiederum Dir danke.

Und gerade jetzt, wo ich Dir vielen Dank erstatten könnte, statt ihn Dir zu sagen, muß es wieder ein Brief sein. Was also die Arbeit betrifft, so habe ich – vielleicht wird diese Unverdrossenheit Dich erstaunen – als erstes die »Berliner Kindheit« wieder aufgenommen. Es gibt da noch einige wenige Stücke, die ich seit Jahren ins Auge gefaßt habe. Eins glaube ich nun endlich erreicht zu haben; sein Titel sagt Dir, an wie zentraler Stelle es für mich steht. Es heißt »Die Farben«. Sowie ich hier jemanden auftreiben kann, der mir was abschreibt, schicke ich es Dir. Dazu gibt es weiter ein »Hallesches Tor« und ein »Weihnachtslied«.

Von Kafka ist in der kleinen Schockenschen Bücherei ein Auswahlband erschienen. Damit könnte mein Manuscript im Redaktionsschrank vielleicht noch lebendig werden.

Seit ich aus Dänemark fort bin, höre ich nichts mehr von Berthold; ich denke, er ist noch in London. Von dort kam ein ausführlicher doch trüber Bericht von Schoen. Ernst soll in Wien sein – aber das schriebst mir Du! Ich habe beim Verlage nach seinem Buch gefragt; das scheint noch eine Weile auszubleiben.

Soviel für heute. Im nächsten Brief vielleicht ein Wort über André Breton dessen letzte Sammlung von Essays zum Surrealismus ich jetzt eingehend vorhabe.

Ich sage Dir alles sehr Herzliche und auch Tröstende und hoffe, daß Du bald schreibst.

Dein Detlef

ORIGINAL Manuskript.

Zur Datierung: *Die letzten kurzen Zeilen* von Gretel Karplus sind vom »Bußtag«, dem 21. November 1934, ihre Antwort auf den Brief Benjamins datiert vom 29. November.

die Beschreibung meiner Unterkunft in einem Neubau: S. Brief Nr. 21.

»Die Farben«: Eine erste Teilniederschrift hatte Benjamin auf der Rückseite von Leo Löwenthals Brief vom 2. November 1934 niedergelegt; das Stück vgl. jetzt GS IV·1, S. 263 und GS VII·1, S. 424.

»Hallesches Tor«: Das Stück, das unter diesem Titel aus der Zeit der »Berliner Chronik« datiert und von dem auch eine Versfassung existiert (vgl. GS VII·2, S. 705 f.), erhielt später den Titel »Winterabend« (vgl. GS IV·1, S. 288 und GS VII·1, S. 414).

»Weihnachtslied«: Es ist entweder nie geschrieben worden oder verschollen.

Von Kafka ... ein Auswahlband: Vgl. Franz Kafka, Vor dem Gesetz. Aus den Schriften Franz Kafkas zusammengestellt von Heinz Politzer, Berlin 1934 (Bücherei des Schocken Verlags. Bd. 19.).

André Breton ... Sammlung von Essays: Vgl. André Breton, Point du jour, Paris 1934.

77 Gretel Karplus an Walter Benjamin Berlin, 29.11.1934

29. Nov. 34.

Lieber Detlef,

tausend Dank für Deine lieben verständnisvollen Zeilen. Ich bin unterdessen ruhiger geworden und hoffe, daß sich auch für mich eine Änderung finden wird. Ich habe mit Oxford telefoniert und nehme an, daß Teddie gegen Mitte Dezember herkommen wird. Nur in einem bin ich etwas anderer Meinung; man wird mir eher helfen können, als daß ich in dem einen ach so dringenden Fall helfen könnte und doch so gerne möchte.

In aller Eile nur diese Zeilen.

Als Weihnachtsgeschenk erwarte ich gern ein neues Stück aus der Berliner Kindheit.

In alter Freundschaft herzlichst stets Deine

Felicitas

ORIGINAL Manuskript.

78 Gretel Karplus an Walter Benjamin Berlin, 10.12.1934

1.)

10. Dez. 1934.

Lieber Detlef,

hast Du Ernsts Buch schon bekommen? Du wirst Dein blaues Wunder erleben, aber ich will nichts verraten. – Ich bin ganz traurig, daß ich Dir die größte Überraschung, die neue Lösung nicht schreiben darf, aber E. will auch einmal. – Ich würde mich sehr freuen, wenn Du mir ein Exemplar des Destruktiven Charakters schicken könntest. – Wie ist Deine Antwort an Max ausgefallen? – Heute bekam ich aus Prag das Buch von Hermann Grab »Stadtpark«, ich kenne es schon aus dem Manuskript, fast zu proustisch. Könnte die Berliner Kindheit nicht vielleicht in Wien oder in Prag erscheinen? – Viel Vergnügen für die Tage mit Stefan, herzlichst stets

Deine

Felicitas.

ORIGINAL Postkarte ohne Stempel m. aufgeklebtem Scherenschnitt Gretel Karplus' auf der Rückseite. – Manuskript.

Antwort an Max: Benjamins Brief von Ende Oktober, vgl. GB IV, S. 520 bis 522.

die Tage mit Stefan: Stefan Benjamin, der noch in Deutschland zur Schule ging, sollte über Weihnachten nach San Remo kommen.

79 Egon Wissing, Gretel Karplus und Theodor Wiesengrund-Adorno an Walter Benjamin Berlin, 16.12.1934

2.) (s. Brief)

Sehr in Eile nur einen herzlichen Weihnachtsgruß, noch gehe ich zur Kur n. Westend am 3. Januar auf ½ Jahr mit einer Auto-Expedition n. Inner-Afrika (Egypte → Sudan → Ost-*Afrika* Tanganjika Njassa) Ich komme am 5 oder 6,7 I. n. Genua.
Schreib mir: Kuranstalten Westend Nußbaumallee

Lieber Detlef, mir geht es glänzend, die andere Karte ist längst überholt, ich schreibe noch ausführlich. (20 Anfang der Woche.) Gestern Abend zu dritt bei Kranzler[?] Freundschaft geschlossen und befestigt bei Schnepfen und Crèpes Suzettes.
Herzlichst Deine Felicitas

Berlin, 16. Dezember 1934 *Irrtum
Lieber Herr Benjamin, ich verdanke Wissing* die Einsicht in Ihren Kafka und möchte Ihnen heute nur sagen, daß ich den Motiven dieser Arbeit einen ganz außerordentlichen Eindruck verdanke – den größten der mir von Ihnen kam seit der Vollendung des Kraus. Ich hoffe, in diesen Tagen zur ausführlicheren Äußerung die Zeit zu finden und nur ein Abschlag darauf soll sein, wenn ich die ungeheure Definition der Aufmerksamkeit als historischer Figur von Gebet, Ende des dritten Kapitels hervorhebe. Im übrigen ist mir unsere Übereinstimmung im philosophischen Zentrum nie deutlicher geworden als an dieser Arbeit! – Hier habe ich eine schöne Zeit.
Immer Ihr Teddie W.

ORIGINAL Postkarte ohne Stempel. – Manuskript.

Zur Datierung: Beide Karten scheinen zusammen in einem Briefumschlag am 16. Dezember abgeschickt worden zu sein. Am 16. Dezember schreibt Gretel Karplus, daß *die andere Karte* [Nr. 1 ?] *längst überholt* sei.

Irrtum: Von Egon Wissings Hand.

ausführliche Äußerung: Adornos Brief vom 17. Dezember, vgl. Briefwechsel Adorno, S. 89-96.

Definition der Aufmerksamkeit: »Wenn Kafka nicht gebetet hat – was wir nicht wissen – so war ihm doch aufs höchste eigen, was Malebranche ›das natürliche Gebet der Seele‹ nennt – die Aufmerksamkeit.« (GS II·2, S. 432)

80 Gretel Karplus an Walter Benjamin Frankfurt a. M./Berlin, 26.12.1934

Pension
Fasaneneck am Kurfürstendamm

D-Zug Frankfurt-Berlin
2. Feiertag.

Lieber Detlef,

verzeih, daß ich so lange nichts von mir hören ließ, aber ich mußte erst ein wenig Gewißheit haben, bevor ich Dir wieder berichten konnte. Ja, es waren tolle 3 Monate in Berlin, und wenn ich heute auch ganz ruhig bin, so ist doch lange noch nicht alles beendet und in Sicherheit. Da ich Dir leider nicht den ganzen Bericht in Ruhe geben kann, will ich nur einige Lücken auffüllen: Als E. im Dezember auf dem Polizeipräsidium war, schien es völlig klar, daß etwas geschehen mußte, aber was. Tag und Nacht grübelten wir einen Ausweg zu finden, alles schien versperrt, es gab nur den freiwilligen Verzicht. Ich saß dabei und konnte nicht helfen, mußte einen Freund, den ich gerade erst gefunden hatte, herausgeben. Wir warteten auf das Ende. – Natürlich wollte er Weihnachten nicht mehr abwarten. Die Intensität des Untergangs haben wir ganz ausgekostet in aller Qual und aller Süße. Unvergeßlich bleibt der Sonntag (2. Dezember), da wir mit dem Auto in Brandenburg waren. – Am Montag Abend sahen wir uns in der Bristol-Hall und er berichtete, daß er auf seine Zuschrift schon einen Telefonanruf erhalten hätte (Es handelte sich um eine Annonce in der BZ, Afrikareise Mitfahrer gesucht etc, das weitere weißt Du.) Detlef, da habe ich gelernt, wieder an Wunder zu glauben, ich fühle mich ganz klein und bescheiden und will alles tun, was ich kann, um das Experiment zu einem guten Ende zu führen. Es ist so leicht ein Menschenleben zu zerstören und so schwer, es wieder aufzubauen. –

Wahrscheinlich gibt es auch bei mir Veränderungen. Das Leben in der Prinzenallee wird nachgerade unerträglich, und ich denke an eine eigene kleine Wohnung, außerdem denke ich, daß Teddie für die Zeit, die er in Deutschland ist, seinen Daueraufenthalt zu mir nach Berlin verlegen wird. –

Wie lange denkst Du in San Remo zu bleiben? Wir haben sehr ernsthaft eine Osterreise in die Villa Verde erörtert. –

Den Jugendstilaufsatz von Sternberger habe ich nicht von Dir bekommen, Du schriebst mir damals, er sei in Skovsbostrand liegen geblieben, soll ich ihn Dir hier besorgen? –

Das Kafkamanuskript ging an Spitzer. – Ich schreibe diese Zeilen auf dem [»]Junker von Ballantrae«, bin aber noch ganz am Anfang.

Verzeih die scheußliche Schrift und das Übermaß an Pathos vom Anfang, es ist aufrichtig. Es ist wohl am besten, Du vernichtest auch diesen Brief. Ich hoffe sehr bald von Dir zu hören und wünsche Dir einen guten Sylvesterabend, für 1935 alles Gute und bestimmt ein Wiedersehen.

In alter treuer Freundschaft

Deine Felicitas.

ORIGINAL Manuskript.

Der Jugendstilaufsatz von Sternberger: Der Aufsatz »Jugendstil. Begriff und Physiognomik« war im Septemberheft der »Neuen Rundschau« erschienen.

Spitzer: Der Indologe Moritz Spitzer (1900-1982) leitete von 1932 bis 1938 den Schocken-Verlag in Berlin, 1939 emigrierte er nach Palästina.

»Junker von Ballantrae«: Gretel Karplus las den Roman von Robert Louis Stevenson sicher auf Empfehlung Benjamins, der am 12. November an Werner Kraft geschrieben hatte: »Ehe ich schließe, will ich Sie noch auf ein wenig bekanntes Buch hinweisen, das ich vor kurzem las und das ich an Bedeutung für mich über fast alle großen Romane, ja unmittelbar hinter die Chartreuse de Parme stelle. Es ist ›Der Junker von Ballantrae‹ von Stevenson.« (GB IV, Brief Nr. 913)

81 Gretel Karplus an Walter Benjamin Berlin, 17.1.1935

17. Januar 1935.

Mein lieber Detlef,

seit vielen Tagen will ich Dir für Deinen reizenden Neujahrsbrief danken, und erst heute kommt es wirklich dazu. Doch ich will Dich mit langen Entschuldigungen verschonen und lieber von hier ein wenig berichten.

Teddie ist wieder in England und ich kann Dir leider noch nicht sagen, wie er sich unsere Frühjahrspläne vorstellt. Ich rechne auf alle Fälle damit, ihn im März zu sehen, aber wo, ist mir auch noch völlig unklar. Vielleicht befragst Du ihn am besten selbst einmal über seine Absichten. Bis wann mußt Du denn Bescheid wissen, damit Deine anderen Unternehmungen nicht durch ein sinnloses Warten gestört werden? Ich wüßte überhaupt gern, wie und ob es dort unten für Dich geht. Ich habe mit E. auch darüber gesprochen, und wir wollten Dir eigentlich noch zusammen den Vorschlag machen, ob Du nicht eventuell Lust hättest, Dich etwas um Deine Schwester Dora in Paris, der es gar nicht so gut gehen soll, zu kümmern. Bitte versteh recht, dies ist natürlich nur ein gutgemeinter Vorschlag aus der Hilflosigkeit, nichts Wirkliches unternehmen zu können, geboren, vor allem auch, weil Du mir in Dänemark andeutetest, daß Dein Verhältnis zu Deiner Schwester jetzt so viel besser geworden sei*. – Es ist ein Jammer, daß Du E. wohl kaum sprechen wirst, da sein Schiff gestern von Antwerpen abfahren sollte. Ich weiß nur zu gut, was dieser Ausfall für Dich bedeutet. Dazu kommt noch, daß er gerade in der letzten Zeit noch viele schöne Einfälle zu Kafka hatte, von denen er Dir gar zu gern berichtet hätte. – Hat sich von Deinen Palästina-Aussichten schon irgend etwas verwirklicht? –

Ich wäre Dir übrigens noch sehr dankbar, wenn Du mir über Deinen Eindruck von Ernst Blochs Buch schreiben würdest. Er hat Teddies berechtigte Kritik gar nicht vertragen, wie ich dies vorausgesagt habe, und ich fürchte, daß in diesem Fall nicht mehr viel zu reparieren [ist]. Es ist schade, ihn zu verlieren, aber ich bin selbstverständlich sachlich und persönlich mit Teddie einig, und ich bin im Grunde überzeugt, daß Du im Ernstfall der Dritte in unserm Bunde bist.

Für die nächste Zeit habe ich stilles Leben der ernsten Arbeit geplant, für die durch die Bilanz noch reichlich gesorgt ist, außerdem muß ich fleißiger englisch lernen, und sobald das Wetter besser ist, Wohnung suchen. – Leb wohl Detlef, wie gut täte mir eine freundschaftliche Stunde der Aussprache mit Dir. In sehr herzlichem Gedenken

stets Deine

Felicitas

* und dann die Möglichkeit, die Passagen fortzusetzen

ORIGINAL Typoskript.

Dein reizender Neujahrsbrief: Nicht erhalten.

Teddies berechtigte Kritik: Adornos Brief an Ernst Bloch über »Erbschaft dieser Zeit« scheint nicht erhalten zu sein.

82 Gretel Karplus an Walter Benjamin Berlin, 22.1.1935

22. Januar 1935.

Mein lieber Detlef,

es ist sehr traurig, daß Du im Bett liegen mußt und so arge Schmerzen hast, recht, recht baldige gute Besserung. – Die Wahlverwandtschaftenarbeit habe ich heute Einschreiben abgeschickt. – Von Spitzer habe ich nie etwas gehört, auch keine Bestätigung des Manuskripts bekommen. – Das Ostermeeting in San Remo scheint mir immer bestimmtere Formen anzunehmen, wenn Dich diese Aussicht nur wenigstens ein wenig freuen würde und Dir über die anderen vielen Unerträglichkeiten hinweghülfe. Ich weiß, daß einmal die Rede davon war, daß Du einen für Dich wichtigen Franzosen in Nizza treffen solltest, ist daraus etwas geworden? Mein Gesundheitszustand ist zur Zeit erträglich, ich habe nach wie vor oft Kopfweh, wenn auch nicht immer mit ausgesprochenen Migräneanfällen. Der eine Griff des Kopfhochziehens war dagegen recht gut, aber ein wirklich durchgreifendes Mittel zur Beseitigung des Zustandes hat bis jetzt noch niemand gefunden, und die Chance ist heute eher kleiner.

Wissing ist nicht gefahren, er ist augenblicklich in Paris. Was nun? Mir hat es einen argen Schock gegeben, es gibt halt keine Wunder. Hier weiß wohl noch niemand etwas davon. Wenn ich wenigstens mit Dir sprechen könnte. Wenn doch nur nicht alles klein und mies würde, so daß die Erinnerung bleiben dürfte.

Nimm auch heute alles Liebe und Gute wie stets

von Deiner

Felicitas.

ORIGINAL Typoskript.

ein für Dich wichtiger Franzose: Vermutlich ist Marcel Brion (1895-1984), der Mitbegründer der »Cahiers du Sud«, gemeint, der die französische Übersetzung von »Haschisch in Marseille« in den Fahnen korrigierte und den Benjamin Ende Januar 1934 in Nizza traf.

83 Gretel Karplus an Walter Benjamin Berlin, 2.2.1935

2. Februar 1935.

Lieber Detlef,

Deine Fragen sind recht schwer zu beantworten, umsomehr als sie nicht nur mich angehen. Ich möchte E. im Grunde mit einer Erklärung nicht vorgreifen. Ich bin sicher, daß er Dir unterdessen geschrieben hat, ja ich glaube sogar, daß Du ihn sehr bald sehen wirst, jedenfalls hatte er die feste Absicht dazu. Kurz zusammengefaßt: aus den verschiedensten Gründen ist die geplante Ost-Afrikareise (leider?) ins Wasser gefallen. Augenblicklich ist E. noch in Paris, Hotel Littré, will aber Anfang der Woche nach Marseille weiterfahren. Um seine Zukunftspläne zu erfahren, wende Dich bitte direkt an ihn. – Meine Haltung zu diesen Dingen ist natürlich auch ein wenig kompliziert, meine privateste Reaktion war ein gut Teil Ärger und viel Nervosität, womit man bekanntlich gar nichts erreicht. Jetzt sehe ich etwas klarer und bin infolgedessen ruhiger, aber es bleiben immer noch genug Unannehmlichkeiten, vor allem, da ich in Berlin bin. Dabei weiß ich sehr gut, daß die Aufgabe für E. ungeheuer schwer ist, plötzlich seine ganze Art der Lebenshaltung ändern zu sollen. Heute besteht die leise Hoffnung, daß alles noch gut werden kann, wenn mir auch vorläufig die Zeit noch etwas lang wird und ich mich über die täglichen Ereignisse aufrege. Du könntest mir einen sehr großen Gefallen tun: da Du E. doch schon sehr lange gut kennst, kannst Du auch beurteilen, ob er sich in seiner Ehe wesentlich verändert hat, so daß vieles bei ihm symptomatisch und nicht als persönlicher Fehler zu beurteilen wäre. Das Gelingen unseres Planes wird zum guten Teil davon abhängen, trotz der ungeheuren Energie, die er an die Sache verwendet. Aber wenn es doch glücken sollte, wäre ich sehr froh .....

Da ich im Augenblick so gehandicapt und überlastet bin, habe ich die Angelegenheit der neuen Handschuhmuster an E. weiter gegeben, der in Paris sicher die neusten Modelle gesehen hat. –

Bitte laß bald wieder von Dir hören, auch wenn ich manchmal in der ersten Erregung gerade an Dich schreibe, brauchst Du doch nie zu fürchten, daß ich darüber einmal die reale Art unserer Freundschaft vergessen könnte. Alles Liebe und Gute

Deine

Felicitas

ORIGINAL Typoskript.

Deine Fragen: Benjamins Brief ist nicht erhalten.

84 Walter Benjamin an Gretel Karplus
San Remo, ca. 10.2.1935

Meine liebe Felizitas,

da Du von mir so viel über meine äußern Miseren hörst, wäre es eine begreifliche – und vielleicht wünschenswerte – Annahme, daß es mir »sonst« gut geht. Es wäre freundschaftlich von mir, sie Dir zu lassen.

Auf der andern Seite gibt es Momente, wo das Schweigen vergiftend wirkt – und da es mir doch auferlegt ist, soweit meine Stimme reichen würde, kommt nun auch dieses vor Dich und Du wirst Dich nicht auch ihr entziehen wollen.

Es sind Stunden und Tage tiefster Verstimmung, wie ich sie seit Jahren nicht glaube gekannt zu haben. Nicht von der Art eines Leidens, das es in erfüllten Lebensperioden gibt, sondern voll einer Bitterkeit, die ins Leere abfließt und von Nichtigkeiten gespeist wird.

Ich bin mir gänzlich darüber klar, daß der entscheidende Grund dafür die hiesigen Lebensumstände sind, die unvorstellbare Isoliertheit. Das Abgeschnittensein nicht nur von Menschen sondern dazu von Büchern, schließlich – bei dem ungünstigen Wetter – selbst von der Natur. Jeden Abend vor 9 Uhr zu Bett zu gehen, jeden Tag dieselben wenigen Wege zu machen, auf denen Du vorher schon sicher bist, niemandem zu begegnen, jeden Tag dieselben schalen Überlegungen an die Zukunft zu wenden das sind Umstände, die schließlich auch bei einer sehr robusten innern Verfassung – für die ich die meine eigentlich halte – eine schwere Krisis heraufführen müssen.

Das merkwürdige ist, daß die Umstände die mich am ersten einigermaßen herstellen müßten – ich meine die Arbeit – die Krisis steigern. Ich habe nun zwei größere Arbeiten abgeschlossen, den »Bachofen« und die Besprechung von Bertolds Roman, und es lichtet sich nicht in mir.

Tun läßt sich nichts; der Aufenthalt hier wird eines Tages ohnehin liquidiert werden müssen (meine frühere Schwiegermutter kommt her) und ich kann ja nicht einmal das begrüßen. Es gibt nur eins: das wäre, daß wir uns sehen. Wenn ich nur darauf bestimmt zählen könnte!

Auf Wissing jedenfalls zähle ich nicht und es sollte mich beinahe wundern, wenn er – nachdem er aus allen Windrichtungen sich ankündigte – wirklich einträfe. (Die letzte Nachricht teilte mir den Aufschub seiner Abreise aus Paris mit.)

Von Bertolt hatte ich einen netten Brief, sogar eine Nachricht von Asja kam – aber das bevölkert mein Zimmer nur nebelhaft.

Laß diesen Brief, wenn schon sonst nichts, eine Kuriosität in meinen sonst einer spartiatischern Haltung nicht ganz ermangelnden Bekenntnissen sein.

très à toi

Dein Detlef

PS Eben erfahre ich, daß P. nach Berlin fährt. So soll er – um dessen Kuriosität voll zu machen, Dir dies Schreiben selbst übergeben.

ORIGINAL Manuskript.

Zur Datierung: Der erwähnte *nette Brief* von Brecht datiert vom 6. Februar, so daß Benjamins Schreiben um den 10. Februar abgefaßt sein dürfte.

die Besprechung von Bertolds Roman: »Brechts Dreigroschenroman« (vgl. GS III, S. 440-449) schrieb Benjamin für Klaus Manns Zeitschrift »Die Sammlung«, wo sie aufgrund von Benjamins Honorarforderung, die Klaus Mann zu hoch erschien, nicht publiziert wurde.

Wissing ... [hat sich] aus allen Windrichtungen [angekündigt]: Egon Wissing hatte Benjamin aus Paris am 24. Januar geschrieben: »Mon très cher [Absatz] entschuldige, daß ich gar nichts von mir hören ließ ich habe die abenteuerlichsten und phantastischsten Reisen und Dinge hinter mir (war u. a. in Zürich, in Basel, in Straßburg, Brüssel, Antwerpen nochmal in der Schweiz und bin jetzt hier aus ganz realen Gründen, die ich Dir aber in der Eile nicht auseinandersetzen kann. [...] hier muß ich (ich sage diesmal aus vollem Herzen ›leider‹) bis nächsten Mittwoch oder Donnerstag bleiben (30. od. 31.) Dann wahrscheinlich (ziemlich sicher) Marseille u. dort läge dann m. E. die Möglichkeit eines Treffens, woran auch mir sehr viel liegt.«

eine Nachricht von Asja: Der Brief datiert vom 4. Januar 1935.

P.: Das ist vermutlich Lothar Brieger; s. die Anm. zu Brief Nr. 69.

85 Gretel Karplus an Walter Benjamin Berlin, 12.2.1935

12. Februar 1935.

Mein Lieber Detlef,

ganz traurig bin ich über Deinen trostlosen Brief, ich will versuchen, Dich ein bißchen zu erheitern, ob mir das aber gelingen wird? – Ich fühle mich zwar selbst »betrogen« (wie die anständige Übersetzung des englischen »cheated« lautet) – meine Situation erinnert zum Verzweifeln an die desselben Monats 1933 –, aber damit will ich Dich heute nicht auch noch plagen.

1.) Bin ich ziemlich sicher, daß Du jetzt sehr bald Besuch bekommen wirst, und vielleicht funktioniert das Karussell doch besser als Du meinst.

2.) Wird die Angelegenheit mit Deiner früheren Frau sicher geregelt, wenn nicht gleich, so sicher in absehbarer Zeit, und es brennt doch wohl nicht.

3.) konnte ich Dir leider den Benvenuto Cellini nicht besorgen, da er in Reklam nicht existiert und ich leider keine Zeit habe, ihn jetzt auf dem Wagen zu suchen.

4.) Bitte ich Dich, mir zu schreiben, wieviel die Villa Verde für zwei schöne ineinandergehende Einzelzimmer mit fließendem Wasser, bzw. Bad und voller Pension rechnet. Wenn Du es für richtiger hältst, schreibe ich natürlich auch direkt an Frau Dora Sofie. Dieser Besuch, aus dem sie profitiert, geschieht doch auch nur Deinetwegen.

5.) Wenn es noch Sinn hat, besorge ich Deinem Freund P. nächste Woche die Blumen.

Ich hoffe jetzt ist das Geschäftliche zum großen Teil erledigt. – Bist Du wieder ganz gesund? – Hast Du es mit Es Hilfe nicht doch einrichten können nach Nizza zu fahren? –

Mir privat konntest Du doch wenigstens Deine Meinung über Ernsts Buch schreiben, wenn ich sie dann auch für mich behalten muß. Er hat leider einen ziemlich – ich kann nicht anders sagen als unverschämten Brief an T. geschrieben, worin er auch von dem gerade von Dir gelobten Rottweiler Aufsatz entsetzt ist, so daß ich fürchte, daß da grundsätzlich alles versperrt ist, auch ich werde wohl, da ich mich für T. erklärt habe nicht mehr viel hören. Natürlich weiß ich, daß Du nicht gerade gern die erst wieder begonnene Verbindung abbrechen wirst, andrerseits weiß ich, wie großen Wert der Teddie mit Recht auf Solidarität legt, die er mit niemanden lieber aufrecht erhalten möchte als gerade mit Dir, ich allein genüge da selbstverständlich nicht. –

Ich wünsche Dir von Herzen, daß das Jahr 1935, das für uns alle so ziemlich unerfreulich begonnen hat, jetzt endlich seine besseren Seiten zeigt. Dir vor allem ein wenig Freude und Abwechslung

herzlichst stets Deine Felicitas.

ORIGINAL Typoskript m. handschriftlichem Schlußsatz.

ein unverschämter Brief: Vgl. Ernst Bloch, Briefe 1903-1975. Zweiter Band, hrsg. von Karola Bloch u.a., Frankfurt a.M. 1985, S. 423-431.

Rottweilers Aufsatz: Adornos Aufsatz »Die Form der Schallplatte«, den er unter dem Pseudonym Hektor Rottweiler in der Wiener Musikzeitschrift »23« publiziert hatte; vgl. jetzt GS 19, S. 530-534.

86 Gretel Karplus an Walter Benjamin Berlin, 24.2.1935

24. Februar 1935.

Deinen Brief durch Boten bekam ich am Freitag, ich hoffe sehr, daß sich Deine Situation unterdessen gebessert hat: das Wetter ist schön, Freund P. hat sich fünf halbe Musterpaare bei mir ausgewählt, die Dir hoffentlich gefallen werden, und die Entfernung zwischen Dir und E. dürfte sich so weit vermindert haben, daß auch Du wohl nicht mehr an einer Zusammenkunft zweifelst. (Die letzte Nachricht war aus Marseille mit der Zielangabe Monte Carlo.)

Meine Nervosität, die in den verschiedensten Dingen ihre Ursache hat, hat einen Grad erreicht, der schwer zu überbieten ist, die Unmöglichkeit der schriftlichen Verständigung oder der Aussicht auf eine Änderung bewirkt völlige Stumpfheit, ich fürchte, Du hättest keine sehr große Freude an mir. Nimm für heute nur diesen Gruß

immer Deine

Felicitas.

Briegers Koffer
Anzüge
Verhandlung

ORIGINAL Typoskript mit handschriftlichen Stichworten von Benjamin.

Dein Brief: Brief Nr. 84.

87 Gretel Karplus an Walter Benjamin
Berlin, 27.2.1935

27. Februar 1935.

Mein lieber Detlef,

was hat es für einen Zweck, wenn wir noch so schöne Pläne machen, schließlich kommt alles doch ganz anders. Ich bin nur sehr froh, daß Du jetzt gerade nicht allein bist, also hat sich meine nicht gerade schwierige Prophezeiung, daß E. doch noch zur rechten Zeit eintrudeln wird erfüllt. – Hoffentlich hast Du meinen Brief vom Sonntag noch bekommen, nach Freund Ps Bericht von der Familien A. G. schwante mir beinahe der plötzliche Abbruch. Nach den gemeinsamen Beratungen hier, von denen ich Dir ja auch schrieb, wundert mich

Dein Entschluß, nach Paris zu gehen nicht. Ich würde es sehr begrüßen, wenn Du Max dort sprechen könntest. Wenn ich nur wüßte, ob Du sonst noch irgendwelche Beziehungen in Amerika hast, da ich ja so skeptisch bin, keine Abmachung des Instituts für dauerhaft zu halten. Und was ist aus den Palästina Möglichkeiten geworden? – Und was hieltest Du von Asjas Heimat?? Unter den neuen Umständen möchte ich Dir sehr ernsthaft vorschlagen, unsere Osterpläne vorläufig zu verschieben, wir hätten doch keine Ruhe. Wenn Du im Sommer in Dänemark bist, ergibt sich da vielleicht eher eine Möglichkeit, oder Pfingsten für ein paar Tage. Ich bin mir überhaupt noch nicht so klar darüber, ob ich Ostern gerade fort kann, ich bitte Dich also sehr, mir nicht zu zürnen, wenn es dies Mal nichts werden sollte, und Dich in Deinen Dispositionen keineswegs durch eine Rücksicht auf mich, die ich noch dazu enttäuschen müßte, stören zu lassen. Bitte versteh mich recht, ich will unsere Freundschaft nicht schlecht machen, aber im Augenblick bin ich doch durch andere ersetzbar, Deine unerträgliche Einsamkeit ist fürs erste gebrochen. Heute bin ich doppelt froh, daß ich Dich wenigstens im September gesehen habe. – Es freut mich, daß Du mir die guten Nachrichten über Es Gesundheitszustand bestätigen kannst, vielleicht findest Du in absehbarer Zeit einmal die Muße, mir noch ein wenig mehr über Deinen Eindruck zu schreiben. Und nun noch eine Bitte: ich bin hierbei natürlich auf Deine völlige Diskretion angewiesen – bitte erwähn dem Teddie gegenüber nicht, daß E. nach Berlin kommt oder daß ich momentan mit ihm korrespondiere. Ich weiß wohl, daß dies eine etwas heikle Zumutung ist, aber durch die mißglückte Afrikafahrt, hat beim Teddie Es. Glanz gelitten, und ich muß etwas jonglieren, da ich genau weiß, was auf allen Seiten auf dem Spiel steht. Andrerseits will ich sowohl dem Teddie die Solidarität halten, wie dem E. absolut nicht weh tun. Ich habe mich schon einmal auf Deine Geschicklichkeit und Zuverlässigkeit in solchen Dingen verlassen können: März 1933, so daß ich mich wiederum mit der Bitte um Unterstützung an Dich wende. Bitte schreib

mir bald Deine Pariser Adresse. Ich wäre froh, wenn Du mir Gutes zu berichten wüßtest. Alles Liebe und Herzliche Deine
Felicitas.

ORIGINAL Typoskript m. handschriftlichem Schluß.

daß E. ... eintrudeln wird: Benjamin und Wissing trafen sich in Monaco.

88 Gretel Karplus an Walter Benjamin Berlin, 7.3.1935

7. März 1935.

Lieber Detlef,

vielen Dank für Deinen Bericht. Du kannst mir glauben, daß es mir auch großen Kummer macht daß aus unserm schönen Projekt nichts wird, ich hätte vieles mit Dir zu besprechen, außerdem habe ich jetzt immer Angst, daß man das einmal Versäumte nie mehr nachholen kann. Vielleicht läßt es sich aber wenigstens doch so einrichten daß Teddie zurück über Paris fährt, ich habe ihm schon den Vorschlag gemacht, wenn Du magst, frag ihn einmal danach. Gestern Abend sprach ich einen meiner Wiener Vettern, der einzige für den ich schwache Zeichen des Familiensinns aufbringe, dabei war auch von Ernst B. die Rede, und ich muß Dir gestehen, daß ich eigentlich große Sehnsucht nach ihm bekommen habe. – Ich bin nur für Euch beide froh, daß Ihr, E. und Du, gerade jetzt zusammen seid. Da ich ja außer Aktivität gesetzt bin, ist Deine Hilfe um so unentbehrlicher und WF. in Paris ist für mich überhaupt das rote Tuch, und ich weiß bestimmt, daß ich darin Recht habe. Er ist haltlos und minder. Lieber Detlef, es ist mir völlig klar, wie es endet, wenn die Kur wieder schief geht, und wenn ich auch gewiß das schöne Leben nicht verteidigen will, heute schon gar nicht, so ist es besonders schade um diese Vitalität und Möglichkeit die dabei verloren ginge. Andrerseits bin ich heilfroh, Dich nicht mehr in der scheußlichen Umgebung zu wissen und wenigstens indirekt ein wenig dazu beitragen zu können, Deine Lage etwas zu erleichtern. –

Es fällt mir so rasend schwer, diesen gräßlichen Zustand, der sich in den letzten zwei Monaten beinah von Tag zu Tag verschlechtert, als endgültig anzusehen. Wenn einem das gelänge kann einem natürlich nicht mehr viel passieren, es fordert aber ein Maß an Verzicht, das mir manchmal doch geradezu ungeheuerlich erscheint, von der völligen Sinnlosigkeit zu schweigen. –

Die Else Herzberger ist augenblicklich wohl in Paris, XVIe, 38 quai d'Auteuil, ob es einen Sinn hätte, wenn Du Dich an sie wenden würdest? –

Schreib mir oft und bald, ich bin so froh, wenn ich merke, daß ich noch nicht ganz allein bin

Deine

Felicitas

ORIGINAL Typoskript.

Dein Bericht: Nicht erhalten.

einer meiner Wiener Vettern: Nicht ermittelt.

WF.: Näheres über Walter Frank, der später in die USA gelangte, konnte nicht ermittelt werden.

89 Gretel Karplus an Walter Benjamin Berlin, 17.3.1935

17. März 1935.

Mein lieber Detlef,

Dank für Deinen lieben Brief, der sich so rührend bemüht mich zu trösten. Dabei kannst Du Dir natürlich aus meinen Andeutungen kein rechtes Bild machen, und es ist auch einigermaßen schwer zusammenhängend zu referieren, mündlich wäre in einer Viertelstunde mit Leichtigkeit alles geklärt. Tatsächlich ist es nicht ein überwiegender Umstand, der mich schließlich mit seiner Wucht erdrückte, sondern vielmehr die Häufung von so vielen Dingen, unter anderm das ewige Jahre lange Alleinsein, das jetzt in völlige Isoliertheit ausgeartet ist, die nicht gerade rosige geschäftliche Gesamtsituation, das Aufgeben meines Wohnungsplanes und vor allem das Fehlen jeder Aussicht auf irgend eine Änderung dieses Zustandes; es geht hoffnungslos alles so weiter, es bleiben als Lichtpunkte nur die Briefe. Ich weiß, daß man leider aus seinem eigenen Leben nicht ausbrechen kann, aber erst jetzt bin ich so weit, daß ich auf alles gefaßt bin, jeden Verlust und gar keine Freude. Nur die Möglichkeit einer gewissen Aufnahmefähigkeit gilt es zu bewahren, damit ich im entscheidenden Augenblick, wenn es ihn je geben sollte, nicht auch noch den Anschluß an eine mögliche Freude versäume. Ich habe ein sehr liebes Vorbild, ohne das ich auch die letzten Monate schon rein körperlich kaum überstanden hätte, Du wirst mich nicht schelten, wenn ich Dir so verrate, welche Rolle Du in dieser Zeit in meinem Leben gespielt hast. –

Meine Osterpläne sind immer noch nicht bestimmter, Teddies Absichten sind völlig von den Ereignissen bestimmt, die wir ja selbst noch nicht übersehen können. Ich habe jetzt die Lofootfischer gelesen. Warst Du damals auch so weit nördlich, ich bin nur bis Lappland gekommen. Wenn ich auch eigentlich solche Bücher nicht so arg mag, kann ich heute Deine Freude daran ausgezeichnet verstehen. –

Von Ernst aus Wien weiß ich leider nur wenig, er ist ja leider auch mit mir böse, erstens, weil ein meeting im Oktober nicht geklappt hat, und zweitens, weil ich mich seinem Buch gegenüber sehr zurückhaltend äußerte. Es ist zu schade, daß wir seine Freundschaft nicht von seinen Büchern trennen können. Er ist in Wien viel mit Piz von Motesiczky zusammen, aber sie schreibt ja auch nie. – Dabei fällt mir gerade ein, ob es nicht für Dich praktisch wäre, Dich einmal mit ihrem Bruder Karl in Verbindung zu setzen, im Herbst war seine Adresse: Kopenhagen IX Andreas Bjørnsg. 21, er wird dort analysiert.* Überhaupt ist er kein reines Vergnügen, ich halte ihn für einwandfrei pathologisch, aber er kann Dir vielleicht helfen, ist interessiert und sehr hilfsbereit, das ist schließlich im Augenblick wichtiger als das Amüsement. Solltest Du ihn unter der angegebenen Adresse nicht erreichen, so werden ihm sicher die Briefe aus Wien nachgeschickt: Wien IV Brahmsplatz 7, Karl von Motesiczky. –

In meinem letzten Brief schlug ich E. vor, doch einmal mit Dir über mich zu sprechen, es gibt natürlich vieles, das er sich anders wünscht, aber Du kennst mich so viel länger, daß Du ihm sicher in manchem meinen Standpunkt begreiflich machen kannst, wo er mich vielleicht nur leichtfertig und zynisch sieht. Ich habe das Gefühl als ob Du mich verstehst, auch wenn ich nicht viel Worte über mich mache, Deine Freundschaft ist so unegoistisch. Und wo ist schließlich die feine Grenze zwischen Freundschaft und Liebe? –

Detlef, laß mich stets wissen, wie es Dir geht, schreib mir oft, das ist der beste Trost, den Du mir geben kannst. In alter Treue und Freundschaft

Deine

Felicitas

Wehrpflicht	»mündlich wäre in einer Viertelstunde«
Stefan	Herreise
Bergtouren	Vorbild
Rußland	Kopenhagen
Brecht	Klaus [Mann]

* [Marginalie von Benjamins Hand:] (Reich)

ORIGINAL Typoskript m. handschriftlichen Stichworten von Benjamin.

Dein letzter Brief: Nicht erhalten.

die Lofootfischer: Den Roman des Norwegers Johan Bojer (1872-1959) von 1921 (dt. 1923) hatte Benjamin im September 1934 in Skovsbostrand gelesen.

Karl: Zur Biographie Karl von Motesiczkys (1904-1943), einem Schüler Wilhelm Reichs, vgl. Christiane Rothländer, »Und mit der Hausmusik ging er in den Tod ...«. Über das Leben des Wiener Psychoanalytikers Karl von Motesiczky, in: Werkblatt. Zeitschrift für Psychoanalyse und Gesellschaftskritik 2/1998, Nr. 41, S. 3-34.

90 Gretel Karplus an Walter Benjamin Berlin, 24.3.1935

24. März 1935.

Lieber Detlef,

wie lieb von Dir mich gleich hier mit ein paar Zeilen zu empfangen. Ich habe mich trotz des nicht günstigen Wetters gut ausgeruht und gerade das gefunden, was Du mir nur mit so viel Recht so sehr wünschst neuen élan, hoffentlich wird er für eine Weile vorhalten. Aber im Moment habe ich wirklich keinen Grund auch nur im Leisesten unzufrieden zu sein, Teddie ist glänzend in Form, kommt gut vorwärts mit seiner Arbeit, ist noch ausgeglichener als sonst, und hat aber trotzdem vielleicht zum ersten Mal verstanden, wie es um mich steht. Und dann habe ich die Aussicht des Wiedersehens mit E. vor mir, auf die ich mich sehr freue, auch diese Unterbrechung muß ja dies Mal für sehr lange Zeit ausreichen. – Den Krenekschen Artikel habe ich überflogen, ich hielte es für klug, wenn Du ihm sehr freundlich und ausführlich schriebst auch wenn er Dich in allem falsch verstanden hat und sonst lauter Banalitäten vorbringt, aber er ist so voll guten Willens und kann Dir vielleicht doch helfen, warum da nicht schließlich auch einmal seiner Eitelkeit schmeicheln. – Die Else H. ist wohl im Augenblick in Ascona, vielleicht ist es noch besser, wenn Du Dich ihretwegen auch noch mit dem Teddie in Verbindung setzt. Wie lange wirst Du in Paris bleiben, Teddies Sommersemester ist gegen den 20. Juni schon beendet, willst Du ihn nicht doch nach Paris locken, er kennt es noch gar nicht, und Du bist so ein idealer Fremdenführer. – Nach Wien schrieb ich vor drei bis vier Wochen einen netten Brief, bis heute ohne Antwort, wahrscheinlich ist er so fest in den Hafen der Ehe eingelaufen, daß er nicht einmal mehr einen schriftlichen Abstecher zu mir wagt, schade, vielleicht hätte ich jetzt Lust, ihn in Prag zu treffen. Bitte verzeih meine Frechheiten, aber da ist wirklich nichts mehr Ernst (?) geblieben. –

Wenn Du trotz Deiner Arbeitslast noch ab und zu Zeit findest mir zu schreiben, werde ich sehr froh sein. Detlef es gibt keinen Menschen, dem ich mich in Briefen so nah fühle wie Dir, nirgends liegt so viel Zärtlichkeit wie in den Worten, die Du mich nur erraten läßt. Leb wohl für heute

Deine

Felicitas

ORIGINAL Typoskript auf einem Briefbogen der »Air France«.

ein paar Zeilen: Sie sind nicht erhalten.

der Krenekscbe Artikel: Ernst Kreneks Aufsatz »Künstlerische und wissenschaftliche Geschichtsbetrachtung«, der am 24. März 1935 in den »Wiener Politischen Blättern« erschienen war, enthält Zitate aus Benjamins Trauerspielbuch.

91 Walter Benjamin an Gretel Karplus Monaco-Condamine, ca. Ende März 1935 Entwurf

Liebe Felizitas,

eben kam Dein kleines Muster. Mehr wert, als Du Dir vorstellen kannst. Erstens: die Perspektive für uns, wieder zwei, drei Tage normal zu existieren. Zweitens: Beweis Deiner *allein* untrüglichen und zuverlässigen Gegenwart, auch abwesend.

Es ist merkwürdiger als ich vermuten konnte, wie Deine doch gewiß nicht unproblematische, ja prekäre Beziehung zu W die unsrige – Deine und meine – lebendiger als je gemacht hat. Ich glaube, daß ein Zusammensein uns das erweisen würde. Und es ist für mich ein neues Motiv, auf unser nächstes zu hoffen, das doch nur verschoben sein darf.

Was aber W betrifft, so könntest Du ihn vielleicht bälder wiedersehen als Du meinst, weil seine Rückkehr von hier nach Berlin unter Umständen sehr bald, und unter Verzicht auf all die weitausgreifenden Pläne, die Du kennst, ja ohne Paris noch einmal zu berühren, erfolgen könnte. Gewiß, das ist vorläufig nur eine Möglichkeit, aber doch keine fernliegende. Und so tröstlich sie auch im ersten Effekt für Dich sein könnte, doch eine düstere.

Es ist nämlich so: daß er hier von allen Seiten und besonders von Frank sowie von einer andern pariser Verbindung, auf die er fest zählen zu können ein gewisses Recht hatte, im Stich gelassen wird. Und so unglaublich es klingt: seit mehr als zwei Wochen bin ich mit meinen ohnmächtigen Mittelchen für uns beide aufgekommen, was freilich nur möglich war, indem wir unsere Existenz auf ein mir bisher völlig unbekanntes Niveau herabgesetzt hatten. Ja, es liegt eine denkwürdige Woche hinter (und wer weiß wieviel ähnliche vor) uns.

Uns – ist im zweiten Fall nicht ganz richtig – denn wenn sich an der Lage nichts Grundlegendes ändert, wird W nach Berlin kommen. Und dann wirst Du das Genauere vernehmen, wie es gewesen ist. Und genauer – als ich wage, Dir anzudeuten, was vor mir liegt.

Und nicht, als täte ich mich nicht nach allen Seiten um. Ein so dubioses Papier, wie ich es Dir gleichzeitig als Drucksache sende (oder hier beilege) ist ja nur in seiner sehr wenig mittelbaren Beziehung zum »Kampf ums Dasein« entschuldbar oder auch nur verständlich.

Wie lange das noch so gehen wird, weiß ich nicht. Ganz

gern wüßte ich auch, ob nun die Amerikaner bestimmt im Mai nach Genf kommen. Schließlich ist die Begegnung mit ihnen vorerst der einzige Termin, bis zu dem hin ich mich durch die Finsternis tasten kann. Es wäre also von gewissem Wert, über den Monat oder die anderthalb irgendwie herüber zu kommen. Auf meine Schwester, die recht krank ist und mich nicht bei sich aufnehmen kann, ist – wie ich seit drei Tagen weiß – garnicht zu rechnen. Ich sehe also auch nicht, warum ich mich erst anstrengen sollte, um das Reisegeld nach Paris aufzubringen. Einmal am Bahnhof wäre ich dort nicht weiter als hier.

Gegen Ostern will ich mich an Else H. wenden. Aber nicht vorher, und nicht von hier aus. Ich hatte ihr nämlich von San Remo aus geschrieben, daß ich bis Ostern dort bleiben würde.

Ich weiß, daß es eine Kühnheit ist, Hoffnung auf Dein Gespräch mit der Piz zu setzen. Aber wen der Anblick der Wirklichkeit mit Recht so wie mich einschüchtert, der kann seine Kraft nur noch in die Verwegenheit seiner Hoffnung setzen. Sieh, was geschehen kann.

Es ist schönes Wetter. Wenn man einmal auf einem Spazierwege lange genug in den Morgen oder in den Nachmittag gegangen ist, kommt man an eine Stelle, wo man, für einen Augenblick, trotz alledem ganz froh ist, noch vorhanden zu sein. Auf dem Rückwege aber mangelt dann oft die Kurage, die Schwelle des unbezahlten Hotels zu überschreiten auf der einen die noch unbezahltere, schon schlechthin unbezahlbare Physiognomie des Patrons (patrons) begrüßt.

Und wohin wirst Du nun [abgebrochen]

ORIGINAL Manuskript.

Zur Datierung: Der Brief ist nach dem Empfang von Gretel Karplus' Briefen vom 17. und 24. März geschrieben.

W: Egon Wissing.

eine andere pariser Verbindung: Vermutlich ist der Neurologe Fritz Fränkel (1892-1944) gemeint.

Ein so dubioses Papier: Das »Gespräch über dem Corso«, das am 24. März in der »Frankfurter Zeitung« erschien und für dessen Sendung sich Gretel Karplus am 2. April bedankte (vgl. jetzt GS IV·2, S. 763-771).

Auf meine Schwester ... ist ... garnicht zu rechnen: Dora Benjamin hatte ihrem Bruder am 13. März geschrieben, daß er in ihrer Wohnung (eigentlich nur aus einem Raum bestehend) in der Rue Villa Lindet nicht unterkommen könne, da sie vormittags dort gegen Entgelt fünf Kinder betreue.

92 Gretel Karplus an Walter Benjamin
Berlin, 2.4.1935

Immer wieder frohe Ostern!

2. April 1935.

Mein sehr lieber Detlef,

dadurch, daß Du Deine Briefe an mich auch in einem extra Umschlag eingeschlossen hast, weiß ich bestimmt, daß Du auch mit Briefen an zwei Menschen überhaupt nichts anfangen könntest, ich bin gewiß nicht für übertriebene Geheimnistuerei, aber bei gemeinsamen Mitteilungen geht der Kontakt zu leicht verloren. – Wie Du wohl meinen letzten Brief überstanden hast? Er war so voller Hiobsposten und so wenig tröstlich. Ich bin schon in Gedanken meine ganzen Bekannten durchgegangen, ohne zu einem neuen Resultat zu kommen. Wenn ich wenigstens ein Mittel wüßte, um auf die Institutler einen wirksamen Druck auszuüben. Ich schicke Dir morgen noch über einen Umweg ein Muster –

Am Samstag fahren wir nach Königstein, für 14 Tage Ruhe. – Für den Abschnitt aus der FZ. meinen besten Dank, wenn ich den Namen nur öfter träfe. – Lieber, wann wird denn Deine Übersiedlung nach Dänemark zu den Büchern überhaupt möglich, ich denke doch, daß Deine Freundin Berta wenigstens Dich nicht im Stich lassen wird. Und wie willst Du dort unten allein hausen, wenn E. doch eines Tages abgerufen wird? –

Meine Beziehung zu E. ist im Grunde nicht eigentlich problematisch, da ich mir stets über die Fehler meiner Freunde sehr klar bin und trotzdem zu ihnen halte. Charakteristisch für sie war die Intensität, mit der wir uns beide in die Sache gestürzt haben, etwas, das ich mir schon immer gewünscht habe, einmal nicht erst ruhig abzuwarten, sondern sofort mit dem ganzen élan zuzugreifen und wirklich zum großen Genuß zu kommen. Außerdem habe ich ihm entgegen der allgemeinen Meinung – sogar Deiner leise warnenden Stimme nicht achtend – ein unbegrenztes Vertrauen entgegengebracht und ich habe an die Kräfte in ihm, die nur durch allerlei Geröll verschüttet waren geglaubt. An seiner Kur an der Rehabilitierung seines Rufes bin ich selbst höchst interessiert aus Eitelkeit, aus Zuneigung, aus Eifer, wie immer Du es nennen magst, aber es ist weder eine mitleidige Hilfsaktion, noch ein Freundschaftsdienst, sondern voller Einsatz. Selbstverständlich bedeutet dies viel, und mein sehr wohl überlegter Entschluß trotzdem *gern* auf meinem früheren Weg zu bleiben, ist für E. tatsächlich ein fast unfaßliches Problem. Du kennst uns alle, für Dich ist es vielleicht leichter mich zu verstehen. Du kennst mein Maß an Leiden, aber Du weißt auch, wofür ich es tue und kannst Dir gut vorstellen, wo ich im Grunde hingehöre, trotz großer Ähnlichkeiten und größerer Sympathien auf der andern Seite. Ich bitte Dich sehr *eindringlich* darum, diesen Brief *sofort zu vernichten,* er ist nur für Dich bestimmt, und es wäre ein *Unglück,* wenn er einem andern in die Hände fiele. Ich denke, ich kann diese Dinge noch mit mir allein ausrichten, wenn ich aber Hilfe brauchte, wüßte ich keine bessere als Dich. –

Wenn Du zufällig Deine Arbeit über die Wahlverwandtschaften nicht mehr brauchen solltest, ich hätte sie gern wieder bei mir. E. konnte sie doch unterdessen lesen, er kennt ja die wichtigsten Sachen kaum von Dir. Wenn ich doch reich wäre, um Dir helfen zu können oder wenigstens schönen Schmuck hätte, um ihn Dir zum Versetzen zu schicken. –

Auch wenn ich nicht den direkten Zusammenhang weiß, so fühle ich mich doch schuldig an Deinem Los. – Detlef, mir ist so bang um Dich. –

Ich schicke Dir all meine freundschaftliche Zärtlichkeit

stets Deine

Felicitas.

ORIGINAL Typoskript m. handschriftlichem Ostergruß.

der Abschnitt aus der FZ.: Das schon oben erwähnte »Gespräch über dem Corso«.

Deine Freundin Berta: Bertolt Brecht.

93 Walter Benjamin an Gretel Karplus
Paris, ca. 25.5.1935
Fragment

[Anfang fehlt]
nicht, daß man an diesen Irrlichtern auf dem prager Sumpf die Fackel der Wahrheit entzünden kann. Übrigens zucken dergleichen Irrlichter auch über Kafka hin. Jedenfalls sehe ich einen großen Teil seiner religionsphilosophischen Reflexionen für garnichts anderes an.

Wenn ich also in jüdischer Literatur auch ganz unbewandert bin, so glaube ich doch, daß authentische Stücke Dich weit von dieser gegenwärtigen Lektüre ab führen würden. Nimm doch die kleine Schockenbücherei zu hilfe. Ich erinnere mich da, zum Beispiel, einen hübschen Band von Tendlau über »Jüdische Sprichwörter« in der Hand gehabt zu haben. Ob von Agnon in der Reihe Dir Unbekanntes zu finden ist, weiß ich nicht. Ich nenne immerhin »Und das Krumme wird gerade« »Die neue Synagoge« »Die Geschichte vom Toraschreiber« – und während ich dies notiere, wird mir wieder gegenwärtig, daß ein Sammelband solcher Geschichten in der

Tat in der Schockenbücherei vorliegt. Die zweite der genannten, die unvergleichlich ist, sollte vor fernen Zeiten in der ersten Nummer meines Angelus Novus stehen.

Über die überaus weittragende Frage der Erneuerung der hebräischen Sprache kann ich mich natürlich aus Mangel jedweder Sachkenntnis nicht vernehmen lassen. Wahrscheinlich sind die Gefahren, die dieser Versuch läuft von garnicht abzuschätzender Gräßlichkeit. Ob sie bezwungen werden können, das weiß ich nicht. Ich weiß nur, daß diese Frage drüben wichtige Menschen seit sehr langer Zeit beschäftigt. Ernst ist übrigens aus Wien verschwunden und da er hier nicht aufgetaucht ist, so vermutet man ihn mit Karola auf dem Wege nach Palästina, wo sie was bauen will.

Nun für heute mit sehr herzlichen Grüßen und kleinen Wunschkerzen für Deine Gesundheit genug.

Dein Detlef

ORIGINAL Manuskript.

Zur Datierung: Gretel Karplus' Frage zur jüdischen Literatur, auf die Benjamins Brief eine Antwort darstellte, ist nicht erhalten. Vermutlich stellt ihr Brief vom 28. Mai die Antwort dar.

Schockenbücherei / Agnon in der Reihe / ein Sammelband: In der Bücherei des Schocken Verlags war 1934 »Und das Krumme wird gerade« erschienen (Band 14); die beiden anderen im Brief genannten Erzählungen stammen aus dem Band »In der Gemeinschaft der Frommen«, den Benjamin Gretel Karplus im Januar 1934 geschickt hatte (s. Brief Nr. 41 und den Nachweis dort).

ein hübscher Band von Tendlau: Vgl. Sprichwörter und Redensarten deutsch-jüdischer Vorzeit. Aufgezeichnet aus dem Munde des Volkes und nach Wort und Sinn erläutert von Abraham Tendlau. Gekürzte Neuausgabe, Berlin 1934 (Bücherei des Schocken Verlags. Bd. 10.).

94 Gretel Karplus an Walter Benjamin Berlin, 28.5.1935

28. Mai 1935.

Lieber Detlef,

eben kam Dein Brief, und ich muß Dir leider gestehen, daß mich Deine Nachrichten über E. aufs Äußerste beunruhigt haben. Nicht nur, daß ich erst durch Dich erfahren mußte, daß er das Visum endlich bekommen hat, für solche Fälle gibt es ja schließlich Flugpost, scheinst Du Dir doch nicht mehr so ganz sicher zu sein, daß er durch Frank nicht wieder zu seinem früheren Trost verführt worden ist. Es gäbe für die Freundschaft zwischen mir und E. nichts Schlimmeres, ich habe ihn nicht nur um äußerste Vorsicht gebeten, sondern ich habe ihm vertraut, und jetzt eine Enttäuschung wäre irreparabel. Bitte sei nicht böse, wenn ich Dir heute ein wenig ausführlich über diese Dinge schreibe, aber ich habe das Gefühl, als wenn es Dich auch anginge, nur bitte ich Dich, meinen heutigen Brief, d. h. dieses Blatt sofort zu zerreißen. Sicher kannst Du Dir aus Euren Gesprächen und meinen Briefen so ziemlich ein Bild von der Situation machen. Obgleich E. mir in praktischen Dingen und wohl auch Lebensgenüssen vielfach Unerfahrenheit vorwirft, bin ich im Ganzen reifer als er, soweit man das in unsern Jahren überhaupt noch sagen kann. Mir erscheint es als das Wichtigste, daß E. zuerst einmal wieder zu sich selbst findet, dazu braucht er eine geregelte Arbeit, die ihn ausfüllt, er muß endlich wieder etwas leisten, und in seinem Beruf hat er reichlich Gelegenheit dazu. Außerdem muß er sich selbst finanziell erhalten und die Freiheit und Regellosigkeit in die geistigen Gebiete verbannen nicht als schlechte Bohememanieren in das tägliche Leben. Ich habe mich sehr schlecht ausgedrückt, vielleicht kannst Du trotzdem raten, was ich meine, geistige Besonderheit bei geregeltem Alltag. Bitte halte es nicht für Vermessenheit, aber nach dem Resultat sind mir schon öfter Bedenken an der Stimmigkeit seiner Ehe aufgestiegen, ob es am Ende dort ohne M gar nicht gegangen wäre. Ach, Detlef halt mir den Daumen, daß diese Berliner Tage schön werden. –

Dank auch für Deine Auskünfte. – Bloch hält es nicht mehr [für] nötig, an mich zu schreiben, ich bin gleichzeitig traurig und verärgert darüber, wieder um einen Menschen ärmer. Ich weiß nur, daß er seine Freunde Hirschler in Italien treffen wollte. – Hast Du Krac unterdessen getroffen, was arbeitet er eigentlich? Hast Du seinen Roman gelesen? – Hast Du Teddie über die Verhandlungen mit Fritz berichtet, ich halte das für sehr notwendig und empfehlenswert. Kommt er nach Semesterschluß nach Paris? – Wegen der Kafkafragmente werde ich mich morgen umsehen.

Und nun zu dem, was mir am meisten am Herzen liegt: der Passagenarbeit. Ich denke an das Gespräch, das wir im September in Dänemark hatten, und ich bin sehr betroffen, daß ich gar nicht weiß, welchen Deiner Pläne Du jetzt zur Ausführung bringen wirst. Mich erstaunt es, daß Fritz sich für die Notizen einsetzt, denkst Du denn an eine Arbeit für die Zeitschrift? Ich sähe darin eigentlich eine ungeheure Gefahr, der Rahmen ist doch verhältnismäßig nur schmal, und Du könntest nie das schreiben, worauf Deine wahren Freunde seit Jahren warten, die große philosophische Arbeit, die nur um ihrer selbst willen da ist, keine Zugeständnisse gemacht hat und Dich durch ihre Bedeutung für sehr vieles der letzten Jahre entschädigen soll. Detlef, es gilt nicht nur Dich zu retten, sondern auch diese Arbeit. Alles, was die Arbeit gefährden könnte, sollte man ängstlich von Dir fern halten, alles, was sie fördern könnte mit dem höchsten Einsatz bezahlen. Du wirst mich selten für eine Sache so begeistert gesehen haben, daraus siehst Du am besten, was ich von den Passagen erhoffe. – Hoffentlich nimmst Du mir meine Ekstase nicht übel. Ich warte mit Sehnsucht und Bangen auf Nachricht von Dir, bitte schreib mir von dem Exposé. – Ich habe so viel Zeit, wenn ich Dir doch in Deinen einsamen Stunden ein wenig Gesellschaft leisten könnte und von Deinen Notizen zu hören bekäme. Leb wohl und bewahr mir freundlich Deine Gunst

Deine Felicitas.

Ich muß in irgend einer Gestalt	
...	
und ich gebe den Kampf selbst jetzt noch nicht auf, da ich ...	Linda
Dora – ich sei am Verhungern	Brief an Wiesengrund
Von höchstem Einsatz kann gar keine Rede sein	Esposé, wenn ich es wiederhabe ... Wissing

ORIGINAL Typoskript auf einem Briefbogen der »Air France« und m. Stichworten Benjamins.

das Visum: Egon Wissing hatte das Visum für die Sowjetunion beantragt, um dort als Arzt zu arbeiten.

Bloch / seine Freunde Hirschler: Der Arzt Maximilian Hirschler (1886-1963) war seit der gemeinsamen Schulzeit mit Bloch befreundet; Hirschlers Frau Helene (1888-1977) war ebenfalls Ärztin.

Krac: Das ist Siegfried Kracauer.

die Verhandlungen mit Fritz: Fritz Pollock hatte Benjamin eine Unterredung in Aussicht gestellt über die finanzielle Förderung des Passagenprojekts, mußte aber vorzeitig seine Europareise abbrechen. Benjamin schrieb das Exposé auf Veranlassung Pollocks.

die Passagenarbeit / das Exposé: Sein Titel ist »Paris. Die Hauptstadt des XIX. Jahrhunderts«, vgl. GS V·2, S. 1237-1249. Benjamin schickte es am 31. Mai an Adorno.

95 Gretel Karplus an Walter Benjamin Berlin, 26.6.1935

26. Juni 1935.

Lieber Detlef,

die Art unserer Korrespondenz in der letzten Zeit macht mich so traurig, daß ich nicht mehr länger darüber schweigen kann. Ich habe das Gefühl, als ob wir nicht mehr den Weg zueinander finden, sondern uns im Gegenteil unbewußt oft sehr weh täten. Was das für mich an Schmerzlichem bedeutet, kann ich Dir gar nicht sagen, bis jetzt erschien mir gerade unsere Freundschaft als unerschütterlich. Dies trifft mich im Moment um so empfindlicher als ich geschäftlich große Aufregungen habe, eine neue monatliche geldliche Belastung, die auch jeden letzten Rest eines Verdienstes illusorisch macht, dazu die ungeheure Verantwortung; ich bin sehr verängstigt und fürchte mich vor allen Menschen. –

Darf ich noch auf die Zusendung des Passagenexposés hoffen? Bekomme ich bald eine Antwort? Sollte ich mich am Ende getäuscht haben, oder bestätigt Dein Gefühl meine trüben Ahnungen?

Herzlichst wie stets

Deine

Felicitas.

ORIGINAL Manuskript.

96 Walter Benjamin an Gretel Karplus Paris, ca. 1.7.1935

Liebe Felizitas,

Du wirst erwarten, daß ich Dir auf Deinen letzten Brief ausführlich und offen antworte, und das tue ich nun.

Ich erinnerte mich, unterm ersten Eindruck seiner Lektüre, des Briefs, den Du mir kurz vor unserer Begegnung nach Dragør schriebst; mit einem ähnlichen Ausbruch des Unwillens; damals vor allem auf ein Telefongespräch Dich beziehend, von dem es Dir nicht in den Sinn gekommen war, daß ich es vielleicht in Anwesenheit dritter Personen hatte führen müssen. Das war damals belanglos: wir sahen uns gleich darauf.

Anders heute: und doch ist es wieder nichts als eine vielleicht sehr erklärliche Schwäche, eine sicher sehr begründete Müdigkeit, die Dich hindert, Deine Phantasie auf Daseinsbedingungen einzulassen, die mir die Bitte zur gebieterischen Notwendigkeit machen. Und zwar ist sie das nicht allein in meinem Sinn sondern anders, aber nicht weniger entschieden, in Deinem.

Denn worauf sonst soll Deine Ungeduld sich beziehen als auf den Umstand, daß ich eine Bitte in meinem letzten Brief wiederholte? Und weißt Du nicht, daß die Erfüllung solcher Bitte durch Dich mir viel mehr gibt, als die Nötigung, sie aufzubringen, mir nimmt? Und hast Du vergessen – denn ich weiß, daß Du es früher von mir gehört und verstanden hast – daß diese Nötigung keine nur materielle ist?

Ich sage: nur auf diese Seite der Sache kann Dein Brief sich beziehen. Denn in den meinigen gibt es keine Veränderung außer der, die zu Anfang des vorigen Monats etwa als Spuren einer totalen Erschöpfung und gegen Ende, als der Kongreß der Schriftsteller mich in Anspruch nahm, in einem zeitweiligen Verstummen zum Ausdruck kam. Im übrigen aber hatte, als Dein letzter Brief kam, ich meinerseits einen sehr anderen erwartet. Denn war es nicht selbstverständlich, daß Du – wie ich es Dir gegenüber von Monte-Carlo und Paris aus gehalten hatte – mir darstellen würdest, wie die Dinge mit W sich weiter gestalten?

Ich will Dir gestehen, daß ich manchmal im Verlauf dieser trüben und beunruhigenden Entwicklung die Befürchtung gehabt habe, die *eine* Überschreitung meiner alten Maxime in Dingen der Freundschaft werde mich eines Tages W's und die Deinige kosten. Und es hat meine Zuversicht nicht gehoben als ich sah, daß und wie W gleich in den ersten Tagen des hiesigen Aufenthalts der Sache wieder anheimfiel. Bei so langer Trennung wie es die zwischen uns waltende ist, wird jeder ein *Bote,* der vom einen zum andern gelangt. Und W kann jetzt für mich nicht der rechte sein. Was sein Versagen für mich bedeutete, ist nur zu verstehen, wenn man sich die Gestalt unseres Zusammenlebens im Süden vergegenwärtigt und alles, was ich von meinen besten Kräften ihm zugewandt hatte. Nun kommt zu all diesen Zweifeln hinzu, daß ich nicht weiß, welchen Zugang Ihr selbst zueinander gefunden habt.

Was ich sehe ist freilich, daß E Dein Interesse für die »Passagen« lebhaft erweckt hat. Wie aber dieser letzte Brief für mich keine Freude enthalten sollte, so auch nicht hierin. Und zwar weil ich Deine Bitte, bestimmt im Augenblick, nicht erfüllen kann. Die Genfer Abschriften des Plans sind noch immer nicht fertig. Es gibt zur Zeit nur zwei Exemplare von ihm – eines hat T und es wird wohl in Oxford geblieben sein, eines liegt mir bei der Arbeit zugrunde. Im übrigen bestehen hier vielleicht auch sonst Bedenken; diese Frage wird T beurteilen. Wie unendlich viel wertvoller wäre es, wenn wir einfach darüber sprechen könnten!

Sollten wir aber bis Dänemark warten müssen, so könnte es lange werden. Ich glaube nicht, daß ich dies Jahr hinüberkomme. Denn wenn irgend möglich will ich solange hier bleiben, bis die Dokumentation meines Buchs zum Abschluß gekommen ist.

Ich hoffe meinen nächsten Brief auf festern Boden gründen zu können, und werde Dir insbesondere von meiner Auseinandersetzung mit Ernst berichten, zu der es inzwischen wohl kommen wird. Die Vorzeichen sind nicht allzu günstig; vor allem dies nicht, daß zwischen Karola und mir restlose Inkompatibilität besteht.

Ich schicke Dir mit vielfältigen Wünschen, die Du so vielfältig brauchen kannst, die kleinen blauen Bogen samt den Kuverts zu. Insbesondere baldige und wirkliche Besserung Deines Leidens. Und dann will ich auch die für *unsere* Wiederherstellung nicht vergessen.

Dein Detlef

ORIGINAL Manuskript.

Zur Datierung: Die Adressatin erhielt das Briefpapier am 3. Juli.

eine Bitte in meinem letzten Brief: Der *letzte Brief* Benjamins datiert vom 25. Mai; ob in dem fehlenden Teil des Briefes von Benjamin eine Bitte ausgesprochen wurde, ist nicht mehr zu ermitteln; ein weiterer Brief, in dem die Bitte dann »wiederholt« wurde, ist ebenfalls nicht erhalten.

der Kongreß der Schriftsteller: Der »Kongreß zur Verteidigung der Kultur«, der vom 21. bis 25. Juni in Paris stattfand. Benjamin wollte über diesen antifaschistischen Kongreß für die »Neuen Deutschen Blätter« berichten; er schrieb jedoch nicht darüber.

meine Auseinandersetzung mit Ernst: S. GB V, Brief Nr. 975.

97 Gretel Karplus an Walter Benjamin Berlin, 3.7.1935

3. Juli 1935.

Lieber Detlef,

seit meinem letzten Brief war ich für zwei Tage in Frankfurt, wo ich Teddie sehr bedrückt fand durch den Tod der Agathe, wo ich aber auch Gelegenheit hatte, Deinen Brief und das Exposé zu sehen. Nach diesem Brief, der eigentlich an

Teddie und an mich gemeinsam gerichtet ist, scheint es mir, als ob Du es nicht gern siehst, wenn Deine Freunde in Deiner Abwesenheit über Deine Arbeiten sprechen und Dir dann gar noch unter dem Einfluß dieser Unterhaltung berichten. Ich möchte daher, um unbedingt jede Unstimmigkeit zwischen uns zu vermeiden, Teddie nicht vorgreifen, dies um so mehr, da ich weiß, daß ich mir immer erst aus der fertigen Arbeit ein richtiges Bild machen kann und einem Entwurf oft ziemlich hilflos gegenüberstehe. Einzelheiten finde ich herrlich, jetzt lockt mich am meisten Absatz V., aber dies alles nur unter dem Vorbehalt des ersten flüchtigen Eindrucks, ich brenne darauf, das Buch möglichst bald vollendet lesen zu können. Wie steht es denn unterdessen mit den äußeren Chancen seiner Realisierung, was für Nachrichten hast Du aus Amerika? – Hat Fritz die Bedingungen für Mai und Juni auf weitere Monate verlängert? Du bist so schweigsam und läßt mich im Ungewissen über Deine Pläne und Möglichkeiten, ich möchte so gern recht bald von Dir hören. Laß mich nicht zu lange warten, wie immer stets

Deine

Felicitas

Könnte nicht vielleicht Krenek etwas für die »Berliner Kindheit« tun?
Besten Dank für die Übersendung des eben ankommenden Briefpapiers.

ORIGINAL Typoskript m. handschriftlichem Postskriptum.

der Tod der Agathe: Adornos Tante war am 26. Juni gestorben.

Dein Brief: Benjamins Brief vom 31. Mai an Adorno, vgl. Briefwechsel Adorno, S. 116-121.

Absatz V.: Dieser Abschnitt des Exposés trägt den Titel »Baudelaire oder die Straßen von Paris«.

die Bedingungen für Mai und Juni: Benjamin erhielt von April bis Juli 1000 Francs vom Institut, ab August dann wieder 500 Francs.

98 Gretel Karplus an Walter Benjamin Berlin, 5.7.1935

5. Juli 1935.

Lieber Detlef,

wie froh bin ich, daß unsere Briefe sich dies Mal gekreuzt haben. – Wenn ich Dir über die letzten vier Wochen nicht die erwarteten Berichte schickte, so nur deswegen, weil es im Grunde nichts zu berichten gab. Den drei Monaten im Herbst, die mit Sensationen geradezu geladen waren, folgte jetzt eine außerordentlich ruhige Periode, mit Spaziergängen und dem schönen Abendspiel der größten Pupillen, in dem ich mich aber leider immer geschlagen geben mußte, da meine Augen stets braun blieben, während Es oft den letzten blauen Rand zu verlieren schienen. Jetzt ist das Visum längst in Paris und wird täglich hier erwartet, die Tage bis dahin sind mit einer medizinischen Arbeit ausgefüllt. Ich glaube, das ganze Geheimnis liegt darin, daß sich E. in Berlin nicht oder weniger langweilt als in P., so daß der Monat in Deutschland mehr mit Eurem Aufenthalt in Monte-Carlo zu vergleichen ist. Ich wäre Dir sehr dankbar, wenn Du Ernst meinen kleinen Geburtstagsgruß geben würdest, da ich doch leider seine Adresse nicht weiß, muß ich Dich bemühen. Auf das blaue Briefpapier bin ich schrecklich stolz, Du bekommst gleich den ersten Gruß davon. Laß mich recht bald Gutes von Dir hören, herzlichst

stets

Deine

Felicitas

ORIGINAL Typoskript.

mein kleiner Geburtstagsgruß: Nicht erhalten.

99 Gretel Karplus an Walter Benjamin
Berlin, 12.7.1935

12. Juli 1935.

Lieber Detlef,

leider kann ich diesen Geburtstag wieder nicht mit Dir feiern, sondern nur in Gedanken bei Dir sein. Ich wünsche Dir gar mancherlei: die glückliche Fertigstellung der Passagen, eine damit verbundene Erleichterung Deiner äußeren Situation, bessere Zukunftsaussichten, einen erträglichen Winter im gelobten Land und nicht zuletzt ein baldiges Wiedersehen mit Felicitas, alles in allem ein Freuden reicheres Jahr als das letzte. –

Voraussichtlich werde ich Ende dieses Monats mit Teddie in den Schwarzwald gehen, den ich noch gar nicht kenne. – Meine Pralinés wirst Du unterdessen bekommen haben, hoffentlich entsprechen sie Deinem Geschmack, so daß ich Dir bald wieder welche schicken kann. –

Alles Gute und noch mehr Liebes

stets

Deine

Felicitas.

ORIGINAL Typoskript.

100 Walter Benjamin an Gretel Karplus
Paris, 29.7.1935

Meine liebe Felizitas

diesen Bogen habe ich jemandem abbewundert, um Dir meine Feriengrüße auf ihm zu sagen. Wenn das Schicksal mit Dir auch nur halb so kunstfertig umgeht, wie der Elefant mit seinem Hut, so werden Dich diese Wochen – und ich hoffe es so sehr – für viele düstere des vergangnen Frühjahrs entschädigen. Im übrigen entstammt der Elefant dem besten unter den neuern französischen Kinderbüchern und er heißt Baba.

Auch ich habe Ferien, auf meine Weise und es ist das Angenehme, daß sie die Arbeit nicht ausschließen. Aber das beste an ihnen – und darum gebe ich ihnen den Namen – ist, mir nach zwei Jahren möblierter Quartiere zum ersten Male wieder das Gefühl des Wohnens in abgeschlossnem Raume zu geben. Wie ich mich dabei erhole, beweist mir, daß ich das wohl noch nötiger habe als mir das Gefühl anzeigte, es zu entbehren.

Neben der Arbeit beschäftigt mich kaum etwas. Es geschieht mehr involontairement, wenn ich über ein vorletztes oder letztes Stadium der Auflösung von Ernsts Beziehung zu Linda auf dem laufenden bin – und es leider weit mehr bin als Ernst es ahnt und als es mir lieb sein kann. Um Linda – die nun abgereist ist – stand es so, daß ich mich ein wenig um sie kümmern mußte. Es bedurfte nicht mehr als dessen, was ich durch sie erfahren habe, um mir zu zeigen, wie überaus fundiert das Gefühl tiefer Antipathie ist, das mir Karola von Anfang an erweckt hat. Und es erleichtert meinen Stand Ernst gegenüber nicht, mit seinem letzten Buche auch seiner letzten Frau aus dem Wege gehen zu müssen. Dennoch geschieht es im einen wie im andern Falle gleich deutlich und sollte Ernst längere Zeit hier bleiben, so wird, fürchte ich, keine Kunst auf meiner Seite ausreichen, um die Krise hintanzuhalten, an der Karola gelegen sein muß, weil meine Ausschaltung aus Ernsts Leben das letzte zu sein scheint, was zur Begründung ihrer Herrschaft in ihm geschehen kann.

Teddie, den Du sehr grüßen mußt, sage vielen Dank für seine letzten Nachrichten. Dem »Kafka« von Haselberg sehe ich mit Erwartung entgegen.

Würde ich ins Kino oder auch nur ins Freie gehen, würde ich eine Lektüre finden, zu der Du (bei Deiner Arbeitslast) selber Gelegenheit fändest, so ließe sich wohl allerlei beifügen.

So muß ich mich begnügen, Dir die Bilder hervorzurufen, mit denen Deine Phantasie in meinem Raume sichs wohnlich einrichten kann: es sind die Bilderbogen, die Du mir in den letzten berliner Tagen geschenkt hast, an seinen Wänden und zwischen ihnen zwei von den großen Tätowiertafeln, die Du auch kennst.

Die Zeit, die oft dann dahinjagt, wenn sie einmal auf den unrechten Weg geraten ist, hat neulich ein Einsehen gehabt und ich habe nach einer Unterbrechung von Jahren den Umgang mit Helen Hessel an einem Punkt wieder aufnehmen können, der angenehmer und entsprechender ist als der, an dem wir uns vor langem, halb zufällig, getrennt haben. Wenn alles gut geht, werde [ich] also wieder diese oder jene Modenschau mir vergönnen können. Sie hat übrigens vor kurzem ein Schriftchen über den pariser Modenbetrieb geschrieben, das in der Darstellung seiner gesellschaftlichen Bedingtheit durchaus erstrangig ist.

Jetzt hoffe ich sehr bald von Dir [zu] hören.

Das Herzlichste

29 Juli 1935 Dein Detlef
Paris XV
7 Villa Robert Lindet

PS Könntest Du Teddie fragen, ob er die Möglichkeit haben wird (oder gehabt hat) einen Blick in die Schrift »Triumphbogen« von Noack (Studien der Bibliothek Warburg) zu werfen? – Seinen Brief über das Exposé erwarte ich sehr!

ORIGINAL Manuskript auf einem Briefbogen mit einem autofahrenden und hutschwenkenden Elefanten, die Anrede des Briefs ist von Benjamin in die Autoreifen geschrieben worden.

Baba: Der Autor der Kinderbücher mit »Babar«, dem Elefanten, war Jean de Brunhoff (1899-1937).

Ernsts Beziehung zu Linda: Die Malerin Linda Oppenheimer, Blochs zweite Frau, war 1928 von diesem geschieden worden; Näheres über das *Stadium der Auflösung* dieser Beziehung ist nicht ermittelt.

Teddie ... seine letzten Nachrichten: Die letzte erhaltene *Nachricht* ist Adornos Dankeskarte vom 12. Juli für Benjamins Beileidsbrief, in der von Haselbergs Kafka-Aufsatz jedoch keine Rede ist, so daß vermutlich eine Karte oder ein Brief Adornos als verschollen anzusehen ist.

Der »Kafka« von Haselberg: Peter von Haselberg (1908-1994), der in den Jahren 1931 bis 1933 bei Adorno studiert hatte, schrieb seine »Notizen zu Kafka« für das Feuilleton der »Frankfurter Zeitung«; obwohl sie schon im Fahnenabzug vorlagen, den von Haselberg Benjamin schickte, wurden sie nicht veröffentlicht.

Helen Hessel / ein Schriftchen: Vgl. Helen Grund, Vom Wesen der Mode, München 1935. – Vgl. auch Benjamins Exzerpte in GS V·1, S. 121-123.

»Triumphbogen« von Noack: Vgl. Ferdinand Noack, Triumph und Triumphbogen, in: Vorträge der Bibliothek Warburg (1925/26), Leipzig/ Berlin 1928, S. 149 ff.

101 Walter Benjamin an Gretel Karplus und Theodor Wiesengrund-Adorno Paris, 16.8.1935

Liebe Felizitas,

ich glaube recht zu tun, wenn ich diese wenigen Zeilen in Deine Hände lege.

Solltet Ihr, wider mein Erwarten, nicht mehr zusammensein, wenn sie eintreffen, so läßt Du [sie] wohl Deinerseits an Wiesengrund gelangen.

Sie enthalten keine Auseinandersetzung mit Eurem großen und denkwürdigen Brief vom 4ten. Diese wird späterem – und gewiß nicht einem Brief sondern einer Reihe von solchen im Laufe unserer Korrespondenz vorbehalten sein – einer Korrespondenz, die sich in ihren vielen Strömen und Rinnsalen dann freilich doch eines hoffentlich nicht zu fernen Tages in das Bett gemeinsamer Gegenwart ergießen soll.

Nein – das ist keine Auseinandersetzung sondern, wenn Ihr so wollt, eine Empfangsanzeige. Aber sie soll nicht nur sagen, daß die Hände es sind, die dieses Schreiben empfangen haben. Und es ist auch nicht nur der Kopf, mit ihnen. Sondern was ich Euch vorab und ehe irgend ein Einzelnes berührt wird, versichern will, das ist, wie beglückend für mich die Bestätigung unserer Freundschaft und die Erneuerung so vieler freundschaftlicher Gespräche ist, die Euer Brief vornimmt.

Das Außerordentliche und bei aller Genauigkeit und Dringlichkeit Eurer Einwendungen für mich so höchst Besondere und Befruchtende in Eurem Brief ist, daß er die Sache überall im engsten Zusammenhang mit ihrem von uns erfahrnen Gedankenleben betrifft; daß jede Eurer Reflexionen – oder so gut wie jede – in das produktive Zentrum hinein-, kaum eine daneben weist. In welcher Gestalt sie also in mir auch fortwirken werden und so wenig ich über dieses Fortwirken weiß, so scheint mir doch zweierlei davon festzustehen: erstens, daß es nur ein Förderliches, zweitens nur ein unsere Freundschaft bestätigendes und bekräftigendes sein kann.

Wenn es nach mir ginge, so wäre das alles, was ich für heute sagte. Denn alles weitere führt vorläufig noch leicht ins Ungeklärte und Nichtzubegrenzende. Aber da ich gerade von diesen Zeilen nicht möchte, daß sie Euch karg erscheinen, so seien einige, ganz provisorische und ganz wenige Glossen gewagt – nicht ohne zu hasardieren.

Daß sie einen mehr konfessionshaften als einen unmittelbar sachlichen Charakter tragen, das müßt Ihr in Kauf nehmen.

Und so sei vorab gesagt: wenn Euer Brief mit so nachdrücklichen Wendungen auf den »ersten« Passagenentwurf verweist, so ist zu konstatieren: es ist von diesem »ersten« Entwurf nichts aufgegeben und kein Wort verloren. Und was Euch vorlag, das ist, wenn ich so sagen darf, nicht der »zweite« Entwurf, sondern der *andere.* Diese beiden Entwürfe haben ein polares Verhältnis. Sie stellen Thesis und Antithesis des Werkes dar. Es ist daher dieser zweite für mich alles andere als ein Abschluß. Seine Notwendigkeit beruht darauf, daß die im ersten vorhandnen Einsichten unmittelbar keinerlei Gestaltung zuließen – es sei denn eine unerlaubt »dichterische«. Daher der, längst preisgegebne, Untertitel im ersten Entwurf »Eine dialektische Feerie«.

Nun habe ich die beiden Enden des Bogens – aber noch nicht die Kraft, ihn zu spannen. Diese Kraft kann nur ein langes Training verschaffen, für das die Arbeit im Material ein Element, neben andern, darstellt. Meine unglückliche Lage bringt es mit sich, daß diese andern Elemente zugunsten des einen genannten in dieser zweiten Epoche der Arbeit bisher zurücktreten mußten. Das weiß ich. Und dieser Erkenntnis trage ich in [von hier an nur in Abschrift erhalten:] der dilatorischen Art meines Vorgehens Rechnung. Ich will keinem Fehler Gelegenheit geben, auf den Kalkül einzuwirken.

Welches sind diese anderen Elemente des Trainings? Die konstruktiven. Wenn W Bedenken gegen die Kapiteleinteilung hat, so hat er ins Schwarze getroffen. Dieser Disposition fehlt das konstruktive Moment. Ich lasse dahin gestellt, ob es in der Richtung zu suchen ist, die Ihr andeutet. So viel ist sicher: das konstruktive Moment bedeutet für dieses Buch was für die Alchemie der Stein der Weisen bedeutet. Es läßt sich im übrigen davon für jetzt nur das eine sagen: daß es den Gegensatz, in dem das Buch zur bisherigen und überkommenen Geschichtsforschung steht, auf eine neue, bündige und sehr einfache Weise wird resümieren müssen. Wie? steht dahin.

Nach diesen Sätzen werdet Ihr Euch nicht des Verdachts zu erwehren brauchen, als mische sich meinem Widerstand gegen andere Einwendungen etwas wie Eigensinn bei. Ich wüßte keine Untugend, von der ich in dieser Sache weiter entfernt wäre. Und ich übersehe, für spätere Betrachtung die aufsparend, viele Punkte in denen ich mit Euch einig bin. (Selten bin ich es so sehr wie in den Reflexionen, die W. zum Thema des »Goldenen Zeitalters« anstellt.) Nein – woran ich im Augenblick denke, das ist die Saturnstelle Eures Briefes. Daß »der gußeiserne Balkon zum Saturnring werden« müßte – das will ich zwar ganz und gar nicht in Abrede stellen. Wohl aber werde ich erklären müssen: Daß diese Verwandlung zu vollbringen keineswegs Aufgabe einer einzelnen Betrachtung – und am wenigsten der der betreffenden Zeichnung Grandvilles – sein kann, sondern daß dies ausschließlich *dem Buche als Ganzen* obliegt. Formen, wie die »Berliner Kindheit« sie mir darbietet, darf gerade dieses Buch an keiner einzigen Stelle und nicht im geringsten Grade in Anspruch nehmen: diese Erkenntnis in mir zu fundieren ist eine wichtige Funktion des zweiten Entwurfs. Die Urgeschichte des 19ten Jahrhunderts, die im Blick des auf seiner Schwelle spielenden Kindes sich spiegelt, hat darin ein ganz anderes Gesicht, als in den Zeichen welche sie auf der Karte der Geschichte eingraben.

Diese gänzlich vorläufigen Bemerkungen beschränken sich auf einige allgemeine Fragen. Ohne diese ihrem Umkreis nach abzuschreiten, lassen sie alles Einzelne aus dem Spiel. Vieles davon werde ich bei späteren Gelegenheiten berühren. Zum Schluß aber erlaubt mir, auf die Gefahr hin, auch dies in der Form der confessio zu tun, auf eine mir entscheidende Problematik hinzuweisen. Indem ich sie aufwerfe, deute ich zweierlei an, wie zutreffend mir W's Bestimmung des dialektischen Bildes als »Konstellation« erscheint – und wie unveräußerlich mir gleichwohl gewisse Elemente dieser Konstellation scheinen, auf die ich hinwies: nämlich die Traumgestalten. Das dialektische Bild malt den Traum nicht nach – das zu behaupten lag niemals in meiner Absicht. Wohl aber scheint es mir, die Instanzen, die Einbruchsstellen des Erwachens zu enthalten, ja aus diesen Stellen seine Figur wie ein Sternbild aus den leuchtenden Punkten erst herzustellen. Auch hier also will noch ein Bogen gespannt, eine Dialektik bezwungen werden: die zwischen Bild und Erwachen.

ORIGINAL Manuskript und manschinenschriftliche Abschrift eines Teils von Gretel Karplus.

Euer großer und denkwürdiger Brief: Der sogenannte Hornberger Brief vom 2.-4. und 5. August, der eine eingehende Auseinandersetzung mit Benjamins Exposé enthält; vgl. Briefwechsel Adorno, S. 138-152.

der »erste« Passagenentwurf: Vgl. Briefwechsel Adorno, S. 140; Adorno dachte dabei an einzelne Stücke aus »Pariser Passagen II« (GS V·2, S. 1044 bis 1059), die Benjamin ihm 1929 vorgelesen hatte.

Bedenken gegen die Kapiteleinteilung: »Die Kapiteleinteilung nach Männern scheint mir nicht ganz glücklich; von ihr geht ein gewisser Zwang zur systematischen Außenarchitektur aus, der mir nicht recht behagen will. Gab es da nicht früher Abschnitte nach Materialien wie ›Plüsch‹, ›Staub‹ usw. ?« (Briefwechsel Adorno, S. 144)

Thema des »Goldenen Zeitalters«: »Das goldene Zeitalter von S. 10 ist vielleicht der wahre Übergang zur Hölle.« (Ebd., S. 146)

»der gußeiserne Balkon [muß] zum Saturnring werden«: »Nicht müßte der Saturnring zum gußeisernen Balkon werden sondern dieser zum leibhaften Saturnring und hier bin ich glücklich, Ihnen nichts Abstraktes entgegenzuhalten sondern Ihr eigenes Gelingen: das unvergleichliche Mondkapitel der ›Kindheit‹, dessen philosophischer Gehalt hier seine Stelle hätte.« (Ebd., S. 146 f.)

W's Bestimmung des dialektischen Bildes als »Konstellation«: »Nicht also wäre danach das dialektische Bild als Traum ins Bewußtsein zu verlegen, sondern durch die dialektische Konstruktion wäre der Traum zu entäußern und die Bewußtseinsimmanenz selber als eine Konstellation des Wirklichen zu verstehen.« (Ebd., S. 140)

102 Gretel Karplus an Walter Benjamin Berlin, 28.8.1935

28. August 1935.

Mein lieber Detlef,

so arg lange hast Du auf einen Brief von mir warten müssen, aber trotzdem glaube ich, daß Du meine Anwesenheit ab und zu gespürt hast. Gar mancherlei hat sich unterdessen ereignet. Im Schwarzwald war es ganz schön, wenn wir auch im Mittelgebirge sehr um unsere geliebten Dolomiten getrauert haben, ich habe mich aber doch ein wenig ausgeruht und fühle mich im Moment ganz leidlich, mehr wage ich ja schon kaum über mein Befinden zu sagen, um nicht gleich einen Umschlag zum Schlechten heraufzubeschwören. – Du erkundigst Dich so nett nach meinem Geschäft, bis jetzt kann ich noch gar nichts sagen, da ich hauptsächlich Winterhandschuhe mache, liegt mir viel daran, daß es einen möglichst strengen frühen Winter gibt, hoffen wir das Beste. – Da mein Vater dauernd geschont werden muß, hat sich unsere Wohnung mit den beiden Stockwerken und der Wendeltreppe als recht unpraktisch erwiesen, wir werden also Anfang Oktober in die Westphälischestr. 27 ziehen, am Hochmeisterplatz. Damit durch solche Dinge unsere Korrespondenz keine Störung erleidet, schreib dann bitte in die Dresdnerstr. 50 zu Tengler. Solltest Du noch etwas von Deinen Büchern und Zeitschriften brauchen, so würde ich sie Dir gern jetzt schicken, damit sie unter dem Umzug nicht unnütz leiden. – Meine Schwester war jetzt einige Wochen auf Besuch in Amerika, weiß ungeheuer interessant zu erzählen und hofft bald ganz hinübergehen zu können. – Teddie ist augenblicklich in Frankfurt, kommt dann noch für 14 Tage nach Berlin und ist gegen den 10. Oktober wieder in [Oxford], vorher aber noch einmal Frankfurt und ein paar Tage London.

Es war für mich eine ganz große Freude, den Antwortbrief auf Dein Exposé mit Teddie zusammen besprechen zu können, und Deine Antwort ist genau so ausgefallen, wie ich sie mir gewünscht habe, nein in der Nüance des Anmichgerichtetseins hat sie sogar meine kühnsten Hoffnungen übertroffen und ich danke Dir dafür besonders herzlich. Es ist für mich eine große Beruhigung, daß Du selbst vom ersten und anderen Entwurf schreibst und Dich sehr dagegen verwahrst, man könne meinen, der erste sei aufgegeben. Damit bist Du auch unserer Meinung, daß es mit dem 2. allein unter keinen Umständen getan ist, darin würde man nie die Hand WBs vermuten. Ich bin schon sehr begierig auf Deinen zweiten Brief an Teddie.

Hast Du unterdessen den Aufsatz von Haselpeter bekommen? – Ich sprach ihn in Frankfurt leider nur telefonisch, dabei erzählte er mir von dem Plan seiner neuen Arbeit über die Alpen. Er ist nämlich ein großer Alpinist, kennt sich auch in der Literatur darüber recht gut aus. Er meint, daß die Alpen eigentlich erst im 19. Jahrhundert als Landschaft entdeckt worden seien und zwar hat man dann die Vorbilder der großen Städte in ihnen gesehen und die Gebäude dort wiedergefunden. – Wegen der »Berliner Kindheit« hielte ich es am vorteilhaftesten, wenn Du zuerst einmal an Krenek schreiben würdest, ob er die Möglichkeit hätte das Manuskript unterzubringen, wie steht es denn in dieser Beziehung mit Ernst Bloch, er hat es doch mit seinen Sachen immer glänzend verstanden.

Mit dem Baba hast Du mir eine ganz große Freude gemacht. Für Detektivschmöker bin ich immer gern zu haben. Dabei fällt mir ein, was hälst Du denn von der neuen Kafkaausgabe mit den verschiedenen Lesarten? – Wäre es Dir wohl möglich, mir das Buch Machines en Asie von Frédérix zu schicken? – Ich weiß zwar, daß Du nicht Englisch lesen kannst, aber hast Du vielleicht einmal von T. S. Eliot, der erstaunlicherweise auch sehr interessante französische surrealistische Gedichte geschrieben hat, gehört? –

Wie geht es denn Deiner Schwester, Deinetwegen hoffe ich, daß sie noch recht lange fortbleiben möge. Hast Du eigentlich mit Fränkel Kontakt, aus manchem, was ich über ihn gehört habe, könnte ich es mir beinah denken. – Mit Helen Grund würde ich mich für mein Leben gern einmal unterhalten, und zwar nicht nur über die Modeschöpfungen der großen Häuser, sondern über die Gesetze, nach denen sich die Mode nach unten hin in der Provinz und beim Mittelstand schließlich durchsetzt. Jetzt stoße ich in meinem Beruf beinah täglich auf dieses Problem, aber ich interessiere mich nicht nur dafür aus Geschäftstüchtigkeit, sondern schon früher war mir dieser Ablauf ein Rätsel, und ich möchte beinah sagen, je näher ich dran bin, desto schwieriger erscheint mir die Lösung, desto fragwürdiger erscheint mir der Begriff des Geschmacks. –

Hoffentlich ist Dir dieser Mammutbrief nicht zu langweilig zum Lesen, aber ich wollte doch die Versäumnis der letzten Wochen gern wieder gut machen. Alles Liebe

stets

Deine

Felicitas.

ORIGINAL Typoskript.

Arbeit über die Alpen: Nicht ermittelt.

Machines en Asie: Vgl. Pierre Frédérix, Machines en Asie. Oural et Sibirie soviétiques, Paris 1934.

T. S. Eliot ... französische surrealistische Gedichte: Möglicherweise denkt Gretel Adorno an die vier in französischer Sprache geschriebenen Gedichte »Le Directeur«, »Mélange Adultère de Tout«, »Lune de Miel« und »Dans le Restaurant« aus Eliots Sammlung »Poems« (New York 1920), die auch »The Hippopotamus« und »Mr. Eliots Sunday Morning Service« enthält.

103 Walter Benjamin an Gretel Karplus
Paris, 1.9.1935

Meine liebe Felizitas,

von Deinem Brief hatte ich eine große Freude. Er enthielt unter seinen Nachrichten keine eigentlich ungünstige. Und das müssen wir doch heute schon als einen Gewinn betrachten. Dazu kommt, daß ich mir einen Wechsel der Wohnung kaum anders als erwünscht für Dich denken kann. Es bindet Dich doch wohl nicht viel an Dein altes Viertel; und was die Einrichtung des neuen Quartiers betrifft, so wirst Du dabei doch Deine wichtigsten Wünsche und Deine Unabhängigkeit – so nehme ich an – mehr oder weniger durchsetzen können. Wenn die Lektüre eines Kriminalromans die ersten Stunden in fremdem Raum etwas anheimelnder gestalten kann, so kannst Du diesen bescheidnen Beitrag zum ameublement der Stunde von mir erwarten. Du kannst auch auf die »Machines en Asie« rechnen.

Einen Wunsch, der meine Bücher beträfe kann ich leider bei dieser Gelegenheit nicht formulieren. Meine Schwester wird im Lauf dieses Monats zurückkommen; die kurze und angenehme Zeit in eignen Wänden wird für mich dann ihr Ende erreicht haben und ich stehe einer ungewissen Situation, natürlich ohne allen Rückhalt, gegenüber. Bei der Anstrengung, der es unter diesen Umständen bedarf, auch nur meine wenigsten Siebensachen zusammenzuhalten, möchte ich mich mit mehr Habe nicht belasten. Ich bitte Dich also sehr, das Meinige weiterhin zu hüten.

Und da wir so bei meinen Angelegenheiten angelangt sind, so laß mich, ehe ich sie verlasse, noch sehr für Deine letzte rosige Sendung danken und Dir von neuem sagen, wie viel Bestätigung Deines Daseins auch von diesen kleinen Zeichen ausgeht, die manchmal großen Wundern so ähnlich sehen.

Meinen Gedankenflug höher lenkend, muß ich doch bei meiner Person noch einen Augenblick verweilen. Wenn Du nämlich von meinem »zweiten Entwurf« schreibst »darin würde man nie die Hand WB's erkennen«, so nenne ich das doch ein wenig geradezu gesagt und Du gehst dabei bestimmt über die Grenze hinaus, an der Du – gewiß meiner Freundschaft nicht – aber meiner Zustimmung sicher bist. Und, ich will nicht voreilig sein, aber ich glaube: hier formulierst Du auch kaum in TW's Namen. Der WB hat – und das ist bei einem Schriftsteller nicht selbstverständlich – darin aber sieht er seine Aufgabe und sein bestes Recht – *zwei* Hände. Ich hatte es mir mit vierzehn Jahren eines Tages in den Kopf gesetzt, ich müsse links schreiben lernen. Und ich sehe mich heut noch Stunden und Stunden an meinem Schulpult in Haubinda sitzen und üben. Heute steht mein Pult in der Bibliothèque Nationale – den Lehrgang so zu schreiben habe ich da auf einer höhern Stufe – auf Zeit! – wieder aufgenommen. Willst Du es nicht *mit* mir *so* ansehen, liebe Felizitas? Ausführlicher will ich hierzu nicht gerade sein.

Aber ohne Dir von den außerordentlichen Funden, die gerade [die] letzten Wochen mir gebracht haben, Proben vorlegen zu können, will ich Dir doch andeuten, daß ich die unersetzlichsten Materialien für das Bild von Paris, an dem ich arbeite, bei Victor Hugo gefunden habe. Wir lassen uns von diesem Autor, einem der ungleichmäßigsten und urteilslosesten Genies, die je gelebt haben aber auch einem der sprach- und der bildgewaltigsten da, wo es um die Manifestationen der natürlichen oder der geschichtlichen Elementarkräfte geht, in Deutschland nichts träumen. Auf der andern Seite habe ich allen Grund anzunehmen, daß das, was sich mir bei Victor Hugo erschlossen hat, auch in Frankreich verborgen geblieben ist und nur bei meinem alten und großen Freund Charles Peguy gibt es eine kleine Stelle, an der das wichtigste über Hugo gesagt ist. Selbst die ist in einer umfangreichen Abhandlung über ihn versteckt, die sonst wenig hergibt. – Im übrigen weißt Du aus einem meiner letzten Briefe, denke ich, daß ich seit langem mich dem Gegenstand nähere. Jedenfalls habe ich Dir über die Zeichnungen von Hugo geschrieben. Im Augenblick habe ich es nur mit seiner Prosa zu tun. Ich gedenke in einem Abschnitt des Buches Baudelaire und Hugo gegeneinander zu kontrastieren.

Vielleicht ist TW bei Dir, wenn dieser Brief kommt. Sage ihm in jedem Falle, daß ich sehr gern von ihm hören möchte und grüße ihn herzlich. Weitere Betrachtungen zu seinem großen Augustbrief werden dann nicht auf sich warten lassen.

Ernst kann bei Krenek für die Berliner Kindheit schon aus dem Grunde nichts tun, weil ich kein einziges Exemplar des Buches – außer dem meinigen – mehr besitze. Solltest Du etwa dessen, was in Tau's Händen gewesen ist, Dich bemächtigen können, so wäre es ein großer Gewinn. Das letzte hat mir – unter der Begründung, es abschreiben lassen zu wollen – Levy-Ginsberg verbracht. Im übrigen ist Ernst verreist; er hält sich für einige Wochen in Sanary auf. Er arbeitet an seinem neuen Buch, und das mit dem größten Eifer. Leider haben meine Gespräche mit ihm mir die Vermutung unabweislich gemacht, daß seine kritischen Fähigkeiten keinen Verlaß mehr bieten. Wohl war Selbstkritik nie seine starke Seite; früher aber besaß er in seinem Umgang – von seiner ersten Frau nicht zu reden – ein Korrektiv. Das fehlt ihm vollkommen unter seinen jetzigen Lebensumständen.

Zum Schluß ein Blick in meine Korrespondenz, den ich mit der Bitte verbinde, die äußere Gestalt ihres vorliegenden Probestücks zu entschuldigen – mein brauchbarer Füllfederhalter ist in Reparatur. W. hat eine Begegnung mit Asja gehabt und es ist mir natürlich sehr wichtig, daß nach sovielen Jahren eine mittelbare Verbindung wiederhergestellt ist. Ja, an der mittelbaren ist mir, wie die Dinge liegen, wohl mehr als an einer unmittelbaren durch Briefe gelegen. Er hat immer noch kein Zimmer; es scheint ihm aber sehr gut zu gehen. Ernst Schoen ist bei einem Freund in der Schweiz zu Gast; ich erfuhr das von ihm nach fast einjähriger Pause in unserer Korrespondenz. Er kommt auf der Rückreise nach London vermutlich hier vorbei.

Über meine Beziehung zu Fränkel gelegentlich. Sie hat eine lange Geschichte, deren Anfänge in meiner Studentenzeit liegen. Und auch über Helen Hessel – zu der meine Beziehung sich völlig zu retablieren scheint – gleichfalls ein nächstes Mal.

Also: viel Gutes und noch mehr Liebe

1 September 1935 Dein Detlef
Paris XV
7 Villa Robert Lindet

ORIGINAL Manuskript.

bei ... Charles Peguy gibt es eine kleine Stelle, an der das wichtigste über Hugo gesagt ist: Aus Charles Péguys »Victor-Marie, comte Hugo« zitiert Benjamin zweimal im Passagen-Werk (vgl. GS V·2, S. 912 f.) und einmal in der ersten Fassung seines Baudelaire-Aufsatzes (vgl. GS I·2, S. 587).

[ich habe] Dir über die Zeichnungen von Hugo geschrieben: Dieser Brief existiert nicht mehr.

Ernst / sein neues Buch: Vermutlich handelt es sich um »Theorie – Praxis der Materie« (späterer Titel: »Das Materialismusproblem, seine Geschichte und Substanz«); nicht auszuschließen ist aber, daß das im September 1937 gegenüber Adorno erwähnte umfangreiche Manuskript »Aufklärung und rotes Geheimnis« gemeint sein könnte, das verschollen ist (vgl. Bloch, Briefe 1903-1975, hrsg. von Karola Bloch u. a., Bd. 2, Frankfurt a. M. 1985, S. 439, Anm. 10 u. 11).

W. hat eine Begegnung mit Asja gehabt: Egon Wissings Brief vom 28. August 1935, der offenbar sehr schnell zu Benjamin gelangt war, enthält den Bericht über diese *Begegnung:* »Mon très cher [Absatz] Gestern habe ich Asja L. angerufen und mich dann gleich mit ihr verabredet Ich schreibe Dir Heute in aller Eile, daher nur kurz (im Sanator. in einer Pause zwischen Durchleuchtg. zweier Stationen) – Wir haben uns sehr lange unterhalten sehr viel über Dich. Sie steht – das kann ich wohl mit Sicherheit sagen sehr freundschaftlich zu Dir. Sie hat bereits vor ca. ½ J. Schritte unternommen um Dir von sich aus hier eine Position zu verschaffen, damals recht einflußreiche Leute f. Dich gewonnen. Die Sache – die gewissermaßen eine Überraschung sein sollte – ist aber im letzten Moment gescheitert (infolge polit. Konstellationen, die Du wohl kennst) Wir werden nun heute beide von verschiedenen Angriffspunkten aus von neuem vorgehen. Wir glauben, daß es gut wäre, Du kämest her und sähest selbst. A. L. wird Dich – wie ich annehme – sogar einladen. Visum müßtest Du in Paris selbst besorgen (nicht Intourist) Ich weiß nicht wie da Deine Beziehungen sind, mit Sicherheit kannst Du es über Gide bekommen, der z. Z. hier ungeheuer populär ist. [Absatz] A. L. bedauerte sehr, daß die bewußte Kritik nicht erschienen ist. Das einzige was sie an Dir auszusetzen fand ist, daß Du keine politischen Arbeiten veröffentlicht hast, d. h. Deine Stellungnahmen cor. publico kundtust. Ich versuchte ihr D. Standpkt. z. erklären. – [Absatz] Soviel f. Heute. Ich werde wahrscheinlich ab 1. Okt. nur noch in Moskau selbst arbeiten. Vielleicht von 15.9.-1.10. verreisen Antworte baldigst. ›Lu‹ war e. großer Genuß, schicke mir bitte d. nächsten Nummern. Heute abend rufe ich Felicitas in Bln. an. [Absatz] Kuck doch mal nach W. Frank, er schreibt, er wäre ganz gesund – stimmt das?! Wo ist Fr[itz]. Fr[änkel]. z. Z., ich will ihm schreiben. [Absatz] Wie die Lebensbedingungen hier sind, weißt Du ja, leicht u. einfach in keiner Weise, v. allem phantastische Wohnungsnot! Ich habe immer noch kein Zimmer. [Absatz] Alles Gute sehr herzlich Dein E.«

meine Beziehung zu Fränkel: Fränkel (1892-1944), der zu der Zeit schon in dem Haus 10, rue Dombasle wohnte, in das Benjamin 1938 einzog, war Benjamins ärztlicher Berater bei seinen Drogenversuchen.

104 WALTER BENJAMIN AN GRETEL KARPLUS PARIS, 10.9.1935

Liebe Felizitas,

heute einmal so. – Dich bringt der Wechsel des Formats bestimmt um nichts von dem, was ich Dir zu erzählen habe; während an Deiner letzten Nachricht die kurze Fassung das einzig enttäuschende war. Daß die »Berliner Kindheit« noch einmal vorhanden ist, beruhigt mich in der Tat sehr. Hinzukommt, daß gerade jetzt in Wien ein Versuch für sie gemacht werden soll. So bitte ich Dich, sie mir dieser Tage zu schicken, damit ich sie präsentabel ausstatten kann (ohne mich vielen Hoffnungen hinzugeben, nicht aber ohne mir jede Gewähr verschafft zu haben, daß ich das Manuscript im Fall es abgelehnt wird, zurückbekomme). An den Verlag von Ernst ist aus hundert und einem Grund nicht zu denken. Und ohne zu wissen, ob der Umstand bei dem Erscheinen von Ernsts Buch im Spiele gewesen ist sowie unter dem Siegel der größten Verschwiegenheit sollst Du erfahren, daß dies – höre und staune – ein Kostenzuschuß-Verlag ist; das heißt er läßt sich – wenn auch wohl nicht in allen Fällen – von den Autoren bezahlen.

Daß Ernst sich nach Sanary begeben hat, glaube ich Dir geschrieben zu haben. Wenige Andeutungen, die ich vor seiner Abfahrt über das neue Buch zu hören bekam, geben mir keine Zuversicht für seinen Gehalt. Im übrigen sind die Urteile über das vorliegende, die ich gesprächsweise zu hören bekomme, zumeist vernichtend. Dies à pur titre d'information.

In meiner Arbeit bin ich in den letzten Zeiten von einigem bibliographischen Glück begünstigt gewesen. Vor allem sollst Du wissen, daß mir Kochs »Zauber der Heilquellen« in die

Hände gefallen ist. Es versetzt mich im übrigen durch seinen Inhalt in die Lage, in die das Schulmeisterlein Wuz durch seine Armut versetzt wurde – er mußte sich den Inhalt der Bücher, deren Titel ihn interessierten selbst schreiben. Über den Zauber der Heilquellen weiß der Verfasser nicht mehr zu sagen als daß die Anwesenheit der Potentaten das klinische Befinden der Quellenbesucher wohltätig beeinflußte. Und er macht das am Beispiel Goethes ganz hübsch plausibel, leider ohne den zeitgenössischen Varianten und dem medizinischen Zauber der Filmstars in Karlsbad nachzugehen. Ich aber, der ich gehofft hatte, etwas von der Bewandtnis zu hören, die es mit Apollo-Tempeln und Brunnenhallen und ihrer Verwandtschaft hat, gehe leer aus. Besser ist es mir in einem andern Fall geglückt. Da ist ein Buch mit dem sehr sonderbaren Titel Heliogabal XIX ou biographie du XIX siècle en France, das in den vierziger Jahren in Braunschweig erschienen und enorm selten ist. Endlich, nach langen Monaten, ist es mir gelungen, es durch Vermittlung der Bibliothèque Nationale aus Göttingen zu erhalten. Und nun habe ich festgestellt, daß es meine Neugier nicht umsonst erregt hat: es enthält eine allegorische Bilderfolge zur französischen Politik, in der die sonderbarsten und verstecktesten Motive der Jahrhundertmitte zum Vorschein kommen. Nun werden wohl wieder Monate darüber hingehen, bis ich die Erlaubnis bekomme, eine der Tafeln photographieren zu lassen.

Dies nämlich ist novum: daß ich mir über wichtiges und entlegnes Bildermaterial zu meinen Studien Aufzeichnungen mache. Das Buch, soviel weiß ich seit einiger Zeit, läßt sich mit den bedeutsamsten illustrativen Dokumenten ausstatten und diese Möglichkeit will ich ihm nicht von vornherein abschneiden.

Für den Augenblick muß ich aber tant bien que mal einem andern Bilderkreis mich zuwenden. Mit dem Fuchs wird jetzt Ernst gemacht und ich denke die Sache diesmal auf eine mir gemäßere Art anzugreifen; indem ich von seinen Studien über die Karikatur, über Daumier und Gavarni ausgehe, die zu dem, was mich sonst beschäftigt wenigstens stofflich Beziehung haben. Fuchs selbst geht es leider schlecht und sein Verfall ist spürbar.

Warum höre ich denn garnichts von TW? – An weniger belangreichen Korrespondenten fehlt es nicht. Sternberger schickte mir einen Aufsatz über »Die Heilige und ihr Narr«, der mir beweist, daß er die von meinem Winterkönigtum geräumten Gefilde des Jugendstils als fleißiger Landmann bestellt. Indessen erträume ich mir etwas verschlungenere Pfade in diese Gegend. Sprach ich mit Dir einmal von meiner Idee, dem Apothekergehilfen Ibsen im Werk des späteren Dichters nachzugehen? Ich glaube. Nun, jetzt ist ein Psychoanalytiker, Tausk, auf den gleichen Gedanken gekommen und ich stelle fest, daß im Psychoanalytischen Almanach von 1934 darüber ein Aufsatz steht. Nur der Almanach fehlt mir! Aber das eilt nicht.

Du siehst, heute gibt es nur Bücher, Bücher, Bücher. Das ist ein wenig eine Flucht – ich wage nicht recht an die Welt außen zu denken; die kommenden Wochen sehen im Augenblick wieder einmal allzu düster aus. Solange ich hier sitze, ist alles zu machen.

Wie lange aber? Wenn es Dir möglich ist, so laß mir im September einen Zettel erscheinen.

In der nächsten Woche gehen die Schmöker an Dich ab; die Machines en Asie werden dabei sein. Ich bekomme sie erst am Sonnabend – sonst würde ich sie früher schicken. – Kümmerst Du Dich ein wenig um Euer neues Domizil; und wird es Dir möglich sein, Dir darin – die Mitbewohner angehend – eine sehr separierte Existenz zu sichern?

Grüße Teddie und selbst sei auf die alte Weise gegrüßt, also auf eine, der sich noch immer Hoffnung auf ein Wiedersehen beimischt.

Dein Detlef

ORIGINAL Manuskript.

Zur Datierung: Datum des Poststempels.

Deine letzte Nachricht: Sie ist nicht erhalten.

die »Berliner Kindheit« / in Wien ein Versuch für sie: Es ist eher unwahrscheinlich, daß damit schon Franz Glücks Versuche, einen Verlag für das Buch zu finden, gemeint sind; denn Benjamins Brief an Glück vom 18. Januar 1936 (vgl. GB V, Brief Nr. 1013) scheint dem zu widersprechen.

der Verlag von Ernst: Oprecht & Helbling, in dem »Erbschaft dieser Zeit« erschienen war.

Kochs »Zauber der Heilquellen«: Vgl. Richard Koch, Zauber der Heilquellen. Studie über Goethe als Badegast, Stuttgart 1933.

Heliogabal XIX: Vgl. [Hans, Graf von Veltheim,] Héliogabale XIX ou biographie du dixneuvième siècle de la France dediée à la Grande Nation (en signe de sympathie par un Allemand) [1843].

der Fuchs: Benjamin schrieb den Aufsatz »Eduard Fuchs, der Sammler und der Historiker« erst 1937 für die »Zeitschrift für Sozialforschung«; vgl. jetzt GS II·2, S. 465-505.

Sternberger ... »Die Heilige und ihr Narr«: Der »D. St.« gezeichnete Aufsatz »Die vielen Tränen« über Agnes Günthers (1863-1911) Roman, der 1913 zuerst erschienen war, hatte in der »Frankfurter Zeitung« vom 27. August 1935 (Nr. 435-436, S. 10) gestanden.

Tausk ... ein Aufsatz: Vgl. Viktor Tausk, Ibsen der Apotheker, in: Almanach der Psychoanalyse 1934, S. 161-166.

105 Gretel Karplus an Walter Benjamin
Berlin, 2.10.1935

2. Okt. 1935.

Mein lieber Detlef,

herzlichsten Dank für das Bücherpaket, die »machines« habe ich sofort mit großem Interesse angefangen. Überhaupt werde ich jetzt schon durch den längeren Weg zum Geschäft bedeutend mehr zum Lesen kommen, auch dadurch, weil ich von Jannowitzbrücke bis Halensee mit der Stadtbahn fahre. – Teddie war gerade 14 Tage hier in Berlin, wir hatten eine wunderschöne Zeit. Teddie hat sich von dem Schlag durch Agathes Tod etwas erholt und ist jetzt besser in Form als je. Wenn er nicht gleich schreibt, so hat das sicher weiter keinen Grund, und Du kannst ihn in 8 Tagen in London W1 Leinster Gardens, Albemarle Court Hotel und in 14 Tagen unter der gewohnten Adresse in Oxford erreichen. Er hat es bestimmt nicht übel genommen, daß Du den ersten Brief über die Passagen aus Solidarität an mich gerichtet hast, im übrigen nehmen wir es nicht so genau mit dem gegenseitigen Eigentum, so daß Teddie das Original Deines Briefes hat, während ich mir eine Abschrift gemacht habe. – Oft fällt es mir trotz der lieben Besuche doch recht schwer allein in Berlin übrig zu bleiben, immer mehr Leute ziehen fort, auch der Termin für meine Schwester rückt stetig näher, und allein mit meinen Eltern in einer zwar geräumigen, aber doch in einer Etage gelegenen 5 Zimmer Wohnung ist keine Kleinigkeit, besonders da mein Vater leidend geworden ist und der ganzen Atmosphäre einen möglichst grauen Ton aufdrückt, da braucht man schon zu den Alltäglichkeiten viel Nerven. Ich hoffe, daß 36, spätestens 37 auch für mich die ersehnte Veränderung eintritt. – Der Almanach 34 ist mir schon avisiert, ich werde ihn also bald abschicken. – Ich hörte, daß Du eventuell an eine Übersiedlung an Es. jetzigen Wohnort denkst, wie steht es damit? Darf ich zu diesem Plan heute einige Fragen aufwerfen, in alter Erinnerung an Deinen Aufbruch von Berlin, bei dem ich Dir auch helfen durfte? Kannst Du es heute ertragen dauernd in derselben Stadt zu leben wie Asja unter den veränderten Umständen? Bitte nimm meine Fragen nicht als Neugierde, sondern als wirkliche Besorgnis bei Dingen, an die Du vielleicht im Augenblick nicht denken magst. Bist Du gut orientiert über die völlig anderen Lebensbedingungen in bezug auf Wohnen, Essen, Verkehrsmittel u. ä.? Ist dort eine ausreichende Berufsmöglichkeit gegeben, da ich mir vorstellen könnte, daß noch jetzt wenn auch nur spärlich vorhandene Hilfsmittel dann versagen. Im Fall E. war ich gewiß für das Experiment, aber dafür weißt Du ja auch die Gründe: die Gefahr von Berlin und Deutschland überhaupt durch die Erinnerung an Vergangenes und die Familie, ebenso Frankreich, den ungeheuren Vorteil durch das Neue Unbekannte, viel Arbeit, hoffen wir, daß E. gesund bleibt, und daß wir den Versuch als geglückt betrachten dürfen. Aber bei Dir liegen die Dinge rein vital schon viel komplizierter und ich mache mir große Sorgen. Magst Du mir davon nicht etwas näher schreiben? – Für heute nimm die freundschaftlichsten Grüße

Deiner Freundin

Felicitas

ORIGINAL Typoskript.

106 Walter Benjamin an Gretel Karplus
Paris, 9.10.1935

Meine liebe Felizitas,

ich war denn doch sehr froh, eine ausführliche Nachricht von Dir zu haben. Ja, es muß schwer sein, es ringsum so leer werden zu sehen. Ich aber wäre sehr glücklich, wenn nun auch für Dich die eingreifende Veränderung absehbar wird, wie es nach Deinem Briefe aussieht. Und sie wird gerade bei Dir wohl zuletzt die positivste Gestalt annehmen. Deine letzten Berichte jedenfalls verbieten mir nicht diese Hoffnung.

Wenn Du annimmst, daß es mit meiner Veränderung – die noch erst als ein Nebelbild in der Ferne steht – eine sehr viel schwierigere Bewandtnis hätte, so hast Du recht. Aber unverantwortlicher als in die Gefahr vitaler Verstrickungen, wäre es, durch zu große Umsicht sich der bloßen Lebensmöglichkeit zu begeben. Ob aber diese in Westeuropa für mich noch lange bestehen wird, weiß ich nicht; weiß nur, wenn es die gegenwärtige bleibt, so vermindert sie sich im Quadrat ihrer Dauer.

Kurz gesagt: was ich brauche, das ist, nicht daß man mich – eine in infinitum reduzierbare Größe – unterstützt sondern meine Arbeit, die bescheidene Minimalforderungen stellt, aber bestimmte. Müßte ich hier alle Hoffnung aufgeben, so fände ich kaum den Mut, das zu formulieren. So aber liegt es augenblicklich nicht ganz. Es ist eine zwar kurze und provisorische, aber doch positive Antwort von Max auf mein Exposé eingegangen. Und was zwar nicht objektiv, aber, für den Augenblick, subjektiv ebenfalls, und kaum weniger ins Gewicht fällt, das ist, daß ich in letzter Zeit in dem Gradnetz der Konstruktion, das das der Dokumentation gewissermaßen schneidet, um ein Entscheidendes weiter gekommen bin. Viel hätte ich Dir davon zu sagen; und wie weniges läßt sich schreiben! Was ich Dir aber erzählen könnte, das würde – dessen bin ich gewiß – auch das Exposé, das Du kennst, Dir in ein neues und teilweise vertrauteres Licht rücken. Auf das Sachliche kann ich nicht eingehen, sondern Dir nur grundsätzlich sagen, daß ich – in diesen letzten Wochen – denjenigen verborgnen Strukturcharakter in der jetzigen Kunst – in der jetzigen Lage der Kunst – erkannt habe, der es erlaubt, das für uns Entscheidende, eben erst aktual Durchschlagende im »Schicksal« der Kunst im neunzehnten Jahrhundert zu erkennen. Ich habe damit meine Erkenntnistheorie, welche um den selbst Dir vielleicht nicht vertrauten und von mir sehr esoterisch gehandhabten Begriff des »Jetzt's der Erkennbarkeit« kristallisiert ist, an einem entscheidenden Exempel realisiert. Ich habe denjenigen Aspekt der Kunst des neunzehnten Jahrhunderts gefunden, der nur »jetzt« erkennbar ist, der es nie vorher war und der es nie später sein wird.

Über alledem aber will ich nicht vergessen, Dir recht herzlich für die Sendung des psychoanalytischen Almanachs zu danken. Wenn Du ihn Dir durch die Finger hast gehen lassen, so mußt Du auf den Gedanken gekommen sein, daß ich meine bibliographischen Wünsche recht leichtfertig ausspreche. Denn was soll die Anekdote über »Ibsen den Apotheker« – so sehr das Titelmotiv mich angeht, mir nützen. Du hättest recht.

Aber weniger als Du wohl meinst. In Büchersachen kann ich mich eben schwer irren. Und tue ich es, so ist die »List der Idee« da, die nach dem Rechten sieht. In der Tat ist mir Deine Sendung viel wichtiger gewesen als die entscheidendsten Mitteilungen über Ibsen als Apotheker mirs hätten sein können. Ich hoffe sehr, Du hast den Beitrag von Freud über Telepathie und Psychoanalyse, auf den ich damit komme, gelesen. Er ist wunderbar, sei es auch nur, weil er einem wieder den nicht genug zu verehrenden Altersstil des Verfassers vor Augen führt, eines der schönsten Exempel wahrer Allgemeinverständlichkeit. Aber ich denke an etwas Besonderes. Im Verlauf seiner Überlegungen nämlich konstruiert Freud – im Vorübergehen, wie er oft die größten Gedanken aufnimmt – einen Zusammenhang zwischen Telepathie und Sprache, indem er die erstere als Mittel der Verständigung – er weist erläuternd auf den Insektenstaat hin, der ohne Verständigung nicht existieren kann – phylogenetisch zur Vorläuferin der zweiten macht. Hier finde ich Gedanken wieder, die entscheidend in einem kleinen Entwurf aus Ibiza – »Über das mimetische Vermögen« – behandelt sind. Ich kann sie hier näher nicht andeuten, und halte für möglich, daß ich Dir bei unserer letzten Begegnung nichts von diesem wichtigen Fragment erzählt habe – ohne freilich dessen sicher zu sein. Ich hatte es an Scholem geschickt, der ein altes, angestammtes Interesse an meinen sprachtheoretischen Überlegungen hat und von dem es, zu meiner Verwunderung, ohne das geringste Verständnis quittiert worden ist. Da war die Freudstelle in Deinem Almanach ein wirkliches Geschenk für mich. Dank!

Vielleicht kann ich mich in der nächsten Zeit mit einem sprachtheoretischen Aufsatz – nur einem Sammelreferat – einstellen, das in der Zeitschrift erscheint. Du hast längst von mir darüber gehört. Meine eigenen Ansichten hatten darin keine Stelle. Immerhin habe ich gegen Schluß dieses Aufsatzes einige neue Mimesistheorien besprochen, die meine eigensten Überlegungen stützen.

Zwischendurch schreibe ich eine winzige Geschichte »Rastelli erzählt...«, die ich Dir in den nächsten Tagen zuschicken will.

Von Teddie nun bald zu hören, erwarte ich ungeduldig. Sollte er meine Adresse nicht haben, so erfährt er sie doch gewiß von Dir. Mein neues Quartier hat sich, seit ich Dir zum ersten Male von ihm aus schrieb, nicht verändert. Aber Arnold L. hat mir ein paar der nötigsten Möbel versprochen. Da im übrigen alles Tröstliche sich im Geisterreich abspielt, so will ich es für diesmal nicht mehr verlassen.

Ich lege einen Arm um Dich, der lange dieser Bewegung entwöhnt ist.

9 Oktober 1935 Dein Detlef
Paris XIV
23 Rue Bénard

ORIGINAL Manuskript.

positive Antwort von Max auf mein Exposé: Horkheimer hatte am 18. September geschrieben: »Ich kann mein Urteil nur sehr kurz zusammenfassen: Ihre Arbeit verspricht, ganz ausgezeichnet zu werden. Die Methode, die Epoche von kleinen Symptomen der Oberfläche her zu fassen, scheint diesmal ihre ganze Kraft zu erweisen. Sie machen einen weiten Schritt über die bisherigen materialistischen Erklärungen ästhetischer Phänomene hinaus. Der Exkurs über den Jugendstil, schließlich aber auch alle übrigen Partien der Arbeit verdeutlichen, daß es keine abstrakte Theorie der Ästhetik gibt, sondern diese Theorie jeweils mit der Geschichte einer bestimmten Epoche zusammenfällt. [Absatz] Die Diskussion über die Einzelheiten der Ausführung Ihrer Arbeit gehört zu den Erwartungen, die mir meine für Dezember geplante Europareise besonders wichtig erscheinen lassen.« (GS V·2, S. 1143)

[der] verborgne Strukturcharakter in der jetzigen Kunst: Erste Erwähnung des Kunstwerk-Aufsatzes.

das »Jetzt der Erkennbarkeit«: Vgl. den gleichnamigen Text zu den Thesen »Über den Begriff der Geschichte« GS I·3, S. 1237f. und die Stellen im Konvolut N des Passagen-Werks GS V·1, S. 578f., 591f. und 608, in denen auch der »Augenblick des Erwachens« eine zentrale Rolle spielt. Zu dem Zusammenhang vgl. auch die ›Regiebemerkungen‹ zu seinem Passagen-Exposé GS V·2, S. 1217f.

Freud über Telepathie und Psychoanalyse: In der im Brief genannten Publikation trägt Freuds Aufsatz den Titel »Zum Problem der Telepathie«. Benjamin zitiert daraus in einem Paralipomenon »Zu Sprache und Mimesis«, den die Hrsg. der »Gesammelten Schriften« dem Aufsatz »Über das mimetische Vermögen« zuordnen, vgl. GS II·3, S. 958.

»Über das mimetische Vermögen«: Vgl. GS II·1, S. 210-213.

ein Sammelreferat: Vgl. Benjamin, Probleme der Sprachsoziologie, in: Zeitschrift für Sozialforschung 4 (1935), S. 248-268 (Heft 2); jetzt GS III, S. 452-480.

»Rastelli erzählt ...«: Die Erzählung ist am 6. November 1935 in der »Neuen Zürcher Zeitung« erschienen; vgl. jetzt GS IV·2, S. 777-780.

Arnold L.: Das ist Levy-Ginsberg.

107 Gretel Karplus an Walter Benjamin
Berlin, 21.10.1935

21. Okt. 1935.

~~Monsieur Marcel des Pompes funèbres~~
~~Rowohlt Exemplar Ginsberg~~
~~Blochs Adresse~~
New Yorker Bescheid
Wiener »Kindheit«
~~Oxford~~
~~Abwartende Position~~
~~Kopfzerbrechen über sich selbst~~

Lieber Detlef,

schön ist die Geschichte von Rastelli, aber glaubst Du wirklich, daß das Motto so für mich geeignet ist, ich fürchte beinah, dies ist nur ein schöner Wunsch von Dir. –

Die abwechslungsreichen Tage mit meinem Besuch gehen bald zu Ende und ich kann den Gedanken nicht unterdrükken, daß es dies Mal für eine sehr lange Zeit der Trennung sein wird. – Mir graut vor dem Winter. – Von den beiden Detektivromanen hat mir der »chien jaune« bedeutend besser gefallen. – E. sprach noch von einem Buch mit dem Untertitel pompes funèbres, weißt Du was er meint? – Hat Dir Arnold L. geholfen, er steht damit noch sehr in unserer Schuld, denn nur aus Berechnung um Dir damit vielleicht nützen zu können, waren wir hier in Berlin sehr nett zu ihm. Er hat auch von Rowohlt Exemplare Deiner Bücher bekommen, um sie zu Deinen Gunsten an Bekannte zu verkaufen, wie steht es damit? – Hast Du aus Wien wegen der »Kindheit« eine Antwort bekommen? – Weißt Du zufällig, ob Ernst B. wieder aus Sanary in Paris ist, ich bin ihm einen Brief schuldig, kam aber durch den Umzug und andere Ablenkungen nicht dazu.

Hast Du nähere Nachricht über das Exposé aus New York oder Oxford? – Was Du über die Fortschritte in der Konstruktion Deiner Arbeit schreibst, habe ich *sehr* aufmerksam gelesen und als Abschrift an Teddie geschickt, da es ja sicher auch für ihn bestimmt war und ich Dir die Mühe abnehmen wollte, alles doppelt schreiben zu müssen. – Die Arbeit von Freud kannte ich schon einige Zeit aus dem neuen Band der Vorlesungen, von Deinem Entwurf aus Ibiza hast Du mir im letzten Herbst leider nicht gesprochen. Ich sprach Dir ja schon im letzten Brief davon, daß ich das Gefühl habe, als ob ich nicht sehr lange in Halensee wohnen würde, obgleich mir noch jede dringende rationale Begründung dafür fehlte. Der Entschluß ist für mich darum so besonders schwierig, weil ich mich nicht noch weiter von T. entfernen möchte, so daß wir uns wenigstens immer ab und zu, wenn auch nur viel zu kurz sehen können. Trotzdem weiß ich nicht, ob ich diese abwartende Position noch lange durchführen kann. Ich zerbreche mir also zufällig wiedermal für mich den Kopf, bisher ohne jeden Erfolg, ohne jeden Anhaltspunkt. Ich spreche nicht gerne über diese Anfänge aus [x], aber schließlich ist die völlige Isolation noch schlechter, so wollte ich Dir lieber davon sprechen. Ich will den Daumen drücken, daß der November sich freundlich für Dich gestalten möge, laß recht bald von Dir hören, trotz endloser Trennung

stets Deine

Felicitas.

ORIGINAL Manuskript.

die Geschichte von Rastelli ... das Motto: Weder die erhaltenen Drucke der Geschichte noch die Typoskripte enthalten ein Motto; es bleibt darum unklar, worauf Gretel Karplus sich bezieht.

der »chien jaune«: Ein Maigret-Roman von Georges Simenon.

ein Buch mit dem Untertitel pompes funèbres: Vgl. Pierre Véry, Monsieur Marcel des pompes funèbres, Paris 1934.

108 Walter Benjamin an Gretel Karplus
Paris, 30.11.1935
Fragment

Meine liebe Felizitas,

endlich kam Dein Brief. Und ich habe ihn mit großer Aufmerksamkeit gelesen, wie Du Dir denken kannst. Rückt er nun unsern Termin auch heraus, so scheint er ihn auf der andern Seite doch zu fixieren. Und das ist ein kleiner Trost. In der Tat hatte ich Dein Kommen mir weit näher bevorstehend gedacht und deshalb auch schon mit meiner Schwester gesprochen. Du wirst nun im Frühjahr, wenn nichts dazwischen kommt, bestimmt darauf rechnen können, bei ihr Dein Logis zu finden. Und damit sollte Paris dann keine ernstliche Schwierigkeit mehr für Dich darbieten.

Nachrichten über E sind mir gleichzeitig mit Deinem Brief auch von anderer Seite gekommen. Da ich weiterhin von ihm selber kein Wort habe, so reime ich sie mir nur mit der größten Schwierigkeit zusammen. Ich befürchte leider

Ungünstiges und bitte Dich, mir wenigstens meinen schlimmsten Verdacht, wenn es wahrheitsgemäß geschehen kann, zu entkräften: den, daß das alte Leiden sich wieder eingestellt hat. Sehr wenig trägt zu meiner Beruhigung bei, daß ein langer Brief von Asja E nicht einmal erwähnt. Bei meinem ratlosen Hin- und Hertasten ist mir auch der Gedanke gekommen, das Hautleiden könne sich wieder eingestellt haben. Leider würde die eine Krankheit die andere nicht ausschließen.

Jedenfalls habe ich E mit gleicher Post zu schreiben vor.

[Es fehlen eine oder mehrere Seiten]

nächste Woche Charles Du Bos, einen Freund Hofmannsthals, den weitaus bedeutendsten Kritiker Frankreichs, besuchen. Die Beziehung zur Monnier gestaltet sich näher und erfreulich. Ihre vorzügliche Leihbibliothek ist mir für meine gegenwärtige Arbeit sehr dienlich. Die Verbindungen meiner Gegend zur Bibliothèque Nationale sind so schlecht, daß ich jede Gelegenheit ergreife, zu Hause zu arbeiten.

In den nächsten Tagen wirst Du einen Kriminalroman und das letzte Heft der Zeitschrift für Sozialforschung mit meinem Aufsatz über Sprachtheorie bekommen.

Schreibe mir baldigst und sei bien embrassé

30 November 1935 Dein Detlef

ORIGINAL Manuskript.

Dein Brief / unser Termin: Der Brief ist nicht erhalten; die Gründe für die Verschiebung des Parisbesuchs von Gretel Karplus sind unbekannt.

Nachrichten über E ... von anderer Seite: Die Quelle dieser *Nachrichten* war nicht zu ermitteln.

Monnier / Ihre Leihbibliothek: Benjamin war seit Januar 1930 Benutzer dieser »Bibliothèque de prêt« Adrienne Monniers, der er von Félix Bertaux empfohlen worden war: »Madame, un écrivain berlinois, essayiste, M. Walter Benjamin me disait hier: ›Connaîtriez-vous l'auteur de poèmes qui ont paru à six ans de distance dans la N. R. F. et qui m'ont vivement frappé? C'est ce que j'ai lu en français qui a fait sur moi le plus d'impression.‹ Je n'ai pas cru pouvoir sans votre autorisation lui dire votre nom; mais si vous ne tenez pas à garder farouchement l'anonymat vis-à-vis de M. Benjamin (qui est traducteur de Proust), il serait ravi de recevoir un mot de vous l'autorisant à vous voir. Il habite Bd Raspail, 232, Hôtel Aiglon. Veuillez, Madame, m'excuser de l'indiscretion de ma démarche mais j'ai trouvé si touchante la dévotion de ce lecteur étranger que je voulais au moins vous en faire part, en vous renouvelant mon personnel et vif hommage.« (Adrienne Monnier & La Maison des Amis des Livres 1915-1951. Textes et documents réunis et présentés par Maurice Imbert et Raphaël Sorin, Paris 1991, S. 43)

109 Gretel Karplus an Walter Benjamin Berlin, 3.12.1935

3. Dez. 1935.

Lieber Detlef,

heute habe ich für Dich eine kleine Neuigkeit: Teddie kommt wahrscheinlich Anfang nächster Woche für ein paar Tage nach Paris zu einer Besprechung mit Max. Du wirst ihn ja dann bestimmt sprechen und weißt vielleicht eher etwas über meine Chancen als ich. – Darf ich Dich nun heute wieder um Deine bei Dir so selbstverständliche Diskretion bitten, Teddie weiß, wo E. ist und daß er dort eine gute Stellung hat, aber nicht, daß er sich nicht sehr wohlfühlt. Die Oktoberanwesenheit in Berlin ist bekannt, nicht die im Sommer, weil der Tod der Agathe damals alles andere in den Hintergrund drängte. Es ist alles friedlich und freundschaftlich, Du brauchst prinzipiell dem Thema nicht auszuweichen, aber Ihr habt sicher Wichtigeres zu besprechen als gerade mich. Ich hatte unterdessen Gelegenheit Dir die Fortsetzung des Romans zu verschaffen. – Frl. »Else« kann Dir leider keine Salami mitbringen, überhaupt nichts zum Essen, die Gründe wird sie Dir am besten selbst sagen, sie fährt Samstag.

Deine Vermutungen über E. sind nicht zutreffend, erstens

ist es dort unmöglich und zweitens ist diese Krankheit überwunden, er müßte sich denn aus Langeweile bei passender Gelegenheit eine neu züchten. Die Haut ist allerdings über die Kälte entsetzt, und ich glaube auch nicht, daß die Herrlichkeit dort ewig dauern wird. Aber was nun? – Es bleiben uns allen ja leider nicht so viele Möglichkeiten.

Ich bin erkältet und war vorige Woche von den unerträglichsten neuralgischen Schmerzen geplagt, jetzt kann ich mich wenigstens wieder bewegen.

Lieber Detlef, für die nächste Woche wünsche ich Dir also in jeder Beziehung das Beste, ach könnte ich doch bei Euch sein. Bitte schreib mir darüber möglichst ausführlich und vergiß trotzdem nicht

Deine Freundin

Felicitas

~~Egon~~
~~Kunsttheorie~~
~~Asja~~
~~Wiesengrund~~
Carte de Presse
Flämische Ausstellung
Hauptmann
Hochschule
~~Befinden~~
Neue Kunstbände
~~Diskretion~~
~~Scholem~~

ORIGINAL Typoskript m. Stichworten Benjamins.

110 Walter Benjamin an Gretel Karplus
Paris, nach dem 3.12.1935

Meine liebe Felizitas,

Dank für Deinen Brief – soweit man für Nachrichten danken kann, die von neuem was Dich selber betrifft, so unbefriedigend sind. Ist der neuralgische Schmerz nun wenigstens für die Dauer zurückgegangen?

Und wie steht es in andern, gewiß gleich gewichtigen Dingen? Noch weiß ich garnichts über die Richtung, in der Du selbst für die Zukunft Ausschau hälst, und damit wohl noch etwas weniger als Du selber. Werde ich durch TW mehr erfahren?

Im übrigen habe ich sonst über sein Kommen nichts vernommen und auch ein durch Dich mir von ihm angekündigter Brief ist ausgeblieben. Ich fahre fort, dieses Schweigen als rätselhaft anzusehen. Werden wir uns in der Tat hier sehen, so haben die Weisungen Deines letzten Briefs in mir jedenfalls den gehorsamsten und zuverlässigsten Empfänger. –

Ich habe inzwischen Nachrichten über E, die so unvollständig oder entstellt sie sein mögen, meine schlimmsten Befürchtungen zu optimistischen Annahmen werden lassen. Wenn ich mir ein schattenhaftes Bild von der katastrophalen Lage machen kann, die nun eingetreten ist, so habe ich freilich keines davon, wie sie zustande gekommen ist. Aber daß es ohne eine verbrecherische Leichtfertigkeit auf seiner Seite geschehen konnte, ist wohl nicht anzunehmen.

In dieser Sache bin ich vielleicht noch unwissender, in jedem Fall nicht weniger ratlos als Du. Sie trifft mich sehr schwer: erstens in seiner Person, zweitens in den etwa möglichen Rückschlägen auf meine dortigen Beziehungen, die ich ihm, wie Du weißt, zur Verfügung gestellt habe.

Gleichzeitig verdüstert sich ein anderes Bild, das mir durch Jahrzehnte mehr oder weniger freundlich winkte. Es ist die Figur von Scholem, dem ich auf mündlichem Wege durch einen Dritten, ihm sehr genau Vertrauten, eingehende Vorstellungen über meine Lage habe erheben lassen, die, wenn die Gespräche, die bevorstehen, nicht einen eingreifenden Wandel herbeiführen, ganz nahe an der Ausweglosigkeit ist. Diese Vorstellungen haben bei Scholem eine Reaktion zu Tage gefördert, deren kümmerliche Verlegenheit (um das Wort Verlogenheit zu vermeiden) mir nicht nur den traurigsten Begriff von seiner privaten Natur sondern auch von dem moralischen Klima des Landes gegeben haben, in dem er sich in den letzten zehn Jahren gebildet hat. Davon hat sich bisher expressis verbis in unserer Korrespondenz nichts niedergeschlagen, da er, seitdem ich zu unterliegen drohe, den Briefwechsel seinerseits ebenso dilatorisch behandelt, wie er ihn einst drängend behandelt hat. Daß aber mein eignes Bedürfnis ihn wissen zu lassen, was ich über die von Wichtigtuerei und Geheimniskrämerei verbrämte Verlegenheit denke, mit der er sich jedem tätigen Anteil an mir entzieht, sehr gering ist, das kannst Du Dir vorstellen. Ich gehe wohl nicht zu weit, wenn ich sage, daß er geneigt ist, in meiner Lage die rächende Hand des Höchsten, den ich durch meine dänische Freundschaft erzürnt habe, zu verehren.

Meine neue Arbeit hat weiter große Fortschritte gemacht und geht ihrer Fertigstellung entgegen. Je weiter ich in ihrer Ausgestaltung gelange, desto mehr festigt sich meine Überzeugung, daß ich einen schmalen Weg bahne, der bestimmt ist, einmal eine der wichtigsten Verkehrsstraßen zu werden. Etwa fünfundzwanzig Kapitel werden die vorläufige Markierung bilden.

Schreibe mir, ob [Du] noch weitere Bände der Kunstgeschichte in Deinem Besitz hast und schicke sie mir gegebnenfalls sobald Du nur kannst. Der zweite kam neulich; ich habe ihn schon aus.

Je t'embrasse tendrement

Dein Detlef

ORIGINAL Manuskript.

Zur Datierung: Benjamin antwortet auf Gretel Karplus' Brief vom 3. Dezember.

hälst: So in Benjamins Handschrift.

Nachrichten über E: Die Quelle dieser *Nachrichten* konnte nicht ermittelt werden.

meine dortigen Beziehungen: Wen Benjamin außer Asja Lacis hier im Sinn hatte, war nicht zu ermitteln. In seinen Briefen aus Moskau nennt Wissing nur Asja Lacis.

ein Dritter: Das ist Kitty Marx-Steinschneider.

Etwa fünfundzwanzig Kapitel: Die erste Fassung vom »Kunstwerk im Zeitalter seiner technischen Reproduzierbarkeit« hat 19 *Kapitel.*

weitere Bände der Kunstgeschichte: Um welche *Kunstgeschichte* es sich handelte, konnte nicht ermittelt werden.

111 Gretel Karplus an Walter Benjamin Berlin, 13.12.1935

13. Dez. 35.

Lieber Detlef,

verzeih diese flüchtigen eiligen Zeilen in der Stadtbahn.

Ich konnte unterdessen in einem Antiquariat den 3. Band Kunstgeschichte für Dich beschaffen. – Sicherlich bist Du jetzt mitten in den Pariser Verhandlungen, die für uns alle mindestens so wichtig sind wie die Genfer, aber noch einmal für alle Fälle Teddies Adresse: Hotel Lutétia Boulevard Raspail. Bitte mach Dir kein Kopfzerbrechen über sein Nichtschreiben, ich kämpfe seit 1 Jahrzehnt gegen dieses Übel mit sehr wechselndem Erfolg. – Ich wünschte, Du würdest Es Situation mit demselben grimmigen Humor aufnehmen wie Du ihn in Deiner Auffassung über Scholem zum Ausdruck bringst. Er wäre sicher sehr zufrieden gewesen, wenn das Experiment geglückt wäre. Sicher hat er sich schon darauf gefreut, uns dorthin einzuladen und uns zu helfen, voller Stolz über seine gute Stellung und das Erreichte. Wenn es nun anders kommt so sehr *gegen seinen Willen,* er hat wohl alles versucht, was er konnte. Die Beziehungen werden dadurch sicher nicht tangiert, aber ich muß Dir offen gestehen, daß ich jenes Klima auch nicht vertragen könnte, komme ich doch hier schon kaum mehr aus den neuralgischen Schmerzen, die auf meiner rechten Seite auf- und abwandern heraus. – E ist jedenfall *geheilt,* als absolut anzuerkennendes Positivum, wenn auch heimatlos. Und können wir, die wir auch im Glashaus sitzen, ihm daraus schließlich einen Vorwurf machen? Ich bin gespannt auf die nächsten Abenteuer, dem Ruf nach wäre ich zur Abwechslung für Süd-Amerika z.B. Uruguay.

Weihnachten fahr ich für 4 Tage nach Frankfurt, hoffentlich kommt Teddie dann noch für kurze Zeit nach Berlin. –

Darf ich Dich bitten eines der Marburger Bücher als Weihnachts-Geschenk von mir anzusehen, ich lasse Dir dann sobald wie möglich ein Ersatzexemplar schicken.

Ich erwarte voll Ungeduld Deine nächsten Nachrichten, sehr sehr herzlich stets Deine

Felicitas.

ORIGINAL Manuskript.

die Pariser Verhandlungen ... die Genfer: Jene führten dazu, daß Benjamin wieder 1000 Francs erhielt und von Mai 1936 an eine Erhöhung seines Forschungsstipendiums auf 1300 Francs durch das Institut für Sozialforschung erfuhr. – Die Genfer Verhandlungen des Völkerbunds hatten die italienische Annektion Abessiniens zum Gegenstand; England und Frankreich sprachen sich gegen Sanktionen aus.

eines der Marburger Bücher: Nicht ermittelt.

112 Gretel Karplus an Walter Benjamin Berlin, 9.1.1936

9. Januar 1936.

Mein lieber Detlef,

dies ist nun der erste Brief im neuen Jahr, das Du hoffentlich gut begonnen hast. Ich wäre vor allem sehr froh, wenn Du mir über Dein Zusammensein mit Max noch Näheres berichten würdest, besonders, ob es Dir nach Teddies kräftiger Nachhilfe gelungen ist, das Fixum erhöht zu bekommen. Vielleicht habt Ihr sogar über die Eduard Arbeit gesprochen und Euch auch hierin verständigen können, nämlich, daß sie nicht gemacht wird. – Teddie ist fort, und ich bin wieder so oft allein. Er hat hier viel Hölderlin gelesen und war völlig fasziniert davon, wobei ein Groll auf Berta sich wohl einstellen mußte. – Der Besuch in London ist des günstigeren Wetters wegen auf Pfingsten verschoben, auf der Rückreise würde ich dann bei Dir Halt machen. – Ich habe Dir noch für so manches zu danken, wie reizend, mir zu Neujahr ein Tüchlein zu schicken, ich werde es wohl in Ehren halten. Die Detektivromane habe ich gelesen, nimmst Du es mir sehr übel, wenn ich Dir gestehe, daß sie mir im Grunde zu französisch sind mit zu viel Erotik, die rein sachlichen englischen sind mir darin lieber. – Du hast mir noch gar nichts über die Arbeit von Haselpeter geschrieben, der Teddie sagte mir, sie hätte Dir nicht gefallen. Ich habe zwar auch genug daran auszusetzen, finde sie aber trotzdem äußerst bemerkenswert und hätte mich sehr gefreut, wenn Du zu Peters Ermunterung ihm mit Deinen Bedenken geantwortet hättest. – Kennst Du übrigens einen Deiner größten Verehrer in Berlin Hans Hennecke, früher Lektor bei Erich Reiß, schrieb ich Dir nicht schon von ihm? –

E. wundert sich von Dir nichts zu hören, er hat seit dem 1. seine Stellung aufgegeben. Soweit ich unterrichtet bin, richten sich momentan seine Pläne auf Abessinien oder Amerika, wo meine Schwester sich für ihn erkundigt hat. –

Es ist zu schade, daß Du nicht Englisch kannst, von dem berühmten Kinderbuch »Alice's adventures in wonderland« bin ich restlos begeistert, so daß ich Dir beinah raten möchte, es auf Französisch zu lesen, wenn eine gute Übersetzung existiert. –

Ich freu mich auf Deinen nächsten Brief, viel Liebes und Herzliches

Deine

Felicitas

Ich habe jetzt auch wieder mehr Zeit, auf die Suche nach Marburger Exemplaren zu gehen. –

ORIGINAL Typoskript.

Hans Hennecke: Der Schriftsteller Hans Hennecke (1897-1977).

113 Walter Benjamin an Gretel Karplus
Paris, nach dem 9.1.1936

Liebe Felizitas,

erst einmal will ich, auf die Gefahr einiges durcheinanderzustreuen, verschiedene Dinge aus Deinem Brief berühren.

Um anzufangen wie das Alphabet anfängt: Alice in Wonderland kenn ich selbstverständlich; es ist sogar das einzige Buch, das ich ein paar Seiten weit englisch kenne. Denn an ihm haben sich die untauglichen Versuche ereignet, diese Sprache mir beizubringen. Vor zwei Jahren habe ich es dann deutsch (oder französisch) gelesen und dann die Gelegenheit benutzt, mir einen Film, der nach dem Buche gedreht war, und über den ich Dir gewiß berichtete, anzusehen. Es ist eine außerordentliche Sache, und steht natürlich auch bei den Surrealisten in hohem Ansehen.

Da wir einmal hierbei sind, so wird es Dich interessieren, daß ich durch den Übersetzer meiner neuen Arbeit zum ersten Mal in Kontakt mit dem Bretonschen Kreis kommen werde; eine Berührung, die natürlich sehr viel Umsicht verlangt. Am kommenden Dienstag werde ich mir eine Veranstaltung der Gruppe anhören. Mit viel Interesse erfuhr ich, daß mein Übersetzer gerade jetzt eine eigene Arbeit »Von Sade bis Fourier« vorbereitet. Das Tempo, in dem die meinige fortschreitet, gibt mir die angenehme Gewißheit wenn ichs erlebe noch so manche fremde mir nutzbar machen zu können, ehe ich an den Text der eigenen gehe.

Auf diese lenke ich nun zurück. Das ist mir dadurch erleichtert, daß zwar die Arbeit über Eduard mir nicht von den Schultern genommen ist – und das war auch nicht zu erwarten – aber ihr Termin nicht unwesentlich hinaus gerückt wurde. Im übrigen stellt das bisher das einzige feste Ergebnis meiner Begegnung mit Max dar. Die maßgebende Besprechung soll erst nach seiner Rückkehr aus Holland stattfinden. Bis dahin weht noch eine sehr steife Brise; und ich war sehr froh, meine Sorgen für eine kleine Weile über dem neuen Band vergessen zu können, für dessen Absendung ich Dir herzlich danke.

Diese Kunstgeschichte, die sich allen meinen Interessen so vorzüglich anpaßt, harmonierte doch ganz besonders mit den Studien der letzten Tage, die ich nach langer Zeit wieder im Cabinet des Estampes zugebracht habe. Ich habe da, durch eine Baudelaire-Stelle geleitet, einen Radierer entdeckt, dessen Eaux-fortes sur Paris mir bei der Betrachtung den Atem zum Stocken brachten. Er ist ein Zeitgenosse von Baudelaire – es ist nicht auszudenken was bei einer von diesem mit Text versehenen Edition dieser Kupfer zu Stande gekommen wäre. Aber dieser Plan ist an der unberechenbaren Natur des Radierers zuschanden geworden. Er heißt Meryon. Die pariser Radierungen sind sein Hauptwerk und es sind nicht mehr als 20 an Zahl. Aber was für Stücke! Du wirst sie, wenn Du hier bist, zu sehen bekommen. Meryon ist, bald nachdem er die vierzig überschritten hatte, im Wahnsinn gestorben.

Wann ist aber Pfingsten? Ich fürchte, Du hast Deinen Besuch damit sehr weit hinausgeschoben. Ganz zu schweigen von meiner Absicht, dieses Jahr wieder einmal in Dänemark aufzutauchen – eine Möglichkeit, die freilich erst noch zu sichern wäre, und zwar um so mehr, als ich diesmal den Aufenthalt dort schwerlich so lange wie das letzte Mal ausdehnen möchte. Aber dazu wird gegebnenfalls wohl auch nach Pfingsten Zeit sein.

Daß Dir das Taschentuch ein Plaisir gemacht hat, freut mich sehr. Es ist aus einem Geschäft in dem ich in bessern Zeiten mehr gekauft habe. Und auch das wirst Du betrachten.

Über Haselberg wäre ich gern ausführlicher. Aber es ist alles schwieriger, wenn man einander persönlich nicht kennt. Vielleicht ergibt sich das später einmal.

Die schönsten und herzlichsten Grüße von
Deinem Detlef

ORIGINAL Manuskript.

Zur Datierung: Benjamin antwortet auf Gretel Karplus' Brief vom 9. Januar.

Alice in Wonderland / ein Film / bei den Surrealisten in hohem Ansehen: Breton nahm »Le Quadrille des Homards« aus der französischen Übersetzung des Buches in seine »Anthologie de l'humour noir« auf. Der Film »Alice in Wonderland« entstand 1933 unter der Regie von Norman McLeod; Charlotte Henry spielte die Rolle der Alice. – Adrienne Monnier hatte über den Film im Januarheft 1935 der N. R. F., S. 172-174, berichtet.

Kontakt mit dem Bretonschen Kreis / eine Veranstaltung der Gruppe: Die im Herbst 1935 von Breton und Bataille gegründete »Contre-Attaque«, eine Vereinigung der ›alten‹ Surrealisten um Breton und der Mitglieder des »Cercle communiste-démocratique« von Boris Souvarine, deren Anführer Georges Bataille war. Im Winter 1935/36 publizierte die Gruppe einen Traktat »Appel à l'action« gegen das Rechtsbündnis und besonders gegen den Colonel La Rocque. Im Frühjahr 1936 löste sich »Contre-Attaque« auf. Vgl. auch André Breton, Trois interventions à Contre-Attaque, in: ders., Œuvres complètes II. Édition établie par Marguerite Bonnet avec, pour ce volume, la collaboration de Philippe Bernier, Étienne-Alain Hubert et José Pierre, Paris 1992 (Bibliothèque de la Pléiade. 392.), p. 585-611 und die Anm. dazu. Über eine Teilnahme Benjamins an einer *Veranstaltung der Gruppe* ist nichts bekannt.

mein Übersetzer ... »Von Sade bis Fourier«: Der Schriftsteller, Übersetzer und Maler Pierre Klossowski, 1905 in Paris geboren, lebte, nachdem er in seiner Jugend in Deutschland, Italien und der Schweiz gereist war, seit 1923 in Paris, wo er sich Rilke, Gide und Jouve anschloß und die Werke de Sades und die Psychoanalyse für sich entdeckte. Er übersetzte aus dem Deutschen Otto Flakes Buch über de Sade (1933) und Friedrich Sieburgs »Robespierre« (1936) sowie dessen »Es werde Deutschland« (1933). Seine Studien über de Sade bis zu der Zeit waren: »Éléments d'une étude psychanalytique sur le marquis de Sade« (1933), »Le mal et la négation d'autrui dans la philosophie de D.A.F. de Sade« (1934/35) und »Temps et agressivité. Contribution à l'étude du temps subjectif« (1935/36). Klossowski, Mitglied von »Contre-Attaque«, hatte in der einzigen Veröffentlichung der Gruppe einen Beitrag über Fourier angekündigt: »La discipline morale d'un régime périmé est fondée sur la misère économique, qui rejette le jeu libre des passions comme le plus redoutable danger. Fourier envisageait une économie de l'abondance résultant au contraire de ce jeu libre des passions. Au moment où l'abondance est à la portée des hommes et ne leur échappe qu'en raison de leur misère morale, n'est-il pas temps d'en finir avec les estropiés et les castrates qui imposent aujourd'hui cette misère, pour ouvrir la voie à l'homme libéré de la contrainte sociale, candidat à toutes les jouissances qui lui sont dues – la voie qu'il y a un siècle a indiquée Fourier?« (Georges Bataille, Œuvres complètes I: Premiers Écrits 1922-1940, Présentation de Michel Foucault, Paris 1970, S. 391) Einen Aufsatz mit dem Titel »Sade et Fourier« publizierte Klossowski erst Jahrzehnte später, vgl. Pierre Klossowski, Les derniers travaux de Gulliver suivi de Sade et Fourier, Montpellier 1974, p. 31-77.

Die maßgebende Besprechung: In einem Brief vom 22. Januar 1936 schrieb Horkheimer an Adorno: »Mit Benjamin habe ich schon eine Unterredung gehabt. Daß der Inhalt seiner Abhandlung irgendetwas mit Brecht zu tun haben soll, hat er weit von sich gewiesen. Ich habe ihm bei einigen Stellen die Richtigkeit meiner und auch Ihrer Einwände klargemacht. Er wird sich, bevor die Übersetzung beginnt, noch einmal eingehend damit beschäftigen. Das Deprimierendste ist die Empfindung, daß die Mängel zum Teil sicher auf die materielle Not zurückgehen, in der er sich befindet. Ich will alles versuchen, dem abzuhelfen. Benjamin ist einer der wenigen Menschen, die wir um ihrer Denkkraft willen nicht zugrunde gehen lassen dürfen.« Adorno antwortete am 26. Januar: »Wir hatten von 1000 Francs gesprochen – ist es unzart, wenn ich Sie an diese Zahl erinnere? Da er ja einstweilen nichts dazuverdienen kann, wird es mit weniger in Paris selbst bei größten Sparkünsten nicht gehen.« (Adorno / Horkheimer, Briefwechsel I, S. 108-110)

Ich habe ... durch eine Baudelaire-Stelle geleitet, einen Radierer entdeckt: Baudelaire macht in seinem »Salon de 1859« auf Charles Meryon (1821-1868) aufmerksam: »Il y a quelques années, un homme puissant et singulier, un officier de marine, dit-on, avait commencé une série d'études à l'eau-forte d'après les points de vue les plus pittoresques de Paris. Par l'âpreté, la finesse et la certitude de son dessin, M. Méryon rappelait les vieux et excellents aquafortistes. J'ai rarement vu représentée avec plus de poésie la solennité naturelle d'une ville immense. Les majestés de la pierre accumulée, les clochers *montrant du doigt le ciel,* les obelisques de l'industrie vomissant contre le firmament leurs coalitions de fumée, les prodigieux échafaudages des monuments en réparation, appliquant sur le corps solide de l'architecture leur architecture à jour d'une beauté si paradoxale, le ciel tumultueux, chargé de colère et de rancune, la profondeur des perspectives augmentée par la pensée de tous les drames qui y sont contenus, aucun des éléments complexes dont se compose le douloureux et glorieux décor de la civilisation n'était oublié. [...] Sa gloire naissante et ses travaux ont été soudainement interrompus. Et depuis lors nous attendons toujours avec anxiété des nouvelles consolantes de ce singulier officier, qui était devenu en un jour un puissant artiste, et qui avait dit adieu aux solennelles aventures de l'Océan pour peindre la noire majesté de la plus inquiétante des capitales.« (Charles Baudelaire, Œuvres complètes II. Texte établi, présenté et annoté par Claude Pichois, Paris 1976, p. 666 f. [Bibliothèque de la Pléiade. 7.])

114 Gretel Karplus an Walter Benjamin
Berlin, 25.1.1936

25. Januar 1936

Mein lieber Detlef,

für diese heutigen Zeilen muß ich vor Beginn um Deine äußerste Nachsicht bitten. Ich muß an die Sonderstellung unserer Freundschaft appellieren, um Dinge zu berühren, die man im Grunde nicht schriftlich erledigen kann. Auch beim

Sagen verlören sie nichts von ihrer Selbstverständlichkeit, dies ist mir alles ganz klar, und doch will ich das Experiment unternehmen. – So weit ich informiert bin, stehen Deine Dinge bei Max nicht schlecht, er hat unbedingt die Absicht, Dir zu helfen und zwar in der richtigen Weise nämlich so, daß Deine Produktivkraft nicht unter den äußeren Dingen leiden soll. Daß dies auf die Dauer unvermeidlich wäre, ist nicht schwer vorauszusagen, und ich empfände es – von unserer Freundschaft abgesehen – als eine Todsünde, wenn wir dies nicht mit aller Kraft verhinderten. Verzeih, ich bin wirklich kein Reklamechef, aber ich glaube, daß Du an Teddie einen viel aufrichtigeren Freund hast, als Du vielleicht annimmst. Ich sehe in Eurer Freundschaft für beide Teile Chancen, die ein zweites Mal nicht so leicht zu finden sind. –

Ich glaube, es wäre das Einfachste, wenn Du Deine neue Arbeit nach Oxford schickst. – Den Gedächtnisaufsatz für Alban Berg finde ich großartig. Hast Du von dem Projekt der Jazzarbeit gehört? –

Pfingsten ist am letzten Mai, unsere Sommerpläne sind noch völlig ungeklärt, da die Dolomiten wohl heuer nicht in Betracht kommen. – Den letzten Band der Kunstgeschichte ließ ich direkt an Dich schicken. –

Bitte Lieber, zerreiß diese Zeilen und denk manchmal in alter Zuneigung und Herzlichkeit

an

Deine

Felicitas

ORIGINAL Typoskript.

Deine neue Arbeit: Das ist »Das Kunstwerk im Zeitalter seiner technischen Reproduzierbarkeit«.

Der Gedächtnisaufsatz für Alban Berg: Vgl. Adorno, Erinnerung an den Lebenden, in: »23« Eine Wiener Musikzeitschrift, 1. 2. 1936, Nr. 24/25, S. 19-29; eine später überarbeitete Fassung vgl. GS 18, S. 487-512.

Projekt der Jazzarbeit: Horkheimer und Adorno hatten Anfang Januar in Amsterdam eine empirische Untersuchung über den Jazz verabredet, zu der Adorno ein Exposé schreiben sollte. Der Plan dieser Untersuchung wurde dann nicht weiter verfolgt, Adorno schrieb aber sein Exposé, an dem der Komponist Mátyás Seiber (1905-1960) mitgewirkt hatte, zu dem Aufsatz »Über Jazz« um.

115 Gretel Karplus an Walter Benjamin Berlin, 19.2.1936

19. Febr. 1936.

Lieber Detlef,

ich werde mich also heute bemühen Dir einen möglichst objektiven Bericht zu geben, wenn sich zum Schluß doch ein paar persönliche Bemerkungen einschleichen sollten, verzeih sie bitte. – Ich will mit diesen Zeilen natürlich keine Bevormundung ausüben, ich habe nur das Gefühl, als ob Du sonst überhaupt um einen ausführlichen Brief kommen würdest, und da ich durch die Lage von Berlin in diesem Fall nun einmal bevorzugt bin, will ich Dich an meinen Kenntnissen teilnehmen lassen. Anfang, Mitte März gedenkt E. in die Vereinigten Staaten zu fahren, zuerst nach New York, alles weitere wird sich finden. Die Aussichten sind nach den verschiedensten Orientierungen, z. T. auch durch meine Schwester nicht schlecht wenigstens noch und für sein Spezialfach. Sein früherer Chef ist auch drüben in Chicago, allerdings weiß ich nicht, ob man sich gerade von ihm so viel erhoffen soll. Wichtiger ist wohl, daß E. aus seinem letzten Aufenthaltsort sehr gute Empfehlungen für N. Y. bekommen hat. Er hat es nämlich verstanden, sich einen ausgezeichneten Abgang zu sichern, da er einem sehr bedeutenden Mann als einziger aus einem großen Consilium helfen konnte und zwar mit eben dem Mittel, das man schließlich auch aus Paris und Amerika als das einzig Mögliche telegrafisch angegeben hatte. – Es wird im Anfang sicher nicht einfach sein, aber bei seinen Fähigkeiten müßte er es eigentlich schaffen. Trotz der größeren Entfernung von seinen Freunden ist er dort außerdem nicht bedroht seine Freizügigkeit endgültig zu verlieren, das Klima ist auch in besiedelten Gebieten günstiger, und man bekommt alles zu kaufen. (Ob sich der Traum von Los Angeles realisieren läßt, bleibt abzuwarten) Soweit ich es beurteilen kann, ist die Heilung gelungen, die letzten 6 Monate waren keine verlorene Zeit. Eigentlich kommt ihm die ganze Entwicklung im Gegensatz zu den anderen Menschen sehr gelegen, da er jetzt seinen Neuanfang mit gutem Recht auf diese plausible Erklärung abschieben kann, ohne seine privaten Angelegenheiten auch nur erwähnen zu müssen. – Ich könnte mir gut vorstellen, daß er nun in seine männlichen Jahre kommt, da er nicht mehr entscheidend durch Frauen bestimmt wird, dann wird er auch sicher etwas besonderes leisten können. Ob dies nur ein schöner Traum von mir oder eines Tages zum Besuch verlockende Realität wird sich zeigen. – Jedenfalls sehe ich bei Euch beiden einen gewissen Fortschritt, das ermutigt mich, auch noch bei mir auf eine nicht ganz schlechte Lösung zu hoffen. –

Ich soll Dich recht herzlich von E. grüßen, was ich auch selber nicht minder intensiv tue

stets Deine

Felicitas

ORIGINAL Typoskript.

116 Gretel Karplus an Walter Benjamin
Berlin, 8.3.1936

8. März 1936.

Lieber Detlef,

es tut mir sehr leid, daß Du Dich nicht wohl fühlst, hoffentlich geht es Dir schon wieder so gut, daß Deine Arbeit fortgesetzt werden kann. Ich hatte gestern einen Brief aus Oxford und Teddie schrieb mir, daß er sehr positiv zu Deiner Arbeit stünde, da Du ihn ja voraussichtlich bald sehen wirst, wird er Dir die Einwände bald selbst auseinandersetzen können, mir tut es schrecklich leid, daß ich sie vorläufig nicht zu sehen bekommen kann und mich daher mit Bruchstücken einer Diskussion begnügen muß. –

Von einem Brief vor ungefähr 10 Tagen weiß ich tatsächlich nichts, auch nichts von dem Bericht über den Gideschen Vortrag. –

Ich glaube, daß wir uns über E. den Kopf nicht mehr zu zerbrechen brauchen. Er ist völlig jener dumpfen Sphäre der Untätigkeit entrissen, nichts erinnert mehr an »la mort difficile«, und vielleicht ist USA das geeignete Gebiet für ein neues Betätigungsfeld, wo man Geld verdienen kann und muß und arbeitet, nicht mehr nur auf Frauen konzentriert ist. Natürlich ist das Risiko groß, aber nicht größer wie bei uns allen, und der Versuch geschieht wenigstens bei vollem Bewußtsein und nicht unter Zwang. Du hast E. ja auch schon früher gekannt, vielleicht erinnert er heute mehr an die Zeit vor seiner Bekanntschaft mit Gert, nur daß er halt nicht mehr so geradlinig draufgängerisch ist, sondern heilsam gebrochen. Wenn Du noch bestimmte Fragen hast, will ich sie Dir gern beantworten. Los Angeles lockt wegen des guten Klimas, da in San Francisco wenig Aussicht sein soll, aber das sind ja alles nur Vermutungen, in einigen Wochen wissen wir wohl schon Genaueres. –

Wir haben zwar noch keine bestimmten Osterpläne, aber ich hoffe doch sehr Teddie bald zu sehen, da ich nur gerade die Feiertage fort kann, wird er vielleicht herkommen. Ich fürchte nur, daß ihm Berlin endgültig verödet vorkommen wird, da auch die letzten Reste der Bekannten wie Carlchen und Alfred Sohn unterdessen fort sind. Aber schließlich hat er in O. so viele Sehenswürdigkeiten, daß er hier schon einmal mit mir vorlieb nehmen muß, ich freu mich jedenfalls sehr auf seine Berichte, und überhaupt auf sein Hiersein, es ist nur immer viel zu kurz. –

Das wäre aber auch alles was ich über mich berichten könnte, wenigstens meine Freuden.

Ich bin stets in Erwartung Deiner Nachrichten, laß mich nicht zu lange auf sie warten und entschädige mich bitte für den verlorenen Brief, sehr, sehr herzlich

Deine Felicitas

ORIGINAL Typoskript.

ein Brief aus Oxford: Der Briefwechsel zwischen Gretel Karplus und Adorno ist verschollen.

der Bericht über den Gideschen Vortrag: Benjamins *Bericht* »André Gide und sein neuer Gegner« erschien im Novemberheft der Zeitschrift »Das Wort«, vgl. jetzt GS III, S. 482-495.

»la mort difficile«: Anspielung auf die Erzählung gleichen Namens von René Crevel, erschienen 1926.

Carlchen und Alfred Sohn: Carl Dreyfuss war Anfang 1936 nach England, Alfred Sohn-Rethel Anfang Februar 1936 nach Luzern emigriert.

117 Gretel Karplus an Walter Benjamin Berlin, 24.3.1936

Lieber Detlef,

vorläufig hat sich meine Situation geklärt, nämlich so, daß Du mich noch weit eher mit einem rosa Sträußchen überraschen könntest als ich Dich. Ich werde nicht verhungern, aber meine Reisepläne werden sich wohl nicht realisieren lassen, ähnliche Situation wie Frühjahr 33. – E. ist am 19. abgefahren, vielleicht hast Du schon Nachricht. – Aus Teddies Pariser Abstecher scheint nichts geworden zu sein, schade.

Ich brauche so dringend ein wenig Ermunterung, schreib mir bitte und erzähl von Dir, laß mich denken, ich säße am Abend spät in Deinem Zimmer und vergäße bei Dir alle Sorgen. – Nur das Wetter ist frühlingswarm und tröstlich, ein

Wunder geschah, ich gehe allein viel spazieren. Verzeih heute bitte meine völlige Ichbezogenheit herzlichst stets

Deine

Felicitas.

ORIGINAL Postkarte m. aufgedruckten Osterhasen; Stempel: Berlin-Charlottenburg, 24. 3. 36. – Manuskript.

118 Gretel Karplus an Walter Benjamin Berlin, ca. 24.4.1936

Lieber Detlef,

der Ton Deines letzten Briefes klingt ganz leise verärgert, aber ich kann Dir versichern, daß Du Dich hinter keinem unserer gemeinsamen Freunde zurückgesetzt zu fühlen brauchst. Ich war nur so völlig down, daß selbst an die besten Freunde zu schreiben eine Qual für mich bedeutete, und so ließ ich alles vorbei und über mich hinweg gehen. Jetzt nach Ostern – ich war 3 Tage in Frankfurt, – Teddie genau so wenig in Berlin wie in Paris, geht es mir ein wenig besser. – Die Auflösung meines Geschäfts ist beschlossen, doch wohin dann mit mir? Glaubst Du, daß sich in Paris irgend welche Möglichkeiten fänden? Daß ich an Paris vor allem Deinetwegen denke, hast Du längst erraten und ich will diese Frage umso intensiver stellen, je weniger ich sonst weiß, wann wir uns wiedersehen werden. Meine Pfingstreise ist aufgehoben (aufgeschoben?), im Moment sehe ich keine Möglichkeit für ein Zusammentreffen. Es tut mir so leid für Dich, da ich weiß, wie sehr Du Dich auf unser weekend gefreut hast, aber noch viel schlimmer ist es für mich, die unendlich viel Wichtiges, worüber man sich doch nur unvollkommen schriftlich verständigen könnte, mit Dir zu besprechen hätte. Also wenn Du zufällig etwas hörst: abgeschlossene akademische Ausbildung in Chemie, weitgehende kaufmännische Kenntnisse, 10 Jahre Praxis, Spezialität: Handschuhleder – Lederhandschuhe. –

Doch nun zu Dir. Ich bin sehr froh, daß die Arbeit in absehbarer Zeit erscheint, zu dumm, daß ich sie vorläufig nicht lesen werde. Erzähl mir doch bitte etwas ausführlicher von Adrienne Monnier, in ihr scheinst Du in Paris endlich einen Menschen gefunden zu haben, mit dem Du wirklich Kontakt hast, und den Du gern siehst.–

Von Ernst hatte ich unterdessen einen langen Brief, er schrieb sehr munter und hatte große Pläne. – Eben war ich bei Rowohlt, ich traf ihn leider selbst nicht an trotz telefonischer Absprache, da er krank ist. Eine freundliche Dame erledigte die Angelegenheit in seinem Auftrag, in Berlin haben sie keine Exemplare, sie wollen nach Leipzig schreiben und *mir* dann Bescheid geben oder die Bücher gleich schicken. Du hörst dann noch von mir. – Hoffentlich hast Du aus New York direkt Nachricht, bis jetzt ist E. sehr optimistisch, hoffen wir dies Mal ohne Rückschlag. – Es wäre schrecklich nett von Dir, wenn Du mir Bücher, die Du nicht mehr brauchst, schicken würdest, wenn man so viel allein ist wie ich, spielen Schmöker gar keine so geringe Rolle. – Ich denke, daß Du heute zufriedener mit mir bist und erwarte bald von Dir zu hören.

Sehr, sehr herzlich

Deine

Felicitas.

ORIGINAL Manuskript.

Zur Datierung: Der Brief ist kurz nach Ostern, das auf den 21. April fiel, geschrieben.

Dein letzter Brief: Nicht erhalten.

die Arbeit: Die gekürzte französische Übersetzung des Kunstwerk-Aufsatzes erschien im ersten Heft des Jahrgangs 1936 der »Zeitschrift für Sozialforschung« (vgl. jetzt GS I·2, S. 709-739).

aus New York direkt Nachricht: Der erste Brief Egon Wissings aus New York datiert vom 16. April 1936; darin heißt es: »*Hier* scheine ich gerade noch zu recht gekommen zu sein. Wir bekommen nämlich die ›licence‹ im Staate New York ohne Staatsexamen mit einer bloßen Sprachprüfung, aber es soll ein Gesetz in Vorlage sein, in dem das geändert wird. Ich bin mit einem sog. ›visitor‹-Visum hier, werde aber wohl die reguläre Einwanderung über Canada erreichen. Wir haben ja hier keinerlei Verwandte aber meine Beziehungen verschiedenster Art haben sich bisher als besser erwiesen, als ich annahm. Daß ich öfters mit Prof. Horkheimer zusammen bin (wobei zuweilen von Dir die Rede ist), weißt Du. [Absatz] Meine beruflichen Aussichten sind auch hier nicht schlecht.« (Unveröffentlicht)

119 Gretel Karplus an Walter Benjamin
Berlin, 19.6.1936

19. Juni 1936.

Mein lieber Detlef,

Dank für Deinen Brief. – Wieder besteht die Aussicht, daß Du Teddie sehen und sprechen wirst eher als ich, leider auch dieses Zusammensein wieder ohne mich. –

Darf ich Dir gestehen, daß ich ein klein wenig traurig darüber bin, daß Du in diesem Jahr an meinem Geburtstag vergessen hast, ich hätte gerade heuer in diesen Tagen ein freundliches Gedenken besonders dankbar empfunden. – Doch um Dich nicht mit Sentimentalitäten zu plagen, so bitte ich Dich nur um eins. Ich weiß, daß Else H. sich dem Teddie gegenüber in der unerhörtesten Weise benommen hat, indem sie ihm vorwirft Dich im Stich zu lassen. Du allein weißt wirklich, wie die Dinge unserer Freundschaft liegen (ich meine Detlef – Teddie – Felicitas). Ich wäre Dir unendlich dankbar, wenn Du Deinen Teil dazu beitrügst, diese häßliche Einmischung möglichst schnell aus der Welt zu schaffen und so unsere gegenseitige Solidarität aufs Neue zu bestätigen. –

Nimm alles Liebe und Herzliche in einer unveränderlichen Zuneigung

von Deiner

Felicitas.

ORIGINAL Manuskript.

120 Walter Benjamin an Gretel Karplus
Paris, ca. Anfang Juli 1936

Liebe Felizitas,

warum kein kleinstes Wort von Dir?

Und das in einem Augenblick, da das Entbehren Deiner Briefe zu andern Entbehrungen tritt. Ich hatte mich schon sehr auf Teddies Kommen gefreut. Nun warte ich seit vierzehn Tagen vergeblich auf seinen Bescheid und auch diese Begegnung scheint sich aus genauer Erwartung in eine unbestimmte Hoffnung zu verwandeln.

Ich denke, daß ich im Laufe des Monats Paris verlasse. Wohin? Ich weiß es noch nicht. Jedenfalls will ich die Ferien nicht allein verbringen, weil das für die Erholung, die mir recht nötig ist, allzu ungünstige Bedingungen schaffen würde. Augenblicklich erwarte ich Nachricht von Stefan, um ihn wenn irgend möglich eine Weile in meiner Nähe zu haben.

Bevor ich wegfahre, hoffe ich, die Originalfassung des Lesskow übersetzen lassen zu können. Es bietet sich da eine Chance, die ich möglichst schnell ausnutzen will. So kommt es, daß ich Dich bitte, mir Dein Exemplar wieder zurückzusenden – und zwar möglichst mit nächster Post. Du wirst es nicht auf lange entbehren – spätestens sechs Wochen lang. Denn im September soll der deutsche Text in der Schweiz erscheinen.

Laß dies vor allem eine dringliche Bitte um Nachricht sein und sei auf die herzlichste, alte Weise gegrüßt

von Deinem

Detlef

PS Und nun geht es, heulend und zähneklappernd, an den Text meines »Eduard Fuchs«.

ORIGINAL Manuskript.

Zur Datierung: Gretel Karplus letzter Brief datiert vom 19. Juni, ihr nächster, die Antwort auf Benjamins, vom 14. Juli.

Nachricht von Stefan: Der nächste Brief Stefan Benjamins datiert auf den 13. Juli, ist aber ohne Jahreszahl.

die Originalfassung des Lesskow / eine Chance [ihn übersetzen lassen zu können]: Wahrscheinlich ist hier Jean Cassou gemeint, der Chefredakteur von »Europe«, wo nach dem Zeugnis Adrienne Monniers (Rue de l'Odéon, Frankfurt a. M. 1995, S. 149) »Le Narrateur« erscheinen sollte. Im Sommer 1937 übersetzte Benjamin selbst seinen Aufsatz (s. GB V, Brief Nr. 1172), dessen Manuskript ein nicht bekannter ›native speaker‹ mit handschriftlichen Korrekturen versah. Im Juli 1938 las Cassou die französische und die deutsche Fassung und bat Benjamin, der nicht sich selbst als Übersetzer offenbart hatte, den Übersetzer um eine Revision des französischen Textes zu ersuchen. Die revidierte Fassung wollte Cassou, wie er am 15. Juli an Benjamin schrieb, dann sofort in Druck geben (vgl. Nathalie Raoux, Six lettres de Jean Cassou et une lettre de la revue »Europe« à Walter Benjamin, in: Europe 75 [1997], S. 202-206 [Januar/Februar]; die zitierte Stelle S. 205); die Veröffentlichung kam jedoch nicht zustande. – Im Oktober 1936 erschien der Aufsatz unter dem Titel »Der Erzähler. Beobachtungen zum Werk Nikolai Lesskows« in der Zeitschrift »Orient und Occident«, vgl. jetzt GS II·2, S. 438-465.

121 Gretel Karplus an Walter Benjamin
Berlin, 14.7.1936

14. Juli 1936.

Mein sehr lieber Detlef,

unter allen Umständen mußt Du diese Zeilen von mir rechtzeitig zu Deinem Geburtstag haben, auch wenn ich sie ziemlich unleserlich in der Stadtbahn schreibe. Alles Liebe und Herzliche! Wenn Du an irgend einer Kleinigkeit von hier Spaß hättest, so könnte ich sie Dir vielleicht schicken, aber was? –

Bei mir ist augenblicklich so viel los, daß ich gestern völlig erschöpft zusammengebrochen bin, nach 12 Stunden todesähnlichem Schlaf kann ich heute wieder mühselig herauskriechen. Jeden 2. Tag 5-6 Stunden sehr schwerwiegende Verhandlungen, die sich so zuspitzen, daß ich Teddie über weekend nach Berlin bat, natürlich ein Migräneanfall, seit Wochen kein richtiger Schlaf, trotz allem waren die paar ruhigen Stunden mit Teddie herrlich, der in 10-14 Tagen für längere Zeit herkommen will. – Augenblicklich ist auch meine Schwester von Boston hier, sie scheint recht zufrieden und sieht gut aus, brachte auch gute Nachricht von E. –

Wie ungezogen in einem Gratulationsbrief so viel von mir zu schreiben.

Ich danke Dir sehr für den »Lesskow«, ich hatte ihn sofort nach Frankfurt weitergegeben, und Teddie wird ihn Dir gleich schicken, hat auch die gute Absicht Dir darüber zu schreiben. Du hast ganz recht, diese Gedankengänge von Dir sind mir noch sehr vertraut, und ich habe das Gefühl als ob wir längst ausführlich darüber gesprochen haben, so daß mir eigentlich nichts mehr zu sagen übrig bleibt. Ich habe jetzt auch durch Lotte Deine französische Reproduktionsarbeit hier, die ich mit größter Spannung lesen werde. – Haben sich Deine Sommerpläne schon geklärt? Wo lebt Stefan und was macht er? –

In Deinem vorletzten Brief schriebst Du, daß mit Karl Kraus der letzte gestorben sei, die Dich irgendwie beeinflußt hätten. Ich glaube, wir haben noch nie darüber gesprochen, aber hast Du bei dieser Aufstellung nicht Rudolf Borchardt vergessen? Ich halte nicht nur ungeheuer viel von ihm, sondern finde, daß es ganz starke Beziehungen zwischen ihm und Dir gibt, er ist einer der wenigen Menschen, die ich gern kennenlernen möchte. Ich hatte jetzt gerade wieder seine Pindar Übersetzungen in der Hand und war restlos begeistert, obgleich mir zum Verständnis seines Prosanachwortes nur zu viele vorauszusetzende Kenntnisse fehlen. Auch Teddie schätzt ihn sehr, vielleicht ist es möglich in Oxford etwas für ihn zu arrangieren.

Lebe mir sehr wohl in guter alter Freundschaft sei herzlichst umarmt

von Deiner Felicitas.

ORIGINAL Manuskript.

Borchardt / seine Pindar Übersetzungen: Die Buchausgabe war 1929/30 erschienen.

122 Gretel Karplus an Walter Benjamin Berlin, 14.10.1936

14. Okt. 1936.

Mein sehr lieber Detlef,

(kaum kann ich mir vorstellen, daß ich Dich jemals auch in Gesellschaft Walter nennen soll, aber wer weiß) dies nur nebenbei. –

Mit Deinem Brief bin ich sehr froh, sehe ich doch daraus, daß der Kontakt zwischen Dir und Teddie endlich so vollkommen war, wie ich es mir schon längst gewünscht habe. Und wenn ich auch von [mir] aus das Thema nicht direkt berührt habe, so weiß ich doch, daß Teddie sich stets lebhaft Dich als seinen Freund im eigentlichen Sinn des Wortes gewünscht hat.

Nun weiß ich aber recht wohl, daß Dir natürlich mein voriger Brief nicht gefallen hat. Es wäre mir daher gar sehr lieb, wenn Du mir ein wenig Näheres über Eure Gespräche berichten würdest, da ich daraus auch Deine Erwiderung entnehme, und mich überhaupt das Ganze doch gar sehr angeht. Ich kann unmöglich bis zum nächsten Wiedersehen warten, das ist mir zu viel an Sadismus. –

Darf ich Dich bitten, mir 50 kleine blaue Kuverts zu diesem Briefpapier zu besorgen, die Adresse lege ich bei.

Sei herzlich umarmt von Deiner

sehr erfreuten Felicitas.

ORIGINAL Manuskript.

Dein Brief: Benjamins Brief vom 27. September an Adorno, vgl. Briefwechsel Adorno, S. 195 f.

123 Gretel Karplus an Walter Benjamin Berlin, 9.11.1936

9. Nov. 1936.

Mein lieber Detlef,

laß mich Dir von Herzen für die Übersendung Deines Buches danken. Ob Du wohl weißt, was es gerade jetzt für mich bedeutet? Ein Trost, eine Erholung, alles ist mir zu wenig, nimmt es doch beinah den Platz eines Lebenden bei mir ein. Ein Freund, der mich versteht, der weiß, was es heißt, sich völlig deplaciert zu fühlen. Und es ist nur natürlich, wenn ich all diese wehmütigen und doch erfreulichen Gefühle auf Dich übertrage und viel an unser intensives Beisammensein 1932/33 denke. Damals als Du mir aus einem von fern Bestaunten [zum] Freund wurdest, und ich mich oft fragen mußte, wie dieses Wunder nur möglich sei. –

Auch die äußere Aufmachung gefällt mir und ich freu mich, so oft ich schon Bekanntes – von Dir mir gelesen – wiederfinde. –

Ich bin ganz froh, daß meine Verwandten Dich nicht belästigt haben, andererseits schien es mir beinah selbstverständlich für unsere Freundschaft Dich um diese Gefälligkeit zu bitten. –

Nur gut, daß Du diesen Winter mit dem Bewußtsein beginnen kannst, wenigstens die notwendigen Bedürfnisse befriedigen zu können. Sei sehr herzlich umarmt

von Deiner

Felicitas.

ORIGINAL Manuskript.

Dein Buch: Das gerade erschienene »Deutsche Menschen«.

meine Verwandten: Nicht ermittelt.

124 Walter Benjamin an Gretel Karplus San Remo, ca. 2.12.1936

Liebe Felizitas, Du wirst an diesem Instrument der Mitteilung so wenig Anstoß nehmen wie daran, daß sie in den letzten Wochen so ganz fehlte. Nicht einmal für Deinen wunderschönen Brief über mein Buch konnte ich Dir danken. Ich tue es heute sehr herzlich. – Da die völlige Unmöglichkeit, mit Stefan zu kommunizieren für mich und seine Mutter andauerte, und der Zustand nicht mehr zu tragen war, beschlossen wir, daß ich nach Wien (via San Remo) fahre. Hier wurde dieser Entschluß umgestoßen. Nach 14 Tagen schwierigster Dispositionen kam meine Begegnung mit Stefan – erst allein in Venedig, jetzt hier – zustande. Die Dinge liegen gewiß nicht so schlimm wie man es auf dem Höhepunkte der Ungewißheit befürchten mußte. Aber sie liegen doch garnicht einfach und ich bin noch weit davon entfernt, einen klaren Einblick zu haben. Es ist auch fraglich, ob ich ihn mir verschaffen kann, ehe ich, in einigen Tagen, nach Paris zurückkehre. Jedenfalls schreibe ich Dir von dort ausführlicher. Du wirst denn auch verstehen, daß ich zur Zeit in einem Zustand großer Erschöpfung bin und es daher bei diesem Wenigen bewenden lassen muß. Schreibe mir noch hierher, wenn Du es gleich tust (bitte Brief, *nicht* Postkarte). Ich habe hier eine Studie über Malerei und Photographie zu ende geschrieben – das ist alles was ich von mir verlangen konnte. Laß mich gleich von Dir hören. Sehr herzlich Dein alter Detlef San Remo Villa Verde

PS Ende der Woche fahre ich nach Paris

Was macht das Pferd nun. Der Einfachheit halber schicke ich Dir das Original Kuß Pf G

ORIGINAL Ansichtskarte: San Remo. Città vecchia; Stempel: überklebt. – Manuskript m. einer Beischrift auf der Bildseite von Gretel Karplus, die die Karte an Adorno nach Oxford weiterschickte.

Zur Datierung: Benjamin verließ San Remo Ende der ersten Dezemberwoche, und Gretel Karplus schickte die Karte am 4. Dezember weiter nach Oxford.

das Pferd: Adornos Kosename für Gretel Karplus.

eine Studie über Malerei und Photographie: Vgl. GS III, S. 495-507.

125 Gretel Karplus an Walter Benjamin Berlin, 21.12.1936

21. Dezember 1936.

Mein sehr lieber Detlef,

wie froh war ich wenigstens aus Kartengrüßen von Dir zu hören, und sehr bald werde ich wohl von Teddie berichtet bekommen. Ich freue mich, daß Ihr so guten Kontakt hattet und möchte Dich beinah fragen, ob ich nicht ein wenig eifersüchtig auf ihn bei Dir sein muß. – Vielleicht hast Du schon gehört, daß ich meine Firma verkauft habe, aber bis Ende März gibt es sicher nicht nur viel Ärger, sondern genau soviel Arbeit. Was dann? Noch weiß ich es nicht, aber vielleicht bringen die nächsten Tage auch hierfür Klärung. –

Wenn ich auch heute auf Deine Angelegenheiten nicht eingehen kann, weil ich noch gar nichts davon weiß, so kann ich Dich doch um Rat fragen. E. ist jetzt 9 Monate fort, und der briefliche Austausch will in der letzten Zeit gar nicht recht klappen, es sieht beinah so aus, als wolle die Freundschaft langsam einschlafen. Dagegen sträube ich mich, doch was ist ohne eine nahe Aussicht auf ein Wiedersehen da zu tun? Du kennst uns beide, vielleicht kannst Du raten. Damals brauchte er mich dringend, die Heilung gelang mir zuliebe, und mich lockte das Ausgefallene, Abwegige. Heute erscheint er mir in der Form gar sehr genormt, der Stand des »Habenwollens« scheint mir nur im Augenblick amüsant (zur Erklärung des etwas abgekürzten Gedankengangs [:] ich erlernte wohl den Zustand des Seinwollens, und das Richtige Eigentliche ist das Erkennenwollen, dessen Vertreter ich Dir nicht erst zu nennen brauche), es bleibt die Frage, wo findet man für die Dauer die gemeinsame Basis, die gleichen Interessen? Zwiefach weißt Du mir sicher zu antworten: aus Eurer langen Freundschaft heraus und aus dem Bericht über E's Ehe mit Gert, den Du mir eigentlich schon vor 2 Jahren zugesagt hattest. –

Über Teddie und mich brauch ich Dir heut nichts zu sagen. Du weißt sicher auch von ihm, wie gut uns das Zusammensein dünkt, jedes Wort ist schon zuviel.

Verleb die Feiertage recht hübsch, erhol Dich etwas und wenn Du etwas Zeit übrig hast, wirst Du mit einem Brief zum Vorfinden gleich nach dem Fest – ich bin am 27. abends wieder in Berlin – eine ganz große Freude machen

Deiner Dir freundschaftlich zugetanen

Felicitas.

ORIGINAL Manuskript.

126 Gretel Karplus an Walter Benjamin Frankfurt-Berlin, 28.12.1936

28. Dez. 1936.

Mein sehr lieber Detlef,

nimm noch diese Zeilen schnell aus dem alten Jahr – im Zug geschrieben, um Dir zu sagen, daß es in Frankfurt sehr nett war, daß ich mich über Deinen Brief besonders gefreut habe, und daß Teddie über Neujahr nach Berlin kommt. Zuviel hat er mir nicht über Eure Gespräche erzählt, aber in großen Zügen. Wie gern hätte ich die Zitate aus den Passagen und das große Gespräch mit Alfred gehört. Was hast Du jetzt von ihm für einen Eindruck, damals hattest Du gegen ihn gewisse Einwände. Ich erinnere mich noch sehr gut an die Verabredung bei Mampe, auch Frl. Freund war dabei, und doch soll laut Deiner Aussage ihr Buch gut geworden sein. – Ganz besonders habe ich Dir für den »Briefträger« zu danken, Du hast's wieder einmal getroffen. – Kennst Du außer dem noch mehr von Montherlant?

Wenn Du Dir etwas davon versprichst, wenn ich hier ab und zu mit Franz H. zusammen wäre, so gib ihm doch bitte meine Adresse, er findet mich dann leicht im Telefonbuch. Früher sah ich ihn zwar nur sehr selten bei Dir, aber vielleicht erleichtert die veränderte Situation das Zusammensein. – Hoffentlich führt Stefans Behandlung zu einem Erfolg, hattest Du von Bernfeld einen guten Eindruck? –

Für 1937 guten Fortgang Deiner Arbeit und endlich ein Wiedersehen für uns beide.

Nicht ganz ohne Hoffnung

Deine Felicitas.

Den Ritter »Fragmente eines jungen Physikers« kann ich Dir jederzeit eingeschrieben schicken, wenn Du ihn brauchst oder auch Teddie mitgeben, wenn ich bis zum 4. 1. Nachricht habe, obgleich ich nicht weiß, wann Ihr Euch wieder seht.

ORIGINAL Manuskript.

Dein Brief: Gemeint ist wohl Benjamins Brief an Adorno vom 2. Dezember (vgl. Briefwechsel Adorno, S. 214-216), den Adorno Gretel Karplus in Frankfurt zu lesen gab.

das große Gespräch mit Alfred: Adorno, Benjamin und Sohn-Rethel hatten sich um den 14. Dezember in Paris zu einem langen theoretischen Gespräch getroffen, in dessen Zentrum Sohn-Rethels Exposé »Soziologische Theorie der Erkenntnis« (Frankfurt a. M. 1985) stand.

Frl. Freund: Die aus Berlin stammende Gisèle Freund (1908-2000) war 1930 nach Frankfurt gekommen, um ihr Studium der Kunstsoziologie mit einer Dissertation über die Geschichte der Photographie zu beenden; 1933 mußte sie nach Frankreich emigrieren. Sie setzte ihr Studium an der

Sorbonne fort und schrieb die Arbeit »La photographie en France au dixneuvième siècle. Essai de sociologie et d'esthétique«, die im Verlag von Adrienne Monnier veröffentlicht wurde. Benjamins Rezension des Buches, vgl. GS III, S. 542-544.

der »Briefträger«: Wahrscheinlich ist der Roman von James Cain gemeint; die französische Übersetzung von 1936, die Benjamin im Spätherbst gelesen hatte, trug den Titel »Le facteur sonne toujours deux fois«.

Franz H.: Das ist Franz Hessel.

Bernfeld: Der österreichische Psychoanalytiker Siegfried Bernfeld (1892 bis 1953), den Benjamin schon während seiner Tätigkeit in der Jugendbewegung kannte, wohnte zu der Zeit in Menton, und Benjamin dachte daran, ihn wegen seines Sohnes Stefan zu konsultieren.

127 Gretel Karplus an Walter Benjamin Berlin, 12.1.1937

12. Jan. 37.

Lieber Detlef,

Dank für Deine Zeilen aus San Remo. – Zu dem von Dir nun einmal angeschnittenen Thema möchte ich zur Erklärung doch noch einiges hinzufügen, damit Du verstehen kannst, warum ich überhaupt insistiere. E. gefällt es in U. S. A. wohl ganz gut, er arbeitet viel, mit Erfolg und paßt auch sicher gut dorthin. Er ist oft mit meiner Schwester zusammen, so daß ich durch beide ziemlich orientiert bin. Die Schwierigkeit der Freundschaft par distance mit ihm besteht meiner Ansicht nach hauptsächlich darin, daß er sich zum Schreiben nie richtig Zeit nimmt, aber vielleicht dürfte ich gar nicht so viel mekkern, da ja meine Briefe auch keine Meisterwerke sind. – Für mich ist es merkwürdig und beinah aufregend, welche Rolle Gert nach ihrem Tod in meinem Leben spielt. Nicht nur die Freundschaft mit E, durch die ich noch manches aus ihrem Besitz zum Gebrauch bekommen habe, sondern jetzt auch die nähere Bekanntschaft mit einer sehr guten Freundin von ihr, so daß ich wieder überall auf Gerts Gewohnheiten stoße. Natürlich würde es mich da interessieren zu hören, wie sie nun eigentlich war, außer der verkorksten 1. Ehe, dem vielen Alkohol, M Krankheit und Autofahren, und wer könnte mir da besser einen Fingerzeig geben als Du, der uns beide kannte und sicher ahnt, was ich gern wissen möchte. Meister der zarten Kleinigkeiten, bitte hilf mir beim Lösen dieses schwierigen Problems. –

Hoffentlich sind Deine Augen wieder völlig in Ordnung. –

Vielleicht interessiert es Dich, daß Dolf St. in der F. Z. eine Kritik über einen Vortrag Heideggers geschrieben hat, auf die hin H. den nächsten Vortrag sofort absagte, immerhin ein Erfolg, der Aufsatz war sehr schön.

Ich freu mich auch im neuen Jahr über jede Zeile von Dir und stoße mich nicht an der Kürze.

Alles Liebe stets Deine

Felicitas

ORIGINAL Manuskript.

Gert / eine sehr gute Freundin von ihr: Vermutlich Doris von Schönthan (1905-1968).

eine Kritik: Vgl. Dolf Sternberger, Am Ursprung? Zu Martin Heideggers Frankfurter Vorlesung, in: FZ, Nr. 627-628, 8. Dezember 1936, S. 11. – Heidegger hatte im Freien Deutschen Hochstift drei Vorlesungen über den »Ursprung des Kunstwerks« gehalten, die letzte am 4. Dezember 1936.

128 Gretel Karplus an Walter Benjamin Berlin, ca. 18. 1. 1937

18ten Januar

Mein lieber Detlef,

ich denke Dich wieder in Paris, und wie stets komme ich zu Dir, wenn ich etwas Besonderes, womit ich nicht recht fertig werde, auf dem Herzen habe. – Ich entdecke eine neue – leider schlechte – Eigenschaft an mir: Feigheit. Ich meine damit die in Aussicht genommene Legalisierung der Beziehung zwischen Teddie und mir. Gewiß, ich wünsche mir seit Jahren nichts sehnlicher, ich habe mein ganzes Sein im Grunde auf diese Vereinigung eingestellt, ich wüßte auch gar nicht mehr, was sonst anzufangen, und trotzdem kamen mir Bedenken, ob ich mich nicht überschätzt habe, ob ich der Aufgabe gewachsen sein werde. Ich bin keine Else von Str., besaß wenigstens eine Chance, trotz des steten Beisammenseins dem Abstumpfen der Gewöhnung zu entgehen. Ich kenne Teddies Bedürfnis nach Glanz, Schönheit und Abwechslung, wo soll ich das alles stets herschaffen, jetzt da ich längst nicht mehr ganz jung und ohne jedes eigene Einkommen und ohne Besitz bin? – Lieber Detlef, lies nicht zu viel zwischen den Zeilen, es geht mir ganz gut, ich brauche halt nur Deinen Rat und Deinen Zuspruch. – Wie froh wäre ich, wenn ich wüßte, daß ich Dir manchmal auch ein wenig in nicht ganz unwichtigen Dingen helfen könnte. Laß bald von Dir hören, wie es *Dir* geht, alles Liebe und Herzliche in enger Verbundenheit

stets Deine treue

Felicitas.

ORIGINAL Manuskript.

Zur Datierung: Benjamin notierte entweder das Datum des Poststempels oder den Tag des Empfangs am oberen Rand des Blatts.

Else v. Str.: Else von Stritzky, Ernst Blochs erste Frau.

129 Walter Benjamin an Gretel Karplus Paris, 27.3.1937

Meine liebe Felizitas,

nun unternehme ich meinen Osterspaziergang zu Dir – des Umstandes ungeachtet, daß der pariser Himmel zu meinem Aufbruch seine frostigste Regenmiene aufgesetzt und Du mir vielleicht keine viel andere vorbehalten hast. Ich habe mich neben dem einzigen Öfchen auf der Terrasse des Select installiert; hin und wieder sticht die Sonne aus dem Gewölk und verschafft so dem Körper, was das Auge als Zwielicht kennt.

Vielleicht sind selbst diese späten Zeilen noch übereilt, denn im Halse fühle ich eine Grippe stecken und wenn sie mich ins Bett nötigen sollte, so habe ich dort eine Schreibgelegenheit zu erwarten, die ich nicht vorweg nehmen sollte. Wie dem auch sei – die gelben Bogen kommen wieder zu ihrem Recht. Vieles von dem, was ihnen sonst vorbehalten bleibt, hast Du diesmal von Teddie vernommen. Wir haben seinen pariser Tagen auch diesmal vieles Schöne und Wichtige abgewonnen. Von dem Fest der exposition Guys wird er Dir gesprochen haben, gewiß auch von einem besondern Abend mit Alfred und vielleicht hat er Dir auch von dem literarischen Fund erzählt, den ich ihm mitteilte. Am Tage seiner Abreise kam Friedrich an, den ich vorläufig nur kurz sprach. Er versicherte mich, daß der Fuchs drüben eine sehr freundliche Aufnahme gefunden habe; am gleichen Tage kam ein Brief an, in dem mir Max das bestätigte. Die Quarantäne, die ich über alle Korrespodenz verhängt hatte, war also doch zu etwas gut gewesen. Möglich ist, daß die Arbeit gleichzeitig mit der von Rottweiler erscheint. Noch steht mir der schwere Gang zu Fuchs bevor, dem ich sie dieser Tage überbringen werde.

Was meine nächste Arbeit angeht, so gibt es dazu einen mir sehr sympathischen Vorschlag, der von Teddie stammt. Freilich ist seine Annahme nach dem letzten Briefe von Max noch problematisch. Unterdessen beschäftigen mich einige kunsttheoretische Neuerscheinungen. Nach langer Pause habe ich wieder einmal einen Band zu meinem Pläsir vorgenommen – englische Gespenstergeschichten aus dem vorigen Jahrhundert, unter denen man auf sehr schöne trifft.

Stefan soll Ostern nach San Remo kommen. Ich bleibe hier. Die ihn betreffenden Nachrichten sind weiter sehr unbefriedigend.

Von Ernst gibt es freundliche Nachricht aus Prag, doch nur äußerst sporadische. Von Egon seit längerer Zeit überhaupt keine.

Wie gefällt Dir der Montherlant? laß Dich darüber für einmal doch ein wenig genauer vernehmen.

Mir ist – um mehrere Jahre zu spät – ein Brief der Rahel vor Augen gekommen, zu dem ich um alles gern einen Kommentar gemacht hätte. Sie hat ihn bei der Nachricht vom Tode von Gentz geschrieben. (Sie haben sich, wie Du weißt, lange geliebt.) Der Brief hat mir Lichter aufgesteckt, die auf überraschende Weise der Erkenntnis von Proust zu gute kommen.

Herzliche Grüße, die Du mit Teddie wie ein Osterei aus Marzipan teilen sollst.

27 März 1937 Dein Detlef
Paris XIV
23 rue Bénard

ORIGINAL Manuskript.

mein Osterspaziergang: Der Brief ist am Ostersamstag geschrieben.

die exposition Guys: Die Ausstellung der Werke von Constantin Guys (1805-1892) fand im »Musée des Arts Décoratifs« statt. Guys nimmt die zentrale Stelle in Baudelaires »Le Peintre de la vie moderne« ein.

ein ... Abend mit Alfred: Alfred Sohn-Rethel; vgl. dazu auch Adornos Brief an Horkheimer vom 23. März aus Paris (Adorno/Horkheimer, Briefwechsel I, S. 322-239).

der literarische Fund: Benjamin hatte den Essay »Die Rückschritte der Poesie« von Carl Gustav Jochmann (1750-1830) entdeckt, den er der »Zeitschrift für Sozialforschung« zur Publikation empfahl; diese erfolgte 1940 mit einer Benjaminschen Einleitung.

Friedrich: Pollock.

ein Brief [von] Max: Horkheimers Brief vom 16. März, vgl. Horkheimer, Briefwechsel 1937-1940, S. 81-88.

die [Arbeit] von Rottweiler: Adornos Mannheim-Aufsatz »Neue wertfreie Soziologie« (vgl. GS 20·1, S. 13-45).

meine nächste Arbeit ... Vorschlag: Adorno hatte vorgeschlagen, daß Benjamin eine Arbeit über das archaische und das dialektische Bild schreiben solle, die zugleich eine Kritik von Ludwig Klages und C. G. Jung darstellen sollte. – Tatsächlich schrieb Benjamin dann auf Wunsch Horkheimers den Aufsatz über Baudelaire.

englische Gespenstergeschichten aus dem vorigen Jahrhundert: Vgl. Histoires de fantômes anglais, présentées par Edmond Jaloux. Traduites de l'anglais par Georgette Camille, Paris 1936.

der Montherlant: Benjamin hatte der Adressatin »Les jeunes filles« (Paris 1936) von Henry de Montherlant geschickt.

ein Brief der Rahel: Wahrscheinlich Rahel Varnhagens Brief an Leopold von Ranke vom 15. Juni 1832: »Ich kann, ich darf diesen Tag nicht vorbeilassen, ohne Ihnen zu schreiben. [Absatz] Wie falsch, wie schief sagen wir alles, was wir ausdrücken wollen; nichts kann auch verstanden werden, wenn es der Andre nicht vorher weiß. So können Sie nicht wissen, daß ich meinen verschwundenen Freund nur dann, nur deshalb *liebte,* wenn er recht etwas Kindisches sagte, oder tat. *Da* liebt' ich ihn; deshalb wiederholte ich es, daß er sagte: er sei so glücklich, in Prag der erste zu sein, daß alle oberste Behörden, große Damen und Herren zu *ihm* schikken müßten! etc. mit entzücktem Lächlen und in die Augen Sehn! *So* klug, dies zu verschweigen, ist jedes erzogene, verlogne *Vieh:* aber wer hat die hingebungsvolle Seele, das liebe Kinderherz, es zu *sagen? Seine* Perfidien – er übte sie reichlich, *gegen mich* – sind anders, als der andern ihre: er gleitete wie in einem Glücksschlitten *fliegend* auf einer Bahn, auf der er allein war; und niemand darf sich ihm vergleichen; auf diesem Wege dann, sah er, nicht mehr wie auf der Erde, weder rechts noch links: hatte er Schmerz, litt er Widerspruch, dann *war* er nicht mehr auf dieser Bahn; und dann verlangte er Hilfe und Trost; die er nie gab. Keiner aber *darf* dies wagen, und doch liebenswürdig und liebenswert sein. Ungestraft ließ ich's, solange er lebte, nicht hingehn. Nun aber, beim Fazit, bleibt mir nur reine, lebendige Liebe. Dies sei sein Epitaph! Er reizte mich immer zur Liebe: er war *immer* zu dem aufgelegt, was er als wahr fassen konnte. Er ergriff das Unwahre mit Wahrheitsleidenschaft. Viele Menschen muß man Stück vor Stück loben: und sie gehn nicht in unser Herz mit Liebe ein; und andre, *wenige,* kann man viel tadlen, aber sie öffnen immer unser Herz, bewegen es zur Liebe. Das tat Gentz für mich: und nie wird er bei mir sterben. [Absatz] Übrigens glaube ich jetzt, wir werden nach dem Sterben voneinander wissen: oder vielmehr, uns zusammenfinden. Dies gesagt, grüße ich Sie, und bin überzeugt, mein Schreiben freut sie.« (Rahel Varnhagen im Umgang mit ihren Freunden (Briefe 1793-1833), hrsg. von Friedhelm Kemp, München 1967, S. 210f.)

Gentz: Friedrich von Gentz (geb. 1764), Schüler Kants, zunächst Anhänger der Französischen Revolution, dann ihr erbitterter Gegner, am Ende Metternichs Kopf, war am 9. Juni 1832 gestorben.

130 Theodor Wiesengrund-Adorno und Gretel Karplus an Walter Benjamin Würzburg, 31.3.1937

Würzburg, 31.3.1937

Lieber Walter, dies zum Zeichen einer guten Ankunft und als Gruß einer Reise durch die fränkischen Städte die uns zumindest noch nach Bamberg und Nürnberg führen soll. Ich bin des Erfolgs Ihrer Arbeit froh: möchte er Ihnen auch beim Adressaten treu bleiben.

Wie gern begleitete ich Sie ein zweites Mal die Stiegen jenes suburbanen Hauses hinauf. Nehmen Sie zur Entschädigung die Ansicht dieses urbaneren von Ihrem herzlich verbundenen

Teddie.

Lieber Detlef
Dank für Deinen Osterbrief, den ich aus Berlin richtig beantworten werde. Für heute nur alles Liebe Deine Felicitas

ORIGINAL Ansichtskarte: Würzburg. Haus zum Falken. – Manuskript.

der Erfolg Ihrer Arbeit: Horkheimer hatte sich sehr positiv über den Fuchs-Aufsatz geäußert.

beim Adressaten: Während seines Parisbesuchs zwischen dem 18. und ca. 22. März hatten Adorno und Benjamin Eduard Fuchs in dessen Wohnung aufgesucht.

131 Gretel Karplus an Walter Benjamin Berlin, 22.4.1937

22. April 37.

Lieber Detlef,

laß mich Dir jetzt, da ich wieder allein ruhig in Berlin bin, noch einmal besonders herzlich für Deinen Osterbrief danken. Durch Teddies Berichte ist eine Lücke ausgefüllt worden, die wohl in jedem Briefwechsel eintreten muß, wenn man sich gar zu lange nicht mehr gesehen hat (wir jetzt schon wieder 2½ Jahre).

Seit dem 1. April bin ich nicht mehr ans Büro gebunden, sondern habe nur noch ab und zu mit der geschäftlichen Abwicklung zu tun, wenn auch die endgültige Regelung mit den Erben meines Kompagnons leider immer noch nicht abzusehen ist. – Die Ruhepause, die nun nach 10 Jahren endlich eingetreten ist, will ich zuerst einmal dazu benutzen, mich gründlich auszuruhen, die vorige Müdigkeit und die dauernde Neigung zu Kopfweh zu überwinden. Da ich mich dazu ganz still verhalten muß, wird in der nächsten Zeit wenig Interessantes bei mir zu melden sein. Ich glaube aber, diese Kräfteaufteilung ist für meine Zukunftspläne dringend nötig.

Im Augenblick stellt sich mir die Situation so dar, daß wir wohl Ende August in Deutschland heiraten werden. Ende Mai will ich Teddie in O. besuchen, um mir das Terrain einmal selbst anzusehen und dann besteht die Absicht gemeinsam nach Frankfurt zurückzufahren. Ich fände es natürlich herrlich, wenn auf dieser Rückreise ein paar Tage Abstecher Paris eingeschoben würden, damit das so lange geplante Wiedersehen endlich zur Ausführung käme. Vielleicht setzt Du Dich mit Teddie in Verbindung, da wir ja nicht wissen, wie Du Deine Sommerpläne vorgesehen hast. Ich male mir jetzt schon aus, wie Ihr mir gemeinsam Paris zeigt, und Euch nicht zuletzt mit Entdeckungen auf der Weltausstellung überbietet. Du weißt ja ganze Schulen voller hübscher Tanzmädchen gebe ich dafür hin. Aber auch für Gespräche à deux wird sich Zeit finden, und damit die Schlußbesprechung über das Kapitel 2, das damit dann wohl in das Gros der guten Bekannten eingereiht werden dürfte. –

Zu Montherlants »jeunes filles« heute nur soviel, daß sie mich – neben zahlreichen Details – etwas enttäuschten, über die Liebe sprechen wir auch so schön, selbst das Wortspiel tombeau-tomber Falle-fallen ist schon erfunden. Französische Romane können einem oft den ganzen Spaß an der Sache verderben. Aber bitte nimm dies nicht als bös gemeinte Bemerkung, sondern nur im Sinn des Schlusses im vorhergehenden Abschnitt als Kompliment. A bientôt, sei herzlich umarmt

von Deiner

Felicitas.

ORIGINAL Manuskript.

132 Gretel Karplus an Walter Benjamin Berlin, 30.4.1937

30. April 37.

Lieber Detlef,

mit meinem letzten Brief bin ich ja schon einem Teil Deiner Anfragen zuvorgekommen, heute die restlichen Antworten: der 2. Montherlant ist gut angekommen, aber noch nicht begonnen. – Mit Tau Cassirer Verlag stehe ich nicht mehr in Verbindung, der [x] kostet 5-6 RM. – Die Reclam-Ausgabe Jean Paul ist vergriffen, eine andere billige existiert nicht! – Für die Knöpfe habe ich hoffentlich die richtigen Farben gewählt. – Immer noch große Neigung zu Kopfweh, wenn es endlich aufhört zu regnen, werden in mein Sanatoriumsprogramm noch täglich Spaziergänge eingeschaltet. – Die Auskunft über Jochmann auf dem blauen Extrabogen. –

Ich habe das Gefühl, als ob Du mit Übersee ganz gut ins Geschäft gekommen wärst und Dich endlich nicht mehr um jeden sous sorgen mußt. Niemand ist froher darüber als ich.

Laß recht bald von Dir hören, alles Liebe

stets Deine

Felicitas

~~Jochmann~~
~~Zimmereinrichtung~~
~~Zahnarzt~~
~~Offenbach~~
~~Wiedersehen~~
Theater
Caillois
Levana /
~~Französische Sprache~~
~~*Sommerpläne~~

ORIGINAL Manuskript m. Stichworten von Benjamins Hand.

der 2. Montherlant: Wahrscheinlich der ebenfalls 1936 erschienene Roman »Pitié pour les femmes«.

Die Auskunft über Jochmann: Der *blaue Extrabogen* mit den Auskünften von Irmgard Kummer ist in Benjamins Nachlaß nicht erhalten.

133 Gretel Karplus an Walter Benjamin Berlin, 15.6.1937

15. Juni 37.

Mein lieber Detlef,

bitte, bitte schimpf nicht, wenn in meinen Briefen zu wenig drin steht, mein Leben ist gar sehr eintönig und uninteressant, nichts zu berichten, es sei denn Du läsest zwischen den Zeilen auch all meine oft trüben Gedanken. Eben Telegramm aus New York, alles in bester Ordnung. Ich bin ziemlich kaputt hier angekommen, begrüßt von Deinem freundlichen Gruß und um mich endlich ein wenig auszuruhen, fahre ich am Donnerstag nach Binz / Rügen, Villa Aegir bis ca. 5./8. Juli, wenn ich nicht leider als Zeugin zu einem Termin nach Berlin kommen muß. Da sitze ich dann ganz mutterseelenallein und sehne mich nach meinen guten Freunden.

In der Westfälischen Str. noch vorhandene Bücher: Balzac Contes Drolatiques; Peau de Chagrin, Flaubert Madame Bovary; Asselineau Mélanges Bibliothèque Romantique.

Ja, ich verdiene Dein vernichtendes Urteil: zuverlässig, aber unergiebig und hoffe sogar noch, daß Du trotzdem nicht aufhörst mich zu Deinen Freunden zu zählen. Sehr sehr herzlich Deine Felicitas

ORIGINAL Manuskript.

Dein freundlicher Gruß / Dein vernichtendes Urteil: Nicht erhalten.

134 Gretel Karplus an Walter Benjamin Berlin, 30.6.1937

30. Juni 1937.

Lieber Detlef,

eigentlich müßte ich nun wohl Dir (Euch) gratulieren, laut Telegramm – der einzigen Nachricht, die ich in all den Tagen überhaupt habe – bleiben wir vorläufig in England. In Erinnerung an den »Silberblick der Selbstbesinnung« versuche ich das Kafkahafte meiner augenblicklichen Situation möglichst nicht aufkommen zu lassen, sondern mir auch die rein subjektiven Vorteile dieses Urteils möglichst auszumalen. Deine Freundschaft rechnet dabei zu den objektiven wenigen echten.

Hier ist es schön, das letzte Auskosten des Alleinseins hat auch seine Vorteile. Ich gehe viel in das Land hinein spazieren mit seinem noch nicht geschnittenen Getreidefeldern, es ist ganz ähnlich wie im Juli 31 (?) als wir Asja und Daga in Ebertswalde besuchten.

Und nun, da Du weißt, wie es um mich steht, noch eine Bitte: fahr lieber nicht nach Dänemark. Vielleicht findest Du mich anmaßend und meinst, ich hätte kein Recht zu diesem Wort, aber im Grunde glaube ich doch, daß Du mich auch ohne Erklärung richtig verstehst.

Hoffentlich meldest Du mir recht bald Günstiges über Stefan. Gute Erholung, schöne Tage, sehr herzlich

stets Deine

Felicitas.

ORIGINAL Manuskript.

der »Silberblick der Selbstbesinnung«: So kennzeichnet Benjamin die melancholische Versenkung Hamlets in seinem Buch »Ursprung des deutschen Trauerspiels« (GS I·1, S. 335).

135 Walter Benjamin an Theodor Wiesengrund-Adorno und Gretel Adorno
Paris, 23.9.1937

Lieber Teddie,

als Ihr Brief vom 13ten September eintraf, für den ich Ihnen herzlich danke, befand sich in meiner Tasche seit einer Reihe von Tagen ein Brief, den ich an Sie gerichtet hatte, ohne mich zu seiner Absendung entschließen zu können.

Mich hatte bei meiner Rückkehr nach Paris ein unter den derzeitigen Verhältnissen höchst empfindlicher Schlag getroffen. Durch eine überaus illoyale aber durch nichts zu parierende Kombination hatte ich mein Zimmer in der rue Bénard an einen dort genehmern Mieter verloren, der schon darum ein konkurrenzloses Angebot machte, weil er, im Besitze einer Ausweisungsorder, Wert auf unangemeldetes Wohnen legte.

Zu keiner Zeit hätte mich das mehr als in einem Moment konsternieren können, da im Gefolge der Ausstellung die pariser Hotelpreise, ja die Preise der Spelunken nicht ausgenommen, um die Hälfte oder um mehr gestiegen sind. Ein annähernd menschenwürdiges Quartier hätte so weit aus dem Bereich meiner Mittel gelegen, daß ich mich entschließen mußte, ein Schadenersatzangebot des neuen Mieters in Höhe von ein paar hundert Franken für bare Münze zu nehmen, um die Kurage zu finden, ein anständiges Zimmer zu beziehen. Das leicht vorherzusehende trat alsbald ein: die 600 Franken waren nicht einzutreiben. Die untauglichen Versuche dazu und die Vorsprache in Hotelbüros, die manchmal mehr Bittgängen ähnlich sah, füllten meine Zeit aus.

Daß ich mich schwer zur Absendung eines Briefes entschließen konnte, den ich Ihnen aus solcher Situation heraus geschrieben hatte, werden Sie verstehen. Es kam dann schließlich vor wenigen Tagen ein Angebot von Else Herzberger, mich für die Dauer Ihrer Amerikareise in dem Zimmer ihres Dienstmädchens wohnen zu lassen. rebus sic stantibus war garnichts anderes zu tun als das zu akzeptieren. (Das Zimmer liegt nicht in der Wohnung von Else H. sondern im Hofe, für sich allein.) Sowie die derzeitige Bewohnerin es geräumt hat, wird meine Adresse Boulogne (Seine) 1 rue du Château sein.

Es ergab sich nun gestern für mich die Gelegenheit, über all dies mit Max zu sprechen. Wie dringlich mein Wunsch, wie fest mein Entschluß gewesen war, meinerseits keine Initiative im ökonomischen Feld zu ergreifen – das weiß niemand besser als Sie. Aber dieser letzte und unvermutbare Vorfall ließ keine Wahl.

Meine Absicht ist, wie ich Max sagte, so rasch wie möglich, wenn auch im bescheidensten Rahmen, mich gegen ähnliche Eingriffe sicherzustellen und mir ein abgeschlossenes Studio oder eine Ein-Zimmer-Wohnung zu mieten. Das Mobiliar wird aufzutreiben sein. Max hat meiner Darstellung der Lage das vollkommenste Verständnis entgegengebracht und mir zugesagt, sofort nach seiner Rückkehr das Entsprechende zu veranlassen. Er hat mir nun auch von sich aus anvertraut, daß – ganz unabhängig von der Frankenentwertung – ohnehin die Absicht bestand, mit dem Jahresende meine Verhältnisse neu zu regeln. Wenn sie vorher zusammengebrochen sind, so habe ich doch soviel Umsicht bewiesen, daß ich selbst über diesen extrem schwierigen September hinüberkomme, ohne daß ich Max um irgendeine unmittelbare Hilfe zu bitten brauchte.

Eine der unmittelbaren Folgen der Lage ist, daß die nächsten Wochen meiner Arbeit nur sehr geteilt zu gute kommen werden. Ich begebe mich auf die Wohnungssuche und sie wird nicht ganz leicht sein. Zu dem Einzug in Ihre eigene mögen Sie und Felizitas hier meine herzlichen Glückwünsche finden. Damit bin ich bei Ihrem letzten Brief. Daß keine Empfindlichkeit, sondern Unabwendlicheres mein Schweigen bedingte, haben Sie inzwischen erkannt. Davon also nichts weiter!

Ich bin Ihnen überaus dankbar, daß Sie in London mit Max eingehend über meine Angelegenheiten gesprochen haben. In Paris haben wir seither nur einen Abend gehabt, und gerade weil er besonders glücklich und in einer neuen Homogeneität unserer Stimmung verlief, ist nicht alles Technische zur Sprache gekommen, was Anspruch darauf gehabt hätte. So ist es

Ihr Brief, dem ich die Entscheidung über den Anschaffungsfond für Passagenbücher entnehme und ich kann mich zu ihr beglückwünschen. Was Adrienne Monnier angeht, so werde ich alles versuchen, um eine Bekanntschaft zwischen Max und ihr in den nächsten Tagen zu vermitteln. In jedem Fall ist diese Frage in unserm Sinne geregelt. Der Vorschlag, weiterhin, die Fahnen der Zeitschrift durch Sie zu erhalten, ist mir der denkbar willkommenste.

In meinem Gespräch mit Max, das sich bis tief in die Nacht hinzog, wurden dergleichen Fragen wie gesagt höchstens gestreift. Es hatte ein großes Gewicht für mich, weil Max erstmals mir von den denkwürdigen ökonomischen und juristischen Konstellationen berichtete, denen die Grundlagen abzugewinnen waren, auf denen das Institut errichtet ist. Der Gegenstand allein ist faszinierend; hinzu kam, daß ich Max selten in glücklicherer Verfassung gesehen habe. Vorher waren wir in einem kleinen Restaurant an der place des Abesses, das ich für Ihren und Felizitas' nächsten Besuch vormerke. Leider scheinen wir uns noch etwas gedulden zu müssen. Dafür hoffe ich Euch, wenn der Augenblick gekommen ist, in einer eignen Wohnung empfangen zu können.

Was den Berg angeht, so habe ich sofort an meine frühere Frau mit der Bitte geschrieben, auf der Post in San Remo nachzuforschen. Ich habe noch keine Antwort, hoffe aber, daß Sie das Buch indessen erhalten haben.

Sie würden mir gerade in diesen Tagen mit recht baldiger Nachricht eine Freude machen. Richten Sie sie in die rue Nicolo – sie wird mir von dort gegebnenfalls nach Boulogne folgen.

Herzlichst

Ihr Walter

Liebe Felizitas,

die Bitte, mit der ich den Brief an Teddie schließe, soll ausdrücklich auch Dir unterbreitet werden. Schreibe bald, besonders aber ausführlich.

Du hast nun gesehen, wie einfach der Rebus aufging. Damit ähnliche böse Passagen – denen ich bald entgangen zu sein hoffe – nicht ein ähnliches Verstummen mit sich bringen, gestalte, soviel an Dir ist, unsern Briefwechsel lebhafter als Du es von Berlin aus zuletzt getan hast. Ich werde Dich auf Erwiderung nicht warten lassen.

Für heute alles Liebe

von Detlef

23 September 1937
Paris XVI
Villa Nicolo
3 rue Nicolo

ORIGINAL Manuskript.

Ihr Brief: Vgl. Briefwechsel Adorno, S. 271-275.

ein höchst empfindlicher Schlag: Ursel Bud hatte bereits am 27. August an Benjamin nach San Remo geschrieben: »Ich weiß nicht, ob Ihnen bekannt ist, daß mein Onkel [Näheres nicht ermittelt] in halb-offiziöser Stellung gemeinschaftlich mit verschiedenen hohen Funktionären hier eine Spezialaufgabe zu erfüllen hat. Die Durchführung dieser Angelegenheit, die sich ein wenig verzögert hat, macht es nun erforderlich, daß mein Onkel noch kurze Zeit die gleiche Adresse beibehält. [Absatz] Ihr Schreiben [nicht erhalten], daß Sie bereits am 1. September hier eintreffen, hat mich deshalb in eine schwierige Situation gebracht, denn einerseits wissen Sie doch, wie sehr ich mich freuen würde Sie wieder hier zu haben, andererseits kann ich aber die Räumung Ihres Zimmers seitens meines Onkels im Moment gar nicht zulassen. Denn nicht nur, daß ich an dem Zustandekommen der hiesigen Angelegenheit interessiert bin, wurde mir auch von Geschäftsfreunden meines Onkels die von mir seit Jahren angestrebte Arbeitskarte zugesagt, weil mir die Einquartierung meines Onkels Schwierigkeiten bereitet. [Absatz] Sie werden die ganze Sache wahrscheinlich nicht ganz verstehen können, aber ich kann mich brieflich nicht detaillierter ausdrücken, was Sie begreifen werden, wenn ich wiederhole, daß es sich um eine halboffiziöse Angelegenheit handelt. [Absatz] Mein Onkel, dem Sie ganz besonders sympathisch sind, hat sich gemeinsam mit mir den Kopf zerbrochen, wie man Ihnen jede Unannehmlichkeit und Unbequemlichkeit ersparen könnte. Es blieb aber doch nichts anderes übrig, als

Sie zu bitten, kurze Zeit (es kann sich um ca. 14 Tage bis drei Wochen handeln) sich entweder so zu behelfen wie bei Ihrer jetzigen Anwesenheit oder anderweitig nach Ihrer Wahl. Die Ihnen aus diesem Interregnum erwachsenden Kosten wird Ihnen mein Onkel selbstverständlich gerne vergüten.«

Adrienne Monnier ... eine Bekanntschaft zwischen Max und ihr: Horkheimer wollte auf Anraten Benjamins zwischen Adrienne Monnier und dem Institut eine engere Verbindung knüpfen, nicht zuletzt um der mangelnden Präsenz der »Zeitschrift« in Paris und dem Mangel an qualifizierten französischen Mitarbeitern abzuhelfen.

der Berg: Vgl. Alban Berg. Mit Bergs eigenen Schriften und Beiträgen von Theodor Wiesengrund-Adorno und Ernst Křenek, Wien/Leipzig/Zürich 1937.

der Rebus: Vgl. Briefwechsel Adorno, S. 275.

136 Gretel Adorno an Walter Benjamin London, 29.9.1937

Zweite Nachtmusik
(Arons Buch)
Newyorker Entscheidung 29. Sept. 37.
Englische Reise
Dänische Reise
Chevaliers de la Table
Wohnung (Dora)
Sternberger
Weil
(Brecht)
Topper

Mein lieber Detlef,

in der Tat, Du hast mich vor eine ungeheuer schwierige Aufgabe gestellt: neben dem Teddie eine Sonderkorrespondenz mit Dir zu führen. Da sitze ich nun mitten 2 Schriftgelehrten, mit meinem Gestammel und muß stets gewärtig sein, daß sie beide an mir herumerziehen voll Entsetzen über all meine faux pas. Ist es da nicht tolldreist, wenn ich es trotzdem wage.

Hälst Du es für unmöglich, daß Du im nächsten Jahr ein paar Wochen nach London kommen könntest, mit 100 $ kann man hier sicher leben. Ich komme darauf, weil Du selbst meintest, für einen Menschen mit Augen gäbe es hier allerhand Sehenswertes.

Ich bin Deiner Anregung gefolgt, und glaube wohl, daß Du recht hast. Allein die Oper mit der Markthalle und das prächtige Badezimmerhaus nicht weit von unserer zukünftigen Wohnung lohnen die Mühe.

Wie steht es mit Deinem Zimmer? Kannst Du denn heuer nicht in dem Deiner Schwester wohnen? –

Am Sonntag habe ich zum ersten Mal etwas von der englischen Landschaft gesehen, die berühmten Cots Wols. Ach, es ist ein merkwürdiges Land: Die Dörfer sehen aus wie ärmliche Städte, aber auch hier Eigenheime, keine Bauernhöfe, es ist alles alt, aber von dem Neuen kaum zu unterscheiden. Und die Wildhüter hängen Tierkadaver (kleine Raubvögel, Kaninchen, Igel, Maulwürfe) an die Bäume, damit man ihren Eifer sieht, die Fasane vor allen Schädigungen für die Jagd des Eigentümers zu schützen. Ob nicht die richtige Barbarei in Amerika dann doch schöner ist? Dabei fühle ich mich hier und als Frau Dr. W. ganz wohl, unverändert. Zwei hübsche Filme gab es: »Easy money« und »Topper«. Meinen guten Willen habe ich Dir heut bewiesen, beurteile meinen Versuch nicht zu streng. Alles Liebe

stest Deine

Felicitas

ORIGINAL Manuskript m. Stichworten von Benjamins Hand.

Cots Wols: Gemeint sind die Cotswolds.

Frau Dr. W.: Gretel Karplus hatte Deutschland im August verlassen und am 8. September in London Wiesengrund-Adorno geheiratet.

zwei hübsche Filme: Der erstgenannte amerikanische Film war 1936, der zweite, in dem Cary Grant spielte, 1937 gedreht worden.

137 Walter Benjamin an Gretel Adorno und Theodor Wiesengrund-Adorno Boulogne s. Seine, 2.10.1937

Boulogne s. Seine
1, rue du Château, le 2/10/37

Meine liebe Felizitas,

Wenn ich künftig die Briefe bald an den einen, bald an den andern von Euch richte, so werden sie doch zumeist Beiden bestimmt sein. Weil ich nicht von gewohnten Formen des Eingangs abgehen will, laß diesen Wechsel mich beibehalten.

Die unregelmäßige Folge meiner Nachrichten, die Abweichung selbst von ihrer äußeren Norm, der Adressenwechsel – alles sagt Dir, daß es mit mir nicht zum besten steht. Max weiß es und ich erwarte noch im Laufe dieses Monats sein Eingreifen.

Vorläufig wohne ich, wie berichtet, in der chambre de bonne von E. H. Sobald ich durch Max fixiert sein werde, sehe ich mich nach einer Ein-Zimmer-Wohnung um.

Wie die Dinge in den letzten Wochen gelaufen sind, werdet Ihr Neues über den Baudelaire, über die Passagen nicht erwarten. Es trifft sich günstig, daß eine aktuellere Arbeit auf die Tagesordnung gesetzt wurde. Max führte mich mit Oprecht zusammen und wir faßten einen größeren informatorischen Aufsatz über die Wirksamkeit des Instituts für »Maß und Wert« ins Auge. Die redaktionellen Schwierigkeiten übersehen wir nicht. Doch ich denke, der Einfluß von Oprecht wird ausreichen, um ihrer Herr zu werden.

Es tut mir angesichts des gegenwärtigen Ausfalls doppelt leid, daß ich Dich nicht durch Mitteilung von Älterem entschädigen kann. Die Reproduktionsarbeit existiert in der Endfassung nur in einem einzigen Exemplar; das muß sich gedulden, bis Du nach Paris kommst. – Teddie macht mir auf die zweite Oktoberwoche Hoffnung. Wäre es diesmal keine vergebliche!

Mit Max hatte ich, wie ich Euch berichtete einen langen Abend. Es folgte ein kurzer Nachmittag, an dem wir die Monnier aufsuchten. Was Teddie glücklich eingeleitet hat, ist damit aufs Willkommenste besiegelt worden. Wenn der Oktober Euch herführt, so auch in die rue de l'Odéon.

Nun zum »Husserl«. (Und hier bitte ich Sie, lieber Teddie, einen Binnenwechsel der Anrede vornehmen zu dürfen.) Es machen sich – das erzählte mir Max ohne daß ich ihm, fragend, den Anstoß dazu gegeben hätte – in New York Einwände gegen Ihre Abhandlung geltend. Ob sie von Löwenthal ausgehen, davon weiß ich nichts; dagegen deutete mir Max ihre Richtung an. Der Generalangriff auf die idealistische Erkenntnistheorie, die selbst und definitif in der Gestalt der Phänomenologie liquidiert erscheint, hat offenbar eben durch seine Tragweite Bewegung hervorgerufen. Max gab mir sogleich die gewiß selbstverständliche Zusicherung, daß er die Abhandlung mit der gespanntesten Aufmerksamkeit zu studieren vorhabe. Ihre Grundintention ist ihm, gewiß aus Ihrem New Yorker Gespräch, vollkommen gegenwärtig. Belasten Sie übrigens diese vorläufigen Impressionen nicht, zumal Sie wohl in Bälde Authentisches aus New York hören werden.

Die »Zweite Nachtmusik« konnte ich nicht mehr von Max entleihen. Ich hoffe sehr bald einen Abzug von ihr erwarten zu dürfen. Und recht herzlichen Dank noch einmal für das »Ensemble«.

Dudow hat sich mit Ihrem Brief sehr gefreut. Gern hätte ich ihn mit Max zusammengeführt. Aber die Zeit stand nicht zu Gebote. Der Gedanke Ihrer Essai-Sammlung zur Massenkunst, hat sich ihm nicht weniger als mir eingeprägt. Wüßte ich nur, wie wir da weiterkommen, sei es mit, sei es ohne ihn!

Sohn-Rethel läßt sich nicht mehr sehen. Auch Kracauer ist schwer zugänglich. Und da ich kein Telefon habe bin ich auf anderer Initiative ein wenig angewiesen.

– Wie Teddie erkennt, stimme ich seiner Kritik an Caillois besonders der Einschätzung von der politischen Funktion seiner Arbeit zu. Ob man sie wirklich als »Vulgärmaterialismus«

charakterisieren soll, ist mir allerdings nicht ausgemacht. Welche diplomatischen Unkosten ein Gespräch mit ihm »inter pares« im übrigen mit sich führen mag, so plädiere ich doch dafür, den Plan davon beizubehalten.

Schreibe mir bald, wie Du in Eurer neuen Wohnung zuhause bist, was Du bei näherer Bekanntschaft zu London sagst? und ob Du gelegentlich nach Deutschland fahren wirst?

Bei dieser Gelegenheit laß mich doch wissen, wie Du über die französischen Bände disponiert hast, die Du noch von mir aufbewahrst? Ich würde mich freuen, wenn Du sie in London hättest. Wäre es Dir andernfalls wohl möglich, sie als Wertpakete an mich schicken zu lassen?

Die politischen Aspekte erscheinen dem, der in Paris zuhause ist, äußerst trübe. Wenn man über die Straße geht, begegnet man den Figuranten von der American Legion, und glaubt sich vom Fascismus gänzlich umstellt. Ich wünsche mir, im Material meiner Arbeit bald mich gegen diese Eindrücke abdichten zu können.

Schreibe mir ohne Verzug. Und nehmt meine herzlichsten Grüße

ORIGINAL Typoskript-Durchschlag.

eine aktuellere Arbeit: Vgl. »Ein deutsches Institut freier Forschung«, in: Maß und Wert 1 (1937/38), S. 818-822 (Heft 5, Mai/Juni 1938), jetzt GS III, S. 518-526.

Oprecht: Der Züricher Verleger Emil Oprecht, in dessen Verlag die Zeitschrift erschien.

»Husserl«: Adorno plante, das Schlußkapitel seiner Oxforder Husserlarbeit deutsch in der »Zeitschrift für Sozialforschung« zu publizieren (vgl. Briefwechsel Adorno, S. 233); die mehrfach umgearbeitete Aufsatzfassung des *Schlußkapitels* erschien jedoch dort nicht; die Version von 1938 – »Zur Philosophie Husserls« –, vgl. GS 20·1, S. 46-118.

Löwenthal: Leo Löwenthal (1900-1993), in Frankfurt geboren und mit Adorno und Kracauer befreundet, hatte 1923 mit einer Arbeit über Franz von Baader promoviert und anschließend als Gymnasiallehrer gearbeitet, bevor er 1930 Mitglied des Instituts für Sozialforschung wurde. Löwenthal leitete von 1932 bis 1941 die Redaktion der »Zeitschrift für Sozialforschung«.

Die »Zweite Nachtmusik«: Sie wurde erst aus Adornos Nachlaß publiziert; vgl. GS 18, S. 45-53.

Ensemble: Adornos musikalische Aphorismen, vgl. jetzt GS 16, S. 275-280 und GS 18, S. 40-44.

Dudow: Der Regisseur Slatan Dudow (1903-1963), der mit Brecht »Kuhle Wampe« gedreht hat, war als Filmsachverständiger für das Institutsprojekt »Massenkunst im Monopolkapitalismus« vorgesehen. Das Projekt wurde aufgegeben.

Teddie ... seine Kritik an Caillois: Vgl. Briefwechsel Adorno, S. 276-278; Adorno schrieb dann für die »Zeitschrift für Sozialforschung« eine kritische Besprechung von Roger Caillois' »La mante religieuse. Recherches sur la nature et la signification du mythe« (Paris: La Maison des Amis des Livres 1937), vgl. ZfS 7 (1938), S. 410f. (Heft 3); jetzt GS 20·1, S. 229f.

American Legion: 1919 in Paris gegründeter, rechtsgerichteter amerikanischer Veteranenverband.

138 Gretel Adorno an Walter Benjamin London, 1.12.1937

1. Dezember 1937.

Mein lieber Detlef,

also wir gehen höchstwahrscheinlich in der 2. Dezemberhälfte bis in den Januar hinein nach San Remo in die Villa Verde. Die Vorstellung, Weihnachten und Sylvester in London verbringen zu müssen, ist so grauenvoll, daß selbst das Packen und die lange Reise dagegen noch eine Erholung dünkt. Wäre es nicht möglich, daß wir uns dort unten treffen? Ich kann mir nicht vorstellen, daß es für Dich teurer ist als in Paris, und wir hätten dann noch einmal ausgiebig Zeit, uns zu sehen, auch gerade wir beide, da Teddie beabsichtigt, auch in San Remo zu arbeiten und den Text des Wagner zu schreiben. –

Die Bücher sind, soweit ich informiert, im Moment völlig unerreichbar, zusammen mit meinen in der großen Kiste. Ich freu mich schon sehr darauf, Dich bald wiederzusehen, herzlichst

stets

Deine Felicitas.

ORIGINAL Manuskript.

der Text des Wagner: Adornos »Versuch über Wagner«, aus dem einige Kapitel unter dem Titel »Fragmente über Wagner« in der »Zeitschrift für Sozialforschung« gedruckt wurden; vgl. jetzt GS 13, S. 7-148.

139 Gretel Adorno an Walter Benjamin London, 15.1.1938

15. Jan. 1938.

Lieber Detlef,

nach ein paar netten Tagen in Brüssel und einer friedlichen Überfahrt zwischen zwei Stürmen, sind wir wieder im geliebten London. Einer neuen Nachricht zufolge ist die Abreise aus Europa auf den 16. Februar mit der Champlain verschoben. Die Zeiteinteilung wissen wir noch nicht, vielleicht kommt Teddie doch noch einmal nach Paris, sonst beginnt er Anfang nächster Woche mit der Textierung des Wagner. Viel Glück zum Einzug in die neue Wohnung, alles Liebe

stets Deine Felicitas

Bitte schick uns doch das Manuskript von Frick zurück.

ORIGINAL Postkarte; Stempel: Paddington, 17 Jan 1938. – Manuskript.

das Manuskript von Frick: Nicht mehr zu ermitteln.

140 Theodor Wiesengrund-Adorno und Gretel Adorno an Walter Benjamin London, 1.2.1938

1. Februar 1938.

Lieber Walter:

Lazarsfeld, der Mann, der mir den Radioforschungsauftrag verschafft hat, schickte mir ein Memorandum über das Projekt und bat mich zur Gegenäußerung und zur Aufstellung einer Liste von Radio»problemen«. Mit seinem Memorandum und meinem Antwortbrief will ich Sie verschonen. Dagegen hat sich jene Liste zu einem Exposé, ähnlich dem seinerzeit zum Jazz angefertigten, ausgewachsen, und da So'n-Rätsel den freundlichen Enthusiasmus hatte, dies Exposé abzuschreiben, so kann ich es Ihnen heute schicken und Sie zugleich bitten, den Durchschlag zu behalten. Daß Ihre Meinung zu der Sache mich brennend interessieren würde, ist selbstverständlich. Wenn Sie Lust haben, das Exposé Kracauer zu zeigen, so ist es mir recht. Hinzufügen möchte ich nur noch, daß ich aus begreiflichen Gründen das eine Problem, das mir am meisten am Herzen liegt; das, was aus Musik wird, die überläuft, der *niemand* zuhört, nur in verwässerter Form festgehalten habe. Ich spreche im Exposé in diesem Zusammenhang wesentlich nur von in den Hintergrund versetzter Musik, nicht aber von solcher, die *überhaupt nicht* vernommen wird, und *diese* ist es, auf die es uns gerade ankommt. Aber ich wollte meine Überführung in ein Irrenhaus nicht unnütz beschleunigen. Schon so bin ich mir über den Effekt des Exposés keineswegs im Klaren. Immerhin möchte ich Ihnen als meine Ansicht anvertrauen, daß Musik, der niemand zuhört, zum Unheil ausschlägt. An einer theoretischen Begründung fehlt es mir noch recht sehr;

doch möchte ich annehmen, daß das Verhältnis der Musik zur Zeit dabei im Spiele ist.

Sonst ist zu melden, daß das erste Kapitel des Wagner fertig ist, und das zweite in diesen Tagen fertig wird. Ich habe selten an einer Arbeit so große Freude gehabt. Im übrigen suche ich den Text vom offiziellen philosophischen Jargon möglichst frei zu halten.

Da ich von New York wegen einer möglichen Reise nach Paris kein Telegramm bekommen habe, so nehme ich an, daß nichts daraus wird. Um so mehr warte ich auf Ihre Antwort.

Alles Herzliche

Ihr Teddie.

Lieber Detlef Dank für Deine Karte und das Frickmanuskript. Alfred Sohn hat eine Theorie über Radio und Film als von vergesellschaftlichten Sinnesorganen, die eine gewisse Ergänzung zu Fricks Gedanken bildet, sonst ist er unverändert geisterhaft-glanzvoll, aber natürlich bekommen wir von den Resultaten seiner Arbeit nichts zu sehen. Alles Liebe stets

Deine Felicitas

ORIGINAL Typoskript und Manuskript.

Lazarsfeld: Der aus Wien stammende Soziologe Paul Felix Lazarsfeld (1901 bis 1976) war schon 1933 nach Amerika gegangen; er leitete das »Princeton Radio Research Project«, dessen musikalischen Teil Adorno übernahm.

ein Exposé: Es trägt den Titel »Fragen und Thesen«, vgl. Adorno/Horkheimer, Briefwechsel II, S. 503-524.

So'n-Rätsel: Spiel mit dem Namen Sohn-Rethels.

was aus Musik wird, die überläuft: Die Stelle in Adornos Exposé, vgl. Adorno/Horkheimer, Briefwechsel II, S. 512-515.

Deine Karte: Die Karte scheint nicht erhalten.

Alfred Sohn hat eine Theorie: Vgl. Briefwechsel Adorno / Sohn-Rethel, S. 73-78.

141 Theodor Wiesengrund-Adorno und Gretel Adorno an Walter Benjamin New York, 7.3.1938

PRINCETON UNIVERSITY
PRINCETON NEW JERSEY
--
SCHOOL OF PUBLIC AND INTERNATIONAL AFFAIRS

Office of Radio Research
203 Eno Hall 7. März 1938.

Lieber Walter:

dies ist nur, um Ihnen in der unausdenkbaren Hast der ersten Wochen – die ich ganz dem Radio-Projekt zur Verfügung stellen muß – ein Zeichen zu geben, zu sagen, daß wir gut gereist und angekommen sind, und hier in einer sehr netten provisorischen Wohnung uns angesiedelt haben. Das Radio Projekt stellt sich als eine Sache von außerordentlichen Möglichkeiten und größter Publizität heraus. Ich habe die Leitung des gesamten musikalischen Teils und darüber hinaus eigentlich die theoretische Gesamtleitung, da der offizielle Direktor, der mich herbrachte, Lazarsfeld, wesentlich mit der Organisation der Arbeit befaßt ist.

Heute möchte ich Sie bitten, mir ganz kurz, 2 bis 3 Maschinenseiten, mit Ihrem Namen, einen Bericht über Ihre seinerzeit in Deutschland im Radio angestellten Versuche mit »Hörmodellen« zu berichten. Ich möchte das dem Archiv einverleiben und in meinem Memorandum darauf eingehen und halte es gar nicht für ausgeschlossen, daß sich daraus praktisch etwas für Sie ergibt.

Von den Institutsarbeiten heute nur soviel, daß ich wegen des Übermaßes an Arbeit zur Radiosache und solcher redaktioneller Art den Wagner für einige Wochen zurückstellen muß; daß der Montaigne von Max ganz in unserem Sinn, nicht sowohl mit einer Montaignekritik als mit dem Funktionswechsel der

Skepsis befaßt und nach meiner Ansicht außerordentlich gelungen ist, auch als Anlaß zu politischen Bemerkungen; daß augenblicklich Gretel und ich das Kracauermanuskript unter den Händen haben, ohne daß uns viel Segen daran zu sein scheint. Ob etwas überhaupt davon brauchbar ist, scheint mir noch ungewiß, fraglos dagegen, daß, wenn man überhaupt etwas zu retten unternimmt, das nur möglich sein wird, wenn man es vollständig zerschlägt und dann kleinste Bruchstücke zusammenmontiert. Am großen Gegenstand der Reklame, der sich im Zitatenmaterial handgreiflich präsentiert, hat Kracauer um seiner sozialpsychologischen Weisheiten willen völlig vorbei gesehen. Die theoretische Konstruktion ist unverbindlich improvisatorisch, das Material durchwegs aus zweiter Hand. – Mein Mannheim dürfte wohl ganz begraben sein, und wird allein in Gestalt von Maschinenmanuskripten und Korrekturfahnen ein wenig verbreitet; der Husserl dagegen dürfte in irgendeiner Gestalt und freilich mit erheblichen Kürzungen erscheinen. Erschwerend fällt ins Gewicht, worüber ich Sie auch des Baudelaire wegen orientieren möchte: daß nämlich die Zeitschrift wieder auf ihren ursprünglichen Umfang reduziert wird, was die Publikation von Arbeiten ausschließt, die den Umfang von 2½ Druckbogen überschreiten.

Wie wir beide erwarteten, fällt uns die Eingewöhnung in die Lebensverhältnisse nicht schwer. Es ist sérieusement viel europäischer hier als in London, und die 7th Avenue, in deren Nähe wir wohnen, erinnert so friedlich an den boulevard Montparnasse, wie Greenwich Village, wo wir wohnen, an den Mont St. Geneviève. Wenn wir Sie hier hätten, wären wir so ganz zufrieden, wie man noch in einer Welt sein kann, deren Interessen zur Hälfte von der Politik Chamberlains mit Hitler und zur anderen von der Justiz Stalins beherrscht wird. Briefe erreichen uns am raschesten und sichersten in unserer Privatwohnung: 45 Christopher Street, 11 G, New York City, N. Y. USA. Lassen Sie sich also bitte nicht durch den chamäleonartigen Briefkopf beirren und schreiben Sie uns recht bald; auch wann etwa mit dem Eintreffen Scholems zu rechnen ist, und unter welchen Zeichen der Kabbala sein Aufenthalt in Manhattan der Voraussicht nach gedacht werden muß. Alles Liebe von uns beiden Ihr alter

Teddie

Lieber Detlef:
nicht nur, daß es mir hier besser gefällt als in London, ich bin fest überzeugt, daß es Dir genau so gehen würde. Für mich ist vielleicht das verblüffendste, daß keineswegs alles so neu und fortgeschritten ist, wie man eigentlich meinen sollte, im Gegenteil, überall der Kontrast zwischen Allermodernstem und Schäbigem. Sürrealistische Dinge braucht man hier nicht zu suchen, man fällt mit jedem Schritt über sie. Am frühen Abend sind die Turmhäuser imposant, später aber, wenn die Büros geschlossen sind, und die Lichter spärlicher werden, erinnern sie an europäische Hinterhäuser, die nicht genügend beleuchtet sind. Und denk Dir, Sterne gibt es und einen waagerechten Mond und herrliche Sonnenuntergänge wie in der Sommerfrische. – Über weekend war E. hier, es geht ihm wirklich ausgezeichnet, mich wird es nur wundern, wie lange er es in dem verhältnismäßig friedlichen Leben aushält. – Wie sehr auch ich Dich herwünsche, kannst Du Dir gar nicht denken. Ich habe nur die eine Befürchtung, daß es Dir in den Passagen so gut gefällt, daß Du Dich von diesem Prachtbau gar nicht mehr trennen willst, und erst wenn Du diese Tür einmal verschlossen hast, besteht die Möglichkeit, daß ein neues Thema Dich wieder interessieren könnte. Bitte lach mich nicht zu sehr aus und laß sehr bald von Dir hören.

Deine alte Felizitas, in der Fremde.

Felicitas

ORIGINAL Typoskript m. gedrucktem Briefkopf.

ein Bericht über Ihre [...] Versuche mit »Hörmodellen«: Benjamins »Hörmodelle«, vgl. GS IV·2, S. 627-720 und die Anm. des Herausgebers S. 1053 f. Der Text »Hörmodelle« (ebd., S. 628) ist möglicherweise erst Anfang 1938 auf die im Brief ausgesprochene Bitte Adornos hin entstanden.

der Montaigne von Max: Vgl. Max Horkheimer, Montaigne und die Funktion der Skepsis, in: Zeitschrift für Sozialforschung 7 (1938), S. 1-52 (Heft 1/2); jetzt in: ders., Gesammelte Schriften, Bd. 4: Schriften 1936-1941, hrsg. von Alfred Schmidt, Frankfurt a. M. 1988, S. 236-294.

das Kracauermanuskript: Für seine in Paris geschriebene Arbeit »Die totalitäre Propaganda Deutschlands und Italiens« hatte Kracauer ein Stipendium erhalten. Für eine geplante Veröffentlichung in der Zeitschrift des Instituts kürzte Adorno den umfangreichen Text. Kracauer lehnte aber diese Fassung ab, und die Publikation unterblieb.

142 Walter Benjamin an Theodor Wiesengrund-Adorno und Gretel Adorno Paris, 27.3.1938

27. März 1938
10, rue Dombasle
Paris (15e)

Lieber Teddie!

Ich habe mich sehr gefreut, daß endlich Nachricht, und so gute, von Ihnen kam. Weder Sie noch ich sind ja wohl mit guten Nachrichten in letzter Zeit verwöhnt worden.

Sie können sich denken, daß ich froh war, wenigstens meinen Sohn beizeiten der österreichischen Misere entronnen zu sehen. An das was sich in Wien abspielt, wagt man, ist man nicht strikt dazu genötigt, kaum zu denken.

Hoffentlich beruht auf Wahrheit, was ich von Krenek hörte: er habe seine österreichische Position im großen und ganzen liquidiert und sei in Amerika.

Scholem ist längst ebenfalls drüben, hat mir aber bisher noch keine Zeile geschrieben, sodaß ich nicht weiß, ob er in Newyork, Chicago oder wo sonst steckt. Wenn Sie zu jüdischen Kreisen, in Newyork, Beziehungen haben, werden Sie seinen Aufenthalt wahrscheinlich leicht ermitteln.

Sie können sich denken, daß die Ereignisse mich veranlassen, meine Naturalisation sehr intensiv zu betreiben. Wie immer bei solchen Dingen, steht man unversehens vor Schwierigkeiten, mit denen man nicht gerechnet hat; im Augenblick bestehen sie in der Beschaffung einer Unsumme von Papieren. Nebenher verschlingen die Dinge eine Unmenge Zeit.

So ungewiß die Aussichten des Unternehmens sind, so sehr ist es gerade jetzt angezeigt für mich, mich dahinter zu setzen – wäre es auch nur um ein entsprechendes Dossier den Akten des Justizministeriums hinzuzufügen.

Max hat Ihnen vielleicht gesagt, daß ich von »Maß und Wert« die Fahnen des Instituts-Aufsatzes bekommen habe – ein Ergebnis, das dem gefährlichen Saboteur, der Lion ist, nicht leicht abzugewinnen war.

Daß Ihre neue Arbeit die bedeutsamen Perspektiven auftut, auf die Ihr Exposé abgestimmt war, ist viel wert. In anderer Art hat mich Felicitas' Schilderung von Eurer Gegend anheimelnd berührt. Es ist bei mir eine alte Sache, daß ich zu Städten verführt sein will, und dazu scheint Ihr mir fast auf dem rechten Wege.

Unerwarteter Weise habe ich neulich noch einige 10 oder 20 Bände des in Berlin verbliebenen Teils meiner Bibliothek bekommen. Ich denke sehr daran, die dänischen Bücher ebenfalls in absehbarer Zeit um mich zu haben.

Solltest Du, Felicitas, beim Auspacken an meine französischen Bücher kommen, so laß sie mir bitte möglichst bald durch das Institut zugehen.

Aus Prag, so habe ich mir sagen lassen, fliehen viele. Ich weiß nicht, ob es vorsichtig von Ernst wäre, dort zu bleiben. Aber vielleicht geht er nach Lodz!?

Zu den Manuskripten, die ich beim Verlassen Deutschlands eingebüßt habe, gehören die Hörmodelle. Die Struktur dieser Arbeiten habe ich, soweit es gehen konnte, in der Erinnerung zusammengesetzt. Das Exposé liegt bei.

Schreibt mir bald *sehr* ausführlich.

Grüße an die Freunde und Euch alles Herzliche

Ihr

Walter

P. S. Ich setze hierher zwei Buchtitel, die Sie im Zusammenhang der Wagner-Arbeit vielleicht interessieren:
Walter Lange: Richard Wagner's Sippe, Leipzig 1938, Verlag Beck

Eugen Schmidt's: Richard Wagner wie wir ihn heute sehen, Dresden 1938, von Baensch Stiftung.

ORIGINAL Typoskript.

Krenek ... sei in Amerika: Krenek traf am 31. August in Amerika ein.

der Instituts-Aufsatz: Der auf Wunsch von Horkheimer geschriebene Aufsatz »Ein deutsches Institut freier Forschung«, vgl. jetzt GS III, S. 518-526.

Lion: Ferdinand Lion (1883-1965) war der Chefredakteur von »Maß und Wert«.

einige 10 oder 20 Bände: Benjamins Schwester Dora hatte in ihrem Brief vom 8. März die Absendung von drei Paketen aus Berlin berichtet; um welche Bände es sich handelte, sagt sie nicht.

die dänischen Bücher: Das sind die bei Brecht in Skovsbostrand untergestellten Bücher Benjamins.

zwei Buchtitel: Benjamin hat sich bei dem Autorennamen des zweiten Titels versehen; die Angaben lauten vollständig: Walter Lange, Richard Wagners Sippe. Vom Urahn zum Enkel, Leipzig 1938 und Eugen Schmitz: Richard Wagner, wie wir ihn heute sehen, Dresden: Verlag Heimatwerk Sachsen 1937 (Schriftenreihe Große Sachsen, Diener des Reiches. 2).

143 Gretel Adorno an Walter Benjamin New York, 1.4.1938

1. April 1938.

Lieber Detlef,

warum hören wir so gar nichts von Dir? Oder wenigstens doch nur sehr indirekt. Am Sonntag haben wir nämlich bei Tillich Scholem kennengelernt. Abgesehen von der merkwürdig schnodderig, jüdisch-berlinischen Art zu sprechen war ich recht angetan; vor allem hat mir seine Intensität und Leidenschaft gefallen. Ich hoffe, daß wir ihn öfter sehen werden, wenn er von Cincinatti zurück ist. –

Teddie arbeitet wie ein richtiges Pferd und zieht seinen Wagner, neun Kapitel sind diktiert, das fünfte wird gerade getippt. Die Arbeit ist vielleicht dadurch noch erschwert worden, daß bis zu den ersten Maitagen schon eine gekürzte Fassung von nur ca 40 Druckseiten vorliegen soll, da man diesen Aufsatz dringend für das nächste Heft braucht. Natürlich hat Teddie trotzdem die große Fassung erst fertiggestellt. So nebenbei ist außerdem ein großes englisches Memorandum von 150-200 Seiten entstanden. Ich beschränke mich darauf, Teddie, der meist zu Hause arbeitet, zu entlasten, so sehr ich nur kann. Vorläufig ist seine Arbeitskraft eher hier gesucht, was natürlich außerordentlich erfreulich ist.

Hast Du unterdessen etwas von Ernst Bloch gehört? – Besteht wirklich keine Möglichkeit, eine erweiterte deutsche Fassung der Reproduktionsarbeit herzustellen? Ich wäre *sehr* gern bereit, sie abzuschreiben und so wenigstens etwas dazu beizutragen, daß sie auf deutsch, wenn auch nur von Leser zu Leser in Handexemplaren verbreitet wird. Alles, alles Liebe stets Deine alte

Felicitas

ORIGINAL Manuskript.

ein großes englisches Memorandum: Es trägt den Titel »Music in Radio«.

144 Gretel Adorno an Walter Benjamin New York, 10.4.1938

10. April 1938

Lieber Detlef,

es ist Sonntag früh, Teddie schläft noch; denn wir sind erst sehr spät nach Hause gekommen. Zuerst kleine Abendgesellschaft bei Max und dann zogen wir noch alle in einen netten kleinen night-club, wo die Lenja auftrat. Ja, es ist alles hier und eigentlich noch konzentrierter als in Berlin, man fühlt sich in die Jahre 25-32 versetzt so stark, daß es mir manchmal etwas unheimlich wird, und man sich fragt, was dann? Aber ich weiß noch gar nichts von amerikanischer Innenpolitik und seiner ökonomischen Struktur, vielleicht ist hier doch alles anders, laß es uns hoffen, daß dieser Schlupfwinkel noch einige Zeit dauert. –

Dein Brief über Hörmodelle ist gut angekommen. Ich habe nur gehört, daß Max Deinen Aufsatz über das Institut sehr sehr gelobt hat, gesehen habe ich ihn leider noch nicht. – Hast Du das Literaturblatt der FZ bekommen? – Ist Dir das neue Buch von Dolf Sternberger zufällig vor Augen gekommen? – Wie steht die Jochmann Literatur Angelegenheit, konnte Irmgard Kummer Dir nützlich sein? Meine Bücher sind zwar in New York angekommen, stehen aber im Lagerhaus, so daß ich Dich leider bitten muß, Dich noch einige Monate zu gedulden. – Soweit er ihn bis jetzt kennt, ist Max von Teddies Wagner recht angetan, der Aufsatz oder Auszug (wie man die kurze Fassung herstellt, steht noch nicht fest) wird mit einer Vorbemerkung von Max erscheinen. Ich glaube, daß man an der Apparatur des Instituts stürmisch überhaupt nichts ändern kann, höchstens durch gutes Beispiel und beharrliches Vertreten seiner Meinung. –

Ja, und nun, da Du noch in San Remo wieder so unvorsichtig warst, mich zum Schreiben zu ermuntern, kann ich kein Ende finden und suche Deinen Rat, wo Du mir wahrscheinlich gar nicht so viel helfen kannst, weil Du die Umstände nicht kennst: Die Freundschaft meiner Schwester mit E hat sich so entwickelt, daß sie wahrscheinlich heiraten werden. (Du siehst, bei solchen heiklen Briefen ist stets E das Karnikkel.) Sie hört im allgemeinen sehr auf mich, und ich habe ihr alle meine Bedenken vorgetragen. Natürlich kann ich sie nicht hindern, aber ich fühle stets eine gewisse Verantwortung für sie, und fürchte, daß diese Ehe halt doch schief gehen könnte. Dabei ist zu sagen, daß ich mit E wieder glänzend stehe und gar nichts an ihm auszusetzen habe. Ich weiß auch, daß sie bei ihm sicher, soweit das heute überhaupt möglich ist, ihren Spaß haben wird; aber ob dieses Vergnügen auf der anderen Seite nicht sehr teuer erkauft ist. Ich erinnere mich noch sehr gut an den Brief, den Du mir seiner Zeit geschrieben hast. Gewiß, bei Lotte fehlt der Gegenkandidat, aber ich weiß nicht, ob nicht auch für E der Satz gilt: an mir habt ihr einen, auf den könnt Ihr nicht bauen. Meine Mutter, die in ihrer Spießbürgerlichkeit nach einmaligem Sehen eine starke Aversion gegen E hat, wird uns natürlich alle mit dem großen Fluch verfluchen; aber das ist nicht entscheidend; sie weiß auch natürlich nichts, wie auch hier noch alles offen gelassen ist. Lotte kommt jetzt für drei Monate nach New York und will sich dann wohl hier niederlassen; aber ich glaube kaum, daß E es auf die Dauer in Boston aushalten wird und rechne eigentlich auch früher oder später mit seiner Übersiedlung.

Was für Nachrichten hast Du von Stefan?

Hat Deiner Schwester die Kur geholfen?

Laß sehr bald von Dir hören in aller Freundschaft

stets

Deine

Felicitas.

blonde Lenja
Literaturblatt
~~Sternberger (Löwenthal)~~

Jochmann (Kummer)
Paris
Meine Bücher
Heirat von E
Stefan
Kur von Dora
Scholem Frankist?

ORIGINAL Manuskript m. Stichworten von Benjamins Hand auf dem linken Rand der ersten Seite.

das neue Buch von Dolf Sternberger: Vgl. Dolf Sternberger, Panorama oder Ansichten vom 19. Jahrhundert, Hamburg 1938. – Benjamin schrieb eine scharfe Rezension des Buches, die aber zu Lebzeiten ungedruckt blieb, vgl. GS III, S. 572-579.

Irmgard Kummer: Nicht ermittelt.

der Satz: Er steht in Brechts Gedicht »Vom armen B. B.«

145 Walter Benjamin an Theodor Wiesengrund-Adorno und Gretel Adorno Paris, 16.4.1938

10, rue Dombasle
Paris, XVe
den 16.4.1938

Lieber Teddie,

Gestern ist Ihre Gaston'sche Osterkarte hier angekommen.

Nun müssen Sie wissen, daß ich die Verbindung, auf die Sie wie auf etwas Bekanntes anspielen, eben durch Ihre Anspielung erst erfuhr. Da sind wir also, Sie und ich, im Begriffe, als Blättlein am Stammbaum einander zuzuwinken; und da wir es in der Zephyr-Sprache schon vordem zu etwas gebracht haben, so werden wir mit Gottes Hilfe aus den kommenden Stürmen erst recht was herausholen.

Was mich weiter an der Sache erfreut hat, ist, den Egon nun von zwei Gehilfen flankiert zu sehen, die nicht so flatterhaft sind wie die von K. aber ebenso durchtrieben, und von denen sich sagen läßt, daß sie mehr oder weniger laufend über die Vorgänge im »Schloß« informiert sind. Diese meine handfeste Auffassung lassen Sie ihn nur wissen; sie wiegt ein langes Glückwunschkabel auf.

Wenn ich es mir überdenke, so kommen Sie zu diesem langen Brief nur auf Grund des besagten und neuen Titels; denn auf mein voriges Schreiben habe ich von Ihnen noch nichts Eingehendes vernommen. Allerdings nehme ich den »Wagner«, den ich nun bis zum vierten Kapitel habe, aus. Darin fand sich für mich eine Fülle von anziehenden, zum Teil von sehr wichtigen Motiven. Ehe Sie Raisonnables von mir darüber erwarten können, muß ich freilich das Ganze haben und es studieren können. Dem stellt das Sujet, wie Sie wissen, einige Schwierigkeiten entgegen, und leider werden sie durch die Beschaffenheit des Abzugs, den Sie mir schickten, gesteigert. Er ist blaß und liest sich mühselig; ich hoffe, Sie schicken mir einen besseren sowie Sie ihn irgend entbehren können.

Was mir besonders einging, sind die Bemerkungen über das »Geleitende« von Wagners Musik. Höchst attraktiv waren mir weiter Ihre Betrachtungen über die Sprache Wagners im Gegensatz zu »Wald und Höhle« – ein Faustzitat, das sich sehen lassen kann! – des Worts bei Schubert. Daß die Aufschlüsse über die Allegorie im Leitmotiv für mich besonders bedeutsam sind, brauche ich nicht zu sagen. – Ich freue mich auf den Augenblick, wo ich in dem Text umherwandeln und mir überall das Meine darin werde suchen können.

Hierher gehört ein Wort an Dich, liebe Felizitas, um Dir zu Ostern und Österlichem zu gratulieren; auch Dir für die Zeilen vom 1. April zu danken, über die ich mich sehr gefreut habe. Deine Bereitschaft, mir die Reproduktionsarbeit abzuschreiben, ist unschätzbar. Ich nehme das mit der größten Freude an. Sobald ich die Zeit finde, das Manuskript noch einmal durchzusehen, erhältst Du es. Es hat ganz den Anschein, als ob sich mit Deiner Intervention ein guter Stern über meinen Opusculis erhoben hätte. Eben gestern ist es mir gelungen, von Levy-Ginsberg das Manuskript der »Berliner Kindheit« davonzutragen, und jetzt stehen sogar die seinerzeit von Dir erbeuteten Rowohlt-Exemplare in Aussicht.

Es fällt mir nicht schwer, zu erklären, daß die Elisabeth ein höchst scharmantes und bemerkenswertes Geschöpf vorstellt. Leider ist sie sehr bald von hier entschwebt; wird vielleicht wieder anschweben.

Die folgende Neuigkeit dürfte geeignet sein, von gegenwärtigem eingelegten Billet die Brücke zu dem unterbrochenen Skriptum zu schlagen.

Dolf Sternberger hat »Panorama – Ansichten des 19. Jahrhunderts« erscheinen lassen (Goverts – d. i. Claassens – Verlag in Hamburg). Der Titel ist das Eingeständnis versuchten, zugleich der einzige Fall des geglückten Plagiats an mir, das den Grundgedanken des Buches abgab. Der Gedanke der »Passagen« ist hier doppelt filtriert worden. Von dem, was Sternbergers Schädel (Filter I) passieren konnte, ist das zum Vorschein gekommen, was die Reichsschrifttumskammer (Filter II) durchließ. Was da geblieben ist, davon können Sie sich unschwer einen Begriff machen. Im übrigen kann Ihnen die programmatische Erklärung dazu verhelfen, die Sie im »Aphoristischen Vorwort« finden: »Bedingnisse und Taten, Zwang und Freiheit, Stoff und Geist, Unschuld und Schuld können in der Vergangenheit, deren unabänderliche Zeugnisse, wenn auch verstreut und unvollständig, vor uns liegen nicht voneinander abgeschieden werden. Alles dies ist vielmehr stets ineinander verwirkt ... Es handelt sich um die Zufälligkeit der Geschichte selber, die in der zufälligen Wahl der Zitate, in dem zufälligen, krausen Wirrsal der Züge, die gleichwohl zur Schrift sich fügen, nur aufgefangen und aufbewahrt ist.«

Der unbeschreiblich dürftige Begriffsapparat Sternbergers

ist aus Bloch, aus Ihnen und mir zusammengestohlen. Besonders ungewaschen ist die Verwendung des Begriffs der Allegorie, den Sie auf jeder dritten Seite finden. Zwei jämmerliche Exkurse über die Rührung beweisen mir, daß er seine Finger auch in die Wahlverwandtschaften-Arbeit gesteckt hat. –

An französische, also hier zentrale Quellen durfte er sich mit Rücksicht auf die Reichsschrifttumskammer nicht heranwagen. Wenn Sie sich vergegenwärtigen, daß es Bölsche, Haeckel, Scheffel, die Marlitt und ähnliche sind, die er mit dem gedachten begrifflichen Handwerkszeug bearbeitet, so haben Sie eine zutreffende Vorstellung von dem, was einem, wenn man es schwarz auf weiß vor sich hat, unvorstellbar erscheint.

Daß der Junge, ehe er sich an dieses Meisterstück machte, im münchener Bericht über die hitlersche Rede gegen die entartete Kunst sein Gesellenstück lieferte, erscheint mir in vollster Ordnung.

Ich denke, Sie lassen sich das Buch kommen. Vielleicht besprechen Sie mit Max, ob ich es anzeigen – zu deutsch: denunzieren – soll.

Ich bin ganz und gar mit der Schematisierung des »Baudelaire« beschäftigt, von der ich Max einen kurzen Bericht gegeben habe. Nachdem ich lange Bücher auf Bücher und Exzerpte auf Exzerpte gehäuft habe, bin ich nun dabei, in einer Reihe von Reflexionen mir die Grundlage für einen gänzlich transparenten Aufbau zu schaffen. Ich möchte, daß er an dialektischer Strenge dem der Wahlverwandtschaften-Arbeit nichts nachgibt.

Zum Schluß ein Quartal gemischte Post:

Zuoberst liegen einige Bitten. An Felizitas richte ich die, mir die französischen illustrierten Bücher, sobald sie es kann – am besten wohl versichert – schicken zu lassen. An Sie wiederhole ich die um Ihren Kierkegaard. Ebenso wichtig wäre mir die, von Ihnen über die inzwischen vielleicht wiederholten Begegnungen mit Scholem etwas zu hören. – Neulich sprach ich Jean Wahl, als er gerade von Bergson kam. Dieser sieht die Chinesen schon in Paris einrücken – und das war als noch die Japaner siegten. Auch berichtete Wahl, nach Bergson seien die Eisenbahnen an allem schuld. (Eine andere Frage ist es, was man eines Tages aus dem achtzigjährigen Jean Wahl wird herausholen können.) – Grete de Francesco ist durch Paris gekommen. Ich sprach sie nur telefonisch. Sie war furchtbar traurig. Ihre Eltern sind mit einem großen Vermögen in der österreichischen Falle gefangen.

Ich hoffe, bald sehr ausführlich Nachrichten von Ihnen zu haben und grüße Sie, Felizitas und den Umkreis herzlichst

Ihr

Walter

ORIGINAL Typoskript.

die Gaston'sche Osterkarte: Vgl. Briefwechsel Adorno, S. 318.

die Verbindung: Die Heirat von Liselotte Karplus (1909-?) und Egon Wissing fand am 30. Mai 1940 statt.

Bemerkungen über das »Geleitende«: Vgl. Adorno GS 13, S. 57 und S. 118.

Betrachtungen über die Sprache Wagners: Vgl. ebd., S. 57f.

die Allegorie im Leitmotiv: Vgl. ebd., S. 43f.

von Levy-Ginsberg das Manuskript der »Berliner Kindheit«: Wie aus Benjamins Brief an Gretel Adorno vom 1. September 1935 (s. Brief Nr. 103) hervorgeht, hatte Arnold Levy den letzten Typoskript-Durchschlag der »Berliner Kindheit« mit sich genommen, um ihn abschreiben zu lassen.

Rowohlt-Exemplare: Vgl. GB IV, Brief Nr. 841 und die Anm. dort.

Elisabeth: Das ist Elisabeth Wiener, eine Freundin Gretel Adornos, nach der sie sich in ihrem unveröffentlichten Brief vom 1. April erkundigt hatte.

Exkurse über die Rührung: Sie stehen in den Abschnitten »Die Religion der Tränen« und »Edelblässe« von Sternbergers Buch.

münchener Bericht über die hitlerische Rede: Vgl. dst, Tempel der Kunst. Adolf Hitler eröffnete das »Haus der Deutschen Kunst«, in: Frankfurter Zeitung, 19. 7. 1937 (Jg. 81, Nr. 362), S. 1f. (Morgenblatt) und in der gleichen Ausgabe S. 3: dst, Die festliche Stadt. Die Feiern zur Eröffnung des »Hauses der Deutschen Kunst«.

Jean Wahl: Der Philosoph Jean Wahl (1888-1974), der über Kierkegaard geschrieben hatte, lehrte seit 1936 an der Sorbonne.

Grete de Francesco: Die österreichische Publizistin war Mitarbeiterin der »Frankfurter Zeitung«; ihr Buch »Die Macht des Charlatans« war 1937 erschienen.

145 Walter Benjamin an Gretel Adorno und Theodor Wiesengrund-Adorno Paris, 19.6.1938

den 19.6.1938
10, rue Dombasle
Paris, XVe

Lieber Teddie,

es ist soweit; ich setze mich zum Brief über Ihren »Wagner« hin; und ich gehe in medias res, annehmend, daß, was diesen Brief verzögert hat, Ihnen weniger drängend zu erfahren ist als was er etwa zur Sache selber sagt.

Diese Sache habe ich in dem Grade studiert, daß ich mich ein wenig in ihr zu Hause fühlen kann. Ich wünschte, Sie hätten das Studium *mir* ebenso leicht gemacht, wie es sich für die andern gestalten wird; rebus sic stantibus habe ich mehrfach leise vor mich hingeseufzt: der Abzug ist keine Freude für Manuskriptliebhaber und gerade dem aufmerksamen Studium nicht förderlich.

Die Sache selbst – um nun ohne Umschweif auf sie zu kommen – ist von großem Reichtum und von erstaunlichster Transparenz. Die ungünstigen Vorbedingungen, die ich als der Materie so unkundiger Leser Ihrem Essai entgegenbringe, sind ein ausgezeichneter Prüfstein für ihn. Ich hätte es nicht für möglich gehalten, daß ich, mit der Ahnung bis in die détaillierten technischen Untersuchungen hinein, erst recht mit klarstem Überblick in den andern Teilen schon die erste Lektüre würde bewältigen können. Wiesehr das für Ihr schriftstellerisches Gelingen spricht, versteht sich von selbst.

Sie haben, soweit mein Überblick reicht, bisher nichts geschrieben, was von gleicher physiognomischer Prägnanz wäre. Ihr Wagnerporträt ist an Haupt und Gliedern absolut überzeugend. Wie Gesinnung und Gestus bei ihm aufeinander abgestellt sind, das haben Sie meisterhaft festgehalten.

Ich kann nicht versuchen, wie ich das manchmal tat, Einzelnes, das mir nach Sicht und Formulierung besonders glücklich schien, aufzuführen. (Unter den bezwingenden Stellen nenne ich doch im Vorbeigehen die Verschränkung der Wotansfigur mit dem Bettlermotiv; den »Deutschen Sozialismus« in Wagners Haltung; die politische Durchleuchtung des Ring-Motivs; den Satz über Marke als den Urvater des Völkerbundes, ein Satz, der die Bildkraft der berühmten Karikaturen aus dem Evening News hat.)

Was die Hauptsache angeht, so hat mich besonders gefesselt, mit welchem Nachdruck Sie die spezifische »Formlosigkeit« zur Geltung bringen, die offenbar Wagners Werk durchzieht. Der Terminus »geleitende Musik« – der ja wohl von Ihnen stammt? – ist ein Fund. Ähnlich aufschlußreich ist für mich Ihr Hinweis auf die Abschattungen gewesen, mit denen wagnersche Figuren, wie Wotan und Siegfried, ineinander übergehen. Kurz, es gibt für mich keinen Zweifel, daß die einzelnen Elemente der Wagnerkritik aus einer Gesamtkonzeption stammen, die ihre überzeugende Kraft der authentischen geschichtlichen Signatur Ihrer Reflexion verdankt.

Und dennoch ist die Frage, die gelegentlich eines Terrassengespräches in Ospedaletti ihr Geisterdasein zwischen uns etablierte, von Ihnen nicht zu ewiger Ruhe bestattet worden. Erlauben Sie mir, fragend meinerseits das Gedächtnis dieser Frage heraufzurufen. Ist es Ihren frühesten *Erfahrungen* mit Wagner gegeben, sich ganz in Ihrer *Einsicht* in das Werk zuhause zu fühlen? Ich möchte von einem Rasenplatze sprechen und jemanden vorstellen, der, durch die Spiele der frühen Kindheit mit ihm vertraut, unvermutet und in dem Augenblick auf ihm sich wiederfände, wo er der Schauplatz eines Pistolenduells geworden ist, zu dem er sich von einem Gegner gefordert sähe. Spannungen, wie sie solcher Sachlage eigen wären, scheinen mir im »Wagner« zu überdauern. Sollten nicht eben sie es sein, die das Gelingen der »Rettung« – um sie hat sich das gedachte Gespräch bewegt – in Frage stellen? Sie haben die Motive, in denen solche Rettung sich ankündigen könnte, deutlich und behutsam zugleich zur Geltung gebracht. Die schönste Formulierung Ihrer Arbeit vom goldenen Nichts und vom silbernen Wart ein Weilchen schwebt mir hier vor. Es ist gewiß nicht die Präzision der materialistischen Dechiffrierung Wagners, die solche Stellen um ihre Resonanz brächten. Sie haben aber diese Resonanz nicht in ganzer Fülle. Warum? Irre ich mich, wenn ich antworte: weil sie Ihrer Konzeption nicht an der Wiege gesungen wurden? Einem Werk wie dem »Wagner« fehlt es an Schluchten und Grotten nicht, aus denen die gedachten Motive mit dem Echo zurückkehren könnten. Warum tun sie es nicht? Warum heben sich die schönen Stellen, an denen sie anklingen (die erstaunliche, an der Sie das »Frau Holda kam aus dem Berg hervor« zitieren) ebensosehr durch ihre Isoliertheit heraus wie durch ihre Schönheit?

Entschließe ich mich zu einer kurzen Formulierung, so sage ich: die Grundkonzeption des Wagner, die weiß Gott nicht von schlechten Eltern ist, ist eine polemische. Ich würde mich nicht darüber wundern, wenn das die einzige wäre, die uns ansteht und uns, wie Sie es tun, aus dem Vollen zu schöpfen erlaubt. In dieser Konzeption scheinen mir auch, und gerade, Ihre energischen musiktechnischen Analysen ihren Ort zu haben. Eine polemische Befassung mit Wagner schließt in keiner Weise die Durchleuchtung der progressiven Elemente seines Werkes, die Sie vornehmen, aus, zumal wenn diese sich von den regressiven sowenig wie die Schafe von den Böcken scheiden lassen.

Wohl aber – und hier, lieber Teddie, dürften Sie mich mit Leib und Seele bei *Ihrem* Lieblings- und Indianerspiel, dem Ausgraben des Kriegsbeils, überraschen – erweist sich die geschichtsphilosophische Perspektive der Rettung, wie mir scheinen will, mit der kritischen der Pro- und Regressionen als unvereinbar. Genauer – als vereinbar nur in bestimmten philosophischen Zusammenhängen, über die wir uns gelegentlich sub vocem »Fortschritt« unterhalten haben. Der umstandslose Gebrauch der Kategorien des Progressiven und des Regressiven, denen in den zentralen Teilen Ihrer Schrift ihr Recht zu beschneiden ich der letzte wäre, macht die Ansätze zu einer Rettung Wagners (auf der zu bestehen – zumal nach der Lektüre Ihrer Schrift mit ihren vernichtenden Analysen – *derzeit* wiederum ich der letzte wäre) überaus problematisch.

Sie sind gewiß nicht willens, mir zu widersprechen wenn ich sage, daß die Rettung als philosophische Tendenz eine schriftstellerische Form bedingt, die – um es unbeholfen zu sagen (weil ich es besser nicht formulieren kann) – mit der musikalischen besondere Verwandtschaft hat. Die Rettung ist eine zyklische Form, die polemische eine progressive. Mir stellen sich die zehn Kapitel des Wagner eher als eine Progression denn als ein Zyklus dar. Es ist dieser Zusammenhang, in dem die gesellschaftskritischen und die technischen Untersuchungen souverain zur Entfaltung kommen; dieser Zusammenhang aber auch, der anderen alten und bedeutenden Motiven Ihrer Musiktheorie – der Oper als Trost, der Musik als Einspruch – Abbruch tut; der das Motiv der Ewigkeit im Funktionszusammenhang mit der Phantasmagorie dingfest macht und an seiner Verwandtschaft mit dem des Glücks vorübergehen muß.

Das alles, wie gesagt, zeichnete sich wohl als Frage in einem unserer letzten Gespräche ab. Ich meine auch nicht, daß Sie in dem, wovon ich hier rede, minder als ich zuhause wären. Vielleicht hätte eine Rettung Wagners gerade einem Ihrer ältesten Motive – dem der décadence und des Trakl-Zitats das Sie so lieben – Spielraum verschafft. Das Bestimmende in der Rettung – nicht wahr? – ist niemals ein Progressives; es kann dem Regressiven so ähnlich sehen wie das Ziel, das bei Karl Kraus Ursprung heißt.

Die Schwierigkeiten des »Baudelaire« liegen vielleicht gerade invers. Da ist für Polemik selbst dem Anschein nach und wohl erst recht in der Sache so wenig Raum, es ist da so weniges verrufen und überholt, daß die Form der Rettung an diesem Gegenstande selbst zum Problem werden könnte. In einiger Zeit hoffe ich darüber mehr zu wissen.

Nun zu Ihren Briefen und meinem Verstummen. Es liegen vor mir die vom 10. April (da schrieb mir Felizitas), vom 4. Mai und vom 8. Juni. Ich wäre verlegener, könnte ich nicht annehmen, daß Ihr in der Zwischenzeit, in der ich einen großen Brief an Max und einen ausführlichen an Scholem geschrieben habe, mittelbar von mir gehört habt. In der gleichen Zeit fand ich mich, mit dem Vorhaben, Euch endlich eine Abschrift der »Berliner Kindheit« zur Verfügung zu stellen, plötzlich von neuem mit diesem Text konfrontiert und ging an eine eingehende Umarbeitung. Ihr findet mehrere Stücke davon in der letzten Nummer von »Maß und Wert«.

Die Wahrheit zu sagen, ist dieser Katalog meiner Abhaltungen nicht vollständig. Ich war sechs Wochen lang von schweren chronischen Migränezuständen befallen. Schließlich habe ich mich zu einer Tournée bei den Ärzten entschlossen; der erste Verdacht richtete sich auf ein Malariarezidiv, für das aber keine Zeichen vorliegen. Als ich gerade bei einer eingehenden Augenuntersuchung angelangt war, verschwanden die Symptome plötzlich. Es war an der Zeit; denn ich fühlte mich aufs äußerste reduziert. Die Sache ist selbstverständlich meiner Arbeit nicht zugute gekommen; ich werde mich sehr bemühen, in Dänemark die Zeit nachzuholen. Übermorgen fahre ich.

Die für meine Naturalisation nötigen démarchen haben sich in der letzten Zeit vervielfältigt. Darüber hatte ich Max in meinem letzten Brief vom 28. Mai ausführlich berichtet. Ich nehme fast mit Gewißheit an, daß er diesen Brief noch vor seiner Abreise in den Westen bekommen hat. So wird er von meiner Bitte um ein Zertifikat, das ich für die Naturalisation brauche, Pollock wohl noch vor der Abreise haben verständigen können. Für den Fall, daß diese Annahme irrig sein sollte, lege ich Ihnen die Kopie der betreffenden Stelle aus meinem Brief an Max bei, und würde Sie dann bitten, sie an Pollock weiterzugeben. Er ist grundsätzlich über mein Vorhaben informiert. Der Instanzengang hier ist unsäglich langwierig; je *früher* ich das Zertifikat haben könnte, desto besser.

Mich für Eure Sendungen des Literaturblatts zu revanchieren, sende ich Euch als Drucksache ein Prosastück von Claudel, das letzthin im Figaro stand. Ein schöner Beleg für den großartigen Blick und das unerhörte Können dieses fürchterlichen Menschen.

Dazu füge ich – das wird Euch komisch vorkommen – einen kleinen tuyau für New York. Hier ist zurzeit eine Retrospektive amerikanischer Kunst ausgestellt. Ihr verdanke ich die Bekanntschaft mit zehn bis zwanzig primitiven Bildern von Ungenannten aus der Zeit zwischen 1800 und 1840. Ich habe niemals Bilder dieser Art gesehen, die mir einen größeren Eindruck gemacht hätten. Soweit sie nicht im Besitz von Mrs. John Rockefeller junior sind, stammen sie meistens aus der »American Folk Art Gallery«. Ihr dürft keineswegs versäumen sie anzuschauen, wenn sie wieder dort hängen werden. – Da wir beim amerikanischen sind: kennt Ihr Melville? Es erscheinen hier einige bedeutende Werke von ihm.

Über meine literarischen Beschäftigungen der letzten Zeit zwei Worte. Einiges habt Ihr wohl inzwischen von Scholem darüber erfahren, insbesondere meine Befassung mit Brods Kafka-Biographie. Ich habe die Gelegenheit wahrgenommen, selbst einige Notizen über Kafka zu machen, die von einem anderen Standort ausgehen als mein Essai. Dabei habe ich wieder mit großem Interesse Teddies Kafkabrief vom 17. Dezember 1934 studiert. Sosehr der stichhält, so fadenscheinig erweist sich der Kafka-Aufsatz von Haselberg, den ich ebenfalls bei meinen Papieren fand. – Ich las zum ersten Male Ronsard und fand dort das Motto des »Baudelaire«. Ich las in Übersetzung »Benighted« von Priestley. Nach diesem Buch hat man einen der denkwürdigsten Filme gedreht »The old dark house«. Solltet Ihr den in irgendeiner Retrospektive noch aufspüren, so versäumet ihn keinesfalls.

Ihre Schilderung, lieber Teddie, des Besuches, den der Leviathan dem Behemot abstattet, ist mit gebührender Heiterkeit gelesen worden und wird mit gebührender Ehre aufbewahrt. Desto ärmlicher komme ich mir vor diesem Schriftstück selber vor, wenn ich Felizitas auf die Frage, ob Scholem Frankist sei? die Antwort schuldig bleiben muß. Sage ich nein, wozu ich befugt wäre, so kann sie sich dafür nicht viel kaufen. Ihr müßt bedenken, daß Ihr Scholem auf einer Gastspielreise kennenlernt. Dadurch allein – von anderm vielleicht zu schweigen – sind Eure Chancen, etwas aus ihm herauszuholen zehnfach so groß als die meinen. Ich hoffe im übrigen, daß es in Paris nochmals zu einer Begegnung zwischen ihm und mir kommen wird; aber ich bin dessen nicht sicher.

Bloch ist noch in Prag; er bereitet seine Übersiedlung nach Amerika vor. In der Weltbühne hatte er einen ganz schönen Aufsatz über Brecht und einen ganz scheußlichen über Boucharins Schlußwort. Bei dieser Gelegenheit müssen Sie wissen, daß mir Neuigkeiten in der Art derer, die Sie mir über Eisler und Boucharin gaben, immer auf das höchste willkommen sind.

Die Amerikareise von Else Herzberger ist *mir* nicht gut bekommen. Ich habe es seither über ein paar Telefongespräche mit ihr, deren Hauptinhalt Andeutungen durch sie erlittener Verluste gewesen sind nicht herausgebracht. Mir tut das wie Ihr Euch denken könnt leid; aber einen rechten Operationsspielraum sehe ich nicht.

Von Ihren Projekten interessiert mich natürlich die Arbeit über die neue Gestalt der Dialektik auf das außerordentlichste. Zeitlich wird aber wohl die über »Musik im Radio« den Vorrang haben?

Sollte mir der Greid, von dem Sie mir schreiben, begegnen, so werde ich entsprechend verfahren. Ich kann aus Ihrem Brief erfreulicherweise nicht entnehmen, daß dafür eine besondere

Wahrscheinlichkeit besteht. Es sei denn, er befände sich in Dänemark?

Der Sternberger soll also mit einer Galgenfrist bedacht werden? – Nun ist es für heute schon viel des Guten gewesen und kommen die allerherzlichsten Grüße zum Beschluß

Ihr

Walter

ORIGINAL Typoskript.

die Verschränkung der Wotansfigur mit dem Bettlermotiv: Im IX. Kapitel des »Versuchs über Wagner« (vgl. GS 13, S. 127f.)

der »Deutsche Sozialismus« in Wagners Haltung: Vgl. ebd., S. 126f.

die politische Durchleuchtung des Ringmotivs: Im X. Kapitel des »Versuchs über Wagner« (vgl. GS 13, S. 134-142; vgl. auch ebd., S. 111-114).

der Satz über Marke: Vgl. Adorno, Fragmente über Wagner, in: Zeitschrift für Sozialforschung 8 (1939/40), S. 1-49 (Heft 1/2); das Zitat findet sich auf S. 40: »Marke ist der Urvater des Völkerbunds.« Im »Versuch über Wagner« heißt es dann: »Marke ist der Urvater des Appeasement.« (GS 13, S. 137)

die spezifische »Formlosigkeit«: Vgl. GS 13, S. 38-40.

Der Terminus »geleitende Musik«: Vgl. ebd., S. 118. – Der Terminus ist keine Erfindung Adornos.

ein Terrassengespräch in Ospedaletti: Während des Aufenthalts von Gretel und Theodor Adorno in San Remo zur Jahreswende 1937/38. Ospedaletti Ligure liegt wenige Kilometer westlich von San Remo.

das goldene Nichts und das silberne Wart ein Weilchen: Der noch vor der Drucklegung der »Fragmente über Wagner« im Manuskript gestrichene Satz stand im X. Kapitel: »Zum goldenen Nichts gehört das silberne Wart-ein-Weilchen« (Theodor W. Adorno Archiv, Ts 2927).

»Frau Holda kam aus dem Berg hervor«: Vgl. Richard Wagner, Tannhäuser und der Sängerkrieg auf Wartburg, Erster Aufzug, Szene III; Adorno zitiert die Stelle im VI. Kapitel (vgl. GS 13, S. 88).

alte und bedeutende Motive Ihrer Musiktheorie – der Oper als Trost, der Musik als Einspruch: »Die wahre Idee der Oper, die des Trostes, vor dem die Pforten der Unterwelt sich öffnen, ist verlorengegangen.« (Ebd., S. 118) In der Version, die Benjamin vorgelegen haben dürfte, heißt es: »Allem Ausdruck zum Trotz eignet ihm im musikalischen Nachvollzug ein Moment des Seelenlosen: die ursprüngliche Gewalt der Oper, die des Trostes, ist bei Wagner verloren gegangen.« (Theodor W. Adorno Archiv, Ts 2897 f.) Vgl. auch den Schluß des letzten, des X. Kapitels: »Wer es aber vermöchte, den übertäubenden Wogen des Wagnerschen Orchesters solches Metall zu entreißen, dem vermöchte sein veränderter Klang zu dem Trost zu verhelfen, den es trotz Rausch und Phantasmagorie beharrlich verweigert. Indem es die Angst des hilflosen Menschen ausspricht, könnte es den Hilflosen, wie immer schwach und verstellt, Hilfe bedeuten, und aufs neue versprechen, was der uralte Einspruch der Musik versprach: Ohne Angst Leben.« (GS 13, S. 145)

Motiv der Ewigkeit im Funktionszusammenhang mit der Phantasmagorie: Vgl. GS 13, S. 84.

eines unserer letzten Gespräche: Während der Jahreswende 1937/38 in San Remo.

eines Ihrer ältesten Motive – das der décadence und des Trakl-Zitats: Im Sommer 1936 plante Adorno für die »Zeitschrift für Sozialforschung« einen Aufsatz über Dekadenz; dazu notierte er: »Motto zur Dekadenzarbeit: ›Wie scheint doch alles Werdende so krank.‹ Georg Trakl.« (»Grünes Buch«, S. 38) – Der Vers findet sich in der ersten Strophe des 3. Gedichts von »Heiterer Frühling«.

das Ziel, das bei Karl Kraus Ursprung heißt: Vgl. Karl Kraus, Worte in Versen I, Leipzig 1916, S. 69 (»Der sterbende Mensch«, V. 40).

die [Briefe] vom 4. Mai und 8. Juni: Sie sind nicht erhalten.

»Berliner Kindheit« / mehrere Stücke: Das waren »Krumme Straße«, »Pfaueninsel und Glienicke«, »Der Strumpf«, »Unglücksfälle und Verbrechen«, »Die Farben«, »Zwei Blechkapellen« und »Winterabend«.

ein Zertifikat: Benjamin benötigte für sein Naturalisationsgesuch die Bestätigung dafür, daß er im Auftrag des Instituts drei Jahre in Frankreich wissenschaftlich gearbeitet hatte.

Eure Sendungen des Literaturblatts: Eine der Ausgaben des »Literaturblatts der Frankfurter Zeitung« ist wahrscheinlich die vom 17. April 1938 gewesen, in der Heinrich Zimmer Dolf Sternbergers Buch »Panorama oder

Ansichten vom 19. Jahrhundert« besprach; Benjamin hat den Ausriß dieser Rezension aufbewahrt.

ein Prosastück von Claudel: Wahrscheinlich der von Paul Claudel (1868 bis 1955) am 26. 3. 1938 in »Le Figaro« publizierte Aufsatz »Le poison wagnérien«; vgl. jetzt: ders., Œuvres en prose. Préface par Gaëtan Picon, édition établie et annotée par Jacques Petit et Charles Galpérine, Paris 1965, S. 367-372 (Bibliothèque de la Pléiade. 179).

eine Retrospektive amerikanischer Kunst: Nicht ermittelt.

Teddies Kafkabrief: Adornos Brief vom 17. Dezember 1934, vgl. Briefwechsel Adorno, S. 89-96.

der Kafkaaufsatz von Haselberg: Peter von Haselberg hatte Benjamin im Sommer 1935 seine für das Feuilleton der »Frankfurter Zeitung« geschriebenen, aber dort nicht erschienenen »Notizen zu Kafka« geschickt.

Ronsard ... das Motto des »Baudelaire«: Das Motto, der »Hymne de la Mort« von Pierre Ronsard entnommen, vgl. GS V·1, S. 301.

»Benighted« von Priestley: Der genannte Roman von John Boynton Priestley (1894-1984) war 1927 erschienen; die amerikanische Ausgabe trug den Titel »The old dark house«; der gleichnamige Film von James Whale, dessen deutscher Titel »Das Haus des Grauens« ist, datiert aus dem Jahr 1932.

Ihre Schilderung: Vgl. Briefwechsel Adorno, S. 324-326.

Bloch / ein ganz schöner Aufsatz über Brecht ... ein ganz scheußlicher über Boucharins Schlußwort: Vgl. Ernst Bloch, Ein Leninist der Schaubühne, in: Die neue Weltbühne 34 (1938), S. 624-627 (Nummer 20, 19. 5. 38) und ders., Bucharins Schlußwort, in: Die neue Weltbühne 34 (1938), S. 558 bis 563 (Nummer 18, 5. 5. '38).

Neuigkeiten in der Art derer, die Sie mir über Eisler und Boucharin gaben: Vgl. Briefwechsel Adorno, S. 328f.

die Arbeit über die neue Gestalt der Dialektik: Adorno hatte geschrieben: »Im übrigen nehmen die literarischen Pläne von Max und mir jetzt eine sehr konkrete Gestalt an. Es steht so gut wie fest, daß wir zunächst einen großen Aufsatz über die neue Gestalt der Dialektik, die unabgeschlossene, zusammen schreiben werden.« (Briefwechsel Adorno, S. 331f.) – Es blieb bei dem Plan.

»Musik im Radio«: Das von Adorno unter dem Titel »Current of Music« geplante Buch, das seine Studien zum Radio enthalten sollte, blieb Fragment.

Greid: Adorno hatte im Januar 1938 für die »American Guild for German Cultural Freedom« ein Gutachten über die Arbeit »Optimismus« des nach Schweden emigrierten Schauspielers und Regisseurs Hermann Greid (1892-1975) geschrieben. Greid, der in Schweden auch mit Brecht zusammengearbeitet hat, erhielt kein Stipendium. – In Adornos Brief heißt es: »Mit meinem Einverständnis wurde es [das Gutachten] Herrn Greid zugänglich gemacht, und dieser schrieb mir einen maßlos unverschämten Brief. Daß alles wäre ganz gleichgültig, bezöge sich der Brief nicht ausdrücklich auf Greids Beziehung zu Brecht, während er zugleich die Behauptung enthält, Greid habe von keinem seiner Bekannten auch nur das mindeste über mich und meine marxistische Qualifikation vernehmen können. Das ist recht ärgerlich, und ich wäre Ihnen von Herzen dankbar, wenn Sie einmal nach dem Rechten sehen würden, falls Ihnen das nicht gar zu große Unbequemlichkeiten verursacht.« (Briefwechsel Adorno, S. 322f.)

Der Sternberger ... eine Galgenfrist: »Was den Sternberger anlangt, so habe ich die Beschaffung des Buches angeregt und hätte gegen eine Denunziation nichts einzuwenden. Ich möchte Ihnen nur zu erwägen geben, daß nach meiner letzten und sehr zuverlässigen Information die Stellung Sternbergers an der Zeitung [der F. Z.] unhaltbar geworden ist, und daß ich nicht weiß, ob man an dieser Stelle dem Weltgeist vorgreifen soll.« (Briefwechsel Adorno, S. 327).

147 Walter Benjamin an Gretel Adorno Skovsbostrand, 20.7.1938

Liebe Felizitas,

hättet Ihr geglaubt, daß Eure Geburtstagswünsche gerade am 15ten, um 12 Uhr mittags, bei mir eintreten würden? So taten sie es, mit dem Briefträger. Es ist schlimm, daß zugleich mit meiner Freude so das Bewußtsein meiner neulichen Versäumnis auch intensiver wurde. Für die kann es nur eine Verzeihung, keine Entschuldigung geben. Nun werde ich das Datum desto besser im Sinn behalten, und da ist es gut aufgehoben.

Ich stelle mir vor, daß Ihr Euer Eingedenken, aus nächstliegendem Anlaß, am 15ten werdet erneuert haben. Bei dieser Vorstellung ergibt sich mir sehr natürlich der Wunsch zu erfahren, ob Deine Schwester geheiratet hat oder ob das bevorsteht. Du hattest mir davon eingehender geschrieben, ich Dir geantwortet. Ich glaube, es war in meinem letzten Briefe, auf den ich noch nichts von Euch vernommen habe.

Wie es hier mit mir steht, darüber hast Du vielleicht von Egon gehört, dem ich vor vierzehn Tagen geschrieben habe. Ich bewohne ein leidlich stilles Zimmer in der nächsten Nachbarschaft von Brechts Haus. Zum Schreiben habe ich einen großen stabilen Tisch – wie schon seit Jahren keinen – und einen Blick auf den gemächlichen Sund, an dessen Ufern Segelboote und auch kleinere Dampfer vorbeiziehen. So lebe ich in der contemplation opiniâtre de l'œuvre de demain, wie Baudelaire sagt, um den es sich in dem fraglichen œuvre handelt.

Ich habe ihm nun einen Monat lang täglich seine acht bis neun Stunden zugewandt und habe vor, das Manuscript in der Rohfassung abzuschließen ehe ich nach Paris zurückkehre. Darum habe ich die geplante Begegnung mit Scholem, so leid mir das tat, aufgeben müssen: die Unterbrechung wäre in einen allzuwichtigen Arbeitsabschnitt hinein gefallen. Wahrscheinlich habt Ihr das inzwischen von ihm gehört.

Hieran schließt sich ein Neues an, was ich mit Widerstreben Dir anvertraue – Dir als erster und minder zu treuen Händen als zu verständigen. Ich werde den 15 September-Termin bei allem Bemühen nicht einhalten können.

In einem Briefe, den ich von hier an Pollock schrieb, sprach ich ihm davon, daß eine geringe Terminüberschreitung sich vielleicht als notwendig erweisen könnte. Inzwischen habe ich mich entschließen müssen, die Schematisierung der Arbeit, die ich mir in Paris in einer Periode chronischer Migräneanfälle gewaltsam auferlegt hatte, neu einzurichten.

Wir sind uns ja darin einig, daß in Arbeiten wie dem Baudelaire Entscheidendes von der Konzeption abhängt; die ist es, an der nichts forciert werden und in der nirgends fünf als gerade passieren darf. Es kommt hinzu, daß einige der grundlegenden Kategorien der Passagen hier zum ersten Male entwickelt werden. Unter diesen Kategorien steht, wie ich Euch wohl in San Remo bereits erzählte, die des Neuen und Immerwiedergleichen an erster Stelle. Weiter treten in der Arbeit – und das gibt Dir vielleicht am besten einen Begriff von ihr – Motive, erstmals, in Beziehung zueinander, die sich mir bisher nur in von einander mehr oder minder isolierten Denkfeldern präsentiert hatten: die Allegorie, der Jugendstil und die Aura. – Je dichter der begriffliche Kontext ausfällt, desto mehr Urbanität muß natürlich der sprachliche an den Tag legen.

Dazu die Schwierigkeiten, die nicht in der Sache sondern in der Zeit will sagen: in der Epoche liegen. Was gäbe ich darum, Dich – und wäre es für nur eine Woche – zu sehen! Da Du mich oft – auf ein halbes Wort schon verstehen würdest, wie würdest Du mir, eben dadurch, erlauben, dessen anderer Hälfte mich zu bemächtigen. Von ähnlichem kann hier nicht die Rede sein. Auf der andern Seite empfinde ich die Einsicht sehr wohltätig, die Brecht der Notwendigkeit meiner Isolierung entgegenbringt. Ohne die würden die Dinge sich weniger angenehm anlassen. Aber eben sie hat es mir ermöglicht, mich in dem Grade auf meine Arbeit zurückzuziehen, daß ich selbst seinen neuen Roman, der zur Hälfte vollendet ist, noch nicht gelesen habe. Natürlich ist es nicht sowohl die Zeit die mir fehlt als die Möglichkeit, in das einzutreten, was meiner Arbeit fern liegt.

Der gleiche herrische Charakter, der ihre Inkompatibilität mit jeder andern Beschäftigung zur Folge hat, macht es mir schwer, sie in allzuenge Termingrenzen einzuschließen. So selbstverständlich mir ihre Fertigstellung vor Ablauf des Jahres ist – ich würde den 15 November als den spätesten Termin ansetzen –, so töricht wäre es von mir, nicht jetzt schon es auszusprechen, daß ich ohne eine Fristverlängerung von mindestens fünf Wochen nicht werde zu Rande kommen können.

Es wird mir natürlich nichts übrig bleiben als das auch Max mitzuteilen. Weil meine Nachricht ihn aber erst erheblich später erreichen würde als Dich die vorliegende, weil ich, weiterhin, Pollock erst kürzlich in der Sache geschrieben habe, weil ich mich – und das ist das Entscheidende – in dieser redaktionellen Schwierigkeit mit Deinem Verständnis und Deiner Hilfe auch der von Teddie versichern möchte – darum schreibe ich Dir, und das so ausführlich.

Damit bin ich noch nicht am Ende. Ich will vielmehr gleich eine Bitte anschließen, die Dir meinen ganzen Schreibtisch vor Augen zaubern mag. Ich habe herausbekommen, daß der berühmte R L Stevenson über Gasbeleuchtung geschrieben hat; es gibt von ihm einen essai on gaz-lamps. Bisher war alle meine Mühe umsonst, ihn aufzutreiben. Es erübrigt sich jedes Wort über die Wichtigkeit, die dieser essai für mich haben könnte. Magst Du versuchen, ihn für mich aufzutreiben? – Zu guterletzt: ist es Dir möglich, mir die französischen Bücher, die Du noch von mir hast, im Laufe der nächsten Wochen hierher zu senden, so würde mir das die Zollschwierigkeiten ersparen, die die französischen Behörden bei Büchersendungen zu erheben lieben. Sie würden von hier mit meiner übrigen Bibliothek per Fracht nach Paris abgehen.

Ist es wahr, daß Ernst Bloch, wie mir zu Ohren gekommen ist, in New-York ist? Berichte mir, falls das wahr sein sollte – und grüße ihn. Nach dem letzten Heft der Zeitschrift zu schließen, gibt es dort auch Joachim Schumacher, seinen Schüler. Seine Beiträge im Besprechungsteil scheinen mir nicht uneben; dagegen ist ein Buch »Die Angst vor dem Chaos«, das er erscheinen ließ, kein gutes Zeugnis für die Lehre, die er genossen hat.

Mir kommt hier etwas mehr linientreues Schrifttum vor Augen als in Paris und so geriet ich neulich an ein Heft der »Internationalen Literatur«, in dem ich, anläßlich eines Teils meiner Wahlverwandtschaftenarbeit als Gefolgsmann von

Heidegger figuriere. Die Misere in diesem Schrifttum ist groß. Ihr werdet, denke ich, Gelegenheit haben zu vernehmen, welchen Vers Bloch sich darauf macht. Was Brecht betrifft, so macht er sich die Gründe der russischen Kulturpolitik durch Spekulationen über die Erfordernisse der dortigen Nationalitätenpolitik klar so gut er kann. Aber das hindert ihn selbstverständlich nicht, die theoretische Linie als katastrophal für alles das zu erkennen, wofür wir uns seit 20 Jahren einsetzen. Sein Übersetzer und Freund war, wie Du weißt, Tretjakoff. Er ist höchst wahrscheinlich nicht mehr am Leben.

Das Wetter ist trübe und verlockt wenig zu Spaziergängen; desto besser, denn es gibt keine. Mein Schreibtisch ist auch klimatisch bevorzugt: er steht unter einem abgeschrägten Dach, wo die Wärme, die spärliche Sonnenstrahlen manchmal abgeben, etwas länger vorhält als anderswo. Ein oder zwei Partien Schach, die etwas Abwechslung in das Leben bringen sollten, nehmen ihrerseits die Farbe des grauen Sundes und der Gleichförmigkeit an: denn ich gewinne sie nur sehr selten.

Lebe recht wohl, meine liebe Felizitas; bedenke, daß ich unter der Arbeit zum Briefschreiben ganz besonders ermuntert werden muß; tue dies, indem Du mir viel berichtest – Deine Briefe sind *immer* kurz – und grüße den Teddie sowie die andern aufs herzlichste.

20 Juli 1938 Dein Detlef
Skovsbostrand per Svendborg
c/o Brecht
Neulich sah ich – zum ersten Mal! – Katherine Hepburn. Die ist großartig und hat sehr viel von Dir. Hat man Dir das noch nie gesagt?

ORIGINAL Manuskript.

Eure Geburtstagswünsche: Sie haben sich nicht erhalten.

mein neuliches Versäumnis: Benjamin hatte Gretel Adornos Geburtstag am 10. Juni vergessen.

Egon ..., dem ich vor vierzehn Tagen geschrieben habe: Der Brief ist nicht erhalten.

die contemplation opiniâtre de l'œuvre de demain: Das Zitat stammt aus dem Abschnitt »Du Travail journalier et de l'inspiration« aus Baudelaires »Conseils aux jeunes littérateurs«.

ein Brief ... an Pollock: Zu dem sich nur der Entwurf erhalten hat.

Brecht / sein neuer Roman: Der Fragment gebliebene Roman »Die Geschäfte des Herrn Julius Caesar«, an dem Brecht seit Januar 1938 arbeitete.

Stevenson über Gasbeleuchtung: Vgl. Robert Louis Stevenson, A Plea for Gas Lamps, in: The Works of Robert Louis Stevenson, Tusitala Edition, vol. 25: Virginibus puerisque and Other Essays in Belles Lettres, London 1924, S. 129-132.

Bloch ... in New-York?: Bloch war Mitte Juli dort eingetroffen.

Schumacher / Seine Beiträge im Besprechungsteil ... sein Buch: Joachim Schumacher (1904-1984), seit 1933 mit Bloch bekannt und dann befreundet, war 1937 in die USA eingewandert; Schumacher hatte in demselben Jahr für das 3. Heft der »Zeitschrift für Sozialforschung« das von Leo Balet und E. Gerhard geschriebene Buch »Die Verbürgerlichung der deutschen Kunst, Literatur und Musik im 18. Jahrhundert« (Straßburg/Zürich/Leipzig 1936) und im Heft 1/2 1938 Knights »Drama and Society in the Age of Jonson« (London 1937) sowie Newmans »Jonathan Swift« (Boston 1937) rezensiert. Das Buch »Die Angst vor dem Chaos« – geschrieben in Frankreich, wo Schumacher mit seiner Frau illegal lebte – wurde 1937 in Paris verlegt.

ein Heft der »Internationalen Literatur«: Im 6. Heft des Jahrgangs 1938 der Zeitschrift (S. 113-128) stand Alfred Kurellas Besprechung des Sonderheftes »Le Romantisme Allemand« der »Cahiers du Sud«; auf S. 127 heißt es zu Benjamins Beitrag »L'angoisse mythique chez Goethe«: »Hier wird der Versuch gemacht, Goethes Grundhaltung romantisch zu deuten und eine ›Macht archaischer Instanzen‹, eine metaphysische Angst in Goethes Leben für die eigentliche Quelle seiner Größe zu erklären – ein Versuch, der Heidegger alle Ehre machen würde.«

148 Theodor Wiesengrund-Adorno und Gretel Adorno an Walter Benjamin Bar Harbor, Maine, 2.8.1938

Ab 15. August:
290 Riversidedrive, 13 D
New York, N. Y.

Bar Harbor, Maine
2. August 1938.

Lieber Walter:

lassen Sie mich Ihnen aufs herzlichste für den Brief vom 19. Juni mit Ihrer Kritik des Wagner danken. Vorweg möchte ich mich für das schlechte Exemplar entschuldigen. Aber leserlicher ist leider nur das Original, und da ich in dieses dauernd Änderungen und Besserungen eintrage, so möchte ich es nicht aus der Hand geben.

Was Ihre Kritik anlangt, so habe ich mich über das Anerkennende darin ungemein gefreut. Was das Negative anlangt, so zwingt mich zu einigem Lakonismus die Tatsache, daß ich nicht anders kann, als Ihnen Recht zu geben. Der Grund muß freilich von dem von Ihnen bezeichneten um ein Leises verschieden sein. Ich glaube, es liegt einfach daran, daß ich jene Art von Erfahrungen, die Sie und übrigens ganz analog auch Max an der Arbeit vermißt haben, nicht machte. Wagner hat nicht zu den Gestirnen meiner Kindheit gehört, und ich vermöchte es auch heute nicht, ihm die Aura vollkommener zu beschwören, als ich es an einigen Stellen, wie der auf Robert Reinick bezüglichen, versucht habe. Als mildernden Umstand möchte ich immerhin geltend machen, daß ich die Motive der Rettung Wagners keineswegs umstandslos auf seine progressiven Züge bezog, sondern überall das Ineins von Progressiv und Regressiv akzentuiert habe. Ich glaube, daß, wenn Sie sich das letzte Kapitel genau ansehen, Sie mir das konzedieren mögen. Es ist vielleicht auch in Ihrem Sinn ein Index dessen, daß die Arbeit mehr von der zyklischen Form hat, als Sie ihr zubilligen. Die Motive des letzten Kapitels sind genau auf die des ersten eingepaßt. [Entlang des Absatzes von Adornos Hand:] Verzeihen Sie, bitte, dies neuerliche Schreibmaschinen-Unglück! I am *so* sorry!

Das Schicksal der Arbeit ist im übrigen noch unentschieden. Die Schwierigkeiten einer gekürzten Fassung habe ich mir zunächst jedenfalls als so ungeheuer vorgestellt, daß ich auf sie verzichtete und statt dessen eine eingreifende Umarbeitung und Kürzung des Husserlessays in Angriff nahm, an der ich besonders viel Freude habe, und von der ich annehmen möchte, daß sie auch Ihnen behagen wird, ohne daß sie darum eben behaglich ausfiele. Diese neue Fassung wird bestimmt bis zum 10. September fertig vorliegen, und ich hoffe ebenso bestimmt auf ihre Publikation im nächsten Heft. Um so glücklicher wäre ich, wenn es bis dahin auch den Baudelaire gäbe. Übrigens ist die Rücksicht auf diesen einer der Gründe, warum ich mich an den Husserl machte und den Wagner zurückstellte. Baudelaire und Wagner in einem Heft wären wohl nicht allzu glücklich gewesen.

Wir sind hier an einem für amerikanische Verhältnisse ungemein erfreulichen Ort: auf einer Insel, die etwa in der Mitte steht zwischen Südfrankreich, Rügen und Cronberg. Egon und Lotte waren eine Woche hier, und ihr Auto ist unseren topografischen Erfahrungen ebenso zugute gekommen wie ihre Präsenz den humanen. – Sonst beschäftige ich mich mit der erneuten Lektüre der Hegelschen Logik, eines wahrhaft ungeheuren Werkes, das heute in allen seinen Teilen zu mir spricht. Sie werden einen Reflex davon im Husserl finden. Außerdem lese ich die höchst widerwärtige Unterweisung im Tonsatz von Hindemith, die ich abfertigen möchte, seis in der Zeitschrift, seis in der 23. Da wir beim Widerwärtigen halten: Caillois hat einen Aufsatz, l'Aridité, in Mesures veröffentlicht, in dem er sich einerseits als strenger Mann aufspielt, andererseits von der Reglementierung des Gedankens schwärmt, ohne daß auch nur recht klar würde, welche Instanz das Reglement ausgeben soll. Damit ist es natürlich klar genug. Dabei ist die erste Seite des Aufsatzes, mit einer Theorie der Schönheit der alpinen Landschaft, wiederum das Anzeichen einer ganz außerordentlichen Begabung. Es gibt ganz wenige Menschen, um die es so schade ist wie um diesen. Im gleichen Heft schlägt Bataille wieder einmal eine solche gegen den lieben Gott. Wenn das nur man gut ausgeht.

Sehr froh wären wir beide, einen Durchschlag der Berliner Kindheit recht bald in die Hand zu bekommen. Das Heft von Maß und Wert haben wir noch nicht gesehen, und es wäre sehr lieb von Ihnen, wenn Sie mir eins zukommen ließen. Von Ihrem Migräneanfall hoffe ich Sie wieder ganz hergestellt. Wegen der Naturalisationssache habe ich Pollock sogleich verständigt und hoffe, daß es klappt.

Die von Ihnen bezeichneten amerikanischen Bilder werde ich mir mit Schapiro zusammen anschauen, der mir überhaupt versprochen hat, mich in diese Dinge ein wenig einzuweihen. Ein höchst merkwürdiger Mann. Ich würde an Ihrer Stelle ganz unbedingt auch ohne Rücksicht auf Leyda den Kontakt mit ihm aufnehmen. Ihn hält wahrscheinlich nur Schüchternheit ab, Ihnen zu schreiben. Wie intensiv er sich mit Ihren Dingen auseinandergesetzt hat, mag Ihnen hervorgehen aus der Frage, die er an mich richtete: wie das Verhältnis Ihrer Kritik des Auratischen zum auratischen Charakter Ihrer eigenen Schriften sei. Wenn einer ein Ehrenexemplar der Einbahnstraße verdient, dann ist es gewiß Schapiro. Daß er ein Spezialinteresse an Grandville nimmt, nur nebenbei.

Mit Scholem hat sich ein wirklicher Kontakt ergeben, und auch seine Beziehungen zum Institut sind in ein freundlicheres Stadium getreten. Am letzten gemeinsamen Abend las er mir Ihren außerordentlichen Kafkabrief vor und sprach mir von seinem Lieblingsplan, Sie möchten etwas über Kafka schreiben. Dieser Plan hat mich begeistert, und hat auch den Löwenthal sehr entzückt. Ich glaube sicher, daß man einen größeren Kafkaaufsatz in der Zeitschrift publizieren könnte. Die einzige Schwierigkeit ist die, daß Scholem und wohl auch Sie an ein *Buch* denken, und Buchpublikationen die bekannten Schwierigkeiten entgegenstehen. Heute spiele ich Ihnen nur diesen Ball zu in der Hoffnung, daß Sie ihn auffangen.

Eine vernichtende Kritik des Brodschen Buches in der Zeitschrift wäre hochwillkommen. Übrigens, um Mißverständnisse zu vermeiden: ich hätte auch gegen eine solche des Herrn Sternberger nichts einzuwenden, da er fester im Sattel zu sitzen scheint als je. Mittlerweile ist er dabei, den Eisbein-Dacqué zu würdigen. Dafür schreibt die FZ neuerdings Baudelaire als Beaudelaire, ne ulla virtus pereat.

Bloch ist unterdessen gelandet. Möglicher Weise auf einem Schiff mit acht Segeln. Jedenfalls aber fordert er Arm in Arm mit Eisler sein Jahrhundert in die Schranken. Es sei denn, daß die Volksvorlesungen des letzteren ihm so unerträglich werden, daß er die ehemals rote Fahne denn doch verläßt. Aber auch dann dürfte seine Chance bei der Zeitschrift nicht allzu günstig sein. Max ist über den Bucharinaufsatz in die gleiche Wut geraten wie Sie und ich. Es ist eben bei Menschen vom Typus Blochs ganz unvermeidlich, daß sie sich in die Nesseln setzen, wenn sie anfangen schlau zu werden. Trotzdem: wenn Eisler mir erzählt, Bloch sei so viel besser, so viel klarer und nicht mehr so mystisch, dann schlägt mein Herz immer noch für den Indianer, selbst wenn ich Scholems Bericht Glauben schenke, daß die Hauptstelle der indianisch-jüdischen Mystik das Deutsch des Bubu de Montsalvatsch sei.

Den Scholem habe ich ans Littré empfohlen, und so sehe ich denn Sie und ihn im Versailles sitzend und beneide Scholem, Sie und das Versailles. Spenden Sie meinem Andenken einen Tropfen Grenadine.

Schreiben Sie bald ein Wort

Ihrem alten

Teddie

Lieber Detlef,

es war so windig im Garten, daher ist der Brief so ganz besonders schlecht getippt, bitte verzeih. – Wir bleiben noch etwa zehn Tage hier, und dann werde ich mich in dem wahrscheinlich noch treibhausheißen New York mit der Einrichtung unserer Wohnung beschäftigen: 3 Zimmer im 13 Stock mit Flußaussicht. Obgleich es keine selbst ausgewählten Möbel sind – um den sehr beträchtlichen Zoll zu sparen alte aus Frankfurt und Berlin – hoffe ich doch, daß es nett werden wird für uns und einige Freunde, nicht für große Gesellschaften. Wenn auch vorläufig ohne alle Unterlagen von seiten der Institutsleitung rechne ich damit Dich im Weltausstellungsjahr zu sehen. Und wenn ich Dich erst in einer Stadt herumführen oder bis dahin vielleicht schon fahren kann. (Obgleich für New York ein Auto ein großes Problem ist: meistens findet man keinen Parkplatz, Sonntags ist alles so überfüllt, daß man nicht fort kann, Steuer und Versicherung sind ziemlich hoch, und im Grunde mag ich eigentlich nur sehr schicke Wagen mit Chauffeur.) –

Lotte und E haben noch nicht geheiratet, sie wollen wohl noch warten, bis die beruflichen Dinge geklärt sind. Es Zeit im Mass Memorial Hospital ist bald abgelaufen und für eine neue Stellung muß er wahrscheinlich erst noch das Staatsexamen machen. Die Details wird er Dir sicher selber schreiben. Seit dem 20, dem Tag ihrer Abreise von Bar Harbor habe ich außer einem Gruß nichts von ihnen gehört, wir fahren aber wohl über Boston zurück. Zu meinen Bedenken gegen E: mir hat er, wenn ich ganz ehrlich bin, unter Morphium besser gefallen, trotz all seiner Meriten könnte ich es heute auf die Dauer nicht mit ihm aushalten, richtig reden müssen wir darüber einmal, wenn Du Lottchen kennen gelernt hast und ihn siehst, wie er jetzt ist. Alles alles Liebe, einen Kuß wie in guten alten Zeiten

stets Deine Felizitas

ORIGINAL Typoskript und Manuskript.

Wagner hat nicht zu den Gestirnen meiner Kindheit gehört: Das Studium Wagners hat Adorno erst nach seinem Unterricht bei Alban Berg und durch diesen veranlaßt begonnen, wie aus einem Brief Adornos an Berg hervorgeht: »Mit der Absicht der Wagner-Rezeption mache ich ernst (nichts in der Welt als Sie hätte mich je wieder dazu vermocht!).« (Briefwechsel Adorno/Berg, S. 45) *die auf Robert Reinick bezügliche [Stelle]:* Vgl. GS 13, S. 141 f.

dies [...] Schreibmaschinen-Unglück: Beim Beschreiben der Rückseite des Blatts war das Kohlepapier verrutscht, so daß zwischen einigen Zeilen der Vorderseite spiegelbildlich der Text der Rückseite sich durchdrückte.

Umarbeitung und Kürzung des Husserlessays: Gemeint ist der Aufsatz »Zur Philosophie Husserls«; vgl. GS 20·1, S. 46-118.

Unterweisung im Tonsatz von Hindemith: Vgl. Paul Hindemith, Unterweisung im Tonsatz. Theoretischer Teil, Mainz 1937; Adornos Besprechung des Buches für das im Herbst 1939 geplante Heft der »Zeitschrift für Sozialforschung« konnte wie das ganze Heft wegen des Kriegsausbruchs nicht erscheinen. Adorno nahm sie 1968 als IV. Stück auf in »Ad vocem Hindemith. Eine Dokumentation« (vgl. GS 17, S. 229-235).

Caillois / l'Aridité: Der Aufsatz erschien in: Mesures. Cahiers trimestriels. 15e avril 1938, No. 2. Paris: Librairie José Corti. S. 7-12; Benjamins pseudonyme Besprechung innerhalb einer Sammelrezension, vgl. Zeitschrift für Sozialforschung 7 (1938), S. 451 (Heft 3); jetzt in: GS III, S. 549 f.

Im gleichen Heft schlägt Bataille: Vgl. Georges Bataille, L'Obélisque, in: Mesures 4 (1938), S. 35-50 (Nr. 2, 15. April). – Benjamin spricht in seinem Brief vom 28. Mai 1938 an Horkheimer über Batailles Aufsatz, vgl. GB VI, S. 93 f.

Durchschlag der Berliner Kindheit: Benjamin schickte erst im April 1940 das Manuskript der »Berliner Kindheit um neunzehnhundert« an Adornos; vgl. GS IV·2, S. 968.

Schapiro: Der Kunsthistoriker Meyer Schapiro (1904-1996) lehrte seit 1928 an der Columbia University.

Leyda: Jay Leyda (geb. 1910) war seit 1936 Assistant Curator der neu gegründeten Filmabteilung des »Museum of Art«.

Ihr außerordentlicher Kafkabrief: Benjamins Brief an Scholem vom 12. Juni 1938, vgl. Briefwechsel Scholem, S. 266-273.

Herr Sternberger [würdigt] den Eisbein-Dacqué: Vgl. Dolf Sternberger, Verwandlung. Edgar Dacqué zum 60. Geburtstag, in: Frankfurter Zeitung, 8. 7. 1938 (Jg. 82, Nr. 342/43), S. 10.

Eisler / Volksvorlesungen: Anspielung auf Eislers Tätigkeit als Lehrer für Komposition an der »New School for Social Research« in New York.

das Deutsch des Bubu de Montsalvatsch: Vermutlich eine Anspielung auf Martin Buber, die sich zusammensetzt aus Charles-Louis Philippes Romantitel »Bubu de Montparnasse« und dem Berg »Montsalvat« aus dem »Parsifal«.

[das] Versailles: Gemeint ist das Café de Versailles, das in der Rue de Rennes, gegenüber dem Bahnhof Montparnasse, lag.

149 Gretel Adorno an Walter Benjamin Bar Harbor, Maine, 3.8.1938

De Gregoire
Bar Harbor, Maine

3. August 1938.

Mein lieber Detlef:

Dein Brief hat mich in eine wilde Sehnsucht nach Dir versetzt, so sehr, daß ich am liebsten und ganz wie selbstverständlich das nächste Schiff genommen hätte, um zu Dir zu fahren. Ja, ich gehe sogar so weit, mir Vorwürfe zu machen, jetzt, da es zu spät ist, ob ich nicht vielleicht in San Remo nicht nett genug zu Dir war. Gewiß, es gibt mancherlei Entschuldigungsgründe: Die Pension, mein nicht sehr guter Zustand zwischen zwei Erdteilen, und wohl vor allem das Gefühl, nur noch als Anhängsel gewertet zu werden, das für meine Eitelkeit natürlich sehr hart war. Aber trotzdem.

Doch nun zum Wichtigsten: zum Baudelaire. Es traf sich gut daß gerade als Dein Brief eintraf, Leo Löwenthal uns für ein paar Tage hier besuchte. Wir hielten es für das Beste ihm direkt Deinen Brief zu zeigen. (Ich weiß, Du wirst das nicht als Vertrauensbruch auffassen.) Leo war außer sich und erklärte, er müßte den Aufsatz unbedingt für das nächste Heft haben, er hätte keinen Ersatz, könnte auch keinen mehr beschaffen, da die Zeit schon zu weit vorgeschritten sei. Es gäbe in diesem Jahr eh nur das Doppelheft und das noch zu Ende des Jahres erscheinende, und das müsse erstklassig werden mit den 3 Aufsätzen von Dir, Grossmann und Teddie. Als Ausweg sähe er nur eine einzige Möglichkeit, nämlich, daß Du den Aufsatz genau einen Monat später ablieferst, d. h. 15. Oktober zum Lesen in New York. Lieber Detlef, ich kenne Deine Argumente, und wir sind uns überhaupt in dieser Frage einig, und doch, ich möchte Dir folgendes zu bedenken geben: Das Institut ist in diesem Augenblick auf Dich angewiesen um seines Renommés, seiner einzigartigen Stellung willen. Diese Chance solltest Du Dir unter gar keinen Umständen entgehen lassen. Du selbst schreibst mir von einer notwendigen Fristverlängerung von ungefähr 5 Wochen. Diese Spanne ist bis zum 15. Oktober ca. erreicht, sollte es sich da nicht doch machen lassen?

Lieber, es ist mir verhaßt, Dir zuzusetzen, aber um Deinetwillen, mach das Unmögliche möglich. Tu es auch um meinetwillen, nach amerikanischen Sitten müßte ich sagen, wo ich doch auf Dich gewettet habe.

Und nun muß ich Dir noch ein besonderes Kompliment für Deinen Brief machen, er ist nicht nur schön und ungeheuer überlegt, sondern auch die Dosen der Schmeichelei sind so fein abgewogen, ich bin froh darüber, stolz darauf, glücklich damit. Gleichzeitig hat der Brief noch die Nebenwirkung gehabt, daß mein Ansehen beim Institut sehr dadurch gestiegen ist. Vielleicht werde ich da nach Jahren doch noch einmal als selbständiger Mensch betrachtet, nicht nur als »Dame des Instituts.« –

Bloch ist in Sommerfrische im Staat New York, wir werden ihn wohl im Herbst sehen.

Die Hepburn mag ich auch sehr gern und freue mich, daß sie Dich an mich erinnerte, bisher ist das noch niemand aufgefallen. – Wir sahen vor ein paar Tagen die wunderschöne Hedy La Marr, frühere Hedy Kiessler aus Wien zusammen mit Boyer in »Algier«. –

Deine Bücher werde ich Dir Mitte August vom Institut nach Skovsbostrand schicken lassen. – Den Essai von Stevenson wollen wir versuchen über Schapiro ausfindig zu machen. –

Das, was Du über Brecht schreibst, finde ich äußerst erfreulich. Wenn es etwas Geschriebenes von ihm gibt, worin er diesem Wechsel seiner Ansichten Ausdruck verleiht, so möchte ich Dich bitten, es mir zu schicken, damit ich es dem Institut schwarz auf weiß zeigen kann.

Wenn Du mir eine ganz besondere Freude machen willst, so schick mir doch bitte zur Einweihung der ersten eigenen Wohnung eine Abschrift von Brechts pornographischen Gedichten. –

Wie steht es eigentlich mit Deiner Wohnung, ist sie hübsch geworden?

Vom Teddie herzliche Grüße und einen Kuß von Deiner treuen

Felicitas

ORIGINAL Manuskript.

Grossmann: Henryk Grossmann (1881-1950) hatte Jura und Ökonomie studiert. Er war 1925 nach Frankfurt gekommen und 1930 zum außerordentlichen Professor ernannt worden. Grossmann war wie Adorno 1938 aus England nach New York gekommen. – Ein Heft in dieser Zusammenstellung erschien nicht.

Hedy la Marr . . . »Algier«: Hedy Lamarr (1913-2000), eigentlich Hedwig Eva Kiesler, spielte die Gaby in dem genannten Film von 1938, Charles Boyer (1899-1978) den Pepe le Moko, Regie führte John Cromwell.

Brechts pornographische Gedichte: Eine Anzahl dieser Gedichte wurde erstmals 1982 publiziert; vgl. Bertolt Brecht, Gedichte über die Liebe. Ausgewählt von Werner Hecht, Frankfurt a.M. 1982.

150 Theodor Wiesengrund-Adorno und Gretel Adorno an Walter Benjamin auf einem Brief Meyer Schapiros an Adorno Bar Harbor, Maine, ca. 12.8.1938

South Londonderry, Vt.
August 10, 1938

My dear Wiesengrund-Adorno,

I have just returned from a two-weeks visit to the city. Everyone was away, but the libraries were always crowded. I had hoped to find you in town – though I am glad you didnt have to suffer the terrible heat and humidity …

I took the liberty to recommend you to the Brooklyn Institute, without finding out first whether you cared to lecture. By somme odd confusion, the letter was first sent to the Rhode Island Museum, because the people at the NY Museum of Modern Art mistook your name for that of A. Dorner (over the telephone! you see what machine reception does to sound and especially to nuances in names). I also recommended Krenek for the lecture on modern music. But since we couldn't reach him or find out when he would be in New York, and whether he spoke English well enough, we had to give up the idea. I liked his book very much, except for the social interpretation and the pathos.

Will Bloch remain in New York until October? I should be very sorry if I missed him. I will probably return to the city in the middle of September. Perhaps you might make an auto trip through New England during the next month and stop here for a day or two with Bloch. Sidney Hook is not far arway, and among our neighbours are Ernest Nagel (who teaches philosophy at Columbia) and Selig Hecht (the biophysicist who works on colorvision). I have read a part of the controversy in Das Wort on Expressionism, and although I agree with Bloch in much that he says, it seems to me the whole controversy masks other issues, of a political nature (evident in the attitude to Mann and in Lukacs' astonishing retraction of his old work on dialectics).

I do not know of an essay by Stevenson on Gas Light. If it is Robert Louis Stevenson that Benjamin has in mind, I can refer him to the sweet little poem in a Child's Garden of Verses called the Lamplighter. The collected works of RLS are easy enough to find; perhaps they contain an essay on Gas Light. You probably know the story about RLS, that as a student excited by ideas of adventure and mystery, he used to go about the streets at night with a lamp under his cloak... Benjamin probably knows that in the 70s there were critics who attributed Impressionism on the influence of gas-light! and that Baudelaire discussed the influence of gas-light on taste (see his Curiosités Esthétiques).

Do you by any chance know of Germans in New York who need the services of a competent English translator? I have a friend who for years has made first-rate translations from the German and French (he also translates Spanish) for Simon and Shuster and now works for the Oxford Univ. Press. He is an able literary man himself and could also revise English mss. for grammar and style. My friend is in great need at the moment. Is it possible that the Institute could employ him? He has experience with social and economic literature, history, biography and novels, also natural science; but not technical works of philosophy.

Best regards to both of you.

Cordially,

Meyer Schapiro

Lieber Walter,

diesen Brief schicke ich Ihnen, einmal wegen der Auskunft über Gas, dann aber weil er Ihnen einiges über den Absender – nämlich Meyer-Schapiro – aussagt, was Sie vielleicht doch ermuntert ihm zu schreiben. Sie täten mir, der unablässig an den Ausbau Ihrer amerikanischen Chancen denkt, einen sehr gro-

ßen Gefallen. Und S. ist wirklich in unserem Klima zu Hause.
Die Adresse bis Mitte September

Prof. M. Schapiro
South Londonderry (Vt.)
U. S. A.

Morgen fahren wir nach New York und ziehen in die eigene Wohnung ein. Ich habe noch einen Aufsatz gegen Sibelius und 3 Analysen berühmter Salonstücke geschrieben.

Alles Liebe Ihr alter Teddie

Schapiro liest und spricht sehr gut deutsch.
Es gibt unterdessen ein neues Manuskript von Sohn-Rethel, in dem ich als Höllenfürst dargestellt bin – schmeichelhaft aber unähnlich.

Lieber Detlef,
»Tagebuch des Verführers« hoffe ich Dir im Exemplar mit Deinen Büchern mitschicken zu können. Ist Elisabeth Hauptmann nicht auch in New York, wie ist ihre Adresse? Noch eines: kennt Brecht »Erewhon« von Butler? Es gibt darin merkwürdige Dinge, so, daß man keinen Gedanken zu Ende denken soll und daß man bestraft wird, wenn man kein Geld hat. Heute nur diesen Gruß. Alles, alles Liebe stets Deine Felicitas.

ORIGINAL Typoskript und Manuskript.

Zur Datierung: Die handschriftlichen Zeilen von Theodor und Gretel Adorno stehen auf einem Brief Meyer Schapiros, der vom 10. August datiert; da die Rückfahrt von Maine nach New York am Freitag, den 13. August stattfand, der Brief Meyer Schapiros frühestens am 11., eher aber am 12. eingetroffen sein dürfte, ist der 12., äußerstenfalls aber der 13. August – der Tag der Abreise – als Datum zu fixieren.

Brooklyn Institute: Im Januar 1939 sprach Adorno im »Brooklyn Institute of Arts and Science« in einem von Meyer Schapiro geleiteten Vortragszyklus über »Aesthetic Aspects of Radio«.

Krenek for the lecture on modern music: Meyer Schapiro, dem Adorno Kreneks Buch »Über neue Musik« gegeben hatte, versuchte vergeblich, diesen für den Vortrag am »Brooklyn Institute« einladen zu lassen (vgl. Briefwechsel Adorno/Krenek, S. 130).

Sidney Hook: Der in New York geborene Philosoph Sydney Hook (1902 bis 1989).

Ernest Nagel: Der amerikanische Philosoph Ernest Nagel (1901-1985) lehrte seit 1931 an der Columbia University in New York.

Selig Hecht: Der in Glogau geborene Selig Hecht (1892-1947) lehrte Biophysik an der Columbia University.

the controversy in Das Wort on Expressionism: Vgl. Die Expressionismusdebatte. Materialien zu einer marxistischen Realismuskonzeption, hrsg. von Hans-Jürgen Schmitt, Frankfurt a.M. 1973.

Aufsatz gegen Sibelius: Als Besprechung des Buches »Sibelius. A Close Up« von B. de Törne (London 1937) publiziert in: Zeitschrift für Sozialforschung 7 (1938), S. 460-463 (Heft 3); später unter dem Titel »Glosse über Sibelius« aufgenommen in die Sammlung »Impromptus« (vgl. jetzt GS 17, S. 247-252).

3 Analysen berühmter Salonstücke: Die im Typoskript unter dem Titel »Steckbriefe« zusammengestellten *Analysen* – »Ave Maria von Gounod«, »Prélude cis-moll von Rachmaninoff« und »Humoreske von Dvořak« – gingen später in den ersten Teil der »Musikalischen Warenanalysen« ein (vgl. GS 16, S. 284-288).

neues Manuskript von Sohn-Rethel: Das Typoskript, das Sohn-Rethel mit seinem Brief vom 8. Juli schickte, umfaßte die beiden ersten Kapitel des ungedruckt gebliebenen Manuskripts mit dem Titel »Kritische Liquidierung des philosophischen Idealismus. Eine Untersuchung zur Methode des Geschichtsmaterialismus«; vgl. Briefwechsel Adorno/Sohn-Rethel, S. 87-93.

»Erewhon«: Der Roman »Erewhon, or, Over the Range« (1872/1901) von Samuel Butler, dem Jüngeren (1835-1902).

151 Gretel Adorno an Walter Benjamin
New York, 24.8.1938

24. August 1938.

Lieber Detlef,

dieser Tage werden Deine Bücher abgeschickt, ich lege Dir die Kopie der Aufstellung bei. Bitte schick den Kierkegaard recht bald zurück. Ich bin in großer Hetze und totmüde. Seit einer Woche sind wir in der neuen Wohnung, Du machst Dir von der Arbeit kaum eine Vorstellung. Möbel aus zwei verschiedenen Städten, eine Unmenge Bücher, Noten und Grammophonplatten wollen in der immerhin doch kleinen Wohnung untergebracht werden und dann das Schlimmste: Teddies ungeordnete Papiere, 4 Kisten voll Abfall. Ich glaube, wir werden uns hier sehr wohl fühlen, hoffentlich hast Du bald Gelegenheit, uns im eigenen Stall zu besichtigen. Der einzige Nachteil scheint mir bisher, daß die Lage ziemlich rund exponiert [?] ist, aber dafür so viele Vorteile: Briefkasten im Haus, natürlich viele neugebaute Schränke, sehr hell, gut eingerichtete Küche und Bad, herrlicher Blick über den Hudson. Mein Zimmer ist wirklich bezaubernd: von der großen Couch aus kann ich das Wasser sehen, vorm Fenster steht ein schöner alter Sekretär, und ein Tisch mit zwei Stühlen, neben der Couch eine kleine Kommode, an der rechten Wand ein Glasschränkchen dann noch ein Teppich und Schreibmaschinentisch und -Stuhl, that's all. Beim Räumen fand ich auch viele Aufsätze von Dir aus der FZ, der Voss und der Literarischen Welt, gut, daß wir all das haben!

Lieber, es hängt so viel davon ab, daß der Baudelaire rechtzeitig hier eintrifft, ich hoffe sehr, daß Du es möglich machen kannst.

Verzeih die Eile, aber ich bin wirklich noch halbtot.

Alles Liebe stets Deine

Felicitas

Schöne Grüße von Teddie, bis Max's Rückkunft arbeitet er wie ein Wilder am Radioprojekt.

ORIGINAL Manuskript.

die Kopie der Aufstellung: Sie scheint nicht erhalten zu sein.

die neue Wohnung: Adornos waren am 15. August in die Wohnung 290 Riverside Drive gezogen.

152 Walter Benjamin an Theodor Wiesengrund-Adorno und Gretel Adorno Skovsbostrand, 28.8.1938

meine Lieben,

statt etwas frischen Grüns dieses schwarz-gesprenkelte in die neue Wohnung! es gibt Orchideen, die einen ähnlichen Effekt machen.

An den Briefen, die ich letzthin von Euch bekam, hatte ich eine große Freude. Schön wäre es, wenn Felizitas, die das Gewicht der ihren für mich so gern unterschätzt, es bald wieder mit einem längern versuchen würde. Er würde zu den wenigen Dingen gehören, von denen ich mich bei der Arbeit unterbrechen lasse!

Heute bleibe ich ganz lakonisch – Ihr dürft daraus durchaus keinen andern Schluß ziehen als daß ich mit den Minuten geizen muß. Die beiliegende Kopie der Hauptstellen eines Briefes, der mit gleicher Post an Pollock abgeht, sagt Euch, warum. Der Brief geht von dem Umstand aus, daß ein sehr ausführlicher Brief, den ich an Max am 3ten August über den Stand des »Baudelaire« gerichtet hatte, bei der Nachsendung verloren gegangen ist.

Die Versuchung ist groß, Euch etwas vom Baudelaire zu erzählen – nicht sowohl von dem bevorstehenden zweiten als von seinem ersten und dritten Teil. Diese beiden Teile geben die Armatur: der erste die Darstellung der Allegorie bei Baudelaire als Problem, der dritte dessen gesellschaftliche Auflösung. Das ist ja, was mich – neben der schweren Migräneperiode in Paris – so in Rückstand gebracht hat, daß ich unter allen Umständen das umfangreiche Ganze in allen Teilen klar vor mir sehen wollte, bevor [ich] mich an die Niederschrift einer Zeile machte. Durch eine große Reihe von Aufzeichnungen, die in den ersten beiden Monaten meines hiesigen Aufenthalts entstanden sind, habe ich dieses Ziel erreicht.

Die Kehrseite der Medaille ist, daß nun diese Pression auf der Abfassung des zweiten Teils zu liegen kam; und sie ist vielleicht sogar von mir nicht ihrem vollen Gewicht nach verspürt; denn ich wage mir die Gesamtausdehnung dieses zweiten Teils kaum in natürlicher Größe vorzustellen!

Dazu kommt, daß ich umziehen muß; Kinderlärm macht das Haus in dem ich bisher logierte unbenutzbar. Ich vertausche es mit einem andern, das von einem Geisteskranken bewohnt wird. Vielleicht erinnert sich Felizitas der schweren Idiosynkrasie, die ich seit jeher gegen diese Kranken habe! – Es gibt hier in Wahrheit keine konvenable Wohnmöglichkeit.

Für Schapiros Brief vielen Dank! Ich schreibe ihm, wenn der Baudelaire fertig vorliegt. Mit ihm werde ich mich wieder frei unter Leuten bewegen können; vorher kaum.

Desto mehr bitte ich Euch, ihm meinen verbindlichen Dank zu sagen. Der fragliche Stevenson-Aufsatz steht in der Tat in der Gesamtausgabe und ich habe ihn mir in ihr verschafft. Seine Bemerkung über die Impressionisten war mir sehr interessant, und neu.

Mich hat Teddies Bemerkung über Caillois gefreut. Vergleicht mit ihr eine Stelle in meinem Brief an Max vom 28 Mai dieses Jahres. Max wollte diese und einige andere Stellen des Briefs übrigens unter Umständen veröffentlichen. Mein verlorengegangner Brief enthält die Erklärung meines vollen Einverständnisses damit. Ich wäre Euch dankbar, wenn Ihr ihm das bei seiner Rückkehr mitteilen wolltet. (Nur die Stelle über Bataille wünschte ich nicht publiziert zu sehen und begründete es.)

An die »Berliner Kindheit« denke ich und vergesse auch nicht die Brecht-Gedichte. Weil aber das alles zum Einzuge viel zu spät kommt, füge ich diesem ein Bild bei, wie ich es vor der Gartentür von Brechts Haus biete; sein Sohn hat es aufgenommen. Ich denke, Ihr findet dafür einen Ort, an dem es sich den Blicken nicht mehr darbietet, als die Produkte des Originals es bisher getan haben.

Vergeßt keinesfalls, Bloch meine Grüße zu sagen und seid mir, vom zusammenkrachenden Erdteil her, recht herzlich und elegisch gegrüßt

28 August 1938
Skovsbostrand per Svendborg c/o Brecht

Euer Walter

PS Nach eingehender Überlegung muß ich zu dem im beiliegenden Briefauszug verzeichneten Titel des zweiten Teils noch etwas anmerken. Ich habe heute nacht versucht, mir in einem Voranschlag einen möglichst präzisen Begriff vom Gesamtumfang des zweiten Teils zu machen. Dabei hat sich herausgestellt, daß auch er schon erheblich über die Seitenzahl, die mir im nächsten Heft eingeräumt werden soll, herausgeht. Ich werde mich daher möglicherweise auf die beiden fundamentalen Abschnitte des zweiten Teils – die Theorie der flanerie und die Theorie der Moderne – beschränken müssen. Demgemäß wird der Titel des Manuscripts vielleicht von dem im Briefe an Pollock vorgesehnen abweichen.

Vielleicht interessiert es Teddie – falls es ihm neu sein sollte – daß sein Kierkegaard in Löwiths »Nietzsches Philosophie der ewigen Wiederkunft des Gleichen« Berlin 1935 an einer wichtigen Stelle berücksichtigt ist.

ORIGINAL Manuskript.

ein Brief an Pollock: Vgl. GB VI, Brief Nr. 1256.

ein sehr ausführlicher Brief ... an Max: Vgl. GB VI, Brief Nr. 1254.

Brief an Max vom 28. Mai ... Stellen veröffentlichen: Vgl. GB VI, Brief Nr. 1241. Die Auszüge aus diesem ›Literaturbrief‹ vgl. GS III, S. 549-552.

Ein Bild: S. Abb. S. 351.

Teddie ... sein Kierkegaard in Löwiths »Nietzsches Philosophie der ewigen Wiederkunft des Gleichen«: Vgl. Karl Löwith, Nietzsches Philosophie der ewigen Wiederkunft des Gleichen, Berlin 1935, S. 166 (Anm. 30).

153 Gretel Adorno an Walter Benjamin New York, 12.9.1938

12. September 1938.

Mein lieber Detlef:

tausend Dank für Deinen so lieben Brief. Ich war vom ersten Moment an überzeugt, daß Du den Termin innehalten würdest und konnte die Besorgnis des Instituts um die nächste Nummer der Zeitschrift nicht recht verstehen. Nach Deinen kurzen Andeutungen bin ich noch gespannter als vorher auf den Baudelaire. Beinah möchte ich sagen, ich bin froh, daß das Institut Dich drängt; denn auf diese Weise wird man doch wenigstens bald etwas zu sehen bekommen. Wißbegierig, wie ich nun einmal bin, wüßte ich gern, wann ungefähr Du Dir den Abschluß des ganzen Baudelaire vorstellst. Bitte nimm dies nicht als Neugierde, ich denk dabei an Folgendes: hälst Du es überhaupt für möglich und zweckmäßig, Dir eine Vorstellung davon zu machen, wie lange Du noch für die Passagenarbeit brauchen wirst, oder was mir beinah noch interessanter für meine Betrachtung scheint, wie lange Du dazu noch unbedingt in Paris bleiben mußt. – Wenn sich auch jetzt wahrscheinlich politisch alles wieder glätten wird, so wird es Dir vielleicht doch in absehbarer Zeit zu ungemütlich in Europa, und dann müßten die Passagen wenigstens unter allen Umständen sicher gestellt sein. So geht man auch allgemein von der Idee aus, Du müßtest unbedingt für Deine Arbeit in Paris leben. Teddie und ich allerdings sind darin anderer Meinung. Abgesehen von der Hoffnung, daß Dich einige Menschen hier immerhin locken könnten, haben wir Dich lange genug in Berlin gekannt, um darauf zu vertrauen, daß Dir auch New York zumindest nicht unangenehmer wäre. –

Mit Deinem Bild haben wir uns sehr gefreut, als Dank eines von Lotte und mir, Lottchen ist allerdings in Wirklichkeit viel hübscher und macht nicht immer so ein dummes Gesicht, dies nur, damit Du wieder eine Vorstellung von ihr hast. Daß E.'s Vater unterdessen gestorben ist, wirst Du gehört haben. Sonst gibt es bei ihm nichts Neues, alles ist noch unentschieden. –

Bloch kommt erst Anfang Oktober nach New York City, unterdessen scheint ihm doch wegen seiner verschiedenen Artikel in der Weltbühne manches problematisch zu sein, vor allem, daß wir anderer Meinung sein könnten, aber ich meine, man wird mit ihm nicht allzu schwer zu einer Verständigung kommen trotz Eisler und Karola. – Wie steht es denn mit Dora Sophie und Stefan, sind sie auch durch die neue Gesetzgebung in Italien betroffen? – Von Elisabeth Wiener höre ich im Augenblick gar nichts, sie ist böse, weil ich trotz allem gegen ihre Emigration – wie all ihre Freunde – große Bedenken hatte. Hast Du noch mal etwas von ihr gehört? – Deine Bücher hoffe ich unterdessen gut angekommen, beim Ordnen des Gestells fand ich noch Hauffs Märchen und Madame Bovary, von denen ich beinah annehme, daß sie auch noch Dir gehören. Darf ich sie weiter für Dich verwahren? – Ich bin gerade jetzt mit der nochmaligen Lektüre von Kafkas »Amerika« fertig geworden. Und – eigentlich war ich enttäuscht, ich hatte es soviel schöner in Erinnerung, nicht so clichéhaft und freier. Teddie hab ich jetzt den letzten Band: Briefe und Tagebuchaufzeichnungen geschenkt. – Mein Tag ist jetzt wieder voll ausgefüllt: vormittags Haushalt Kochen, bzw. meine reizende Halb Negerin – Halb Indianerin anlernen, nachmittags Teddies Sekretärin, dazu kommt noch die ziemlich umfangreiche laufende Korrespondenz. – Im Grunde hat mir Deine Ermunterung zum an Dich schreiben sehr wohl getan, es gibt kaum etwas hier, was ich lieber mag.

Alles, alles Liebe, sei umarmt von Deiner

Felicitas.

ORIGINAL Manuskript.

Dein Bild ... eines von Lotte und mir: S. die Abb. unten.

E.'s Vater: Über Alexander Wissing ist Näheres nicht ermittelt.

die neue Gesetzgebung in Italien: Ein Dekret verlangte, daß Juden, die nach dem 1. Januar 1919 nach Italien eingewandert waren, das Land innerhalb von sechs Monaten zu verlassen hatten.

154 Walter Benjamin an Gretel Adorno
Paris, 1.11.1938

meine liebe Felizitas,

Du siehst den bekannten Briefbogen wieder auftauchen – und somit wäre, nach dem neuigkeitsschwangeren Herbst, einiges zum Alten zurückgekehrt. Wenn du nach einem Rückblick auf meinen Sommer Begehren trägst, so wird er sich Dir, wie ich annehme, bald über der Lesung des Baudelairemanuscripts eröffnen, wenn das der Fall nicht schon gewesen ist. Es stellt die Quintessenz der vergangnen Monate dar. Ich erwarte für die nächsten Tage den Bericht über seine Aufnahme in Newyork, und bestimmt hoffe ich, daß Teddie sich an ihm beteiligen wird.

Du mußt mir nun bald schreiben, wie Newyork sich beim zweiten Blick anläßt, zumal da dieser zweite Blick auch einige seiner neugebacknen Bewohner umfassen muß. Da bin ich vor allem Deiner Erzählung über Ernst Bloch und Euer Verhältnis zu ihm gewärtig. Nicht minder wünsche ich mir eine Darstellung Eures Alltags und der Art, wie Ihr Euer Dasein zu zweit sowie in dem engern Umkreise Euch eingerichtet habt.

Ich glaube mein letzter Svendborger Brief gab zu erkennen, daß ich – bei aller Eingeschränktheit meiner dänischen Existenz – der Rückkehr ohne Enthusiasmus entgegen sah. Ich war eingreifender Veränderungen gewärtig; sie sind heute selten zum Guten. Nun habe ich mich unter meinen französischen Bekannten noch nicht genug umtun können, um zu ersehen, in welchem Grade meine Befürchtungen berechtigt waren. Ich sprach nur Adrienne Monnier, der jene niemals gegolten hätten. Dafür stieß ich auf Veränderungen dort, wo ichs mich nicht versehen hatte. Meine Schwester ist schwer, eigentlich hoffnungslos erkrankt. Zu dem chronischen Leiden, das ihr seit Jahren zu schaffen machte, ist eine Art vorgeschrittene Arterienverkalkung getreten. Meine Schwester ist in ihrer physischen Leistungsfähigkeit auf das Äußerste reduziert und oft ganze Tage bettlägerig. Es trifft sich unter diesen

Umständen günstig, daß ich in ihrer unmittelbaren Nähe wohne. – Mein Bruder ist ins Zuchthaus von Wilsnak transferiert worden, wo er mit Straßenarbeiten beschäftigt ist. Die Existenz soll dort noch erträglich sein. Der Alp, der auf den Leuten in seiner Situation liegt, ist, wie ich öfter aus Deutschland höre, nicht so sehr der kommende Zuchthaustag als das nach Jahren der Haft drohende Konzentrationslager. – Was meine Frau betrifft, so ist sie, unversehens, kurz vor meiner Rückkehr durch Paris gekommen und jetzt in London. Dort scheint sie es von neuem mit einer Pension versuchen zu wollen. Ich hoffe, daß ich sie gegen Weihnachten hier sehen und dann günstige Auskunft über Stefans englische Chancen erhalten werde.

Um noch einmal die politische Entwicklung zu streifen: das im Vordergrunde der Bemühungen stehende rapprochement zwischen Deutschland und Frankreich wird, wie ich fürchte, die wenigen einander nahen Franzosen und Deutschen von einander entfernen müssen – unmittelbar oder mittelbar. Für das Ende der Woche erwartet man ein »statut des étrangers«. Inzwischen betreibe ich meine Naturalisation umsichtig aber illusionslos. Waren vordem die Chancen des Gelingens zweifelhaft, so ist nunmehr auch der Nutzen dieses letztern problematisch geworden. Der Verfall der Rechtsordnung in Europa läßt jede Art von Legalisierung trüglich werden.

Ich habe Grund, mir Glück zu jedem Blatt Papier zu wünschen, das ich im März 1933 in Deine Hände legte. Bei einem nachhaltigen Versuch, noch einige von meinen berliner Büchern, vor allem aber Schriften herauszubekommen, ergab sich als bisher einziger, aber fast völlig gesicherter Ertrag die Tatsache, daß der Nachlaß der beiden Heinle, den ich vollständig gesammelt hatte sowie mein unersetzliches Archiv zur Geschichte der linksbürgerlichen Jugendbewegung, daß endlich auch meine Jugendarbeiten – darunter die Hölderlinarbeit von 1914 – vernichtet sind.

Daß den Seinigen der Herr, der den Wachenden soviel nehmen kann, es im Schlafe gibt, will ich, um heiterer zu schließen, nachtragen: Hessel, der fünfeinhalb Jahre lang wie ein Mäuschen im Gebälk in Berlin gesessen hat, ist kürzlich mit großer Legitimation und unter mächtiger Protektion in Paris eingetroffen. Ich glaube, seine Geschichte wird denkwürdig sein; dieser Tage will ich sie mir von ihm erzählen lassen.

Habt Ihr Euch der Bilder amerikanischer Primitiver erinnert, die ich Euch ans Herz legte?

1 November 1938 — Alles Liebe Dir und Teddie
Paris XV — Dein Detlef
10 rue Dombasle

ORIGINAL Manuskript.

das Baudelairemanuscript: Benjamins Aufsatz »Das Paris des Second Empire bei Baudelaire«, vgl. GS I·2, S. 511-604.

Mein Bruder ist ins Zuchthaus von Wilsnak transferiert worden: Georg Benjamin »war im Rahmen seiner Zuchthaushaft von August bis November 1938 im ›Außenarbeitslager Abbendorf‹ zum Deichbau eingesetzt. Abbendorf befindet sich in der Elbaue, ziemlich nahe an Bad Wilsnack (nicht Wilsnak). Jedoch gehörte das Lager zum Zuchthaus Brandenburg.« (Michael Benjamin in seinem Brief vom 2. Mai 1999 an die Hrsg.)

ein nachhaltiger Versuch: Vielleicht durch Helen Hessel, die sich zu der Zeit in Berlin aufhielt, um Franz Hessel zu holen?

die Hölderlinarbeit von 1914: Sie ist in einer Abschrift von Scholem erhalten.

Hessel: Franz Hessel war mit einem französischen Visum, das Jean Giraudoux, damals hoher Beamter im Außenministerium, besorgt hatte, nach Frankreich geflohen; Hessel nahm Wohnung bei Alix de Rothschild, mit der er weitläufig verwandt war, in der Avenue Foch.

155 Gretel Adorno an Walter Benjamin New York, 10.1.1939

10. Januar 1939.

Mein lieber Detlef:

hoffentlich hast Du das neue Jahr gut begonnen. Ich nehme beinah an, daß Dora Sofie und Stefan bei Dir waren. Wie geht es ihnen? Bei uns war selbst während der Feiertage kaum etwas Ruhe. Auch meine Beschäftigung beginnt sich durch Seminare im Institut, Arbeit mit Teddie und Max, privatem Erlernen der englischen Stenographie sehr zu intensivieren, und ich bin recht froh darüber. – Heute ist der Hauff eingeschrieben an Dich abgegangen. – Im Zusammenhang eines Gesprächs mit Max fiel der Name eines Kinderbuchs: M. Lionet, das Max glaubt von Dir empfohlen bekommen zu haben. Wie ist der Autor? Ist es schwer zu haben? Kennst Du eigentlich von Henry James »Turn of the screw«? Es ist bestimmt auch französisch erschienen, (tour d'écrou) und Du solltest es unbedingt lesen. Veröffentlicht 1891, und nimmt eigentlich einen großen Teil der Psychoanalyse schon vorweg.

Voriges Jahr um diese Zeit war es nicht mehr sehr lange, bis zu unserer Abreise von Europa. Das eine Jahr hat bis auf die schlechte Nachricht aus Deutschland – Teddies Eltern werden wahrscheinlich nach Cuba gehen, bis sie hier hereingelassen werden – eigentlich gehalten, was wir von ihm erhofften. Hoffentlich kommt bald eine Gelegenheit, daß auch Du Dir New York ansehen kannst.

Alles, alles Liebe auch von Teddie, der Dir in der nächsten Zeit selbst schreiben wird

stets Deine alte

Gretel.

Könntest Du mir bitte ein gutes Rezept für mousse au chocolat schicken? Teddie ißt es so besonders gern.

ORIGINAL Manuskript.

der Name eines Kinderbuchs: Es handelte sich um den 1930 erschienenen Roman »Monsieur Lyonnet« von Léopold Chauveau (1870-1940).

156 Gretel Adorno an Walter Benjamin New York, 2.3.1939

2. März 1939.

Mein lieber Detlef:

jetzt ist es schon ein paar Tage über 1 Jahr, daß wir hier sind. Ich bin schon so eingewöhnt, daß es mir gar nimmer neu scheint in New York zu sein. Nur einer fehlt mir immer noch hier: Du. Im Moment sieht es zwar schon allein wegen der Überfüllung der deutschen Quote nicht sehr rosig mit der Einwanderungsaussicht aus, aber für lange Sicht solltest Du Dich doch auf alle Fälle mit dem Gedanken vertraut machen. Dabei stoße ich gleich auf das große Hindernis: englisch lernen. Ach, wenn Du es doch nur in Angriff nehmen wolltest, je eher desto besser. Ich denke dabei vor allem daran, daß Meyer Schapiro im Juni für 8 Monate nach Frankreich kommen wird. Daß Du ihn unbedingt sehen mußt, steht außer Frage. Sicher ist aber auch, daß Du mit ihm alle amerikanischen Zukunftsaussichten noch viel besser besprechen könntest, wenn Du es englisch könntest. (Ich weiß nämlich, welchen Eindruck ihm der Bericht eines Freundes gemacht hat, daß Friedel Kracauer schon so gut englisch sprechen würde.) Verstehen werdet Ihr Euch großartig, er ist sehr amüsant, sehr unterrichtet und dabei sehr nobel! Ich höre jetzt bei ihm an der Columbia einen Cyklus über Modern Painting, schade, daß Du nicht dabei sein kannst. Als Randbemerkung sagte er das letzte Mal: Grandville, der Disney seiner Zeit, nur begabter. Sehr viel hält er in bezug auf Impressionismus außer Renoir und Cézanne von einem jungen Maler Bazile (?), der im russisch-französischen Krieg gefallen ist. Weißt Du etwas von ihm?

Von Boston höre ich sehr wenig, die Interessen gehen leider immer mehr auseinander und dort leider nur noch auf Krawatten und ähnliches. – Ernst Bloch spielt seine Nuisance-Rolle nur zu meisterhaft, es ist zum Weinen traurig. Alfred Sohn-R. ist auf hospitality in Birmingham, das Ende seiner Arbeit natürlich nicht abzusehen. – Carlchen Dreyfuss, der Arme, sitzt in Argentinien bei Bauern, es geht ihm hundeschlecht. – Hast Du etwas von Scholem gehört, wir sprechen oft von ihm. Wie geht es Deinen Geschwistern? Und viel wichtiger als alles wie steht es mit Dir? Laß recht bald von Dir hören, alles Liebe auch von Teddie

stets Deine Felicitas

ORIGINAL Manuskript.

Bazile (?): Der aus Montpellier stammende Frédéric Bazille (1841-1870).

157 Walter Benjamin an Gretel Adorno
Paris, 20.3.1939

20. März 1939
10, rue Dombasle
Paris XVe.

Meine liebe Felicitas,

nun muß ich den Brief, der Dir seit langem bestimmt war, diktieren. Ich liege seit vier Tagen an der Grippe (in meinem Zimmer, durch das der Fahrstuhlschacht hindurchführt, eine Tortur) und bin immer noch nicht fieberfrei. Es trifft, wie es so kommt, alles zusammen, und dazu tritt, daß ich nicht arbeiten kann sondern für die langen Stunden gänzlich auf Lektüre verwiesen bin. Desto froher war ich über die Ankündigung der Bücher, die gestern kam.

Der Brief war Dir, wie gesagt, längst zugedacht. Es schoben sich Arbeiten immer wieder dazwischen; zuletzt der lange Brief an Teddie, den Du gestern bestätigtest. Aus ihm hast Du gesehen, daß ich unlängst mit Kolisch zusammen war. Es besteht eine Chance, daß ich ihn Ende des Monats wiedersehe – in diesem Fall hättest Du vielleicht bald nach Eintreffen dieser Zeilen über mich einen Bericht de vive voix.

In mancher Hinsicht magst Du freilich auf jeden Kurier verzichten und hast gewisse Daten, die mein Ergehen bestimmen, aus erster Hand. Kurz vor dem Deinen erhielt ich einen Brief von Max, in dem sie eine gewichtige Rolle spielen. Max schreibt mir, daß der mobile Teil des Institutsvermögens durch den Verbrauch aufgezehrt werde und der größere immobile Besitz im Augenblick nicht flüssig zu machen sei. Er teilt mir gleichzeitig mit, daß das Institut sich in Amerika um ein Stipendium für mich bewerbe – bittet mich aber, meinerseits hier Entsprechendes zu versuchen.

Es wäre mir auch ohne das bedrohliche Risiko, meinem Forschungsauftrag ein Ende gesetzt zu sehen, das er ins Auge faßt, selbstverständlich, seiner Aufforderung nachzukommen. Sowie ich wieder auf bin, werde ich, was ich kann, in Bewegung setzen. Lange genug jedoch verfolge ich hier die Dinge, um zu wissen, daß seit Beginn der Emigration niemandem, der in ähnlichem Sinne und unter ähnlichen Bedingungen wie ich arbeitet, in Frankreich eine Existenzbasis zugefallen ist. Ich sehe dabei von ehemaligen Professoren, Marck und Gumbel, ab und ebenso von dem Romancier Noth. Damit ist das Verzeichnis derer vollständig, von denen mir bekannt geworden ist, daß sie von dem hiesigen Entgelt oder der hiesigen Unterstützung ihrer intellektuellen Arbeit hätten leben können.

Es ist daher keine Frage, daß auf die Dauer hier nicht zu wirken ist. Der von Dir berührten Notwendigkeit, englisch zu lernen, kann ich mich nicht verschließen, und ich werde diesen Sommer damit beginnen. Die Frage ist: Amerika *noch zu erreichen.* – Ich habe mich augenblicklich an Scholem gewandt, der, wie Du Dir denken kannst, auf Schocken einen gewissen Einfluß hat. Was ich in die Wagschale zu werfen hätte, wäre ein Buch über Kafka. Aber die Aussichten, auf diese Weise einen Beitrag von Schocken zu erwirken, sind wegen dessen judaistischer Fixierung und wegen des riesigen Angebots, das von jüdisch ausgerichteten Autoren gegen ihn andrängt, nicht groß.

So muß ich nahezu alle Hoffnung, *die ich so nötig habe,* auf die Bemühungen setzen, die das Institut drüben für mich aufwendet. Vor drei Wochen hat Max von mir telegraphisch ein französisches Exposé der »Passagen« angefordert. Es muß inzwischen eingetroffen sein und wird sich in vielem von dem Dir bekannten unterscheiden. Ich habe mich, so gut es in der kurzen Zeit möglich war, bemüht, eine der Grundkonzeptionen der »Passagen«: die Kultur der warenproduzierenden Gesellschaft als Phantasmagorie in den Mittelpunkt zu stellen.

Um auf die Fragen einer ferneren Zukunft zurückzukommen: man rät mir von verschiedenen Seiten, mich in die Liste des hiesigen amerikanischen Konsulats einzutragen. Damit erwirke man in der Reihe der Anwärter auf die Einwanderung einen festen Platz. Auf der anderen Seite wiederum teilt man mir mit, in gewissen Fällen, z. B. bei einer Berufung, würden die Betreffenden außerhalb der Quote abgefertigt. Dieser Chance gehe man jedoch verlustig, wenn man bereits in die Liste eingetragen worden sei. – Hiernach weiß ich nicht, wie ich verfahren soll.

Ob die letzten Manuskripte, die ich an Löwenthal geschickt habe, den Weg zu Dir gefunden haben? Ich hoffe das besonders von meiner Anzeige der französischen Enzyklopädie die Dich bei Deinen gegenwärtigen Studien über Malerei stellenweise interessieren wird. Bei dieser Gelegenheit wiederhole ich meine Aufforderung, Euch die großartigen amerikanischen Primitiven in der American Folk Art Gallery anzusehen. – Von meiner Kritik von Sternbergers »Panorama« hoffe ich, daß sie Dir einige ansprechende Minuten verschafft. Das Buch sende ich Dir baldigst.

Der Autor von »Monsieur Lyonnet«, nach dem Du mich im Januar fragtest, heißt: Léopold Chauveau. Max besitzt das Buch. Wenn ich es aber hier finde, schicke ich es Dir.

Gern wüßte ich, ob Teddies Eltern endlich geborgen sind. – Der Zustand meiner Schwester, nach der Du fragst, ist unverändert. Von meinem Bruder kommt hin und wieder ein indirekter Bericht, aus dem hervorgeht, daß er dem Dasein dort noch nicht unterlegen ist.

Münzenberg gibt mit einem offenen Brief seinen Austritt aus der K. P. bekannt. Dessen Lektüre fiel bei mir mit dem Eingang einer parteiamtlichen Broschüre »Der Weg zum Sturze Hitlers« zusammen. Der Schwachsinn der Verfasser übersteigt meine Begriffe. Diese Propagandaschrift ist eines der belastendsten Dokumente, die sich gegen die Partei vorbringen lassen. – Die politische Lage erscheint nun von Tag zu Tag bedrohlicher.

Werden weder Max noch Pollock im Frühjahr herüberkommen?

Auf Schapiro freue ich mich.

Schreibe mir bald. Ich habe Deine Gegenwart wieder einmal sehr nötig.

Alles Liebe für Teddie und Dich.

Dein Detlef

ORIGINAL Typoskript.

Marck: Der Philosoph Siegfried Marck (1889-1957), sozialdemokratischer Stadtrat in seiner Geburtsstadt Breslau, wo er seit 1930 als ordentlicher Professor lehrte, emigrierte 1933 nach Frankreich. Bis 1934 arbeitete er am Centre de recherches sociales der École Normale Supérieure, anschließend lehrte er bis 1940 an der Universität von Dijon. Von 1936 bis 1939 erhielt er ein Stipendium der »Caisse nationale de la recherche scientifique« von 17000 bis 18000 Francs im Jahr (vgl. Les bannis de hitler. Accueil et luttes des exilés allemands en France [1933-1939], par Gilbert Badia, Jean-Baptiste Joly, Jean-Philippe Mathieu, Jacques Omnès, Jean-Michel Palmier, Hélène Roussel, Paris 1984 [Études et Documentations Internationales / Presses Universitaires de Vincennes], S. 155).

Gumbel: Der Mathematiker und Nationalökonom Emil Julius Gumbel (1891-1966), Sozialdemokrat und Mitglied der Liga für Menschenrechte, lehrte von 1923 bis 1933 Statistik in Heidelberg. 1929 hatte er Kurse am »Institut für Sozialforschung« gegeben. Von 1933 bis 1940 lehrte Gumbel in Lyon. Gumbel, der auch während der Emigration politisch arbeitete, flüchtete 1940 in die USA, wo er an der »New School for Social Research« unterrichtete.

der Romancier Noth: Ernst Erich Noth (1909-1983); vgl. seine »Erinnerungen eines Deutschen« (Hamburg/Düsseldorf 1973).

Wagschale: So im Brief.

ein französisches Exposé der Passagen: Vgl. GS V·1, S. 60-77.

meine Anzeige der französischen Enzyklopädie: Benjamins *Anzeige* der Bände XVI und XVII der Encyclopédie Française erschien nicht mehr in der Zeitschrift; vgl. jetzt GS III, S. 579-585.

Münzenberg gibt mit einem offenen Brief seinen Austritt aus der K. P. bekannt: Willi Münzenberg, der sich schon 1937 unter dem Eindruck der Moskauer Prozesse und der Stalinschen Politik im Spanischen Bürgerkrieg von den Kommunisten gelöst hatte, hatte seine Erklärung über die Gründe des Austritts aus der Partei am 10. März 1939 in der von ihm gegründeten Zeitschrift »Die Zukunft« veröffentlicht; vgl. die Auszüge in: Babette Gross, Willi Münzenberg. Eine politische Biografie, Leipzig 1991, S. 464-466.

eine parteiamtliche Broschüre: Sie konnte nicht ermittelt werden.

158 Gretel Adorno an Walter Benjamin New York, 26.3.1939

26. März 1939.

Mein lieber Detlef:

schon vor einiger Zeit schrieb ich Dir, wie gern ich ein deutsches Schreibmaschinenmanuskript von Deiner Reproduktionsarbeit herstellen möchte. Du könntest mir nun gar keinen größeren Gefallen tun, als wenn Du mir das Material möglichst umgehend schicken würdest. Ich bin jetzt nämlich sozusagen arbeitslos und habe ach nur zu viel freie Zeit. Teddie ist für die nächsten 6-7 Monate mit seinem englischen Buch für das Radio Projekt sehr in Anspruch genommen, und gerade dabei bin ich natürlich trotz meiner sich entwickelnden englischen Stenographie zu nichts zu gebrauchen. Im Institut hat man auch keine Verwendung für mich, und so liegt der Sommer vor mir in beängstigender Länge. Nach 1 Jahr Amerika bin ich erholt und frisch, um nun, da ich endlich nicht mehr vereinsamt in Berlin sitze, etwas Vernünftiges beginnen zu können. Doch was? Ich weiß mir leider selbst keinen Rat. Verzeih, wenn ich Dich mit meinen Nöten störe, aber ich bin so down wie schon seit langem nicht. Laß recht bald von Dir hören alles Liebe

stets Deine Felicitas

ORIGINAL Manuskript.

Teddie ... sein englisches Buch: Gemeint ist der Buchplan »Current of Music«.

159 Walter Benjamin an Gretel Adorno
Paris, Anfang April 1939

meine liebe Felizitas,

Deinen kleinen Brief vom 26 März habe ich mit Bekümmerung gelesen. So froh ich bin, daß Du Dich meiner Reproduktionsarbeit annehmen willst, so trübe stimmt mich, daß es auf dem Hintergrund des ennui oder gar des spleen vor sich gehen soll. Und Europa ist doch ein Kontinent, in dessen tränenschwere Atmosphäre die Leuchtraketen des Trostes nur noch selten mit Glück auffahren.

Das Manuscript geht mit gleicher Post unter Einschreiben an Dich ab. Es ist wohlgeordnet; ich hoffe, es macht Dir keine

Mühe, Dich durchzufinden. Der Text unterscheidet sich mehrfach von dem Dir bekannten; er ist vor allem viel ausgedehnter. Freilich sind auch seit dieser Redaktion eine Reihe weiterer Reflexionen zur Sache von mir verzeichnet worden. Es ist einer der wichtigsten Dienste, die Deine Abschrift mir leisten soll, diesen Reflexionen ihren Ort im Gesamtzusammenhange anweisen zu können. Ich bitte Dich daher, die Abschrift mit verhältnismäßig breitem Rand anzufertigen, damit sie sich einer weiteren Bearbeitung besser leiht.

Im übrigen muß es einem als selbstverständliche Sicherungsmaßnahme erscheinen, bewegliches Gut – sei es geistiges oder materielles – schleunigst nach Amerika herüberzuschaffen. Es sieht ja weitaus beklemmender aus als im September. Die ärmsten Schlucker – von den reichen Leuten will ich gleich reden – machen sich auf, um den neuen Kontinent eben noch zu erreichen. In diesen Tagen fährt, wie ich gestern hörte, Fritz Sternberg herüber. – Man sagt hier – nach Informationen, die freilich, wenn sie Dir zukommen, überholt sein werden –, daß bis zum 20ten April »Ruhe« herrschen soll. Nach diesem Termin sei die Aktion gegen Polen fällig, von der kein Mensch weiß, ob sie sich im Rahmen einer Erpressung wird halten können.

In der Abgeschiedenheit Dänemarks habe ich unter ähnlichen Umständen im September gut arbeiten können. Leider ist das Gleiche derzeit nicht der Fall. Es kommt hinzu, daß man durch eine Folge neuer Dekrete über die Fremden in Atem gehalten wird. Erschwerungen der Naturalisation dürften die geringste der mich betreffenden Maßnahmen sein. Man spricht von einer Mobilisierungsverpflichtung der Ausländer, die sich bis zweiundfünfzig Jahre erstrecken soll. – Ich habe nun einen von Grund auf neuen Aufriß des Flaneurkapitels, von dem ich glauben möchte, daß er Teddie in besonderem Maße eingehen wird. Der Flaneur erscheint nun im Rahmen einer Untersuchung über die spezifischen Züge, die der Müßiggang im bürgerlichen Zeitalter angesichts der herrschenden Arbeitsmoral annimmt. – Wieviel würde es bedeuten, mit Dir, ja mit einem vernünftigen Wesen überhaupt darüber zu reden, wie sehr würde die Arbeit dadurch beschleunigt werden. Nur allzusehr harmoniert mit der Strömung, die heute wider alles angeht, was unser ist, meine gegenwärtige Isolierung. Sie ist nicht allein geistiger Natur.

Das führt mich auf die reichen Leute zurück, auf die ich vorhin anspielte. Nach Amerika fährt in den nächsten Tagen auch die einzige wirklich gutsituierte Familie, die ich hier kannte und an der ich einen äußersten Rückhalt gehabt hätte. Der Mann ist Sammler von Renaissancemedaillen – und mit niemandem stellt sich mir ein Kontakt leichter her als mit einem Sammler. Wichtiger ist, daß ich seinem Sohn, Ernst Morgenroth, der sich unter dem Namen Lackner in der Laufbahn des Romanciers versucht, auf meine Erfahrungen mit Speyer gestützt, einige Fingerzeige geben konnte. Ich versuche, aus dem Verlust dieser letzten Deckung das Beste zu machen und den alten Morgenroth dazu zu veranlassen, Max aufzusuchen. Wenn man es geschickt anfängt, so wird man ihn sicherlich für meine Übersiedlung nach Amerika interessieren können und vielleicht sogar, mit der Zeit, für gewisse Unternehmungen des Instituts. Ich denke, auch der junge Morgenroth wird in seinem Fahrwasser auftauchen. In der Generation, der er angehört, ist er einer der Gebildeteren und der Gutwilligen. Er ist lernbereit und man sollte ihn allzu scharf nicht anfassen.

Schrieb ich Dir, daß Brentano auf einige Tage hier war? Grasset bringt eines seiner Bücher heraus und die Journalisten machen dem Autor bei dieser Gelegenheit den Hof. Das reichte offenbar nicht aus, um ihm seinen innern Frieden zu sichern, denn er bewies im Gespräch eine gewaltige Ranküne gegen Rußland und alle andern Mächte, die dem Renner, auf den er gesetzt hatte, einen so schlechten weltgeschichtlichen Start verschafften. Ich hielt die Klangfarbe seiner Konfessionen nicht lange aus. Am nachdenklichsten an diesem Besuch machte mich, daß Brentano in naher Beziehung zu Silone steht. Es ist für mich nicht recht vorstellbar, daß ein politisches

Ressentiment wie Brentanos zur täglichen Kost eines immerhin bedeutenden Autors wie Silone gehören kann. Daß es in Rußland »tausendmal schlimmer« als in Deutschland sei, das wäre, wenn man Brentano glauben soll, das Leitmotiv dieser züricher Avantgarde.

In Paris ist derzeit Thieme. Auch er ist halb und halb auf der Flucht begriffen und zwar eben aus der Schweiz. Er hat ziemlich lange in der katholischen Opposition in Deutschland gewirkt und lebt seit vier Jahren auf dem Lande bei Basel. Es scheint, daß die Schweizer an ihrer Grenze sehr bedeutende Truppenkörper stationiert haben.

Endlich kam, auf der Rückreise nach Palästina, Schocken durch Paris. Ich erfuhr es post festum. Da ich Schocken persönlich nicht kenne, auch keine andere Verbindung zu ihm habe als die durch Scholem, so hätte ich mir seine Anwesenheit nicht zu nutze machen können. Im übrigen ist von dort nichts zu hoffen. Nach Scholems letztem Brief will Schocken überhaupt nichts mehr in deutscher Sprache drucken. Ein kleiner enzyklopädischer Artikel über die jüdische Mystik, von Scholem selbst, soll gegebnenfalls den Schlußstrich unter diese Produktion ziehen.

Was hast Du von meinen letzten Manuscripten gesehen? Ist Dir der neue französische Entwurf zu den »Passagen« zu Gesicht gekommen? die Rezension des Sternberger? und das Buch selbst, das ich Kolisch für Dich mitgab?

Ich wünsche Dir mehr Kurzweil als die Abschrift der Reproduktionsarbeit mit sich bringt. Aber ich weiß Dir dafür vielen Dank. Gern hätte ich vier Exemplare.

Kann ich nicht hoffen, daß ein ausführlicher Brief von Dir schon unterwegs ist während ich diesen schreibe? Die winzigen Billettchen bilden einen liebenswerten Kontrast zu den großen Entfernungen, die sie durchmessen. Aber nun laß Dich einen richtigen Brief verfassen! Hoffentlich weiß er Erfreulicheres von Deinem Ergehen zu melden.

Dir und Teddie von Herzen Gutes

Dein Detlef

ORIGINAL Manuskript.

Das Manuscript / eine Reihe weiterer Reflexionen: Benjamin muß ein Typoskript der erweiterten zweiten Fassung des Kunstwerkaufsatzes (die zweite Fassung ohne die Zusätze, vgl. GS VII·1, S. 350-384) geschickt haben; das Typoskript dieser Fassung ist nicht erhalten. Die auf amerikanischem Schreibmaschinenpapier angefertigte Abschrift, die wohl von Gretel Adorno stammt, sie ist nur in der ersten Hälfte (einschließlich Kapitel VIII) möglicherweise ein Typoskriptdurchschlag, von Kapitel IX ab aber auf jeden Fall ein Originaltyposkript, trägt – entgegen der Annahme der Hrsg. der »Gesammelten Schriften« (vgl. GS I·3, S. 1056) – keine Korrekturen von Benjamins Hand; sie ist nicht zu datieren. Es gibt keinen Hinweis darauf, daß sie zu Lebzeiten Benjamins hergestellt wurde. In Benjamins Briefen und in denen Gretel Adornos ist vom Abschluß der Abschrift oder gar von deren Übersendung keine Rede. – Die *Reihe weiterer Reflexionen* aus den Jahren 1938 bis 1940, vgl. GS VII·2, S. 673-680.

Fritz Sternberg: Der Politiker und Publizist Fritz Sternberg (1895-1960), Autor eines Buches über den Imperialismus, war über die Stationen Tschechoslowakei, Österreich und Schweiz 1938 nach Frankreich gekommen. Er wurde 1950 amerikanischer Staatsbürger. 1935 veröffentlichte Sternberg das Buch »Der Faschismus an der Macht«.

eine Mobilisierungsverpflichtung für Ausländer: Das Dekret datiert vom 12./16. April; von der Mobilisierung sollten alle männlichen Ausländer im Alter von achtzehn bis achtundvierzig Jahren betroffen sein.

Ernst Morgenroth / der alte Morgenroth: Ernest Gustave Morgenroth (1910 bis 2000) hatte in Frankfurt und Berlin Kunstgeschichte und Philosophie studiert. Er war 1933 mit seinen Eltern Lucie und Sigmund Morgenroth nach Paris emigriert. Morgenroth schrieb unter dem Pseudonym Stephan Lackner, sein Roman »Jan Heimatlos« erschien 1939 in der Schweiz.

Brentano: Der Schriftsteller Bernard von Brentano (1901-1964), bei Grasset erschien die französische Übersetzung seines Romans »Theodor Chindler«.

Silone: Ignazio Silone (1900-1978), Autor der Romane »Fontamara« (1930) und »Brot und Wein« (1937) und des Essays »Die Schule der Diktatoren« (1938) – Teil-Vorabdruck in »Maß und Wert« –, lebte von 1930 bis 1944 im Exil in der Schweiz. Silone, als Vertreter der sozialistischen Jugend Mitbegründer der KPI, gehörte nach 1945 neben Koestler zu den Hauptzeugen gegen den Kommunismus, von dem er sich schon 1930 gelöst hatte. (Vgl. Ein Gott, der keiner war. Arthur Koestler, André Gide, Louis Fischer, Richard Wright, Stephen Spender schildern ihren Weg zum Kommunismus und ihre Abkehr. Mit einem Vorwort von Richard Crossman und einem Nachwort von Franz Borkenau, Zürich 1952, S. 73 bis 105 [Rote Weißbücher 6].)

ein kleiner enzyklopädischer Artikel über jüdische Mystik: Es handelte sich in Wahrheit um zwei Artikel, die in der »pariser jiddischen Enzyklopädie« (Briefwechsel Scholem, S. 299) erscheinen sollten, tatsächlich aber erst 1946 in englischer Übersetzung veröffentlicht wurden: »Jewish Mysticism and Kabbala« und »Messianic Movements after the Expulsion from Spain« (in: Jewish People Past and Present, S. 308-327 und 335-347). Scholem hatte geschrieben, daß Schocken vom deutschen Manuskript vielleicht einen Privatdruck veranstalten würde.

160 Gretel Adorno an Walter Benjamin New York, 24.4.1939

24. April 1939.

Mein lieber Detlef:

vielen Dank für das Buch von Sternberger. Sobald ich es angesehen habe, werde ich es Dir schicken oder eilt es nicht so? Rudi Kolisch war hier vor seiner Fahrt nach Porterico (?) in einer so schrecklichen Hetze, daß ich ihn kaum gesprochen habe. So haben wir auch leider noch keinen richtigen mündlichen Bericht über Dich und Dein Befinden. – Natürlich kenne ich die Sparmaßnahmen des Instituts leider nur zu genau. Im Augenblick sehe ich für Dich wirklich eine Chance, wenn Du Schapiro triffst, vielleicht kann er Dir raten oder sogar helfen. Wegen der amerikanischen Einwanderung muß es auch in Paris Leute geben, die damit genau Bescheid wissen, so z. B. Kracauer. Aber ich fürchte, Du wirst mit ihm (und recht hast Du) nicht mehr in Kontakt sein. Aber warum erkundigst Du Dich nicht einmal auf dem Konsulat? –

Teddies Eltern sollen sich übermorgen nach Kuba einschiffen, es scheint nun doch alles schneller geklappt zu haben, als man gehofft hatte. –

Ich habe augenblicklich die Autobiography of Alice B. Toklas von der Gertrude Stein gelesen.

Ich könnte mir denken, daß es Dir Spaß machen würde, das Buch durchzublättern, Du triffst darin viele Bekannte auch die Sylvia Beach und die Monnier. –

Seit ein paar Tagen ist auch mein Gebet um Beschäftigung erhört: Max's Sekretärin ist krank geworden und so mache ich seine Sachen mit ihm. Außerdem bereitet Teddie eine Arbeit über »Determinismus« vor.

Daß uns Dein Schicksal vor allem anderen am Herzen liegt, und daß wir alles tun, was wir können, weißt Du. – Ich bin schon sehr gespannt auf die Neufassung und den 3. Teil des Baudelaire.

Hast Du schon Sommerpläne? Willst Du wieder nach Dänemark? –

Ich wünschte, ich könnte unten am Hudson mit Dir spazierengehen und alles in Ruhe durchsprechen. Leider besteht gar keine Aussicht, daß wir bald nach Europa kommen. Ich glaube auch nicht, daß Max oder Fritz die Absicht haben.

Vor ca 14 Tagen kam eine große Überraschung: Scholem schickte den Soharabschnitt aus Jerusalem. Hast Du sonst etwas von ihm gehört? Hat Scholem auf den Vorschlag eines Kafkabuches reagiert?

Leb mir recht sehr wohl, alles alles Liebe stets

Deine Felicitas

Sehr viele Grüße von Teddie

ORIGINAL Manuskript.

die Autobiography of Alice B. Toklas: Das Buch, das die Pariser Jahre von 1900 bis 1932 beschreibt, war 1933 erschienen.

eine Arbeit über »Determinismus«: Adorno schrieb diese Arbeit nicht.

der Soharabschnitt: Vgl. Gershom Scholem, Die Geheimnisse der Schöpfung, Berlin 1935.

161 Gretel Adorno an Walter Benjamin New York, 1.5.1939

1. Mai 1939.

Mein lieber Detlef:

ich habe Dein Manuskript durchgelesen und muß Dir sagen, daß es mir im Deutschen wesentlich besser gefällt als in der Übersetzung. Beinah leid tat es mir, daß ich alles so mühelos entziffern konnte, daß es gar keine handschriftlichen Bemerkungen mehr gab. Außerdem vermißte ich die Nachträge, deren Proben Du uns in San Remo gelesen hast. Da ich jetzt gerade sehr intensiv mit Max arbeite, wird sich die Abschrift noch ein wenig verzögern, aber das ist ja sicher nicht von Belang. –

Heute war Rudi Kolisch auf der Durchreise für einen Tag in New York und hat ihn fast vollständig bei uns verbracht. Auf das umgeschriebene Baudelaire-Kapitel freuen wir uns sehr sehr, kommt es bald? Ich kann ja ausgezeichnet verstehen, daß Du so ungeheuer an Paris hängst, aber ich glaube trotz allem, daß es Dir hier gar nicht schlecht behagen würde. Mach Dir wegen Deiner Zukunft keine unnötigen Sorgen, wie Max sagt, on ne mourra pas de faim. Teddie und ich werden alles was wir können für Dich tun (es drückt uns eh schon, daß es uns leider finanziell nicht mehr so gut geht, daß wir es ohne weiteres privat könnten) und auch Max weiß, worum es geht. Deine Arbeit *darf* dadurch nicht auch noch gestört werden.

(Kolisch selbst hat die allergrößten Sorgen, da sich seine Quartettgenossen außerordentlich unsolidarisch verhalten und das Ganze gefährden, dies bitte entre nous). –

Teddies Eltern sind am letzten Mittwoch von Hamburg nach Cuba abgesegelt. –

Hier ist neulich auf Umwegen das Gerücht zu uns gedrungen, daß sowohl Eisler – der übrigens unterdessen hier ausgewiesen wurde, ob er später wieder hereinkommt, ist unsicher – wie Brecht sich geweigert hätten einen Aufruf, der nur der Verherrlichung Stalins dienen sollte, zu unterschreiben.

Was hörst Du von Dänemark? Verleb einen recht schönen Mai in Paris und denk recht oft

an Deine kleine

Felizitas

ORIGINAL Manuskript.

162 Walter Benjamin an Gretel Adorno
Pontigny, 19.5.1939

ma chère petite,

ces lignes tomberont, avec un peu de chance, au cœur de ton anniversaire. Et si je te dis mon bonjour en ces termes nouvelles, l'envie m'en vient autant de la jolie tournure à la fin de ta dernière lettre que du désir à te faire entrevoir un endroit où les années désormais ne te vieilliront aussi peu qu'elles te grandissent. Il y a du reste à ce début encore une inspiration qui me vient d'une lecture assidue de la correspondance proustienne. Parmis ses correspondantes il se trouve cette Madame Strauss dont Teddie te rappellera certains mots célèbres. Elle a une façon de s'adresser à Proust qui m'a charmé. Surtout sa formule ordinaire »mon petit Marcel cher« est d'une gentillesse inimitable.

La grande bibliothèque de 15000 volumes est ce qu'il y a de mieux à Pontigny – d'où je t'écris. Elle est à la disposition des hôtes et tu peux croire si j'en profite. Pour le reste de l'établissement, il est infiniment moins bien. On en pourrait faire une description des plus cocasses, quant à une bande de jeunes scandinaves qui l'a envahi. On en pourrait aussi faire une des plus navrantes, quant au déclin du maître de céans, Paul Desjardins, et quant au rôle que joue sa femme. Il y a des moments où la situation du mari, en ces lieux, me rappelle irrésistiblement la mienne à San Remo. Du reste, Max a eu une lettre de ma part qui contient une description assez détaillée de la physiognomie de Pontigny.

Serait-ce toi qui m'a indiqué, il y a bien des années, les livres de Henry James (frère du philosophe William)? Je viens de tomber sur son »Tour d'écrou« qui est remarquable. Il faudra un jour que nous nous mettions à trois pour élucider ce fait significatif, à savoir que le dix-neuvième siècle est l'époque classique des histoires de spectres. Ainsi la figure de Henry James prendrait un relief saisissant.

Une autre découverte que j'ai faite dans cette bibliothèque a été Joubert. (C'est le dernier des grands moralistes français et il vécut sous la Restauration.) Les »Pensées« m'ont tout proprement emerveillé. Quant au style que j'aimerais avoir dans tout ce que j'écrirai encore, c'est dans Joubert que j'en ai trouvé, non tant le modèle que la définition magistrale.

Le »Baudelaire« progresse, lentement, mais, désormais je le crois, solidement.

Je suis ravi qu'enfin mon »œuvre d'art à l'époque..« s'aie tracé un chemin vers toi. Les nombreuses notes qui attendent d'être insérées dans le manuscrit trouveront leur place une fois que j'aurai ta copie. C'est une des raisons qui pour moi en font l'utilité: je ne puis travailler sur l'*unique* exemplaire du texte.

Dans les nouvelles que tu me donnes de Brecht il n'y avait pour moi rien d'étonnant. Je suis fixé depuis l'été dernier sur ce qu'il pense de Staline. Brecht, du reste, a quitté Funen où il ne se croyait plus en sécurité. Il ira s'établir en Suède.

Il n'y a pas moins de trois raisons pour que je t'écrive en français. La première, j'en parle au début de la lettre.

La séconde est que dans ce milieu français cela m'est assez naturel. La troisième est mon intention à te dire, le jour de ta fête, de façon nouvelle mon ancien attachement à vous deux.

(Il faut, pour finir, que tu sâches tout le prix qu'ont eu pour moi les paroles rassurantes de ta dernière lettre. Elles m'ont aidé à me libérer d'une étreinte angoissante.)

Tout à toi

Abbaye de Pontigny Detlef

19 mai 1939

PS Ecris-moi quand est-ce-que Schapiro compte venir à Paris. Moi j'y retournerai le lundi.

ORIGINAL Manuskript.

la correspondance proustienne: Die sechsbändige »Correspondance générale«, die von 1930 bis 1936 bei Plon erschienen war.

Madame Strauss dont Teddie te rappellera certains mots célèbres: Geneviève Straus (1849-1926), Tochter des Komponisten Fromental Halévy, war von 1869 bis zu seinem Tod 1875 mit Georges Bizet verheiratet, ihr Sohn Jacques Bizet war ein Schulfreund Prousts. Sie hatte 1886 in zweiter Ehe den 1844 geborenen Rechtsanwalt Emile Straus geheiratet.

Henry James / son »Tour d'écrou«: Vgl. Henry James, Le Tour d'écrou, suivi les Papiers de Jeffrey Aspern. Traduit de l'anglais par M. Le Corbeiller. Préface d'Edmond Jaloux, Paris 1929.

Joubert: Joseph Joubert (1754-1824), der nur sehr wenig publiziert hat, schrieb Tag für Tag seine »pensées« in Hefte, die posthum veröffentlicht wurden. Joubert war 1778 nach Paris gekommen und hatte sich Diderot angeschlossen, der ihn zu einem »Essai sur la Bienveillance Universelle« angeregt zu haben scheint, von dem einige Fragmente sich erhalten haben. – Die Ausgabe der »Pensées«, aus der Benjamin exzerpierte, ist die von 1883 (vgl. GS V·2, S. 1302, Nr. 460); 1938 war eine zweibändige Ausgabe der »Carnets«, hrsg. von André Beaunier, erschienen.

la définition magistrale [du style]: Vgl. GS V·1, S. 604 und GS II·2, S. 579.

163 Gretel Adorno an Walter Benjamin New York, 31.5.1939

31. Mai 1939

10. Juni
that's it

Mein sehr lieber Detlef:

Dein letzter Brief war so überaus bezaubernd, daß ich Dir unbedingt sofort antworten muß. Leider hat nur Teddie ganz schrecklich versagt: er hat die berühmten Aussprüche der

Mme Strauss selbst nicht mehr im Gedächtnis. – Am Montag war der junge Morgenroth zu einem kleinen Diskussionsabend bei uns, auch Meyer Schapiro war da. Sch. ist durch Krankheit seiner Frau in seinen Reiseplänen etwas gestört worden und fährt nun erst am 21./VI. hier fort, will sich aber zuerst etwas in England aufhalten. Ich sehe ihn aber bestimmt noch vor seiner Abreise und werde versuchen, dann genau herauszubringen, wann er nach Paris zu kommen gedenkt. –

Hier war bis vor kurzem das große schwarzweiße Bild von Picasso »Guernica« ausgestellt, hast Du es zufällig in P. auch gesehen? –

Teddie fährt morgen für 10 Tage zu seinen Eltern nach Cuba, dann bin ich zum ersten Mal (wie man hier sagt) grass-widow. – Mir geht es gut, das Arbeiten mit Max – besonders jetzt bei einem politischen Thema – macht mir große Freude, leider ist er nur durch andere Institutsdinge noch schrecklich in Anspruch genommen. – Das Buch von Sternberger habe ich unterdessen gelesen. Mich erinnert es ungeheuer an »Our Fathers« von Allan Bott, eine Zusammenstellung von Bildern aus Illustrierten Zeitungen aus dem 19. Jahrhundert. Es ist mir ganz unverständlich, daß ein immerhin nicht dünnes Buch so ohne Text zustandekommen kann. Ich mag solche reinen Faktenzusammenstellungen ohne Interpretation überhaupt nicht. –

Rudi Kolisch möchte auch möglichst bald wieder nach Europa fahren, da sowieso seine Konzertsaison dort beginnt. Leider hat er im Moment noch schreckliche Sorgen mit dem Quartett. Das klingt schon beinah wie Ironie, da ihn nicht nur einer sondern alle seine Mitspieler im Stich gelassen haben. –

Wenn Du irgendeine Kleinigkeit weißt, mit der ich Dir zum Geburtstag eine Freude machen könnte, laß es mich bitte ganz schnell wissen, damit ich es noch besorgen kann vor dem Termin. (Hoffentlich können wir wieder wie voriges Jahr nach Bar Harbor fahren, aber Teddies Sommerpläne sind noch ganz im Dunkeln.)

Alles Liebe und Gute

stets Deine Felizitas

ORIGINAL Manuskript.

Max ... ein politisches Thema: Horkheimer arbeitete an seinem Aufsatz »Die Juden und Europa«.

164 Walter Benjamin an Gretel Karplus Paris, 26.6.1939

Liebe Felizitas,

heute will ich zum »geliebten Deutsch« zurückkehren. Wenn aber mein Brief aus Pontigny ein gelegentliches Verlangen nach dem Französischen in Dir zurückgelassen hat, so würdest Du mir eine Freude machen, wenn Du zu guter Stunde ein Exemplar der fleurs du mal aufschlügest, und Dich mit meinen Augen darinnen umsähest. Da meine Gedanken nun Tag und Nacht an diesen Text fixiert sind, so würden wir einander gewiß begegnen.

Was nun den Niederschlag dieser Gedanken angeht, so wirst Du nicht leicht den Baudelaire vom vorigen Sommer in ihnen wiederfinden. Das Flaneurkapitel – es ist ja dessen Ausarbeitung allein, die mich beschäftigt – wird in der neuen Fassung entscheidende Motive der Reproduktionsarbeit und des Erzählers, vereint mit solchen der Passagen zu integrieren suchen. Bei keiner frühern Arbeit bin ich mir in dem Grade des Fluchtpunkts gewiß gewesen, auf welchem (wie mir nun scheint: seit jeher) meine sämtlichen und von divergentesten Punkten ausgehenden Reflexionen zusammenlaufen. Ich habe es mir nicht zweimal sagen lassen, daß Ihr es auch mit den extremsten meiner dem alten Fond entstammenden Überlegungen zu versuchen entschlossen seid. – Eine Einschränkung bleibt natürlich: es ist immer nur der Flaneur, nicht der Gesamtkomplex des Baudelaire, mit dem Ihr es zunächst werdet zu tun haben. Auch ohnedies wird dieses Kapitel weit über den Umfang des vorjährigen »Flaneurs« hinausgehen. Da es jedoch nun seinerseits in drei von einander abgehobene Teile zerfallen wird – die Passagen, die Menge, der Typ – so wird das die redaktionelle Bewältigung des Textes wohl erleichtern. Ich bin von der Abfassung der Reinschrift noch weit entfernt. Aber die Epoche der langsamen Ausarbeitung liegt hinter mir und es vergeht kein Tag ohne Niederschrift.

Vor kurzem habe ich zu meiner Freude die Fahnen von meiner Rezension des tome XVI der Encyclopédie française bekommen. Bei dieser Gelegenheit ist mir wieder das allseitige Schweigen aufs Herz gefallen, dem meine Besprechung von Sternbergers »Panorama« begegnet ist. Nicht einmal Du hast es gebrochen als Du mir letzthin über das Buch selbst schriebst. (Die schöne Photo-Sammlung von Alwin Bott kenne ich.) Ich hätte gedacht, daß mein Referat, ganz abgesehen von seiner kritischen Ausrichtung, in den Betrachtungen etwas Neues sagt, die der Struktur des »Genre« gewidmet sind. Willst Du mir dazu nicht etwas schreiben?

Einen kleinen literarischen Sieg verzeichne ich. Es ist zehn Jahre her, daß ich auf Veranlassung der Frankfurter Zeitung einen Aufsatz »Was ist das epische Theater?« schrieb. Er wurde damals, nachdem die Fahnen (die ich noch besitze) bereits gedruckt waren, auf ein Ultimatum von Diebold durch Gubler zurückgezogen. Jetzt habe ich ihn, mit geringfügigen Änderungen in »Maß und Wert«, die eine Debatte über Brecht eröffnen, untergebracht. Du findest ihn in der nächsten Nummer.

Meine Sommerpläne, nach denen Du Dich erkundigst, sind der Frage untergeordnet, wann mit Schapiros Kommen zu rechnen ist. Oder ist es ein langer Aufenthalt, den er in Paris zu nehmen beabsichtigt? Dann wäre die Chance, ihn zu sehen, in jedem Fall gegeben. – Ich werde dieses Jahr Frankreich nicht verlassen und auch Paris keinesfalls bevor die Rohschrift des »Flaneurs« völlig beendet ist.

Ob nun mein Geburtstagswunsch noch zurecht kommt? In Wahrheit bin ich nicht weit entfernt, die Abschrift der Reproduktionsarbeit als diese[n] anzusehen. Damit Du aber nicht denkst, daß für diese ein Termin gelte, will ich auch auf ein

Büchlein verwiesen haben. Ich denke, Du machst mir eine Freude, wenn Du mir das letzte Buch von Robert Dreyfus schenkst, der eben gestorben ist. Er war ein alter Freund von Proust; betitelt hat er es »De Monsieur Thiers à Proust« und es stehen viele Geschichten von Madame Strauss darin, welche ich mich Euch zu berichten gern verpflichte.

Das Bild von Picasso, nach dem Du fragst, habe ich nicht gesehen.

Grüße den Teddie herzlich und sei zart und schön gegrüßt

von Deinem

26 Juni 1939 Detlef

Paris XV

10 rue Dombasle

ORIGINAL Manuskript.

»Was ist das epische Theater?«: Vgl. GS II·2, S. 519-531.

ein Büchlein: Vgl. Robert Dreyfus, De Monsieur Thiers à Marcel Proust. Histoire et Souvenirs, Paris 1939; das Kapitel »Madame Straus et Marcel Proust«, vgl. ebd., S. 13-36. – Robert Dreyfus (1873-1939) war mit Proust seit ihrer Zeit auf dem Lycée Condorcet befreundet, 1926 hatte er »Souvenirs de Marcel Proust« veröffentlicht.

165 Gretel Adorno an Walter Benjamin New York, 7.7.1939

7. Juli 1939.

Mein sehr lieber Detlef:

zwar kann ich Dir leider aus Mangel an Begabung keinen so schönen Brief schreiben, wie ich von Dir bekommen habe, aber ich hoffe trotzdem, daß Du meine bescheidenen Glückwünsche freundlich aufnehmen wirst. Da es hier mit dem Besorgen von ausländischen Büchern recht schlecht bestellt ist, muß ich Dich bitten Dich noch ein wenig zu gedulden. –

Wir haben in der letzten Zeit wieder einmal so viel gearbeitet, daß ich noch ganz dumm vor Unausgeschlafenheit bin. Gerade ist Max's Aufsatz über den Faschismus fertig geworden. – Meyer Schapiro ist vorläufig bis August in England, Adresse: American Express, London, im Fall Du Dich jetzt schon mit ihm in Verbindung setzen willst. – Wir müssen vorläufig noch in New York bleiben, dann aber für den August wieder sicher [in] Bar Harbor, Maine. –

Bitte verzeih die Kürze des Briefs und laß Dich sehr küssen
immer

Deine Felizitas

Auch von Teddie sehr viele herzliche Glückwünsche

ORIGINAL Manuskript.

166 Theodor Wiesengrund-Adorno und Gretel Adorno an Walter Benjamin New York, 15.7.1939

15. Juli 1939.

Mein lieber Walter:

zu Ihrem Geburtstag hat Max uns das schönste Geschenk gemacht: die Aussicht, daß Sie bald herkommen, und die kaum minder schöne, daß bald der Baudelaire in unseren Händen sein wird. Wir können Ihnen kaum sagen, wie glücklich wir sind: zum ersten Mal haben wir das hiesige Brauchtum adoptiert und einen wahren Indianertanz aufgeführt, und Max ist ebenso froh wie wir. Heute nur in aller Eile einiges, was sich auf die Pläne bezieht: das französische Exposé über die Tableaux Parisiens kam erst gestern in meine Hände, und ich schreibe Ihnen, sobald ich es in Ruhe studiert habe.

Was zunächst den Baudelaire anlangt, so wäre dessen Publikation im ersten Heft dieses Jahrgangs (einem Doppelheft) die

Erfüllung eines Wunschtraums. Denn dies Heft wird außer dem Baudelaire einen äußerst wichtigen Aufsatz von Max – der vorläufige Titel heißt: Europa und die Juden, es handelt sich aber in Wahrheit um den ersten Umriß einer Theorie des Faschismus – enthalten, an dem ich aufs intensivste mitgearbeitet habe, und ferner vier Kapitel aus dem Wagner (I,VI,IX,X, verbunden durch kurze Zwischentexte). Wenn das Heft in dieser Weise zustandekommt, so kommt es in der Tat dem nahe, was ich mir unter der Zeitschrift vorstelle, und ich glaube, ich darf sagen, auch dem, was Max sich unter ihr vorstellt.

Zur Frage des Besuchs: wir würden vorschlagen, ihn so zu legen, daß er Ende September, Anfang Oktober fällt. Die Gründe sind folgende: einmal ist bis dahin der akademische Betrieb hier wieder in vollem Schwung. Wir hoffen, daß Sie bei einer offiziellen Institutsveranstaltung die leitenden Ideen der Passagenarbeit auseinandersetzen werden, und je mehr Notabeln man dazu einladen kann, um so besser. Vielleicht läßt sich auch ein Vortrag im Philosophy department der Columbia über einen Gegenstand der ästhetischen Theorie arrangieren. Ich selber habe dort vor einigen Monaten über den unvermeidlichen Husserl gesprochen, mit sehr großem Erfolg. – Weiter: Meyer Schapiro wird in Paris kaum vor dem 25. August auftauchen. Ihrer Begegnung mit ihm messen wir alle die größte Wichtigkeit bei, nicht nur weil er sachlich zu unseren Arbeiten die stärksten Beziehungen hat, und weil wir ihm Anregungen nicht nur zu geben, sondern auch von ihm zu empfangen haben. Entscheidend ist vielmehr, daß wir in ihm die wichtigste Instanz sehen, die entweder zu Ihrer definitiven Übersiedlung hierher behilflich sein oder Ihnen einen amerikanischen Forschungsauftrag in Frankreich verschaffen kann. Ich meine unbedingt, daß Sie wenigstens vier Wochen haben sollten, um mit ihm zusammen zu sein. Gleichzeitig mit diesem Brief schreibe ich Ihretwegen an ihn nach London. Seine starken trotzkistischen Sympathien sind Ihnen wohl bekannt: es dürfte sich empfehlen, in der Auswahl der Menschen, mit denen man ihn zusammenbringt, darauf eine gewisse Rücksicht zu nehmen, insofern als es mit Linientreuen leicht zu Zusammenstößen kommt.

Max sagt mir, daß Sie unter Umständen zur Erlangung des Visums einen gewissen Geldbetrag nachweisen müßten und bittet mich, Ihnen zu sagen, daß ein solcher Nachweis durchs Institut substanziiert werden könne; es verstehe sich jedoch, daß es sich dabei lediglich um eine Formsache handle. Wenn ich Max richtig verstehe, so werden Sie die Reisekosten tragen, in New York aber Gast des Instituts sein.

Den August werden wir wahrscheinlich wie voriges Jahr in Bar Harbor verbringen und wären froh, vorher noch ein Wort von Ihnen zu haben. – Ich las den Briefwechsel George-Hofmannsthal mit dem größten Anteil und denke eine größere Anzeige zu schreiben.

Verzeihen Sie die Hast, mit der vielleicht die Nähe des Wiedersehens ein wenig versöhnt.

Alles Liebe von uns beiden

Ihr alter

Teddie

Lieber Detlef:

ich bin ganz närrisch vor Freude und überlege mir schon dauernd, in welcher Reihenfolge man Dir die Attraktionen von New York vorführen solle, damit es Dir in der Barbarei auch ja gefällt. Denk Dir in 2½ Monaten sehen wir uns wieder. Noch nie war ich so voller Erwartung am Pier. Alles alles Liebe, einen guten Sommer und viel Vergnügen mit Schapiro

stets Deine

Felizitas

ORIGINAL Typoskript.

die Aussicht, daß Sie bald herkommen: Benjamin hatte am 24. Juni Horkheimer brieflich mitgeteilt, daß von seiten des amerikanischen Konsulats keine Bedenken gegen die Erteilung eines Besuchsvisums für die Vereinigten Staaten bestünden. – Der geplante Besuch in New York sollte der theoretischen Diskussion und der Erörterung der Möglichkeiten einer Übersiedlung Benjamins nach Amerika dienen.

der Baudelaire: Benjamin hatte Horkheimer telegraphisch das Manuskript »Über einige Motive bei Baudelaire« für die letzten Julitage angekündigt.

das französische Exposé über die Tableaux Parisiens: Die als Vortrag im Mai 1939 in Pontigny gehaltenen »Notes sur les Tableaux parisiens de Baudelaire« (vgl. GS I·2, S. 740-748).

der Baudelaire / dessen Publikation: Der Aufsatz »Über einige Motive bei Baudelaire« erschien in der Zeitschrift für Sozialforschung 8 (1939), S. 50 bis 89 (Heft 1/2); vgl. jetzt GS I·2, S. 605-653.

Philosophy department der Columbia / über den unvermeidlichen Husserl gesprochen: Den Vortrag »Husserl and the Problem of Idealism« hielt Adorno im Mai 1939; den Text, vgl. GS 20·1, S. 119-134.

der Briefwechsel George-Hofmannsthal / eine größere Anzeige: Vgl. Briefwechsel zwischen George und Hofmannsthal, Berlin 1938. – Adorno schrieb statt *einer größeren Anzeige* einen großen Aufsatz »George und Hofmannsthal. Zum Briefwechsel: 1891-1906«, der 1942 in dem vom Institut für Sozialforschung herausgegebenen mimeographierten Band »Walter Benjamin zum Gedächtnis« veröffentlicht wurde; vgl. jetzt GS 10(1), S. 195-237.

167 Walter Benjamin an Theodor Wiesengrund-Adorno und Gretel Adorno Paris, 6.8.1939

Paris XVe
10, rue Dombasle
den 6. August 1939.

Lieber Teddie,

ich denke Sie mit Felicitas in den Ferien. Vermutlich werden Ihnen diese Zeilen mit einiger Verspätung zukommen, und das wird dem Baudelaire-Manuskript, das vor einer Woche an Max abging, Zeit geben, sie einzuholen.

Seien Sie mir im übrigen nicht böse, wenn diese Zeilen mehr einem Stichwort-Register als einem Brief ähnlich sehen sollten. Nach der wochenlangen rigorosen Klausur, die für die Fertigstellung des Baudelaire-Kapitels Bedingung war, und unter der Einwirkung des greulichsten Klimas bin ich ungewöhnlich abgekämpft. Aber das soll mich nicht hindern, Ihnen und Felicitas zu sagen, wie sehr auch ich mich über die Aussicht auf ein Wiedersehen freue. (Ich darf nicht ganz aus dem Auge verlieren, daß zwischen dieser Aussicht und der Verwirklichung noch Schwierigkeiten zu überwinden sein werden. Wegen des Verkaufs meines Bildes von Klee habe ich Morgenroth geschrieben; wenn Ihr ihn seht, vergeßt nicht danach zu fragen.)

So wenig das neue Baudelaire-Kapitel noch als eine ›Umarbeitung‹ eines der Ihnen bekannten gelten kann, so merklich wird Ihnen, denke ich, die Auswirkung unserer Korrespondenz über den Baudelaire vom vorigen Sommer darin geworden sein. Vor allem habe ich es mir nicht zweimal sagen lassen, wie gern Sie den panoramatischen Überblick über die Stoffkreise für eine genauere Vergegenwärtigung der theoretischen Armatur in Kauf gäben. Und wie Sie bereit seien, die Kletterpartien zu absolvieren, die die Besichtigung der höher gelegenen Partien dieser Armatur mit sich bringt.

Was das oben erwähnte Stichwort-Register angeht, so besteht es in dem Verzeichnis der vielen und weitschichtigen Motive, die in dem neuen Kapitel, (verglichen mit dem ihm entsprechenden Flâneur-Kapitel vom vorigen Sommer) fortgeblieben sind. Diese Motive sind natürlich nicht aus dem Gesamtkomplex des Baudelaire zu eliminieren; es sind ihnen vielmehr an ihrem Ort eingehende interpretative Entwicklungen zugedacht.

Die Motive der Passage, des noctambulisme, des Feuilletons, sowie die theoretische Einführung des Begriffs der Phantasmagorie sind dem ersten Abschnitt des zweiten Teils vorbehalten. Das Motiv der Spur, des Typs, der Einfühlung in die Warenseele sind dem dritten Abschnitt zugedacht. Der jetzt vorliegende mittlere Abschnitt des zweiten Teils wird erst zusammen mit dessen erstem und drittem Abschnitt die vollständige Figur des »Flâneurs« stellen.

Den Bedenken, die Sie im Brief vom 1. Februar gegen das Zitat von Engels und das von Simmel formulierten, habe ich Rechnung getragen; freilich nicht durch deren Streichung. Was mir an dem Zitat von Engels so wichtig ist, habe ich diesmal angegeben. Ihr Einwand gegen das Simmel-Zitat schien mir von vornherein begründet. Es hat in dem jetzigen Text durch den veränderten Stellenwert eine minder anspruchsvolle Funktion übernommen.

Über die Aussicht, den Text im nächsten Heft zu finden, bin ich sehr froh. Ich schrieb Max, wie sehr ich mich bemüht habe, alles Fragmentarische von dem Aufsatz fernzuhalten und dabei die vorgesehenen Grenzen des Umfangs strikt einzuhalten. Ich wäre glücklich, wenn ihm keine einschneidenden Veränderungen (pour tout dire: Streichungen) zugedacht werden würden.

Ich lasse meinen christlichen Baudelaire von lauter jüdischen Engeln in den Himmel heben. Es sind aber die Anstalten schon getroffen, daß sie ihn im letzten Drittel der Himmelfahrt, kurz vor dem Eingang in die Glorie, wie von ungefähr fallen lassen.

Zum Schluß will ich Ihnen, lieber Teddie, dafür danken, daß Sie zu dem festlichen Heft, dem wir entgegengehen, meinen Jochmann eingeladen haben.

Schöne Ferien und eine angenehme Heimkunft Ihnen und Felicitas wünscht

Ihr

Walter

Ein besonderes Wort des Dankes, liebe Felizitas, für das Buch von Dreyfus und die Zeilen, die es ankündigten und begleiteten. Ich denke viel an Euch.

ORIGINAL Typoskript und Manuskript.

die Zeilen: Nicht erhalten.

168 Gretel Adorno an Walter Benjamin
New York, 9.9.1939

Sept 9th, 1939.

My dear Detlef:

to-day I shall try to write you some lines in English and I hope you will understand me although I do not yet know to explain things very well in this language. In any case I have to learn it during the next year.

I shall leave it to the scholars to talk about the war, as I believe that really nobody knows what is going on and all is only tea-table talk. I only wish to tell you how awfully sorry I am about your fate. Couldn't things happen when you were just here for a visit so that you had to stay here. I felt so happy about the possibility seeing you again and now everything is changed.

I am terribly worried that something could happen to you. Please give us some news as soon as possible.

Love yours ever

Felicitas

I am fully enthousiastic about the new version of your Baudelaire, I have to study it much more carefully, but already now I see the marvellous construction.

ORIGINAL Manuskript.

169 Walter Benjamin an Gretel Adorno
Nevers, nach dem 25.9.1939

ma trés chère

il ne faut pas que tu te fâches si je serai très bref. J'y suis obligé.

Toi qui as eu maintes preuves de la stabilité fonciere de mon moral, je te prie de ne pas t'inquiéter outre mesure de mon sort. Espérons surtout que nous vivrons, moins éloignés l'un de l'autre, un temps où le monde soit libéré du cauchemar hitlérien.

J'ai dû quitter Paris, il y a plus de trois semaines. Après un stade intermédiaire je me trouve dans un centre d'hébergement. Il y a tout 300 personnes qui habitent le même bâtiment que moi. D'autres réfugiés se trouvent en groupement analogues en d'autres lieux de rassemblement.

Je n'ai pas besoin de te dire combien il m'importe d'avoir de vos nouvelles. Il est probable que vous m'avez écrit après avoir reçu les «Quelques motifs baudelairiens». Quoiqu'il en soit, je n'ai pas eu de vos nouvelles depuis la fin juillet.

Donc mon adresse d'abord: Centre des travailleurs volontaires groupe VI Clos Saint-Joseph *Nevers* (Nièvre). Je te prie de m'écrire en français, pour faciliter le travail de la censure.

J'ai après un certain temps, revêtu mon équilibre. Ce que je ressens comme pénible c'est le manque d'un équipement approprié (pas de linge suffisant, pas de couverture vraiment chaude). D'autre part je souffre d'être toujours sans nouvelles, aussi bien de ma sœur que de mes amis français et suisses. J'avais notamment écrit à Mme Favez pour lui demander de garder l'argent que me destinerait l'Institut. J'avais demandé à Max de verser cet argent à mon compte en banque. J'espère qu'il aura su à temps que, nos comptes ayant été séquestrés provisoirement, cette voie n'était pas practicable.

Je n'ai pas besoin d'argent pour le moment. Mais il m'importerait grandement de pouvoir m'adresser à Mme Favez si j'en aurai besoin.

Sans qu'il y ait des gens très notoires parmi ceux qui se trouvent ici, vous apprendrez avec interêt le nom de quelques-uns. Ainsi je me trouve en compagnie de Bruck, vieille connaissance à vous; d'autre part il y a ici Hans Sahl, dont Teddie connaîtra certains travaux; le romancier Hermann Kesten se trouve non loin d'ici.

Nous ne sommes, jusqu'à présent, aucunement fixés sur notre sort. Il va sans dire que l'attente comporte des heures sombres. La vie en une communauté aussi grande et aussi diversement composée n'est pas toujours facile. En revanche, il faut reconnaître qu'il règne dans le camp un esprit de camaraderie bienfaisante et que les autorités font preuve de vraie loyauté.

Par le temps qui court le sort des lettres est aléatoire. Fais-moi signe immédiatement après avoir reçu ces lignes. Ne sois pas trop long; mais n'oublie pas de me communiquer vos sentiments sur mon «Baudelaire». Souviens-toi que ma situation ressemble en bien des points à la tienne en 1937.

Dis mille souvenirs à Teddie et mes salutations très sincères à Max et à Frédéric.

Schapiro est rentré, je suppose. Nous avons passé une soirée pleine d'agréments.

Si vous avez des amis à Paris qui voudront s'intéresser à moi, vous ferez le nécessaire, sans que j'aie besoin d'insister. Mais, peut-être, le mieux est-il de patienter, pour le moment.

Tout à toi Detlef

PS A l'instant même où je termine ces lignes m'atteint le premier message depuis mon absence de Paris. Il me vient de ma sœur. C'est elle qui me fait savoir le texte de votre cable que je n'ai plus pu obtenir avant mon départ. Inutile de vous dire combien je suis heureux de vous savoir si près de moi en vos pensées. La façon dont vous mentionnez mon travail sur Baudelaire me dédommage de *tous* les angoisses que j'ai connu depuis le début du mois. Ce n'était donc pas en vain que j'ai passé l'été, rivé à cette tâche.

Je suppose que vous n'allez pas faire sortir le prochain cahier, pour l'instant. Il me serait d'une grande utilité d'avoir ici un jeu des épreuves. Si vous pouvez vous passer d'un exemplaire envoyez-le moi, je vous en prie. (Je veux dire: les épreuves du Baudelaire ou, à la rigueur, le manuscrit dactylographié.)

Un de mes grands soucis est mon appartement. Le loyer trimestriel est dans les 1400 frcs. J'ai prié Mme Favez de l'acquitter pour moi. C'est tout dont j'ai besoin pour l'instant. – Ma sœur m'écrit que Mme Favez m'a adressée une lettre où elle me dit toute la sollicitude que Frédéric va avoir pour moi. Merci encore!

Je tâcherai de rester en contact avec Genève.

ORIGINAL Manuskript.

Zur Datierung: Dora Benjamins im Postskriptum genannte Karte datiert vom 25. September.

je n'ai pas eu de vos nouvelles depuis la fin juillet: Gretel Adornos kleinen Brief vom 9. September hat Benjamin erst nach seiner Rückkehr nach Paris lesen können.

mon adresse: Benjamin wurde aus dem Stade de Colombes, wo die deutschen Emigranten sich nach Kriegsausbruch einzufinden hatten, nach Nevers ins »Chateau de Vernuche« verbracht.

pouvoir m'adresser à Mme Favez: Juliane Favez schrieb Benjamin am 29. September ins Lager: »Votre lettre [verschollen] par laquelle j'apprends que vous allez bien m'a fait grand plaisir. Je vous ai déjà écrit une carte au Stade de Colombe, après avoir reçu votre première lettre. Monsieur Horkheimer a été informé comme vous l'avez désiré. Avec Mme. Lévy-Ginsberg je suis en relation. Si vous avez besoin de quoi que ce soit adressez-vous à moi. S'il faut envoyer de l'argent écrivez-moi combien on peut vous faire parvenir et par quel moyen. [Absatz] Je vous souhaits de tout mon cœur bonne santé et bon courage. Un certain nombre d'épreuves pour le nouveau cahier de la Revue est déjà arrivé et expédié à New York. Très cordialement à vous«.

Bruck: Die wenigen Angaben zu Hans Bruck, die sich finden ließen, sind einem Brief Brucks an Adorno vom 8. August 1956 zu entnehmen. Danach war Hans Bruck mit Ernst Schoen befreundet und dirigierte 1928 bis 1933 zahlreiche Konzerte im damaligen »Südwestdeutschen Rundfunk Frankfurt«. Bruck schreibt weiter: »Ich habe unter den ganz wenigen geretteten Dingen zufällig eine glänzende Empfehlung von Klemperer von 1933«. Hans Bruck konnte sich aus Frankreich nach den USA retten.

Hans Sahl: Der Schriftsteller Hans Sahl (1902-1993) berichtet in seinen Erinnerungen »Das Exil im Exil« (Frankfurt a.M. 1990, S. 78) über die Ankunft im Lager.

le premier message: Dora Benjamins Postkarte vom 25. September enthält den Text des Telegramms von Gretel und Theodor W. Adorno sowie Horkheimer: »Votre étude admirable sur Baudelaire nous est venue comme trait de lumière. Nos pensées sont avec vous«. Sie fährt fort: »En plus nous avons eu une lettre de Mme Favez que j'ai ouverte avec Mme L. Ginsberg. Elle est du 9 septembre. Elle écrie... M. Pollock me prie de vous faire savoir qu'il fera tout ce que lui est possible de vous aider en ces temps difficiles. Je vous serais très reconnaisante de bien vouloir me tenir au courant en ce qui concerne votre personne. Les relations télégraphiques entre les Etats-Unis et la Suisse et vice versa fonctionnent régulièrement et sans délai jusqu'à présent... Comme Mme L. G. a connaissance de cette lettre je suis sûre qu'elle avait déjà répondu.«

170 Walter Benjamin an Gretel Adorno
Nevers, 12.10.1939

ma très chère

j'ai fait cette nuit sur la paille un rêve d'une beauté telle que je ne résiste pas à l'envie de le raconter à toi. Il y a si peu de choses belles voire agréables, dont je puis t'entretenir. – C'est un des rêves comme j'en ai peut-être tous les cinq ans et qui sont brodés autour du motif «lire». Teddie se souviendra du rôle tenu par ce motif dans mes réflexions sur la connaissance. La phrase que j'ai distinctement prononcé vers la fin de ce rêve se trouvait être en français. Raison double de te faire ce récit dans la même langue. Le docteur Dausse qui m'accompagne dans ce rêve est un ami qui m'a soigné au cours de mon paludisme.

Je me trouvais avec Dausse en compagnie de plusieurs personnes dont je ne me souviens pas. A un moment donné nous quittâmes cette compagnie, Dausse et moi. Après nous être écartés des autres, nous nous trouvions dans une fouillée. Je m'apperçus que, presque à même le sol, s'y trouvait un drôle genre de couches. Elles avaient la forme et la longueur des sarcophages; aussi semblaient-elles être en pierre. Mais en m'y agenouillant à demie, j'apperçus qu'on s'y enfonçait mollement comme dans un lit. Elles étaient couvertées de mousse et de lierre. Je vis que ces couches étaient distribuées deux à deux. A l'instant où je pensai m'étendre sur celle qui voisinait avec une couche qui me semblait destinée à Dausse, je me rendis compte que le chevet de cette couche était déjà occuppé par d'autres personnes. Nous reprîmes donc notre chemin. L'endroit ressemblait toujours à une forêt; mais il y avait dans la distribution des fûts et des branches quelque chose d'artificiel qui donnait à cette partie du décor une vague ressemblance avec une construction nautique. En longeant quelques poutres et en traversant quelques marches en bois nous nous trouvâmes sur une sorte de pont de navire minuscule, une petite terrasse en planches. C'était là que se trouvaient les femmes avec lesquelles vivait Dausse. Elles étaient au nombre de trois ou quatre et me paraissaient d'une grande beauté. La première chose qui m'étonnait fut que Dausse ne me présenta pas. Cela ne me gêna pas plus que la découverte que je fis à l'instant où je déposai mon chapeau sur un piano à queue. C'était un vieux chapeau de paille, un »panama« dont j'avais hérité de mon père. (Il n'existe plus depuis longtemps.) Je fus frappé, en m'en débarrassant, qu'une large fente avait été appliquée dans la partie supérieure de ce chapeau. Au surplus les bords de cette fente présentaient des traces de couleur rouge. – On m'approcha un siège. Cela ne m'empêcha pas d'en apporter une autre, moi aussi que je plaçais un peu à l'écart de la table où tout le monde était assis. Je ne m'asseyais pas. Une des dames s'était entre temps occuppé de graphologie. Je vis qu'elle avait en main quelque chose qui avait été écrit par moi et que Dausse lui avait donné. Je m'inquiétais un peu de cette expertise, craignant que certains de mes traits intimes ne fussent ainsi décelés. Je m'approchais. Ce que je vis était une étoffe qui était couverte d'images et dont les seules éléments graphiques que je pus distinguer étaient les parties supérieures de la lettre D dont les longueurs effilées décelaient une aspiration extrême vers la spiritualité. Cette partie de la lettre était au surplus muni d'une petite voile à bordure bleue et la voile se gonflait sur le dessin comme si elle se trouvait sous la brise. C'était là la seule chose que je pus »lire« – le reste offrait des motifs indistincts de vagues et de nuages. La conversation tourna un moment autour de cette écriture. Je ne me souviens pas des opinions avancées; en revanche je sais très bien qu'à un moment donné je disais textuellement ceci: «Il s'agissait de changer en fichu une poésie.» [Es handelte sich darum, aus einem Gedicht ein Halstuch zu machen.] J'avais à peine prononcé ces mots qu'il se passa quelque chose d'intriguant. Je m'apperçus qu'il y avait parmi les femmes une, très belle, qui était couché dans un lit. En entendant mon explication elle eut un mouvement bref comme un éclair. Elle écarta un tout petit bout de la couverture qui l'abritait dans son lit. C'était en moins d'une seconde qu'elle avait accompli ce geste. Et ce ne fut pas pour me faire voir son corps, mais le dessin de son drap de lit qui devait offrir une imagerie analogue à celle que j'avais dû «écrire», il y a bien des années, pour en faire cadeau à Dausse. Je sus très bien que la dame fit ce mouvement. Mais ce qui m'en avait informé c'était une sorte de vision supplémentaire. Car quant aux yeux de mon corps, ils étaient ailleurs et je ne distinguais nullement ce que pouvait offrir le drap de lit qui s'était si fugitivement ouvert pour moi.

Après avoir fait ce rêve, je ne pouvais pas me rendormir pendant des heures. C'était de bonheur. Et c'est pour te faire partager ces heures que je t'écris.

Rien de neuf. Pas de décision à notre sujet, jusqu'à présent. On annonce l'arrivée d'une «commission de triage» – mais on ne sait pour quand. Ma santé est médiocre; le temps pluvieux n'est pas fait pour l'améliorer. D'argent, point; on a pas le droit de toucher des sommes au delà de vingt francs. Vos lettres me seraient d'un grand réconfort. Aussi suis-je content que Mme Favez ait reçu les instructions de M Pollock. Quant à mes affaires parisiennes, une amie française s'en occuppe, avec l'aide de ma sœur.

A part vos lettres vous ne pourrez pas m'offrir de plaisir plus grand que de me communiquer les épreuves (ou le manuscrit) du «Baudelaire».

Si tu trouves des fautes dans cette lettre il faudra que tu m'excuses. Elle est écrite dans ce vacarme perpétuel, qui m'entoure depuis plus d'un mois.

Ai-je besoin d'ajouter que je suis impatient de me rendre plus utile à mes amis et aux adversaires d'Hitler que je puis l'être dans ma condition actuelle. Je ne cesse d'en espérer le changement et je suis sûr que vous joigniez vos efforts et vos vœux aux miennes.

Mes souvenirs les plus sincères à tous les amis. Je t'embrasse

Detlef

12 octobre 1939
Camp des travailleurs volontaires
groupe VI Clos Saint-Joseph
Nevers (Nièvre)

ORIGINAL Manuskript.

Dausse: Camille Dausse war Arzt und gehörte dem »Comité d'initiative« für die »Internationale Ausstellung über den Faschismus« an.

[Es handelte sich . . .]: Die eckigen Klammern sind von Benjamins Hand.

171 Gretel Adorno an Walter Benjamin New York, 7.11.1939

November 7, 1939

My dear Walter:

I cannot tell you how sorry I am that you have to be so far away and cannot stay with us just now. Let us hope that there will be a change very soon. Max and we are doing everything we are able to. –

You are asking me for the proofs of the Baudelaire. Unfortunately there are only to corrected copies which have to stay at the Institute for the future print and therefore I am unable to send you another one. It is not yet clear what will happen to the Zeitschrift, but as soon as I know a little bit more I shall tell you at once. – How is the all-day work for you? Can you do some of your own writing or reading? Did you begin to learn English? You cannot overestimate the knowledge of the language for any stay in this country, we have here the example of Ernst Bloch who is quite desperate being unable to learn English and to understand one word of any serious conversation. –

Teddie is very busy with the Radio Project. For the Institute he wrote three new analyses of song hits and intends to write something about the letters of Stefan George and Hofmannsthal. – Else Herzberger was in New York for three weeks with her marvelous poodle-dog, now she is sailing for Buenos Aires on the same boat as Lix Weil and his new married wife. – If Hans Bruck is still there, please tell him our kindest regards. In former times he knew a lot of extraordinary funnies, perhaps he still remembers and then, at least sometimes, you will have a good time. Elisabeth Wiener, in the meantime, is in Melbourne and continues her life of uninfluenced freedom.

That we all join our wishes in the future destroying of hitlerism[?], you will imagine. – There is no day that we do not think and speak of you. Yours ever

Felicitas

ORIGINAL Manuskript.

three new analyses of song hits: Gemeint sind die im Manuskript unter dem Titel »Neue Schlageranalysen« zusammengestellten Stücke »Especially for you«, »In an eighteenth century drawing room« und »Penny Serenade«, die Adorno später als zweiten Teil der »Musikalischen Warenanalysen« publizierte; vgl. GS 16, S. 289-294.

Lix Weil: Der Ökonom und Sozialwissenschaftler Felix Weil (1898-1975), der Sohn des Gründers des Instituts, und seine zweite Frau Margot.

172 Gretel Adorno und Theodor Wiesengrund-Adorno an Walter Benjamin

21. November 1939.

My dear Detlef:

just this moment we got the news that you are back in Paris. I cannot tell you how glad we are, to know you safe. – In the meantime I got your second letter with the marvellous dream in it, many many thanks. – If you would do me the great favour as to send me a copy of your Kraus, I would be very grateful. As to my health I did not feel so very well and had to go to a new physician Dr. Brenheim, an Endocrinologist, as E thought that my fits of migraine could be connected with the »Hypophyse« the functions of which I am not so sure about. But only after three or four months I shall know, if he will be able to help me. Otherwise I have to resign and to consider myself an old suffering woman. We hope to hear very soon from you

love

Felicitas

I am happy that you are at home again – happier than I could tell you! And my enthusiasm about the Baudelaire increases steadily! I made the German abstract and the English translation – please, check the French translation of this resume which does not yet satisfy me. Good luck and à bientôt! Yours ever Teddie

ORIGINAL Manuskript.

just this moment we got the news: Die Nachricht von Benjamins Freilassung aus dem Internierungslager in Nevers, die er der Unterstützung Henri Hoppenots (1891–1977), der im Außenministerium arbeitete, zu danken hatte.

Kraus: Benjamins Essay aus dem Jahre 1931, vgl. jetzt GS II·1, S. 334–367.

the German abstract: Den deutschsprachigen Aufsätzen in der »Zeitschrift für Sozialforschung« wurden englische und französische Resümees beigegeben; Adorno hatte offenbar zunächst eines in deutscher Sprache hergestellt und dieses dann ins Englische übersetzt.

173 Walter Benjamin an Gretel Adorno
Paris, 14.12.1939

ma chère Felicitas,

voilà que tu m'écris en anglais et je lis tes lettres sans difficulté aucune. Il m'arrive même de les déchiffrer plus facilement que si elles étaient écrites en allemand. Je suis actuellement en quête d'un professeur pour apprendre l'anglais. J'en ai même fait la tentative au camp; mais il m'a vite fallu résigner. Ainsi bien je n'ai rien pu faire là-bas. L'unique texte que j'y ai écrit, je te l'ai envoyé sans tarder; c'était le récit d'un rêve qui m'avait comblé de bonheur. Ce serait bien dommage si la lettre ne t'était pas parvenue; mais je le suppose presque, puisque tu n'y fais pas allusion.

Il m'arrive encore fréquemment d'être là-bas avec ma pensée. On ne sait pas comment les choses vont tourner pour ceux qui y sont encore; puisqu'aussi bien il n'y a pas de certitude même pour ceux qui se trouvent être libérés. Bruck que j'avais espérer de revoir ici n'est pas sorti encore et je ne suis pas sûr que ce sera pour bientôt.

Il y a quinze jours j'ai reçu ta lettre du 7 novembre. [Elle] m'a été dou[ce] à lire et je t'aurais écrit plus tôt si je ne me sentais pas une faiblesse extrême. J'ai dû, dans les premiers jours de ma rentrée consacrer tout mon temps (et le peu de forces) aux démarches indispensables et aux soins qu'il me fallait apporter aux épreuves du Baudelaire. (Le résumé français a été, en effet, très insuffisant, au moins au point de vue langage et j'ai été content d'avoir pu le refaire.) A tout prendre le prochain cahier me paraît d'une présentation achevée. Il est excellent qu'en un moment où l'activité spirituelle de l'émigration allemande paraît atteindre son point le plus bas (tant du fait des contingences de la vie quotidienne que du fait de la situation politique) les cahiers de l'Institut peuvent se tenir si brillamment. J'ai confié à une lettre pour Max tout le bien que je pense de son essai extraordinaire. Cet essai dispose, du reste, d'une vigueur de style magnifique.

Je suis curieux de ce que Teddie va faire de la correspondance entre George et Hofmannsthal; il paraît qu'un millésime nous sépare des temps où ces lettres (que je ne connais pas encore) ont été échangées. D'autre part il n'est pas recommandable du tout d'être trop à la page. J'ai bien peur que cela ait été le cas de notre ami Ernst; et d'après ce qu'on entend dire à son sujet il me semble actuellement quelque peu dépaysé; non seulement sur la terre mais aussi dans l'histoire mondiale.

Avez-vous fait la connaissance, là-bas, de Martin Gumpert? C'est quelqu'un que j'ai bien connu dans le temps. Puisqu'il vient de publier sa biographie je me suis demandé si j'y figurerais, par hasard. Ce serait la première où cela me paraîtrait possible.

Max va te faire voir la copie d'une lettre du National Refugee Service qui soulève un problème sérieux. Je doute que la chance qui s'offre, pour moi, dans cette lettre pourrait facilement m'échoir deux fois. Vous allez donc y réfléchir attentivement. (Je vous le demanderais si j'en n'étais pas assuré sans cela.) La question est extrèmement complexe et il ne me paraît pas possible de l'aborder sans vous.

Il y avait alerte, juste la première nuit après que je fus rentré chez moi. Depuis, il n'y en a pas eu. N'empêche que le train de vie a profondément changé. Dès quatre heures de l'après-midi la ville est plongée dans l'obscurité. Les gens ne sortent pas le soir et la solitude vous guette. Le travail serait donc, pour moi, actuellement l'abri véritable et je compte le reprendre un de ces jours, malgré tout.

Je t'embrasse amicalement et te charge de bien des souvenirs pour Teddie. Et mille excuses pour le papier; l'envie de t'écrire m'est venue lorsque je n'avais rien d'autre sous la main.

14 décembre 1939 Detlef
Paris XV
10 rue Dombasle

ORIGINAL Manuskript.

d'être là-bas avec ma pensée: Benjamin erhielt nach seiner Freilassung von Mitgefangenen Post – die von Max Aron, Albrecht Neisser und Josef Filzwieser hat sich erhalten. Albrecht Neisser schrieb am 21. November aus Nevers: »J'ai hâte de vous dire avec quelle joie immense j'ai appris la nouvelle merveilleuse, le – hen aggelion – de votre libération. Qui plus de vous mérite être la preuve de touche de ce retour aux règles de l'humanité et de la justice dont nous espérons tous l'application générale? [Absatz] Est-ce que je peux, sans être indiscret, vous prier de donner à ma fiancée, Mademoiselle Marianne Marcus, 4, rue Edmond Roger, XV (tel. Lecourbe 89-79) l'occasion de faire votre connaissance? Je suis sûr qu'elle en serait heureuse et très reconnaissante. [Absatz] Le fait de votre libération a été accueilli par tous ceux qui ont le bonheur de vous connaître et d'apprécier votre œuvre et qui ont profité de la lecture renconfortant de la légende de Laotse avec un sentiment spontané et perpetuel de soulagement. [Absatz] Permettez-moi de me faire interprete de ce sentiment, et [Absatz] Veuillez croire, cher Monsieur Benjamin, à l'expression de mon dévouement le plus sincère et le plus respectueux. Votre Albrecht Neisser«. – Aus einem Brief von Max Aron und einer Karte von Josef Filzwieser – beide datieren vom 7. Dezember – geht hervor, daß Benjamin mindestens zwei Pakete an seine Leidensgenossen geschickt hat.

Martin Gumpert / sa biographie ... j'y figurerais: Gumpert schreibt in seiner Autobiographie »Hölle im Paradies« (Stockholm 1939, S. 54) über die Freunde aus der Zeit der Jugendbewegung über Benjamin: »Einer, der Begabteste, sitzt als emigrierter Philosoph in Paris und ist Marxist geworden.«

une lettre de National Refugee Service: Der Brief des *Service* an den amerikanischen Konsul in Paris vom 17. November wurde Benjamin mit einem Begleitschreiben von Cecilia Razovsky an Benjamins Lageradresse geschickt: »We are pleased to enclose herewith documents for the visa application for Professor Walter Benjamin which have been submitted by Mr. Milton Starr of Nashville, Tennessee. [Absatz] The following documents are attached: [Absatz] 1. Affidavit of support in duplicate. 2. Friendship letter addressed to the American Consul by Mr. Starr. 3. Statement from the Treasury Department of Nashville, Tenn. [Absatz] We hope that you will find these papers in good order. We assure you that we are most appreciative for your kind endeavor.«

174 Walter Benjamin an Gretel Adorno
Paris, 17.1.1940

Ma petite Felicitas,

je me propose de vous écrire une longue lettre, bien que je n'aie reçu que de minuscules billets de ta part – et de Teddie pas de lettre du tout depuis six mois. Votre dernier signe de vie est un mot daté du 21 Novembre (mais partie plus tard, certainement, puisque vous y faites allusion à ma rentrée qui est seulement du 23). J'apprends que ta santé n'est toujours pas satisfaisante. Et j'espère beaucoup que le traitement que le docteur Brenheim t'a appliqué aura porté des fruits, entre temps. Quant à ma santé à moi, j'en ai pas à dire beaucoup de bien non plus. Depuis qu'un froid intense s'est installé chez nous je ressens des difficultés extraordinaires pour le marche en plein air. Je suis obligé de m'arrêter tous les trois ou quatre minute, en pleine rue. Naturellement j'ai été voir le médecin qui a constaté une myocardite, qui paraît s'être beaucoup accrue dans ces derniers temps. Je suis actuellement en quête d'un médecin que m'établira un cardiogramme; chose assez difficile puisqu'il n'y a que peu de spécialistes qui disposent de l'installation nécessaire et puisqu'en même temps, il faut chercher à s'arranger à l'amiable avec l'opérateur. Le prix de ces trucs-là est, paraît-il, assez élevé.

Le temps, mon état de santé, et l'état général des choses – tout s'accorde pour m'imposer la vie la plus casanière. Mon appartement est chauffée, pas assez, pourtant, pour me permettre d'écrire s'il fait froid. Ainsi je reste couché la moitié du temps, comme en ce moment même. Il est vrai que les semaines passées les occasions ne m'ont pas manqué d'aller en ville malgré tout. Car toutes les petites à côtés de la vie civile demandaient à être refaits: il fallait faire débloquer mon compte en banque, solliciter de nouveau l'accès à la bibliothèque nationale, et ainsi de suite. Tout cela demandait bien plus de démarches que tu ne voudrais le croire. Mais enfin, ça y est. Il me faut dire que le jour où la première fois je repassai à la bibliothèque ce fut une sorte de petite fête dans la maison. Surtout dans le service de la photo où après avoir photocopié, il y a bien des années, une partie de mes fiches, ils se sont vu apporter, pour en faire des copies, pas mal de mes papiers personnels, au cours des derniers mois.

Ce qu'il y avait de plus réconfortant, ces temps derniers, c'était une magnifique lettre de Max en date du 21 décembre – lettre où il me demande de reprendre mes comptes-rendues sur les lettres françaises et où il s'informe en même temps du plan de mes travaux à venir. Je voudrais, ma chère Félicitas, que tu te charges à lui dire, provisoirement, combien la lecture de ses lignes m'a été précieuse et que tu lui communiques, en même temps, cette ébauche de réponse. Ce mot d'ébauche veut dire que je ne suis pas fixé encore sur le fond de la question: c'est à dire si je ferais mieux d'établir l'étude comparée de Rousseau et Gide ou bien d'aborder immédiatement la suite du Baudelaire. Ce qui détermine mon hésitation c'est l'appréhension d'être obligé de délaisser mon Baudelaire une fois que j'en aurais entamé la suite. C'est là un travail de grande haleine qu'il serait assez précaire de reprendre et délaisser à plusieurs reprises. C'est là pourtant le risque qu'il faudrait courir et qui m'est constamment présent dans mon petit réduit par le masque à gaz que je me suis procuri depuis peu – double déconcertant de cette tête de mort dont les moines studieux ornaient leur cellule. Voilà pourquoi je n'ai pas osé encore d'aborder à fond cette suite du Baudelaire qui décidément me tient plus à cœur que tout autre travail mais qui souffrirait mal d'être négligé – serait-ce même pour assurer la survie de son auteur. (Il est vrai, du reste, qu'il est très difficile sinon impossible d'aviser utilement à ce sujet, même dans la prise des suppositions. Il n'y a pas, pour moi, moyen de quitter Paris sans une autorisation préalable qui est très difficile à obtenir et qu'il ne serait, peut-être, pas même sage de demander puisque la possibilité d'y retourner ne me serait pas assurée du même coup.)

Indépendamment des autres travaux je reprendrai avec plaisir les analyses des nouveautés françaises. Il y en a du reste une, assez drôle, qui vient de voir le jour en Argentine. C'est là-bas que Caillois a suivi au cours d'une intrigue amoureuse la célèbre Vittoria Ocampo, femme de lettres argentine. Il vient d'y publier en plaquette une réquisition contre le nazisme dont l'argumentation reprend, sans nuance ni modification aucune celle qui occupe les quotidiens du monde entier. Il ne fallait pas s'acheminer vers les régions les plus lointaines ni du monde intelligible ni du monde terrestre pour en rapporter cela. Il est vrai que Caillois publie, d'autre part, dans la Nouvelle Revue Française, une théorie de la fête, dont je parlerai dans ma première relation à Max. Je m'y occuperai également d'un curieux livre de Michel Leyris «Age d'homme» qui a été beaucoup remarqué avant la guerre.

La lettre que Max m'a écrit à la date du 21 décembre a croisé en chemin celle que je lui ai adressée sous le 15 décembre. Je me suis, entre temps, rendu au consulat d'Amérique où on m'a communiqué le questionnaire d'usage. Il contient comme point 14 la question: «Etes-vous le ministre d'un culte quelconque ou le professeur d'un collège, séminaire, académie ou université?» Cette question a, si je ne me trompe, une portée décisive pour moi, puisque, d'une part, une réponse affirmative vous donnerait le droit de passer en dehors de la quote (non-quotavisum), puisque, d'autre part, on m'assure, au consulat-même, que l'attente dans l'ordre de la quote ne durerait pas moins de 5 ou 6 ans! Il importerait donc absolument de me référer aux cours que j'ai professés dans le cadre de l'Institut à Francfort. Comme je n'ai pas voulu en faire état sans l'assertiment de l'Institut je n'ai pas encore rempli mon questionnaire. Je devrai donc suspendre mes démarches jusqu'à ce que je sois fixé de votre côté. (Les services du consulat sont transférés à Bordeaux. C'est de là-bas qu'on me communiquerait, le cas échéant, mon numéro; mais seulement après la remise du questionnaire.)

Ce n'est peut-être pas pure vanité si le dernier Cahier me paraît un des meilleurs que l'Institut a pu sortir au cours des dernières années. L'article de Max m'a profondément impressionné et je l'ai fait lire à tous ceux que je pouvais toucher. Au cours des entretiens fréquents que j'ai eu à son sujet et qui en ont fait ressortir toute la solidité il m'est venu l'idée qu'il serait peut-être aussi intéressant qu'utile de creuser la question dans quelle mesure le mouvement antisémite qui s'y trouve analysée dépend ou bien s'oppose à l'antisémitisme moyennageux comme Teddie l'évoque au sujet de Wagner (Der Jude im Dorn).

J'ai profité de l'impression des Fragments sur Wagner pour les relire. Puis j'ai consulté le manuscrit intégral du texte pour comparer les endroits qui m'avaient le plus frappé à la première lecture avec ceux que j'ai souligné dans le cahier. De cette comparaison résulte qu'à présent, imprégné de la vérité foncière de la conception globale, je me suis plus qu'auparavant attaché à certains aspects particuliers de la question. Un sujet sur lequel il nous faudra revenir, c'est la réduction (Verkleinerung) comme artifice de la fantasmagorie. Ce passage m'a rappelé un de mes projets les plus anciens dont tu te souviens peut-être m'avoir entendu parler: je veux dire le commentaire de la Nouvelle Melusine de Goethe. Cela pourrait être d'autant plus à propos que Melusine appartient sans doute au genre des créatures ondinesques dont il est parlé vers la fin. – Certaines formules heureuses m'ont frappé dans les résumés: celle sur l'opposition virtuelle de Freud et de Jung dans l'œuvre de Wagner même; celle, aussi, où l'homogénéité du «style» wagnérien est dénoncé comme symptome d'une déchéance intime. (Il faudrait un jour que Teddie rassemble, dans ses analyses, les passages qui s'occupent de la musique comme Einspruch et qu'il développe la théorie de l'opéra qui y est incluse.)

Pour terminer cette longue lettre j'y inscrirai quelques informations sur des gens, susceptible de t'intéresser. J'ai vu, récemment, Dora qui rentrait à Londres. Elle me donnait des nouvelles sur Stéfan – ni franchement mauvaises, ni très bonnes. J'ai l'impression que les deux ne sont pas en meilleures termes. Stefan se borne toujours à aider sa mère dans son travail d'administration. Dora était accompagné d'un ami anglais qui m'a fait une trés bonne impression. – Je ne crois pas t'avoir écrit que Glück, il y a peu près deux ans, s'est installé à Buenos-Aires où il a trouvé un emploi, peut-être moins brillant que sa position antérieure mais, parait-il très solide. Je suis sans nouvelles de lui depuis la guerre. – Notre ami Klossowski qui est définitivement inapte a quitté Paris et vient de trouver un emploi dans un bureau municipal de Bordeaux. Kisch dont vous vous souvenez plus ou moins bien a réussi d'avoir une chaire au Chile. Notre pauvre ami Bruck, enfin, est toujours dans un camp. L'espoir de le voir sortir bientôt n'est pas interdit; mais en attendant il souffre beaucoup. Quelqu'un qui vous dira oralement de me nouvelles, et sous peu, est Soma Morgenstern. Il parait qu'il va partir pour New York avant le printemps.

Comme le port à present est rudement cher, Max va m'excuser de t'avoir confié certains renseignements qui le regardent peut-être plus encore que toi. Et toi de ta part tu m'excusera également. Tu ne te tiendra pas quitte, la prochaine fois, je l'espère, avec une de tes petites fiches bleues, si ravissantes qu'elles soient. Je compte beaucoup sur une lettre de quelques pages de ta part comme de Teddie. (J'aimerais bien avoir des nouvelles sur ses travaux.) Je t'embrasse bien amicalement

Dein alter

17 janvier 1940
Paris XV
10 rue Dombasle

Detlef

PS Mes leçons anglaises vont commencer la semaine prochaine.

ORIGINAL Manuskript.

le service de la photo ... des copies: Gisèle Freund hatte in der Bibliothèque Nationale die für die Demarchen beim PEN-Club und bei Hoppenot nötigen Papiere, u. a. die »témoignages«, ablichten lassen.

une magnifique lettre de Max en date du 21 décembre: Das Original des Briefes ist nicht erhalten, der Typoskriptdurchschlag trägt das Datum des 22. Dezember.

l'étude comparée de Rousseau et Gide: Benjamin schrieb diesen Aufsatz nicht mehr.

Caillois ... Vittoria Ocampo ... une réquisition contre le nazisme: Caillois hatte die argentinische Schriftstellerin Victoria Ocampo (1891-1979), die 1931 die Zeitschrift »Sur« gegründet hatte, während ihres Aufenthalts in Paris, von Ende 1938 bis Juni 1939, kennengelernt und war mit ihr nach Argentinien gefahren, wo er – vom Kriegsausbruch überrascht – bis 1945 blieb. Benjamin dürfte die französische Version des Artikels »Naturaleza del hitlerismo«, den Caillois im Oktober in der No. 61 von »Sur« (S. 93 bis 107) veröffentlicht hatte und die er an Bataille geschickt hatte, gelesen haben.

une théorie de la fête: Sie stand im Dezemberheft 1939 (p. 863-882) und im Januarheft 1940 (p. 49-59) der »Nouvelle Revue Française«; Benjamins Brief an Horkheimer vgl. GB VI, Brief Nr. 1241.

ma première relation à Max: Sie datiert vom 23. März 1940; vgl. GB VI, Brief Nr. 1352.

un curieux livre de Michel Leyris: »L'âge d'homme« von *Michel Leiris.*

Der Jude im Dorn: Das Zitat aus dem Märchen der Grimmschen Sammlung, vgl. jetzt GS 13, S. 20.

Fragments sur Wagner: S. auch Brief Nr. 145, den Benjamin nach der Lektüre des Manuskripts des Wagnerbuches schrieb.

la réduction (Verkleinerung): »Der phantasmagorische Charakter der Venusbergmusik ist in technischen Kategorien zu bestimmen. Er schafft sich seinen eigentümlichen Klang durchs Mittel der Verkleinerung. Ein verkleinertes Forte, Bild des Lauten aus der Ferne, herrscht vor.« (GS 13, S. 82)

les créatures ondinesques: Vgl. jetzt GS 13, S. 140-142.

Certaines formules ... dans les résumés: celle sur l'opposition virtuelle de Freud et de Jung dans l'œuvre de Wagner même; celle ... où l'homogénéité du «style» wagnérien est dénoncé comme symptome d'une déchéance intime: Die Résumés der in der Zeitschrift nicht gedruckten Kapitel 2 bis 5, 7 und 8, vgl. jetzt GS 13, S. 497-503. – »Damit wird Wagners Werk im Verhältnis zu seiner mythischen Stoffschicht tief zweideutig. Auf der einen Seite verfolgt bei ihm die mythologische Intention bewußte Aufklärung der individuellen Psychologie und visiert das scheinbar autonome Individuum in seiner Abhängigkeit von der Totalität. Auf der andern Seite dienen die Mythen selber der Regression aufs Uralte und vergeblich Unabänderliche. Der Gegensatz von Freud und Jung ist in Wagners Werk virtuell enthalten. Diese Zweideutigkeit wird an einer Reihe von Stoffmomenten und schließlich an der Funktion der Opernform nachgewiesen.« (Ebd., S. 502) – »Das antithetische Recht der Musik in der Oper, das des Einspruchs gegen den blinden Naturzusammenhang, wird preisgegeben, und Musik selber wird zum Instrument des blinden Verhängnisses. Die scheinbar vollkommene Formimmanenz der Wagnerschen Musikdramen, ihr ›Stil‹, ist gleichbedeutend mit dem Verzicht der Musik auf ihre spezifisch musikalische Einspruchsfunktion.« (Ebd., S. 501 f.)

Dora ... un ami anglais: Vermutlich ihr zweiter Mann Morser.

Glück ... à Buenos Aires: Gustav Glück hatte Benjamin am 15. Juli 1939 geschrieben. Glück war Ende 1937 von Berlin nach London gegangen, wo er – als Spezialist für deutsche Auslandsgeschäfte – keine Stellung finden konnte. Er hatte sich schließlich bei einem Finanzhaus in Buenos Aires anstellen lassen und beabsichtigte, die argentinische Staatsbürgerschaft zu beantragen.

Kisch: Egon Erwin Kisch flüchtete nach Mexiko.

Soma Morgenstern / Il paraît qu'il va partir pour New York avant le printemps: Morgenstern (1890-1976) gelangte erst 1941, nach Internierung in und abenteuerlicher Flucht aus Frankreich, über Marseille, Casablanca und Lissabon ins rettende New York. Vgl. seinen posthum veröffentlichten Bericht »Flucht in Frankreich«, Lüneburg 1998.

175 Gretel Adorno an Walter Benjamin New York, 20.1.1940

20. Jan. 1940.

My dear Detlef:

I was so happy with your letter of December 1939. As to your English lessons I talked to my English teacher and got the enclosed answer; perhaps it is of some help for you. In the meantime Max told us about that Rasofky affidavit and I hope that the result of it will be that we see each other pretty soon. –

I don't know if Wissing wrote you in the last weeks. He now got a fixed appointment at the Memorial Hospital, and I imagine that Lotte and he will marry during this year. I stopped my objection though I am by no means certain about the procedure. You will be astonished how much they seem to be quite settled petty bourgeois people. All the flère of adventure which I liked most of him has gone.

All of us are very happy about the last issue of the Zeitschrift let us hope that all the next ones may look the same way. –

Since the beginning of 1940 I feel much better, perhaps the new treatment will have any success. – Teddie's work is going on alright, he finished the rough draught of the George-Hofmannsthal. I think it is one of the best things he ever did and I am very anxious to know how you will react. Kindest regards of Teddie

love

yours
Felicitas

ORIGINAL Manuskript.

the enclosed answer: »Dear Mrs. Adorno: Mlle Prenez (Blanche) 3 Boulevard Victor Paris 15, is a highly recommended teacher. She was many years at Barnard College and now teaches in Paris, also doing private work. – [Absatz] She has many friends among the intellectual circles of Paris. [Absatz] With kind greetings. [Absatz] Most sincerely yours, [Absatz] Florence Warner.«

176 Gretel Adorno an Walter Benjamin New York, 10.2.1940

GRETEL W. ADORNO
290 RIVERSIDE DRIVE
NEW YORK, N.Y.

Febr 10, 1940

My dear Detlef:

o, how I hate it to write you in a foreign language, but nevertheless I think it will be better for an air-mail letter. Did you receive our different messages with the adress of an English teacher in your district, that one where I asked for a copy of your Kraus article and some others? Teddie will write you in German in some of the next days after we have spoken to Max above the things concerning your affairs.

As to your letters to New York I would suggest that you send them air mail on expenses conto of 45 Rue d'Ulm, even if you have to address the Adorno letters also to 429 W 117 Str. – I am very anxious to hear how you feel and if there is really something wrong with your heart. I think that this is a very serious matter and that you have to do everything you are able to for your recovery. If I may give you an advice, I at your place would write quite frankly to Max about the whole situation and I can imagine that he will do something. But I think it much better that you do it alone without any interference neither of Teddie nor of myself.

Von unseren Bekannten sind außer Else Herzberger noch Carl Dreyfuss: Vicente Lopez F. C. C.A. Agouenaga[?] 1030 und Peter von Haselberg in Buenos Aires, vielleicht interessiert das Glück. Von Peter weiß ich zwar keine Adresse, aber das ist sicher nicht so schwer zu ermitteln. (I totally forgot to continue in English, if I ever shall get used to it?)

When I was in Paris for the last time in May 1937, I remember a nice supper together with Sohn-Retel and Teddie when you explained us your theory of progress. I would be very grateful if you could send me some notes of it if you have some.

As to my state of health I always feel better when I have much to do. I am not fit at all for the role of a house wife though I think that everybody likes very much to be at our place. If we only could fix already a date for our next meeting. I am terribly longing for you. If you could only feel it when I am thinking of you!

Love yours always

Felicitas

ORIGINAL Manuskript.

177 Gretel Adorno an Walter Benjamin New York, 29.2.1940

29. Februar 1940.

Mein lieber Detlef,

in diesen Tagen wirst Du einen Brief von einem W. Krafft an Max bekommen mit dessen Antwort, die Veröffentlichung des Jochmann betreffend. Was ich von dieser Sache gehört habe, ist mir völlig unerklärlich. Wenn ich Dir raten darf, würde ich an Deiner Stelle sofort an Max schreiben und zwar möglichst ausführlich, so genau, wie Du Dich an die ganze Entdeckung des Jochmann erinnern kannst, damit Max genau orientiert ist. Ich möchte unbedingt alles vermeiden, was Dich nur im Geringsten nervös machen könnte; aber ich würde auch nach Möglichkeit alles tun, um Max die Sache möglichst unkompliziert zu machen. –

Über weekend sprach ich E, der voraussichtlich im Juni heiraten wird. (Da meine Stiefmutter äußerst aufgebracht gegen diese Verbindung sein wird, hätte der Krieg dann noch etwas Gutes, da wir gar nichts von ihr aus Deutschland hören.) Er bittet Dich, ihm doch die Röntgenaufnahme von Dir zu schicken, damit er sich ein Bild von Deinem Zustand machen könne.

Alles alles Liebe

stets

Deine

Felicitas

ORIGINAL Manuskript.

Brief von einem W. Krafft: Werner Krafts Brief ist in der Anm. zu GB VI, Brief Nr. 1354 wiedergegeben.

meine Stiefmutter: Amalia Karplus (1878-1956), geb. Jacak.

178 Walter Benjamin an Gretel Adorno Paris, Ende April/Anfang Mai 1940

Meine liebe Felizitas,

es ist wahr, ich war lange verstummt; aber nun ist mit umsichtigen Händen einiges für Dich bereitet worden. Ich hoffe, es kommt Dir zur guten Stunde zu – das Buch zu einem junihaft anbrechenden Jahr; die von mir stammenden Texte zu einer Stunde des Wohlbefindens und der Ruhe. Mich freut sehr, daß die neue Kur ihre Erfolge zeitigt.

Ich danke Dir für Deine letzten Briefe. Ich werde sie Dir sobald nicht englisch beantworten können, lese sie aber mühelos. Dank insbesondere für den Brief über die Jochmann-Sache. Inzwischen hat Max meinen ausführlichen Bericht erhalten. Ich lasse ihm natürlich vollkommen freie Hand, so daß die Angelegenheit nach seinem Gutdünken und ohne weitere Korrespondenz erledigt werden kann. In dem gleichen Briefe habe ich Max über meinen Gesundheitszustand ausführlich unterrichtet. In den nächsten Tagen schicke ich eine Röntgenaufnahme, die man von meinem Herzen gemacht hat, an Wissing.

Du erhälst in Kürze den Aufsatz über Kraus (ich finde in Deinen Briefen keine Nachfrage nach anderen Texten von mir, auf die doch Dein letztes Schreiben anspielt). Was Deine Frage nach Aufzeichnungen betrifft, die etwa auf das Gespräch unter den Bäumen der marronniers zurückgehen möchten, so fiel ihr Eingang in eine Zeit, da solche Aufzeichnungen mich beschäftigt haben. Der Krieg und die Konstellation, die ihn mit sich brachte, hat mich dazu geführt, einige Gedanken niederzulegen, von denen ich sagen kann, daß ich sie an die zwanzig Jahre bei mir verwahrt, ja, verwahrt vor mir selber gehalten habe. Auch ist dies der Grund, aus dem ich selbst Euch kaum flüchtigen Einblick in sie gegeben habe. Das Gespräch unter den marronniers war eine Bresche in diesen zwanzig Jahren. Noch heute händige ich sie Dir mehr als einen auf nachdenklichen Spaziergängen eingesammelten Strauß flüsternder Gräser denn als eine Sammlung von Thesen aus. In mehr als einem Sinne ist der Text, den Du erhalten sollst, reduziert. Ich weiß nicht, wieweit die Lektüre Dich überraschen oder, was ich nicht wünschte, beirren mag. In jedem Falle möchte ich Dich besonders auf die 17te Reflexion hinweisen; sie ist es, die den verborgenen aber schlüssigen Zusammenhang dieser Betrachtungen mit meinen bisherigen Arbeiten müßte erkennen lassen, indem sie sich bündig über die Methode der letzteren ausläßt. Im übrigen dienen die Reflexionen, so sehr ihnen der Charakter des Experiments eignet, nicht methodisch allein zur Vorbereitung einer Folge des »Baudelaire«. Sie lassen mich vermuten, daß das Problem der Erinnerung (und des Vergessens), das in ihnen auf anderer Ebene erscheint, mich noch für lange beschäftigen wird. Daß mir nichts ferner liegt als der Gedanke an eine Publikation dieser Aufzeichnungen (nicht zu reden von einer in der Dir vorliegenden Form) brauche ich Dir nicht zu sagen. Sie würde dem enthusiastischen Mißverständnis Tor und Tür öffnen.

Die verebbende Flut des Surrealismus hat eine seltsame Muschel an den verödeten Strand der Literatur gespült. Ich möchte Dich auf ein kleines Werk, das den bisher unbekannten Autornamen Julien Gracq trägt und bei Corti erschienen ist, mit Nachdruck hinweisen. Sein Titel ist Au Château d'Argole. Eine Weile konnte ich glauben, ein Buch in der Hand zu halten, das ich Dir mit allem Gewicht, das ich in eine Gabe zu legen vermag, hätte zu eigen geben können. Die Folge belehrte mich, daß dieses Château d'Argole ein durch und durch mißglücktes Opus ist. Es ist freilich noch etwas anderes. Und ich denke, gerade Du würdest dahinter kommen. Ich gestehe Dir, daß meine Erwartungen nach den ersten hundert Seiten und ungeachtet eines Vorworts, das schon die Zeichen des Unvermögens und der Verwirrung trägt, auf das höchste gespannt gewesen sind und daß ich die Beschreibung des Schlosses nach wie vor für einen Text halte, auf den Leser wie wir nicht ohne die höchste Betroffenheit stoßen. Trotzdem will gerade ich Dir dieses Buch (das ich leider nicht besitze) nicht als Geschenk geben; sondern habe dazu ein anderes, nicht ganz so gewichtiges, bestimmt, dessen Zauber Du Dich ohne Reue wirst überlassen können.

Dies alles soll Dir, so hoffe ich, in den nächsten Tagen zukommen. Wir müssen sehen, unser Bestes in die Briefe zu legen; denn nichts deutet darauf hin, daß der Augenblick unseres Wiedersehens nahe ist.

Dein alter, auch alternder
Detlef

Gestern habe ich es zum ersten Male mit einem englischen Autor versucht. Ich lese die wunderbaren Examples of Antitheta von Bacon.
Es geht Euch dieser Tage das Manuscript der »Berliner Kindheit um neunzehnhundert« zu. Verwahrt es bitte. Und vertröstet Euch nach Möglichkeit mit ihm, wenn ich die angekündigten Thesen noch etwas hintanhalte.

ORIGINAL Typoskript m. handschriftlich ergänztem Postskriptum.

es [ist] einiges für Dich bereitet worden: Gretel Adornos Dankesworte vom

30. Mai stehen in einem Brief von Egon Wissing, an den sie, Theodor W. Adorno und Lotte Wissing herangeschrieben hatten.

erhälst: So in Benjamins Handschrift.

eine Sammlung von Thesen: Das sind Benjamins Thesen »Über den Begriff der Geschichte«, vgl. GS I·2, S. 691-704.

Julien Gracq: Das Pseudonym für Louis Poirier (geb. 1910). – Der Titel des Buchs ist »Au château d'Argol« (Paris 1938).

179 Egon Wissing, Lotte Wissing, Theodor Wiesengrund-Adorno und Gretel Adorno an Walter Benjamin Springfield, 30.5.1940

Mon très cher,

Lotte, Gretl, Teddie and I are sitting here peacefully in Springfield, celebrating Lottes and my marriage. – Which took place today in Boston –, we had a remarkably well Lunch at Dr. Levene's[?] (my ›boss‹) and from there we started our little honeymoon-trip à quatre. That much for today, just to let you know. – I shall write you in a few days.

All my love yours Egon

My dear Walter, all my thoughts, my anxiety, my hope ist with you! Good luck – and if our fidelity and love *can* attribute to it, it *will!*

Yours ever Teddie

My dear Detlef:

Just before we started to Boston I got your little package with the Maupassant, the Kraus and the lovely present, many many thanks. It's too bad that you are not sitting with us.

Love Yours Felicitas

Very kind regards yours Lotte

N. B. I got the photostatic copy of Prof Abrami's finding through Max, but your X-Ray picture has not arrived as yet. If there is any possibility to put the documents to good usage, we shall most certainly do so. –

à bientôt E.

ORIGINAL Manuskript

180 Walter Benjamin an Gretel Adorno Lourdes, 19.7.1940

ma chère Felizitas,

ta lettre, écrite le 8 m'a rejoint en huit jours. Je n'ai pas besoin de te dire le réconfort qu'elle m'a donné. Je dirais bien: la joie, mais je ne sais si je pourrais connaître ce sentiment avant longtemps. Ce qui m'obscurcit au delà de tout est le sort de mes manuscrits. Le moment n'est pas venu de te faire le récit des circonstances de mon départ. Cependant, tu t'en fera une idée en apprenant que je n'ai rien pu emporter que mon masque à gaz et mes effets de toilette. Je peux dire que j'ai tout prévu mais que j'étais dans l'impossibilité de parer à quoique ce soit. J'ajouterai que si rien de ce à quoi je tiens est actuellement à ma disposition je puis conserver un espoir modeste quant au fond de manuscrits qui appartiennent à mon grand travail sur le XIX siécle.

Je comprends la brièveté de ta lettre; il faut que tu comprennes aussi le laconisme du mien. Rien de ce qui dépasse ce qui est strictement personnel ne se prête actuellement à la correspondance. Pour rester dans ce cadre je te dirai d'abord que ta lettre du 8 juillet est le premier message de toi qui m'a touché depuis mon arrivée à Lourdes. Il a y, d'autre part, un cable du Max qui m'annonce l'envoi d'un certificat attestant ma liaison avec l'Institut. Je compte que tu lui fasse part de tous mes remerciements (qui ont, d'autre part, dû lui parvenir par Mme Favez). Je suis sûr qu'il comprendra, combien il m'est difficile de lui écrire de façon circonstanciée et précise comme j'en ai l'habitude et le désire.

J'espère de tout cœur que ses tentatives à lui ainsi que les vôtres aboutiront. Il est possible, même probable, que nous ne disposons que d'un temps limité. Je voudrais que vous sachiez la confiance que je pose en vos efforts conjugués dont j'entrevois les difficultés aussi bien que la résolution et la ténacité qu'elles provoquent en vous. Soyez certain, en revanche, que jusqu'à présent j'ai conservé l'état d'esprit qui seul convient à celui qui se trouve exposé à des risques qu'il devait prévoir et qu'il a encouru en connaissance de cause (ou presque).

Je tâcherai d'obtenir la permission de me rendre d'ici huit ou dix jours à Marseille. Mme Favez m'apprend que Kracauer s'y trouve qui s'occupe là, auprès du consulat américain, de son immigration. Étant inscrit depuis longtemps il espère que son affaire avancera assez vite. Quant à ton courrier, je te prie de l'adresser à Lourdes jusqu'à nouvel ordre.

Ma sœur qui a été relâchée du camp se trouve ici – en un état de santé assez précaire. – Comme c'est la premiére fois depuis San Remo que je me trouve dans la montagne je ne constate que trop nettement combien l'action de mon cœur est devenue insuffisante. Il est probable que les émotions des derniers mois ont contribué à cet état de choses. Et tu me croiras sans peine: une situation qui est passible d'heure en heure des plus brusques changements continue de vous tenir en haleine.

J'ai emporté un seul livre: les mémoires du cardinal de Retz. Ainsi, seul dans ma chambre, je fais appel au «Grand Siècle».

Tu diras toutes mes amitiés à Teddie et ma gratitude dévouée à Max et à son ami.

Toujours ton vieux

Lourdes (Hautes-Pyrénées) Detlef
8 rue Notre Dame
19 juillet 1940

ORIGINAL Manuskript.

ta lettre: Er ist nicht erhalten.

un cable du Max: Vom 5. Juli.

Mme Favez m'apprend: Dieser von Benjamin erwähnte Brief von Juliane Favez, die das Genfer Büro des Instituts leitete, ist nicht erhalten.

Ma sœur: Dora Benjamin war im Lager von Gurs gewesen.

Editorische Nachbemerkung

Ein wenn auch erblassender Widerschein des intellektuellen Berlin der späten zwanziger Jahre gibt dieser Korrespondenz, die mit Benjamins Emigration nach Frankreich recht eigentlich beginnt, den Rahmen, in dem das Bild der Freundschaft seine Konturen gewinnt. Gretel Karplus war es, die Benjamin zur Emigration drängte, ihm von Adornos Plänen und Blochs Aufenthaltsorten berichtete – so die Verbindung zwischen den alten Berliner Freunden und Bekannten aufrechterhaltend. Sie half ihm durch regelmäßige Geldüberweisungen über die schlimmsten Zeiten hinweg und organisierte eine finanzielle Unterstützung aus dem anfänglich noch vom Deutschen Reich unabhängigen Saarland. Der Briefwechsel läßt aber auch die große Bedeutung erkennen, die die persönliche Aussprache für beide Briefschreiber hatte, und damit die Selbständigkeit ihrer Freundschaft. – Das Interesse Benjamins an der Mode, darin Baudelaire und Mallarmé folgend, teilt auch Gretel Karplus, wenn sie im Mai 1935 schreibt: »Mit Helen Grund würde ich mich für mein Leben gern einmal unterhalten, und zwar nicht über die Modeschöpfungen der großen Häuser, sondern über die Gesetze, nach denen sich die Mode nach unten hin in der Provinz und beim Mittelstand schließlich durchsetzt. Jetzt stoße ich in meinem Beruf beinah täglich auf dieses Problem, aber ich interessiere mich nicht nur dafür aus Geschäftstüchtigkeit, sondern schon früher war mir dieser Ablauf ein Rätsel, und ich möchte beinah sagen, je näher ich dran bin, desto schwieriger erscheint mir die Lösung, desto fragwürdiger erscheint mir der Begriff des Geschmacks.« – In New York angekommen, versuchen ihre Beschreibungen der Stadt und der Menschen, die dort angekommen sind, Benjamin nach Amerika zu locken. »Ich wünschte, ich könnte unten am Hudson mit Dir spazierengehen und alles in Ruhe durchsprechen«, schreibt sie im Mai 1939 an Benjamin. – Leider sind nicht alle Briefe Benjamins von der Adressatin aufbewahrt worden, so daß einige empfindliche Lücken nicht geschlossen werden können. Benjamins Briefe werden nach der Edition der *Gesammelten Briefe* gegeben, auch die dort angeschlossenen Anmerkungen blieben weitgehend erhalten. Gretel Adornos Briefe sind vollständig nach den Manuskripten und Typoskripten in diplomatisch-getreuer Transkription wiedergegeben, normiert wurden lediglich die Schreibung *ß* für *ss* und *ä, ö* und *ü* für *ae, oe,* und *ue;* stillschweigend korrigiert wurden eindeutige Verschreibungen, die nicht einer Eigenart des oder der Briefschreiberin zugehören. Nicht entzifferte Wörter haben die Herausgeber mit einem x in eckigen Klammern gekennzeichnet, unsichere Lesungen mit einem Fragezeichen in eckigen Klammern. – Die Originale der Korrespondenz liegen im Walter Benjamin Archiv der Akademie der Künste in Berlin.

Nachstehende Werk- und Briefausgaben werden in abgekürzter Form zitiert:

Theodor W. Adorno, Gesammelte Schriften. Herausgegeben von Rolf Tiedemann unter Mitwirkung von Gretel Adorno, Susan Buck-Morss und Klaus Schultz. Band 1-20, Frankfurt am Main 1970-1986 – abgekürzt: GS [1-20].

Theodor W. Adorno / Walter Benjamin, Briefwechsel 1928-1940. Herausgegeben von Henri Lonitz, 2. Auflage, Frankfurt am Main 1995 – abgekürzt: Briefwechsel Adorno.

Theodor W. Adorno / Alban Berg, Briefwechsel 1925-1935. Herausgegeben von Henri Lonitz, Frankfurt am Main 1997 – abgekürzt: Briefwechsel Adorno / Berg.

Theodor W. Adorno / Max Horkheimer, Briefwechsel 1927-1969. Band I: 1927-1937. Herausgegeben von Christoph Gödde und Henri Lonitz, Frankfurt am Main 2003 – abgekürzt: Adorno / Horkheimer, Briefwechsel I.

Theodor W. Adorno / Max Horkheimer, Briefwechsel 1927-1969. Band II: 1938-1944. Herausgegeben von Christoph Gödde und Henri Lonitz, Frankfurt am Main 2004 – abgekürzt: Adorno / Horkheimer, Briefwechsel II.

Theodor W. Adorno und Ernst Krenek, Briefwechsel. Herausgegeben von Wolfgang Rogge, Frankfurt am Main 1974 – abgekürzt: Briefwechsel Adorno / Krenek.

Theodor W. Adorno und Alfred Sohn-Rethel, Briefwechsel 1936-1969. Herausgegeben von Christoph Gödde, München 1991 – abgekürzt: Briefwechsel Adorno / Sohn-Rethel.

Walter Benjamin, Gesammelte Schriften. Unter Mitwirkung von Theodor W. Adorno uund Gershom Scholem herausgegeben von Rolf Tiedemann und Hermann Schweppenhäuser. 7 Bände, Frankfurt am Main 1972-1989 – abgekürzt: GS [I-VII].

Walter Benjamin, Gesammelte Briefe. Herausgegeben von Christoph

Gödde und Henri Lonitz. Band I-VI, Frankfurt am Main 1995-2000 – abgekürzt: GB [I-VI].

Walter Benjamin / Gershom Scholem, Briefwechsel 1933-1940. Herausgegeben von Gershom Scholem, Frankfurt am Main 1985 [suhrkamp taschenbuch 1211] – abgekürzt: Briefwechsel Scholem.

Walter Benjamin 1892-1940. Eine Ausstellung des Theodor W. Adorno Archivs Frankfurt am Main in Verbindung mit dem Deutschen Literaturarchiv Marbach am Neckar. Bearbeitet von Rolf Tiedemann, Christoph Gödde und Henri Lonitz (Marbacher Magazin 55.) 3. Aufl., Marbach a. N. 1991 – abgekürzt: Benjamin-Katalog.

Max Horkheimer, Gesammelte Schriften. Band 16: Briefwechsel 1913-1936. Herausgegeben von Gunzelin Schmid Noerr, Frankfurt am Main 1995 – abgekürzt: Horkheimer, Briefwechsel 1913-1936.

Max Horkheimer, Gesammelte Schriften. Band 16: Briefwechsel 1937-1940. Herausgegeben von Gunzelin Schmid Noerr, Frankfurt am Main 1995 – abgekürzt: Horkheimer, Briefwechsel 1937-1940.

Register

Das Personenregister, in dem die Namen der beiden Briefschreiber fehlen, berücksichtigt die Briefe und die Anmerkungen der Herausgeber. Namen in Titeln und bibliographischen Angaben sowie Verlage oder andere Geschäftsnamen werden nicht angeführt. Indirekte Erwähnungen sind nicht besonders gekennzeichnet. – Die Zahlen in Geradschrift beziehen sich auf die Briefe, *kursiv* gesetzte Zahlen auf die Anmerkungen.

Abbildungsverzeichnis

Suhrkamp Verlag GmbH
Torstraße 44, 10119 Berlin
info@suhrkamp.de
www.suhrkamp.de